四端七情之辩

洪 军／著

Siduan Qiqing Zhi Bian

朝鲜朝前期朱子学研究

人民出版社

责任编辑:方国根　钟金铃　段海宝

图书在版编目(CIP)数据

四端七情之辨:朝鲜朝前期朱子学研究/洪　军　著.—北京:人民出版社,2018.3
ISBN 978－7－01－019302－1

Ⅰ.①四…　Ⅱ.①洪…　Ⅲ.①朱熹(1130—1200)-理学-研究-朝鲜
　Ⅳ.①B244.75

中国版本图书馆 CIP 数据核字(2018)第 072789 号

四端七情之辨
SIDUAN QIQING ZHI BIAN
——朝鲜朝前期朱子学研究

洪 军 著

人民出版社 出版发行
(100706 北京市东城区隆福寺街 99 号)

北京汇林印务有限公司印刷　新华书店经销

2018 年 3 月第 1 版　2018 年 3 月北京第 1 次印刷
开本:710 毫米×1000 毫米 1/16　印张:23.5
字数:350 千字

ISBN 978－7－01－019302－1　定价:62.00 元

邮购地址 100706　北京市东城区隆福寺街 99 号
人民东方图书销售中心　电话 (010)65250042　65289539

目　录

序　一

"《诗》曰:'如切如磋,如琢如磨'谓学问也。"做学问就是把骨头、象牙、玉石、石头加工成器,要下切、磋、琢、磨的苦功夫。洪军博士后研究韩国哲学有年,又得精通韩语之利,故能对韩国哲学思想有致精微的体认。朝鲜朝人杰地灵,学术繁荣,出现了相似于"百家争鸣,百花齐放"的态势。其学派林立,凡义理派、事功派、节义派、主理派、主气派、礼学派、图说派、实学派以及以地域分的畿湖派、岭南派等,不一而足,各学派之间互相切磋、琢磨、论争、答辩,对中国儒学经典、朱子学探赜索隐,钩深致远,大大推动了学术思想、哲学理论思维不断深入发展。各派哲学思想在论辩中不断得到修正、充实、完善,使中国儒学思想、朱子学在与朝鲜传统文化思想的融突而和合中,造就了朝鲜儒学和朝鲜朱子学。从朝鲜半岛哲学思想发展史而观,朝鲜朝是朝鲜半岛哲学思想发展的高峰期,也可谓"造极"期。

该书从朝鲜朝各哲学思想家的原典出发,避免现有的先见、先识或囿见、固见,以体识、体认各哲学思想,并出入于原典之间,探究其人文环境、思想演化、论辩激发、经典诠释中的思想关联,故能较为贴近各哲学思想家的原意、本意。

概而言之,该书具有核心话题的明确性,逻辑系统的清晰性,思想比较的异同性,独具匠心的创新性。

核心话题的明确性。哲学,换言之是一种辩学,辩论、对话、争鸣出智慧。辩论、对话、争鸣是爱智慧的一种表现形式,在辩论、争鸣中激励智慧的闪光。无论是古希腊,抑或中国先秦,都是高扬辩论、对话、争鸣的时代。在百家争鸣中,才有百花齐放。在朝鲜半岛哲学思想史上朝鲜朝也是辩论高涨的时代,历经无极太极论辩、四端七情理气论辩、四七人心道心论辩、人物性同异论辩以及心说论争等。它观照性理学的本体论、社会论、人生论、价值论、体认论、理气论、心性论、道器论等,造就了朝鲜朝哲学思想独特的理论风格、思维形式、范畴体系、诠释方法。特别是对理、气、心、性、无极、太极、人心、道心、人性、物性等概念、范畴的明确规定、深度辨析、比较研究,均具有鲜明的特色,显性的神韵。在这些诸多论辩和概念、范畴的融突中,又以"四端七情"论辩为核心话题,不仅围绕此核心话题为线、为纲,把其他诸多论辩统摄于此核心论辩,而且随此核心话题使论辩渐渐深入展开,概念、范畴的外延不断延伸,内涵不断充实,使核心话题趋于完整。

逻辑系统的清晰性。哲学思想逻辑系统把哲学理论思维的概念、范畴依思维的形式和规律构成一定关系的整体系统。中国古代和古希腊都有整体论和系统论思想,如德谟克利特的《宇宙大系统》(已失传)、亚里士多德的《范畴论》等,中国的《周易》的六十四卦系统、《老子》的逻辑思维系统等。当代系统科学家普利高津对中国古代系统思想曾说:"西方科学和中国文化对整体性、协和性理解的很好结合,这将导致新的自然哲学和自然观。"①尽管古代整体论或系统论是直观的,但对于世界的整体关系的体认有了提升。该书揭出权近的《入学图说》共四十图说,其中以《天人心性合一之图》、《天人心性分释之图》、《大学指掌之图》、《中庸首章分释之图》、《语孟大旨》、《五经体用合一之图》等对"四书五经"的内容分析、综合,既把研究对象还原为更深层次的元素,又把各种不同的哲学思想元素(即概念、范畴)经判别、分类、归纳、演绎而构成整体系统的哲学逻辑结构。权近的《天人心性合一之图》是依周敦颐的《太极图》及朱熹的《中庸章句》之说,就人心性上以明理气善恶之殊。上而太极,最上一圈,分阴阳东西,内圈为《周易·乾卦·卦辞》元亨利贞。以此图统率诚字圈、敬字圈、欲字圈,其下禽兽,横者尤偏塞为草木,万物化生之亦具于其中。由此构成整体系统的清晰明白的逻辑结构。权近的四十图说,对后来郑之云的《天命图说》、李滉的《圣学十图》、李珥的《心性情图》、《人心道心

---

① 普利高津:《从存在到演化》,《自然杂志》第 3 卷第 1 期,第 415 页。

图》及曹植的《学记图》产生重要影响。以图示说，以说释图，两者融突和合，开启了朝鲜朝以图说体现作者哲学理论思维的形态的图说派，亦体现了朝鲜朝哲学理论思维特殊表达形式。尽管以往在韩国没有提出"图说派"之说，但以言简意赅的形式表达哲学理论思维形式，既体现了朝鲜朝哲学理论思维具有高度的概括能力，亦体现了朝鲜朝哲学理论思维的简洁精神和殊性特色。

思想比较的异同性。在哲学理论思维研究中，比较是对研究对象的体认的深化，通过比较既是研究问题的展开，亦是对研究问题的索隐。比较有纵向的、横向的比较，有同类的、异类的比较，使研究的问题更能精准地把握，使研究对象的文本的诠释更加符合本意。"四端"原出于《孟子·公孙丑上》："恻隐之心，仁之端也；羞恶之心，义之端也；辞让之心，礼之端也；是非之心，智之端也。"①"七情"是指喜、怒、哀、惧、爱、恶、欲，见于《礼记·礼运》篇。权近的《入学图说》较早提出"四端"与"七情"的关系，开朝鲜朝"四端七情"之辨的先河，后来李滉、奇大升、李珥、成浑等都接着"四端七情"讲，而各抒己见。权近是郑道传的弟子，两人在理解、阐释朱子学的侧重上有异，郑道传致力于实践朱子学，以批判佛教思想，为朱子学的传播和学习清除障碍。权近倾心于对朱子学理论的探讨与诠释，以"理"的"其尊无对"批判佛教思想，树立理本体的权威。导致"理气四端七情"之辨延续几百年的直接原因是李滉对郑之云的《天命图》中"四端发于理，七情发于气"的修改。李滉改为"四端理之发，七情气之发"，这一改便引起学术界、思想界的论争。奇大升首先对李滉发难，他以"四端七情"的"理气妙合之中而浑沦"的"理气浑沦"论，与李滉"理气互发"论相对待。奇大升以为，理气虽有分，但在事物上，两者浑沦不可分。李滉在与奇大升的辩论中，不断修正自己的表述方式，初："四端理之发，七情气之发。"其次："四端之发纯善，故无不善；七情之发兼气，故有善恶。"终论："四端理发而气随之，七情气发而理乘之。"尽管有三变，但主旨仍为"理气互发"论，没有变。继李、奇两氏之后，诸多学者接着辩论纷纭，李珥既不同意李滉理（四端）气（七情）互发说，也不同意奇大升的理气浑沦说，而主张"气发理乘"

---

① 《公孙丑上》，《孟子集注》卷3，《朱子全书》第6册，上海古籍出版社、安徽教育出版社2002年版，第289页。

说。他认为："大抵发之者气也，所以发者理也。非气则不能发，非理则无所发。无先后、无离合，何谓互发也。"但李珥的"四端七情气发理乘"一途说受到成浑的诘难。成浑认为"理与气之互发，乃为天下之定理，而退翁所见，亦自正当耶"。同意李滉的观点，这使李珥不得不将"四端七情理气"之辨引向深入。成浑、李滉理气互发论便引向人心道心之辨，从人心道心之辨以证理气互发论。李珥则坚持"气发理乘"论，并以孺子入井，然后乃发恻隐之心，此所谓气发，恻隐为气，其本为仁，"非特人心为然，天地之化无非气发而理乘之"。说明无论从人心而言，抑或从天地之化而言，都证明气发理乘为正道。

理气四端七情论辩，自然而然涉及心性论、道心与人心、天地之性（本然之性）与气质之性的关系话题。道心与人心话题始见于《尚书·大禹谟》，作为先圣的"十六字心传"，受宋明理学家的关注和论辩①。明中叶罗钦顺提出"道心为性，人心为情"，引起朝鲜朝性理学者热议。李滉以人心为本，人欲为流。道心为义理之心，原于性命之正。注重道心人心之差分，李珥则注重两者之联结。尽管道心为"义理之心"，是至善的，为圣人所具有的心，出于性命之正，四德四端之心等，为朱熹、李滉、李珥所认同。但李滉在道心的追根溯源、道心的范围限定上有异于朱熹，李珥从道心人心不可分，说明道心与人心为善恶的总名，又与朱熹、李滉差分。三人理解有异，因此开出不同的面向。从比较异同中，不仅可加深对文本话题的理解，而且可更深层次体认论辩的价值与意义。

独具匠心的创新性。创新是学术的生命，是思想的基因，日新，日日新，苟日新乃是普适的真理。创新才能发展，创新才能战无不胜；创新才能共赢，创新才能生生不息。朝鲜朝的朱子学由于其不断开展论辩、对话，才呈现生气盎然，而开出新生面。英国著名物理学家斯蒂芬·霍金说："通过对话，人类取得了最大成就，因为不对话，人类遭遇了最大失败。本来不必如此的。我们最大的希望可以在未来成为现实。有了任我们支配的技术，可能性是无限的。我们需要做的只是确保我们保持对话。"②作为对话一种形式的论辩，是取得

---

① 参见张立文：《宋明理学研究》、《朱熹思想研究》、《李退溪思想研究》、《心学之路——陆九渊思想研究》。

② 美国趣味科学网站3月14日文章，题为《斯蒂芬·霍金改变人类对宇宙的看法》，作者：布兰登·斯佩克托。《参考消息》2018年3月16日转载，题为《霍金更新人类"宇宙观"》。霍金于2018年3月14日去世，享年76岁。

朝鲜朝性理学最大成就的现实,它造就了性理学逻辑的精微性,思维的深刻性,品格的独特性,形式的图说性,其哲学理论思维的创新,而开出朱子学的新生面,使朝鲜朝儒学、朱子学在东亚儒学史、朱子学史上具有突出的地位。

这是我喜读洪军博士《四端七情之辨——朝鲜朝前期朱子学研究》的体会,该著对"四端七情"之辨考镜源流,纵横比较,探赜索隐,诸多创新,是一部有重要学术价值的新著。

是为序。

张立文

2018 年 3 月 18 日于中国人民大学孔子研究院

序　二

　　东亚儒学研究是近年来儒学研究领域出现的诸多新的理论动向之一。在东亚文化、东亚思想越来越受到世人瞩目的今天，如何对曾经在东亚社会产生广泛而深远影响的儒学思想进行重新解读和诠释是东亚学人共同面临的课题。

　　洪军博士长期从事韩国哲学思想及东亚儒学的比较研究。尤其在中韩性理学比较研究方面，科研成果突出。洪军博士近来完稿的《四端七情之辨——朝鲜朝前期朱子学研究》，是作者在中外有关中韩"朱子学"研究的基础上，以中韩朱子学比较及东亚儒学发展史的视角系统探讨"四端七情"之辨的理论问题的，在中国学界是不多见的，亦可谓独辟蹊径的相关研究领域的研究成果。

　　作者从原典资料入手，考察了朱子学在韩国本土化以及在东亚多元发展的过程。比较研究的方法基本上贯穿了论著的始终，有层次、多视角、有新意。本书在国内开辟了以"问题"为中心的中韩儒学比较研究的新领域。

　　全书以"四端七情"问题为论述主线，考察了朱子学在韩国的容受以及本土化的发展过程。内容主要由高丽末期朱子学的传入、朝鲜朝初期的朱子学、郑道传的斥佛论与朱子学"官学"地位的确立以及朝鲜朝前期朱子学之发展等，重点讨论和分析了以李退溪与奇高峰为中心的"四端七情理气"之辨和李栗谷与成牛溪的"四七人心道心"之辨为中心的四端七情理论的产生与发展过程、理论特点，并对其影响也作了详细论述。最后作者还从东亚儒学发展史的意义上，对韩国儒者所关注的"四端七情"论、"人心道心"论及其理论意义作了深度探讨,亦着重阐发了韩国性理学的理论特色以及与中国朱子学的差异等问题。

作者以为,自高丽末开始传入到韩国的朱子学,至16世纪经由李退溪、奇高峰、李栗谷、成牛溪等性理学家们的传承与发扬,在韩国获得了新的生命和发展,并形成了以"主理"为特征的岭南性理学派和以"主气"为特征的畿湖性理学派。他们的理论分别代表了韩国性理学的两个不同的发展方向。而且,两派之间围绕"四端七情理气之发"问题而展开的论辩,还使韩国性理学走上了以心性论探讨为中心的哲学轨道。

全书引用资料翔实,论述层次分明,线索清晰,文字流畅,吸纳了不少韩国和中国、日本学者的最新研究成果,也提出不少独到的见解。

在跨文化比较研究日益受到学界关注的今天,相信本书的出版,会进一步推动国内正在兴起的东亚儒学比较研究以及东亚各国之间的深层次意义上的人文交流的开展。

潘富恩

2018 年 3 月 13 日于复旦大学哲学学院

第一章 绪 论

儒学思想产生于 2500 多年前的东周时代,其创始人是春秋末年的大思想家、大教育家——孔子。他把"仁"作为儒学的核心理念,开始了关于哲学、伦理、政治、教育诸方面的重大问题的探讨。后经由孟子、荀子、董仲舒、朱熹、王阳明等历代儒学大师的补充与发展,逐渐成为我国封建社会的统治思想和传统文化的主干。同时又传播至域外,如朝鲜半岛、日本列岛以及越南为主的东南亚各国,在东方形成了以汉字及汉文典籍为媒介的儒家文化圈。尤其是在地缘相近、人缘相亲的东亚,"独尊朱学(朱子学)"曾蔚为风尚,形成了至今为人津津乐道的"东亚儒家文化圈"。

在东亚文化圈中受儒学思想影响最深、最广的国家无疑为韩国。对于韩国儒学,学界有过精辟论述。"何谓韩国儒学?关于这个问题,一些对韩国历史和文化了解浮泛的人认为,韩国儒学就是中国儒学的移植和翻版。此言误矣!固然中国是儒学的发源地,儒学就是以孔子为首的儒者的学说及其思想的总汇。同时应该看到儒者的学说和思想总是随着时代的发展而深化,随着时势的需求而丰富。由此,儒学才能够像一棵长青之树,像一条湍流不息的长河,永葆青春,永不枯竭。"①诚如斯言,儒学从中国传入朝鲜半岛后便开始了本土化、民族化的历程,这种带着民族文化之烙印的儒学就不再是中国儒学的简单移植和翻版,而是具有独立性的"韩国儒学"抑或是"韩国儒教"。

韩国儒者以其独特的问题意识和精微的逻辑思辨,使儒学在传统的东亚思想世界里发生了重要变化,演变为具有本民族特色的"韩国儒学"。朝鲜王

---

① 李甦平:《韩国儒学史》,人民出版社 2009 年版,第 1 页。

朝(1392—1910 年)开国后,朱子学迅速升格成国家意识形态之主流,遂为此后朝鲜朝五百年的官方哲学。

在跨文化比较研究日益受到学界关注的今天,作为东亚儒学百花园中的一枝奇葩的韩国儒学也将会更加彰显其理论价值与意义。但是,目前学界对高丽末期和朝鲜朝开国之际朱子学的研究更多侧重于朱子学传入之初的主要人物间的传承系谱的研究[①],而对其义理流衍的理论特点关注不足。

本章拟由朱子学在丽末鲜初的传播发展之考察来论述早期韩国性理学(朱子学)的义理特点。

第一节 高丽末期朱子学的传入

高丽朝后期从武臣执权时起,文教即进入衰落期,至 13 世纪末整个社会已呈斯文扫地之衰相。此时出身中小地主阶层的"新进士类"通过科举迅速登上政治舞台,成为影响王朝政治的一股新兴势力。他们企图从元朝引进程朱理学(朱子学)以重拾社会秩序,进而挽救国家的命运。不过,朱子学的输入还与当时元朝社会思想之状况密切相关。元代统治者出于自身需要,把朱子学定为官方哲学,还将与之对立的陆九渊心学列入另类,致使陆学只能流传于我国江南民间。因朱子学在元代思想界享有独尊地位,所以自然而然就成为高丽新进士类引进之首选。[②] 这一特征在韩国思想界影响甚远。它一方面使朱子学成为此后朝鲜王朝五百年间的官方哲学,另一方面却影响和阻碍了陆王一系的心学思想在韩国的传播。

一、安珦

据史书记载,朱子学是高丽忠烈王时由安珦从元朝引入。[③] 朱子学虽有

---

① 学界对韩国早期的朱子学传承系谱的主要研究著作有:崔英成:《韩国儒学通史》(上),首尔:simsan 出版社 2006 年版,第 309—622 页;琴章泰:《朝鲜前期的儒学思想》,首尔:首尔大学出版部 1997 年版,第 3—258 页;李甦平:《韩国儒学史》,人民出版社 2009 年版,第 124—214 页等。

② 参见李甦平:《韩国儒学史》,人民出版社 2009 年版,第 96—97 页。

③ 金忠烈先生认为,朱子学传入韩国时间为忠烈王十六年(1290 年)。(参见金忠烈:《高丽儒学史》,首尔:艺文书院 1998 年版,第 354—355 页)

"新儒学"、"宋学"、"程朱学"等不同称谓,但其内容则基本相同。① 安珦(字士蕴,号晦轩,1243—1306 年,朝鲜时代改称为安裕)为兴州(现今顺兴)人。作为高丽朝后期的儒学大家和教育家,被后世尊为韩国性理学的始祖。《高丽史节要》记载其为人庄重安详,在相府能谋善断,常育人才而以兴复斯文为己任。他是高丽忠烈王的宠臣,历任尚州判官、儒学提举、集贤殿大学士、金议中赞等官职。1289 年高丽朝设置儒学提举司,安珦被任命为首任"本国儒学提举"。是年他扈从忠烈王入元,在滞留元大都(燕京)期间始得《朱子全书》,知其为孔门之正脉。遂手录其书,并摹写孔子和朱熹画像而归。这其实为此后朱子学的传播奠定了思想基础。归国后安珦讲究朱子之书,深致博约之功,努力传授朱子学。"晚年常挂晦庵先生真像,以致景慕,遂号晦轩。"② 他常以兴学育才为己任,"蓄儒琴一张,每遇士之可学者劝之"③。而且,安珦还曾随世子(忠宣王)来过元朝,再次目睹了文教在元朝社会的隆盛状况。

但是,彼时的高丽朝儒学与佛、老思想的盛况相比则呈现一派衰败之势。对此安珦曾作诗慨叹道:"香灯处处皆祈佛,箫管家家尽祀神。独有数间夫子庙,满庭春草寂无人。"④ 这是安珦描绘当时的国子监文庙败落景象的一首诗。

为了重新振兴儒学和恢复荒废的儒学教育机构,他建议朝廷设置"赡学钱"。安珦以为"夫子之道垂宪万世,臣忠于君,子孝于父,弟恭于兄"⑤,兴学养贤的目的就在于传授孔孟之教,推行儒家的伦理道德。他还曾派博士金文鼎等入元,画先圣及七十子像,并求祭器、乐器、"六经"诸子史等回国。他还荐举李㤙、李瑱等人为经史教授都监使,于是"禁内学馆内侍三都监五库愿学之士,及七管十二徒诸生(指国学七斋与私学十二徒——引者注),横经受业者动以数以百计"⑥。安珦认为朱子发明圣人之道以攘斥禅佛之学,其功足以配仲尼。因此欲学仲尼之道,必须先学晦庵之学。在他的积极倡导和推动下,朱子学开始在高丽社会得到重视。安珦另一功绩是培养出了众多鸿儒硕学,

---

① 参见柳承国:《韩国儒学史》,傅济功译,台湾商务印书馆 1989 年版,第 99 页。
② 郑麟趾等:《安珦》,《列传》卷 18,《高丽史》卷 105,台湾文史哲出版社 1972 年版,第 253 页。
③ 郑麟趾等:《安珦》,《列传》卷 18,《高丽史》卷 105,台湾文史哲出版社 1972 年版,第 253 页。
④ 《题学宫》,《遗集》,《晦轩实纪》卷 1,韩国全南大学校出版部 1984 年版,第 204 页。
⑤ 郑麟趾等:《安珦》,《列传》卷 18,《高丽史》卷 105,台湾文史哲出版社 1972 年版,第 253 页。
⑥ 郑麟趾等:《安珦》,《列传》卷 18,《高丽史》卷 105,台湾文史哲出版社 1972 年版,第 253 页。

著名者有禹倬、权溥、白颐正等人。其门生也为朱子学在高丽的传播作出了重要贡献。

安珦卒后 13 年即忠肃王六年(1319 年),朝廷为表彰其在兴学养贤方面的功绩,给予从祀文庙之殊荣。朝鲜朝时期则祭祀安珦于白云洞书院。在时任丰基郡守的李退溪的努力下,公元 1550 年被明宗赐名为"绍修书院"。"绍修书院"是朝鲜朝最早的赐额书院。

二、禹倬

高丽朝后期的名儒禹倬(字天章,又字卓甫,号白云,称为"易东先生",1263—1342 年)是安珦的大弟子,也是早期的朱子学主要传播者之一。禹倬为丹山(丹阳)人,他与白颐正、辛蕆、权溥并称为安珦门下的"四君子"。历任宁海司录、监察纠正等官职,曾官至成均(国学)祭酒。禹倬博通经史,对《易》学造诣尤深。其时,"《程传》(按:指程氏《易传》)初来东方,无能知者。倬乃闭门月余、参究乃解。教授生徒,理学始行"①。可见,禹倬是以《易》学为中心接受程朱之学。禹倬对易学所进行的义理学式的分析,使过去具有神秘性、巫术性的占卜术,在理学的基础上变得更具有理性色彩。不仅如此,他还开创了《程传》易学的先河,对丽末鲜初李穑、郑梦周、郑道传、权近等人的易学思想产生深远影响。② 可见,禹倬在韩国易学史上开启了以义理为中心的《易》学研究(义理易)之先河。

朝鲜朝的儒学巨擘李退溪对禹倬德学十分敬仰,尊其为丽末鲜初的八大儒之一。③ 退溪不仅建议朝廷在安东创建"易东书院",而且还对其易学研究给予了极高评价。他认为:"天相吾东,斯文有迪,我程《易传》,肇臻斯域。人罔窥测,视同发梗,不有先生,谁究谁省……孔演十翼,程氏攸宗,专用义理,发挥天衷。熟玩深味,靡不该通。知益以明,守益以正。以是教人,德业无

---

① 郑麟趾等:《禹倬》,《列传》卷 22,《高丽史》卷 109,台湾文史哲出版社 1972 年版,第 307 页。
② 参见郭信焕:《周易浅见录和阳村权近的易学》,《精神文化研究》1984 年夏季刊,1996 年,第 84 页;转引自吴锡源:《韩国儒学的义理思想》,邢丽菊、赵甜甜译,复旦大学出版社 2014 年版,第 180 页。
③ 参见李滉:《回示诏使书》,《退溪先生文集续集》卷 8,《退溪全书》(三),第 138 页;《论人物》,《退溪先生言行录》卷 5,《退溪全书》(四),首尔:成均馆大学校大东文化研究院 1985 年版,第 231 页。

竞。"①由此亦可推知,朝鲜朝以《易》为中心的程朱性理学传统始于禹倬。

三、权溥

安珦的另一名弟子权溥(原名永,字齐万,号菊斋,1262—1346 年)为安东人。忠烈王五年(1279 年)他年仅 18 岁即已登第,历任金议舍人、礼宾寺尹、词林院侍读学、金议政丞等,封为永嘉府院君,谥文正。忠肃王元年(1314 年)同闵渍一起编撰高丽朝太祖以来的实录,忠烈王二十八年(1302 年)和忠宣王元年(1309 年)分别作为圣节使和正朝使出使元朝。史称权溥"性忠孝,惠族姻,睦僚友,嗜读书,老不辍。尝以朱子《四书集注》建白刊行,东方性理之学自权溥倡"②。他翻刻朱子学著作,在普及程朱理学方面很有建树。据《栎翁稗说》记载:"我外舅政丞菊斋权公,得《四书集注》,镂板以广其传,学者又知有道学矣。"③而且,他还同其子权准褒集历代孝子 64 人并使婿李齐贤著赞,定名《孝行录》刊行于世。此外,权溥还注有《银台集》20 卷,惜已失传。在他的努力下,忠惠王五年(1344 年)高丽改订科举法,"六经义"和"四书疑"遂被定位"初场"之考试科目。④ 于是,《四书集注》便成为士人们应试所必备的教科书。

四、白颐正

白颐正(字若轩,号彝斋,1247—1323 年)为蓝浦郡人,亦是高丽朝后期的名儒。高宗时登第入翰院累官至中书舍人⑤,历任金议评理、商议会议都监事等,后被封为上党君。他也曾入元,且于元大都(燕京)生活了多年。忠烈王三十一年(1305 年)白颐正作为忠宣王的侍臣入元,于忠肃王元年(1314 年)

---

① 李滉:《易东书院成祭禹祭酒文》,《退溪全书》(二)卷45,首尔:成均馆大学校大东文化研究院1985 年版,第 401 页。
② 郑麟趾等:《权呾》,《列传》卷 20,《高丽史》卷 107,台湾文史哲出版社 1972 年版,第 382 页。
③ 《栎翁稗说》,《前集》二,《丽季明贤集》,首尔:成均馆大学校大东文化研究院 1995 年版,第356 页。
④ 参见《忠惠王五年 甲申 8 月条》,《高丽史节要》卷 25,首尔:新书院 2004 年版,第 88 页。
⑤ 参见郑麟趾等:《白文节》,《列传》卷 19,《高丽史》卷 106,台湾文史哲出版社 1972 年版,第259 页。

归国①，归国时还带回《朱子家礼》等大量朱子学著作。在滞留燕京长达十年期间，白颐正不仅收集了大量程朱理学著作，而且对其学说亦进行了深入研究。《栎翁稗说》记载："白彝斋颐正，从德陵留都下十年，多求程朱性理之书以归……学者又知有道学矣。"②《高丽史》亦称："时程朱之学始行中国，未及东方。颐正在元，得而学之。东还，李齐贤、朴忠佐道先师受孝珠（颐正）。"③与安珦相比，白颐正则在研究和进一步深化程朱理学方面贡献更大，而且，在高丽朱子学的传承方面还起到了承上启下的作用。他的弟子朴忠佐（字子华，号耻菴，1287—1349 年），官至判三司事，被封为咸阳府院君。其人喜读《周易》，终生致力易学（主要是研读"伊川易"）研究④；另一弟子李齐贤则培养出李穑等丽末鲜初的著名朱子学者。白颐正的遗稿有《燕居诗》、《咏唐尧》、《寒碧楼》、《与洪厓集句》等。

五、李齐贤

高丽末期政治家、史学家李齐贤（字仲恩，号益斋、栎翁，1287—1367 年）为庆州人，亦是权溥之贤婿。在早期的朱子学传播者中，李齐贤是卓有建树的一代名儒。他亦有赴元留燕京生活之经历。李齐贤年 15 岁便登成均试状元榜，历任进贤馆提学、知密直司、政堂文学、判三司事、右政丞、门下侍中等职，被封为鸡林府院君，谥号文忠。1313 年，忠宣王让位于太子忠肃王后便以大尉身份留居于元，在燕京构筑万卷堂与当时许多名儒交游。元仁宗延祐元年（1314 年），他将李齐贤召至元大都（燕京）。其时姚燧、阎复、元明善、赵孟頫、虞集等咸游王门，李齐贤与他们相从而学益进。门人李穑曾曰："高丽益斋先生生是时。年未冠，文已有名当世，大为忠宣王器重，从居辇毂下。朝之大儒缙绅先生若牧庵姚公、阎公子静、赵公子昂、元公复初、张公养浩咸游王门，先生皆得与之交际，视易听新，摩厉变化，固已极其正大高明之学。而又奉

① 参见李甦平：《韩国儒学史》，人民出版社 2009 年版，第 98 页。
② 《栎翁稗说》，《前集》二，《丽季明贤集》，首尔：成均馆大学校大东文化研究院 1995 年版，第 356 页。
③ 郑麟趾等：《白文节》，《列传》卷 19，《高丽史》卷 106，台湾文史哲出版社 1972 年版，第 260 页。
④ 参见郑麟趾等：《朴忠佐》，《列传》卷 22，《高丽史》卷 109，台湾文史哲出版社 1972 年版，第 301 页。

使川蜀,从王吴会,往返万余里。山河之壮,风俗之异,古圣贤之遗迹,凡所为闳博绝特之观。既已包括而无余,则其疏荡奇气,殆不在子长下矣。使先生登名王官,掌帝制优游台阁,则功业成就,决不让向之数君子者。敛而东归,相五朝,四为冢宰,东民则幸矣。其如斯文何?虽然东人仰之如泰山,学文之士,去其靡陋而稍尔雅,皆先生化之也。"①姚燧是许衡(字仲平,号鲁斋,1209—1281年)的门人,元明善则是吴澄(字幼清,晚字伯清,1249—1333年)的弟子。时人称"北有许衡,南有吴澄",二人皆为元朝朱子学的代表人物。与许衡不同,吴澄因与陆九渊同乡受陆学影响较大,可以说是兼讲朱陆的学者。由此可知,李齐贤应对其时的朱学和陆学都有所了解。

李齐贤在元朝滞留时间较长,其学问造诣亦曾让姚燧、元明善等元朝学者"称叹不置"②。李齐贤回国后,通过兴学养贤,积极推动朱子学的发展。而且,他还栽培李穀、李穑父子,成就了高丽儒学史上的一段佳话。李齐贤视程朱理学为"实学",所以在学风上非常强调经世致用的实用之学。他主张"躬行心得"和"求新民之理"。李齐贤的思想中有较强烈的现实指向性,每欲以经世之学来反对佛教、革新朝政。并且,他还向朝廷提出了诸多志向改革现实政治的建议——这与安珦、白颐正有较大区别。从李齐贤所提倡的"为学次序"③中又可以看出其对以"六经"为代表的经学思想的重视。李齐贤的著作有《益斋乱稿》(10 卷)、《栎翁稗说》(4 卷)、《益斋长短句》等。

综上所述,作为儒学新形态的程朱理学(朱子学)主要是通过由出使元朝的使臣传入韩国。经过他们的积极倡导和推动,朱子学在高丽朝的知识界获得了初步的传播。④ 值得注意的是,从《高丽史》的记载来看,高丽朱子学的传承主要是由安珦及其弟子来完成。换言之,高丽的朱子学是由安珦开其端,并由其弟子和再传弟子加以传承并发扬之。因此,安珦在高丽乃至韩国儒学史上的历史地位和功绩理应得到重视。但是,这一时期还处于韩国朱子学义理思想的萌发阶段,故在理论创获上成就有限。

---

① 李穑:《益斋先生乱稿序》,《文稿》卷 7,《牧隐稿》,《韩国文集丛刊》5,韩国民族文化推进会 1990 年版,第 52 页。

② 郑麟趾等:《李齐贤》,《列传》卷 23,《高丽史》卷 110,台湾文史哲出版社 1972 年版,第 320 页。

③ 郑麟趾等:《李齐贤》,《列传》卷 23,《高丽史》卷 110,台湾文史哲出版社 1972 年版,第 325 页。

④ 参见洪军:《朱熹与栗谷哲学比较研究》,中国社会科学出版社 2003 年版,第 115—116 页。

从思想史的意义上,这一时期的特点可以归纳为以下两点:一是朱子学义理在高丽社会得到初步普及的同时获得新进士林阶层的认同;二是为下一阶段韩国朱子学义理思想的勃发培养和储备了大量人才。

第二节　丽末鲜初的朱子学

至丽末鲜初即高丽、朝鲜两新旧王朝更替之际,思想界涌现出李穑、郑梦周、郑道传、权近、吉再、朴礎等著名朱子学者。刚刚传入半岛的朱子学顺应时代潮流,成为社会改革的理论武器,并在新王朝建立过程中发挥了重要作用。①

一、李穑

高丽末期重臣、著名的朱子学家李穑(字颖叔,号牧隐,1328—1396年)是"丽末三隐"之一,历任典理正郎、内书舍人、政堂文学、判三司事等官职,谥文靖。作为李齐贤的门人和李穀的儿子,李穑可谓是继承了丽末朱子学正脉的一代儒学宗匠。他在韩国儒学史上起到了承上启下、继往开来的关键作用。所谓"承上"、"继往",是说他的儒学仍具有早期政治儒学的色彩;所谓"启下"、"开来",是讲其学与高丽前期的政治儒学已有本质区别。李穑以朱子学为其政治儒学的核心内容。他说:"孔氏祖述尧舜,宪章文武,删诗书,定礼乐,出政治,正性情,以一风俗,以立万世大平之本。所谓生民以来,未有盛于夫子者,讵不信然。中灰于秦,仅出孔壁。诗书道缺,泯泯梦梦。至于唐韩愈氏,独知尊孔氏,文章遂变。然于《原道》一篇,足以见其得失矣。宋之世,宗韩氏学古文者,欧公数人而已。至于讲明邹鲁之学,黜二氏,诏万世,周程之功也。宋社既屋,其说北流。鲁斋许先生,用其学相世祖,中统至元之治,胥此焉出,呜呼盛哉。"②正如前文所述许衡是元朝正宗理学大儒,其学以朱子为宗,在北方影响甚大。李穑之父游学中国时与许鲁斋的门人颇有交往,受其父之

---

① 参见洪军:《朱熹与栗谷哲学比较研究》,中国社会科学出版社2003年版,第115—116页。
② 李穑:《选粹集序》,《文稿》卷9,《牧隐稿》,《韩国文集丛刊》5,韩国民族文化推进会1990年版,第72页。

影响的李穑既推崇韩欧之文章、周程之理学,又向往许氏以学辅治的为学径路。① "宋社既屋,其说北流",表明李穑俨然将鲁斋视之为南宋灭亡后承传朱学之第一人。其时入元求学的高丽学者大都深受鲁斋之学的影响。由此论之,许衡不仅在朱学北传过程中功绩卓越,而且对丽末朱子学的发展亦起到了重要作用。

同时,李穑在构建学理层面的儒学中还提出了许多重要的学术观点,对丽末鲜初的儒学产生了深刻影响。甚至可以说,他的极具学术意义的理论主张,如"天则理"、"一而二,二而一"等,成为日后韩国性理学的基本理念。② 他任成均馆大司成时不仅亲自讲授朱子学,还聘金九龙、郑梦周、李崇仁等为教官,培养了一大批儒生,为朱子学在高丽全境的传播与发展作出了重大贡献。《高丽史》上称,恭愍王十六年"重营成均馆,以穑判开城府事兼成均馆大司成,增置生员,择经术之士金九龙、郑梦周、朴尚忠、朴宜中、李崇仁皆以他官兼教官。先是,馆生不过数十,穑更定学式,每日坐明伦堂,分经授业。讲毕,相与论难忘倦,于是学者坌集相与观感。程朱性理之学始兴"③。李穑将程朱理学视为儒学之正脉,强调学者应以"明明德"为首要之务。认为:"以吾儒言之,曰明命,以天言之;曰明德,以人言也。顾明命明明德,学者之事也。"④ 又说:"在天曰明命,在人曰明德,非二物也。而天与人判而离也久矣,仲尼盖悲之,道统之传,不绝如线,幸而再传,有圣孙焉,著为一书,所以望后人者至矣。"⑤ 此处"明德"指的是"性",即所谓在天为命,在人为性。在他看来,二者是"一而二,二而一"的关系。

由此李穑提出自己的"天人无间"思想:"虽道之在大虚,本无形也,而能形之者惟气为然。是以大而为天地,明而为日月,散而为风雨霜露,峙而为山岳,流而为江河。秩然而为君臣父子之伦,粲然而为礼乐刑政之具,其于世道

① 参见张学智:《心学论集》,中国社会科学出版社 2006 年版,第 66—73 页。
② 参见李甦平:《韩国儒学史》,人民出版社 2009 年版,第 124—125 页。
③ 郑麟趾等:《李穑》,《列传》卷 28,《高丽史》卷 115,台湾文史哲出版社 1972 年版,第 413 页。
④ 李穑:《杲菴记》,《文稿》卷 6,《牧隐稿》,《韩国文集丛刊》5,韩国民族文化推进会 1990 年版,第 48 页。
⑤ 李穑:《可明说》,《文稿》卷 10,《牧隐稿》,《韩国文集丛刊》5,韩国民族文化推进会 1990 年版,第 80 页。

也,清明而为理,秽浊而为乱,皆气之所形也。天人无间,感应不惑。故彝伦叙而政教明,则日月顺轨,风雨以时。而景星、庆云、醴泉、朱草之瑞至焉。彝伦斁而政教废,则日月告凶,风雨为灾,而彗孛飞流、山崩水渴之变作焉。然则理乱之机,审之人事而可见,理乱之象,求之风月而足矣。"①他还以为今中原甫定,四方无虞,正是所谓"理世"。若能趁此机会修国之政刑,将会使百姓安康、物产丰盛。李穑进而又从"天人无间"论立场出发提出"天则理"思想:"天则理也,然后人始知人事之无非天矣。夫性也,在人物,指人物而名之曰人也物也,是跡也。求其所以然而辩之,则在人者性也,在物者亦性也。同一性也,则同一天也。"②他反对将天和人、命和性分而为二。

同时,李穑还基于性理学的道统观,对当时社会上盛行的佛教的弊端提出了批评,指出:"佛氏入中国,王公士庶,尊而事之。自汉迄今,日新月盛。肆我太祖化家为国,佛刹民居,参伍错综,中世以降,其徒益繁。五教两宗为利之窟,川傍山曲无处非寺……佛大圣人也,好恶必与人同。安知已逝之灵,不耻其徒之如此也哉?臣伏乞明降条禁,已为僧者,亦与度牒,而无度牒者,即充军伍。新创之寺,并令撤去,而不撤者,即罪守令,庶使良民不尽髡缁。臣闻殿下奉事之诚,尤笃于列圣。其所以祈永国祚者,甚盛甚休。然以臣之愚,窃惟佛者至圣至公,奉之极美不以为喜,待之甚薄不以为怒。况其经中分明有说'布施功德,不及持经',听政之余,惟神之暇,注目方等留心顿法,无所不可。但为上者,人所则效,虚费者,财所耗竭,防微杜渐,不可不慎。孔子曰'敬鬼神而远之',臣愿于佛,亦宜如此。"③以上所引文字是恭愍王元年李穑所上《陈时务书》中的部分内容,《高丽史》和《东文选》皆有记载。他以为,制民产、兴王道就是要从辟异端开始,具体而言即为抑制佛教流弊的蔓延和佛教徒的发展。不过,需注意的是,李穑的斥佛论主张不是对佛教的教理本身进行批驳,像"佛大圣人也"、"佛者至圣至公"这样的言论还受到后世儒者的讥评。④ 但

① 李穑:《西京风月楼记》,《文稿》卷1,《牧隐稿》,《韩国文集丛刊》5,韩国民族文化推进会1990年版,第8页。
② 李穑:《直说三篇》,《文稿》卷10,《牧隐稿》,《韩国文集丛刊》5,韩国民族文化推进会1990年版,第77页。
③ 郑麟趾等:《李穑》,《列传》卷28,《高丽史》卷115,台湾文史哲出版社1972年版,第432页。
④ 参见李丙焘:《韩国儒学史》,首尔:亚细亚文化社1986年版,第92页。

是，从上述李氏的抑佛言论中我们还是可以窥见，丽末接受朱子学（新儒学）思想的新进士大夫阶层对佛教的态度和此一时期思想界新的理论动向。

在政治上，李穑主张以"三纲五常"为立国之本，企图重建理想的儒家王道政治。在新旧王朝更替时他站在保守派一边，反对革新派的田制改革。1392年革新派赵浚、郑道传等人与李成桂密切配合，建立了李氏朝鲜王朝。由此朱子学获得了官学的地位，进而成为朝鲜王朝的统治思想。李穑的著作有《牧隐集》（55卷）。

二、郑梦周

"丽末三隐"之一的郑梦周（字达可，号圃隐，1337—1392年）亦是高丽末期的政治家、朱子学家、文学家，被李滉等人称为"东方理学之祖"①。恭愍朝登第，历任成均馆博士、政堂文学、右文馆大提学、侍中等官职，谥文忠。《高丽史》上称郑梦周"生而秀异"，并说："以礼曹正郎兼成均博士（指郑梦周——引者注），时经书至东方者唯朱子集注耳。梦周讲说发越，超出人意，闻者颇疑。及得胡炳文四书通，无不脗合，诸儒尤加叹服。"②由此亦可知，郑氏的确天分甚高。早年曾从游于李穑门下，但是其为学并无一定师承③，多为自悟自得。权採还曾提到："乌川圃隐郑文忠公生于高丽之季，天资粹美，学问精深。其为学也，以默识心融为要，以践履躬行为本。性理之学，倡道东方，一时名贤，咸推服焉。"④权氏对其为学特点的概括甚为精辟——朱子学的穷理与践履精神在郑梦周的身上得到了最为充分的体现。郑梦周一生好学不倦，不仅博览群书、精研义理，而且还不遗余力地推广程朱之学。《高丽史》记载，他曾

① 李滉：《类编》，《退溪先生言行通录》卷5，《退溪全书》（四），首尔：成均馆大学校大东文化研究院1985年版，第97页。
② 郑麟趾等：《郑梦周》，《列传》卷30，《高丽史》卷117，台湾文史哲出版社1972年版，第442页；另外，咸傅霖撰写其《行状》中也有此记载，但是与《高丽史》上的内容文字上稍有出入。《圃隐集》中写道："时经书至东方者唯朱子集注，而公讲说发越，超出人意，闻者颇疑。及得云峰胡氏四书通，与公所论，靡不脗合，诸儒尤加叹服。"（郑梦周：《圃隐先生集·行状》，《圃隐集》，《韩国文集丛刊》5，韩国民族文化推进会1990年版，第622页）
③ 参见琴章泰：《朝鲜前期的儒学思想》，首尔：首尔大学出版部1997年版，第44—45页；崔英成：《韩国儒学通史》（上），首尔：simsan出版社2006年版，第350页。
④ 郑梦周：《圃隐先生诗卷序》，《圃隐集序》，《圃隐集》，《韩国文集丛刊》5，韩国民族文化推进会1990年版，第561页。

"内建五部学堂,外设乡校,以兴儒术"①。郑氏的心志和作为开了朝鲜儒教兴起之先河。

其时明朝已经开国。暗图废弃蒙元服饰的郑梦周敦请朝廷施行大明的衣冠文物。在丽末"亲元派"与"亲明派"的势力纷争中力主"绝元归明"之外交对策,终成作为《春秋》尊王攘夷观之变种的"尊华排胡论(华夷论)"的主要倡导者。

郑氏对朱子学有很深的体会,其理论造诣深得同时代学者的赞赏。李穑曾说:"梦周论理,横说竖说无非当理,推为东方理学之祖。"②以为他对朱子学的精深研究和哲学思考已达到相当的理论高度。郑道传亦曾对他给予极高的评价,说:"先生于《大学》之提纲,《中庸》之会极,得明道传道之旨。于《论孟》之精微,得操存涵养之要,体验扩充之方。至于《易》,知先天后天相为用;于《书》,知精一执中为帝王传授心法;《诗》则本于民彝物则之训;《春秋》则辨其道谊功利之分。吾东方五百年,臻斯理者几何人哉。诸生各执其业,人人异说。随问讲析,分毫不差。"③可见,梦周不仅对"四书"之要有深切的体会,而且对"五经"之义亦有精湛的研究。

郑梦周以为"天人虽殊,其理则一"④,还说:"造化无偏气,圣人犹抑阴。一阳初动处,可以验吾心。"⑤他在坚持"天人一理"之立场的同时,主张理对气的优位性和主宰性,而对理的主宰性的重视恰恰是朱子学的核心要领。

在竭力倡导"濂洛之道"及朱子学的同时,他还对佛、老之说提出了质疑。"如天之圆,广大无边,如镜之照,了达微妙。此浮屠之所以喻道与心,而吾家亦许之以近理。然其圆也,可以应万事乎,其照也,可以穷精义乎。吾恨不得

---

① 郑麟趾等:《郑梦周》,《列传》卷30,《高丽史》卷117,台湾文史哲出版社1972年版,第450页。

② 郑麟趾等:《郑梦周》,《列传》卷30,《高丽史》卷117,台湾文史哲出版社1972年版,第442页。

③ 郑道传:《圃隐奉使稿序》,《三峰集》(上)卷3,首尔:三峰郑道传先生纪念事业会2009年版,第241—242页。

④ 郑梦周:《祭金得培文》,《杂著》,《圃隐集》卷3,《韩国文集丛刊》5,韩国民族文化推进会1990年版,第599页。

⑤ 郑梦周:《冬至吟》,《诗》,《圃隐集》卷2,《韩国文集丛刊》5,韩国民族文化推进会1990年版,第595页。

时遭乎灵山之会,诘一言于黄面老子。"①郑梦周从朱子学的立场出发指出佛、老理论的局限性。他还对儒佛的基本教理作了进一步的比较,认为:"儒者之道,皆日用平常之事。饮食男女,人所同也,至理存焉。尧舜之道,亦不外此。动静语默之得其正,即是尧舜之道,初非甚高难行。彼佛氏之教则不然,辞亲戚,绝男女,独坐岩穴,草衣木食,观空寂灭为宗,是岂平常之道?"②郑氏主张儒者之道皆是日用平常之事,如饮食男女人所同,而此中便存有至理——所谓尧舜之道亦不外乎此。动静语默之间得其正,即是尧舜之道;但是佛氏之教则不然,虚伪乱常、辞亲戚绝男女,独坐岩穴、草衣木食,以观空寂灭为宗。③ 他将佛教指斥为以"观空寂灭为宗"的妖妄怪诞之教,并从教义、教理的层面对其进行了批判。同时,他还仿朱子家礼立家庙奉先祀以取代佛教仪式,行冠婚丧祭,并亲自为父母服丧了三年。郑氏是继李穑之后又一位提倡"崇儒抑佛"的朱子学者。与李穑等人不同,郑氏更多从人伦道德层面对佛教的基本教义进行了批驳,故其辟佛论更具理论性和系统性。当然这也得益于其对佛教教义和教理的精深了解。

郑梦周弟子众多,其门人大都成为引领朝鲜朝初期社会发展的中坚力量。其学脉传承关系大致如下:④

仅从图1中看,在其门下涌现的勋旧派士人多于士林派学人。但是郑氏及其弟子吉再以自身的学行和践履诠释了性理学的理念和价值标准,由此确立了重价值判断过于事实判断的士林派的道统意识。所以韩国17世纪的儒学巨擘尤庵宋时烈(1607—1689年)曾对圃隐郑梦周称颂道:"吾东方自箕圣以后至于丽季阐开道学有功,斯文无如郑梦周之比,而至使人人得知君臣父子之伦,内夏外夷之义者,亦皆梦周之功也。"⑤

---

① 郑梦周:《圆照卷子》,《杂著》,《圃隐集》卷3,《韩国文集丛刊》5,韩国民族文化推进会1990年版,第599页。
② 郑梦周:《圃隐先生本传》,《圃隐集》,《韩国文集丛刊》5,韩国民族文化推进会1990年版,第627页;另见郑麟趾等:《郑梦周》,《列传》卷30,《高丽史》卷117,台湾文史哲出版社1972年版,第446页。
③ 参见琴章泰:《朝鲜前期的儒学思想》,首尔:首尔大学出版部1997年版,第49—50页。
④ 参见琴章泰:《朝鲜前期的儒学思想》,首尔:首尔大学出版部1997年版,第45—46页。
⑤ 《圃隐先生集续录·筵臣奏辞》,《圃隐先生文集》,首尔:回想社1985年版,第327页。

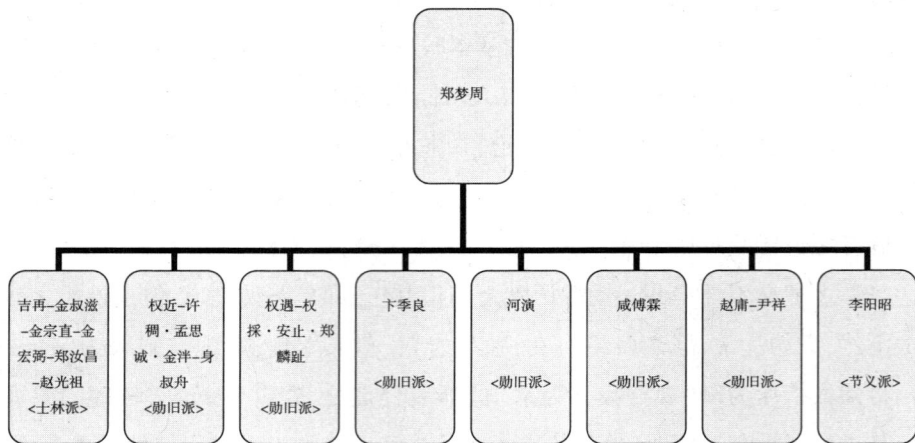

图 1 郑梦周学脉传承关系图

郑氏 35 岁和 47 岁时曾两度作为高丽使节入明,他也是在高丽朝廷内力倡亲明外交的代表人物。两朝更替之际,他对高丽王朝忠心耿耿,最终以身殉之,真正践行了孟子所谓"有安社稷臣者,以安社稷为悦"的儒家教义。故后人赞曰:"公天分至高,豪迈绝伦。少有大志,好学不倦,博览群书,日诵《中庸》《大学》,穷理以致其知,反躬以践其实。真积力久,独得濂洛不传之秘。故其措诸事业发于议论者,十不能二三,而光明正大,固已炳耀青史,真可谓命世之才矣。"①郑梦周的"忠臣不事二君"的至死不变之节义被李朝君臣高度推崇,这也是他被尊为"韩国义理学派之祖"②以及"东方理学之祖"的重要原因之一。郑梦周的著作有《圃隐集》(7 卷)。

三、吉再

丽末鲜初期的著名朱子学者还有吉再(字再父,号冶隐,又号金乌山人,谥号忠杰,1353—1419 年),海平(善山)人。他曾受学于李穑、郑梦周、权近等人,与李穑、郑梦周同被尊为"丽末三隐"。作为朝鲜士林派学者的先驱,吉再为学

① 郑梦周:《圃隐先生集·行状》,《圃隐集》,《韩国文集丛刊》5,韩国民族文化推进会 1990 年版,第636 页。
② 柳承国:《韩国儒学史》,首尔:成均馆大学校出版部 2008 年版,第 179 页。

极重真知与实得,主张学者应以忠孝礼义廉耻为先。《冶隐集》记载,吉再与弟子"讲论经书,必务合于程朱之旨,言必以忠孝为主"①。弃官退隐乡野则专心于读书涵养,还积极从事教育活动,大兴"私学"教育,开了朝鲜私学教育之风气。其学脉连绵不绝,如图 1 所示后学中涌现出金叔滋、金宗直、金宏弼、郑汝昌、赵光祖等一大批活跃于朝鲜朝前期学界和政界的大儒。受其思想影响的岭南"士林派"后来逐渐成长为对抗腐败之"勋旧派"②的批判势力,且在成宗朝后成为主导中央朝政的重要力量。权近也对吉再称誉道:"呜呼! 有高丽五百年培养教化,以励士风之效,萃先生之一身而收之。有朝鲜亿万年扶植纲常,以明臣节之本,自先生之一身而基之,其有功于名教甚大。"③吉再的义理思想和节义精神奠定了朝鲜朝初期儒学实践的发展方向,所以他在韩国儒学史上的地位和作用不可小觑。其实,郑梦周、吉再等人的义理精神与新罗花郎的为国尽忠之精神可谓一脉相承。④ 朝鲜朝前期义理派学者的理论探讨和教育实践活动,为韩国朱子学的纵深发展提供了坚实的理论基础和社会基础。吉再的主要著作有:《冶隐集》、《冶隐续集》、《冶隐先生言行录拾遗》等。

高丽末至朝鲜朝开国前后是韩国性理学(朱子学)的初创期,因为正处于新旧王朝更替之际,此时在统治阶层内部和意识形态领域亲明与亲元、革新与守常、事大与自主之争异常激烈。朱子学作为新的理论学说传入韩国后,开始分化为强调人伦义理的保守势力和重视现实问题的革新势力。两派立场上的差异源自各自对性理学(朱子学)历史观和价值观的不同理解。以郑梦周为首的"纲常论"者首重儒家经典中的《春秋》,强调忠孝节义,重视大义名分,因

① 《冶隐先生言行录拾遗卷上·行状》,《国译冶隐先生文集》,首尔:光明印刷社 1965 年版,第 36 页。
② 勋旧派人物不以圃隐系列的义理思想为根本,而是有视于当时政治的状况与社会变动,对因之而起的所有社会弊端欲以新的创意和力量加以改革的势力。在韩国儒学史上比起郑道传一派,郑梦周一系则更能继承传统学脉的渊源,此点可说是韩国朱子学的特色,对韩国精神思想史造成极大影响,这一影响并延及后世。(参见柳承国:《韩国儒学史》,傅济功译,台湾商务印书馆 1989 年版,第 107 页)
③ 权近:《题吉再先生诗卷后序》,《阳村集》卷 20,《韩国文集丛刊》7,韩国民族文化推进会 1990 年版,第 203 页。
④ 《三国遗事》中,记载道:"聚徒选士,教之以孝悌忠信,亦理国之大要也。"这是一段对花郎道基本理念的说明。表明,孝悌忠信在新罗时期已成为花郎教育的重要内容。(参见"弥勒仙花未户郎真慈师"条,《塔像第四》,《三国史记》卷三)

此这一派也被称为"节义论"者;以郑道传为首的"革新论"者则强调《周易》的变易思想,主张应根据时势之迁移主动求变,从而革新现实政治。① 郑梦周、吉再、金叔滋、金宗直等属于"纲常论"者,他们基于春秋大义反对异姓革命,拒绝同革新势力妥协。于是新朝建立后他们或遭杀害,或被革职,余下的则大多归隐山林讲学授徒、著书立说,以教化民众为务。结果朝鲜朝初期的学界和政坛便被主张权变的郑道传、权近一系的革新势力("事功派",亦称"官学派")所掌控。郑道传死后,权近继承其学风成为"事功派(官学派)"的领袖。此派学风特点是重视功利实用,必以经世为鹄的。此后,"事功派"又逐渐演变为"勋旧派",成为"士林派"批判和拒斥的对象。

简言之,丽末鲜初期不仅是韩国高丽、朝鲜两个新旧王朝更替时期,而且还是韩国性理学(朱子学)的初创时期。此一时期的朱子学在韩国的传播可划分为两个阶段:高丽末期朱子学的传入阶段和朝鲜朝开国前后义理的初步自觉阶段。前一阶段主要代表人物有安珦、禹倬、白颐正、李齐贤等,而后一阶段主要代表人物则有李穑、郑梦周、郑道传、权近、吉再等。朝鲜王朝开国后,朱子学迅速上升为社会主流思想,进而成为官方支持的意识形态。

第三节 郑道传斥佛论与朱子学"官学"地位之确立

郑道传(字宗之,号三峰,1342—1398 年②)生于庆尚道奉化,是丽末鲜初著名的政治家、哲学家和诗人。他于 1362 年中进士第,先后在高丽朝任三司右使、右军都总制使等。1392 年拥立李成桂(朝鲜太祖,1335—1408 年)以创朝鲜王朝,成为李朝的开国功臣。作为性理学者郑氏向往儒家王道政治,提出以宰相制为主的朝政运作制度以及土地制度改革措施,在新朝中央集权的两班官僚体制的建设方面起了重要作用,被后人誉为"朝鲜王朝的设计者"。他

---

① 大体上韩国性理学有"理学派"属"节义派","气学派"则属"革新派"、"勋旧派"的倾向。当然真正意义上的性理学不言理气分立,但是至后期性理派学者不免有此倾向。对唯重观念、缺乏现实洞察力的义理学,如将之评为缺乏实事求是之社会历史意识,相反,对无诚实性的相对主义的实用论,亦有沦为缺乏伦理性的御用学之虑。(参见柳承国:《韩国儒学史》,傅济功译,台湾商务印书馆 1989 年版,第 108 页)

② 参见韩永愚:《王朝的设计者郑道传》,首尔:知识产业社 1999 年版,第 28 页。

的著述涉及政治、经济、军事、哲学等诸多领域,而哲学方面代表作有《佛氏杂辨》、《心气理篇》、《心问天答》等。此外,据传还有《学者指南图》。其中《佛氏杂辨》一书是朝鲜朝排佛崇儒国策的理论根据和基础。

郑道传是丽末重臣、著名朱子学者李穑的门人,同时还是权近的老师。在两朝交替之际,郑氏作为革新派的核心人物与李成桂相互配合,在意识形态领域里提出了"抑佛崇儒"的思想文化政策,并以朱子学为理论武器从学理上对佛教进行了深刻而系统的批驳。这是他的主要理论贡献。郑道传在斥佛过程中还吸收程朱的理学思想,并提出了自己的性理学理论。本节仅对其性理学及斥佛论思想作一简要论述。

一、郑道传的性理说

郑道传被称为"东方真儒"。正是通过他的积极阐发和努力,朱子学理气论、心性论的诸多观念和思想在此后朝鲜朝性理学中得到了进一步的继承和发扬。

朱子理学亦称为道学,其道器说与理气说密切相连,在新儒学中占有非常重要的地位。大多数性理学家皆将二说作为思想学说的基础和出发点,借"道"、"器"、"理"、"气"一类的本体论概念探讨天地万物之源也就是世界之本源。

郑道传的道器说大体承袭了程朱的学说。"道则理也,形而上者也。器则物也,形而下者也。盖道之大原出于天,而无物不有,无时不然。即身心而有身心之道,近而即于父子君臣夫妇长幼朋友,远而即于天地万物,莫不各有其道焉。人在天地之间,不能一日离物而独立。是以,凡吾所以处事接物者,亦当各尽其道,而不可或有所差谬也。此吾儒之学所以自心而身而人而物,各尽其性而无不通也。盖道虽不杂于器,亦不离于器者也。"①以形上、形下区分道器的同时,他还强调了二者的不离不杂性,即道虽不杂于器亦不离于器。郑道传进而据此批评佛教,指出佛教昧于道器之辨而以道器为二物。"彼佛氏

---

① 郑道传:《佛氏昧于道器之辨》,《佛氏杂辨》,《三峰集》(下)卷9,首尔:三峰郑道传先生纪念事业会 2009 年版,第148—149 页。

于道,虽无所得,以其用心积力之久,髣髴若有见处。然如管窥天,一向直上去,不能四通八达。其所见必陷于一偏见。其道不杂于器者,则以道与器歧而二之。乃曰凡所有相,皆是虚妄。若见诸相非相,即见如来,必欲摆脱群有,落于空寂见。其道不离于器者,则以器为道。乃曰善恶皆心,万法唯识,随顺一切,任用无为,猖狂放恣,无所不为。此程子所谓滞固者入于枯槁,疏通者归于恣肆者也。然其所谓道者,指心而言,乃反落于形而下者之器而不自如也。"①郑道传主张佛教"道与器歧而二之"的"道器"两极化的思想根于其"万法唯识"、"诸相非相"观念,结果导致"以器为道",使"道"无别于形而下者之器。这表明郑氏不仅对程朱的道器说有准确的理解,而且对佛教理论要害处亦有相当深刻的认识。

在大作《天答》篇中,郑氏弟子权近对其"理"有进一步的解释。"天即理也,人动于气者也。理本无为而气用事,无为者静,故其道迟而常。用事者动,故其应速而变。灾祥之不正,皆气之使然也。是其气数之变,虽能胜其理之常者。然此特天之未定之时尔。气有消长,而理则不变,其久而天定,则理必得其常。而气亦随之以正,福善祸淫之理,岂或泯哉。"②以"道则理"和"天即理"来规定"理",那么"道"和"天"就应理解为"太极"。"无极而太极"——理只是作为万物运动变化之所以然而存,所谓"凡所以为当然之则而不可易者是理也"。郑道传指出理具有无为、不变之特性,气则具有能用事、消长之特性。而且郑氏还把"理"理解为是纯粹而至善的形而上之存有亦即人之性。"性者,人所得于天以生之理,纯粹至善,以具于一心者也。"③在理气先后及理气关系问题上,他坚持了理在气先说以及理主宰气之说,所谓"于穆厥理,在天地先,气由我生,心亦禀焉"④。对此,权近则进一步解释道:"有是理,然后有是气。有是气,然后阳之轻清者上而为天,阴之重浊者下而为地。四时于是

---

① 郑道传:《佛氏昧于道器之辨》,《佛氏杂辨》,《三峰集》(下)卷9,首尔:三峰郑道传先生纪念事业会 2009 年版,第 149—150 页。

② 郑道传:《天答》,《三峰集》(下)卷 10,首尔:三峰郑道传先生纪念事业会 2009 年版,第 231—232 页。

③ 郑道传:《佛氏心性之辨》,《佛氏杂辨》,《三峰集》(下)卷9,首尔:三峰郑道传先生纪念事业会 2009 年版,第 141 页。

④ 郑道传:《理谕心气》,《心气理篇》,《三峰集》(下)卷 10,首尔:三峰郑道传先生纪念事业会 2009 年版,第 210 页。

而流行,万物于是而化生。人于其间,全得天地之理,亦全得天地之气,以贵于万物而与天地参焉。天地之理在人而为性,天地之气在人而为形,心则又兼得理气而为一身之主宰也。故理在天地之先,而气由是生,心亦禀之以为德也。"①

在《佛氏杂辨》中,郑道传写道:"盖未有天地万物之前,毕竟先有太极,而天地万物之理,已浑然具于其中。故曰太极生两仪,两仪生四象。千变万化皆从此出。如水之有源,万派流注,如木之有根,枝叶畅茂。此非人智力之所得而为也,亦非人智力之所得而遏也。然此固有难与初学言者,以其众人所易见者而言之。"②理先气后是关乎朱子哲学基本性质和理论形态的一个非常重要的问题。关于理先气后,朱子的思想也经历了发展演变的过程。早年他从理本论出发,主张理气无先后。理在气先的思想是在离开南康之后经朱陈之辨和朱陆太极之辨才逐步形成的。理能生气说曾是其理先气后思想的一个重要内容。而他的晚年定论则是逻辑在先——此说是在更高形态上返回本体论思想,可谓否定之否定。当然,这个发展和演变的过程并不是对立面的演进和交替,在本质上,是以不同形式确认理对于气的第一位性以及理的绝对性。③郑道传在朱子学这一基本问题上坚持"理在天地之先,而气由是生"的理先气后说。以道器规定理气,以强调二者不离不杂性,从而赋予理以"其尊无对"性——这样的理在气先的理解可以说是郑道传理气说的主要内容。上述思想我们在此后朝鲜朝性理学者的学说中亦可找到其端绪。

儒家以"内圣外王之道"为宗旨:内圣成己,外王成物。而内圣之学实质上也就是心性之学。作为研究人的本质以及自我价值应如何实现的哲学理论,内圣是儒家哲学特别是宋明理学的核心问题。宋儒融儒、道、佛三家心性理论为一体(以儒为主),建立了以自我超越为特征的心性本体论,从而将儒家心性之学发展到了最高阶段。因此,理学亦称"道德性命"之学或"心性"之学,说明它是以心性为中心范畴的道德形而上学。

---

① 郑道传:《理谕心气》,《心气理篇》,《三峰集》(下)卷 10,首尔:三峰郑道传先生纪念事业会 2009 年版,第 211 页。

② 郑道传:《佛氏真假之辨》,《佛氏杂辨》,《三峰集》(下)卷 9,首尔:三峰郑道传先生纪念事业会 2009 年版,第 154—155 页。

③ 参见陈来:《朱子哲学研究》,华东师范大学出版社 2000 年版,第 75、99 页。

在郑道传的哲学著述中,对心性的论述所占比重较多,如《佛氏杂辨》19篇文章中"佛氏心性之辨"、"佛氏心迹之辨"、"儒佛同异之辨"、"辟异端之辨"以及《心气理篇》、《心问天答》等都集中涉及"心性"问题。其中,《心气理篇》的"心"是指佛教的"修心","气"是指道家的"养气","理"则指性理学的"性理"。即佛教因修心而视现实为虚妄,道家则为养生而否定思虑与分别。而以"理"为生成之理和当为之理的儒家性理学则可兼摄佛道的理论。①

郑道传的心性思想大体继承了朱子的心性情三分构架体系和"心统性情"论。权近在为三峰《心气理篇》中的《心难气》一文加注时说:"心者,合理与气,以为一身神明之舍。朱子所谓虚灵不昧,以具众理而应万事者也。愚以为惟虚,故具众理;惟灵,故应万事。非具众理则其虚也漠然空无而已矣。其灵也纷然流注而已矣。虽曰应万事,而是非错乱,岂足为神明之舍哉。故言心而不言理,是知有其舍,而不知有其主也。"②郑道传认为"心"是理气之合,亦为一身神明之舍。此时的心中之理即为所禀之德,所谓"理者,心之所禀之德而气之所由生者也"③。他讲到的"德"乃仁义礼智之性,即天之所令而人之所得者。郑氏在《心问》篇中写道:"始者赋命之初,必与人以仁义礼智之性,是欲使人循是性而为善也。"④人心之理虽为上帝所命,但其义理之公因被物欲所胜,致使其善恶之报也有颠倒。若以义理养心则无物欲之蔽,由是全体虚明而大用不差。郑道传据此提出"志帅气卒"的思想:"志吾之帅,气吾徒卒。皆不坚守,弃臣从敌,以臣之微,孤立单薄。"⑤权近进一步解释曰:"志者,心之所之也。吾亦心之自称也。孟子曰,夫志,气之帅也。气,体之充也。注曰,志固心之所之,而气之将帅。气亦人之所以充满于身,而为志之卒徒也。心为天君,以志统气而制物欲,犹人君之命将帅,以率徒众而御敌人也。故曰志吾之帅,气吾徒卒。然志苟不定,则物欲得以夺之,而理不能以胜私矣。故其志之

---

① 参见柳承国:《韩国儒学史》,傅济功译,台湾商务印书馆1989年版,第103页。
② 郑道传:《心难气》,《心气理篇》,《三峰集》(下)卷10,首尔:三峰郑道传先生纪念事业会2009年版,第201页。
③ 郑道传:《理谕心气》,《心气理篇》,《三峰集》(下)卷10,首尔:三峰郑道传先生纪念事业会2009年版,第210页。
④ 郑道传:《心问》,《三峰集》(下)卷10,首尔:三峰郑道传先生纪念事业会2009年版,第230页。
⑤ 郑道传:《心问》,《三峰集》(下)卷10,首尔:三峰郑道传先生纪念事业会2009年版,第226页。

为帅与其气之为徒卒者,皆不能坚守其正,反弃吾心而从物欲。故吾之此心,虽曰一身之主,卒至孤立单弱而薄劣也"①。"志"是心之所之,心是天君。以志统气而制物欲,犹人君之命将帅以率众御敌。故曰"志吾之帅,气吾徒卒"。"志"若不定则物欲得以夺之,而理不能以胜私。故其志之为帅与其气之为徒卒者,皆不能坚守其正,反弃吾心而从物欲。故吾之此心,虽曰一身之主,卒至孤立单弱而薄劣。以我一心之微,而当众欲之攻,虽甚微弱而薄劣。因此,郑道传写道:"诚敬为甲胄,义勇为矛戟,奉辞执言,且战且服,顺我者善,背我者恶,贤智者从,愚不肖逆,因败成功,几失后获。"②以为若能以诚敬为甲胄而自守,则所以操存者固而志不可夺。义勇为矛戟而自卫,则所以裁制者严而欲不得侵犯。这便是"内外交相养之道"③。

因"志"为心之所之,故"志"不定则理不能胜私欲,或者说"志"不能统气而制物欲。若能以诚敬为甲胄而自守,则所以操存者固而志不可夺;若能以义勇为矛戟而自卫,则所以裁制者严而欲不得侵犯天理,正所谓"方寸之间,私欲净尽,则吾心之理,即在天之理。在天之理,即吾心之理,脗合而无间者也。"④因此,学者"存心养气"应以"以义理为之主"。郑道传指出:"有心无我,利害之趋,有气无我,血肉之躯,蠢然以动,禽兽同归,其与异者,呜呼几希。"⑤对此权近则进一步解释道:"人之所以异于禽兽者,以其有义理也。人而无义理则其所知觉者,不过情欲利害之私而已矣。其所运动者,亦蠢然徒生而已矣。虽曰为人,去禽兽何远哉。此儒者所以存心养气,必以义理为之主也。"⑥将是否存有"义理"视为人异于禽兽以及人之所以为人的根据。

郑道传的心性论思想在其《佛氏心性之辨》一文中有较集中的论述。他写道:

---

① 郑道传:《心问》,《三峰集》(下)卷10,首尔:三峰郑道传先生纪念事业会2009年版,第226—227页。
② 郑道传:《心问》,《三峰集》(下)卷10,首尔:三峰郑道传先生纪念事业会2009年版,第227页。
③ 郑道传:《心问》,《三峰集》(下)卷10,首尔:三峰郑道传先生纪念事业会2009年版,第228页。
④ 郑道传:《心问》,《三峰集》(下)卷10,首尔:三峰郑道传先生纪念事业会2009年版,第224页。
⑤ 郑道传:《理谕心气》,《心气理篇》,《三峰集》(下)卷10,首尔:三峰郑道传先生纪念事业会2009年版,第211—212页。
⑥ 郑道传:《理谕心气》,《心气理篇》,《三峰集》(下)卷10,首尔:三峰郑道传先生纪念事业会2009年版,第212页。

心者,人所得于天以生之气,虚灵不昧以主于一身者也。性者,人所得于天以生之理,纯粹至善以具于一心者也。盖心有知有为,性无知无为。故曰心能尽性,性不能知检其心,又曰心统情性,又曰心者神明之舍,性则其所具之理,观此心性之辨可知矣。彼佛氏以心为性,求其说而不得,乃曰:迷之则心,悟之则性。又曰:心性之异名,犹眼目之殊称至。楞严曰:圆妙明心,明妙圆性,以明与圆分而言之。普照曰:心外无佛,性外无法,又以佛与法分而言之,似略有所见矣。然皆得于想象髣髴之中而无豁然真实之见,其说多为游辞而无一定之论,其情可得矣。吾儒之说,曰尽心知性,此本心以穷理也。佛氏之说,曰观心见性,心即性也,是别以一心见此一心,心安有二乎哉?彼亦自知其说之穷,从而遁之曰:以心观心。如以口齿口,当以不观观之,此何等语欤?且吾儒曰:方寸之间,虚灵不昧,具众理应万事。其曰虚灵不昧者,心也;具众理者,性也;应万事者,情也。惟其此心具众理,故于事物之来应,之无不各得其当,所以处事物之当否而事物皆听命于我也。此吾儒之学内自身心,外而至于事物,自源徂流,一以通贯,如源头之水,流于万物,无非水也。如持有星之衡,称量天下之物。其物之轻重与权衡之铢两相称,此所谓元不曾间断者也。佛氏曰空寂灵知,随缘不变,无所谓理者具于其中,故于事物之来,滞者欲绝而去之,达者欲随而顺之,其绝而去之者,固已非矣,随而顺之者,亦非也。其言曰,随缘放旷,任性逍遥,听其物之自为而已,无复制其是非而有以处之也。是其心如天上之月,其应也如千江之影,月真而影妄,其间未尝连续如持。无星之衡,称量天下之物,其轻重低昂惟物是顺。而我无以进退,称量之也。故曰:佛氏虚,吾儒实。佛氏二,吾儒一;佛氏间断,吾儒连续。学者所当明辨也。①

可见,郑道传是以程朱心性学说为基础展开了对佛教"性空"论的批评,并得出"佛氏虚,吾儒实。佛氏二,吾儒一;佛氏间断,吾儒连续"的结论。

---

① 郑道传:《佛氏心性之辨》,《佛氏杂辨》,《三峰集》(下)卷9,首尔:三峰郑道传先生纪念事业会2009年版,第141—142页。

二、郑道传的斥佛论

在韩国哲学史上,真正具系统性、理论性的斥佛论的出现始于郑道传、权近师徒。《佛氏杂辨》和《心气理篇》即为反映其斥佛论思想的主要代表作。在同佛教的论战中,郑道传基于儒佛思想之异系统发挥性理学(朱子学)的观点并对佛教根本教义逐一进行了批驳。

《佛氏杂辨》就是一部从性理学的立场出发批驳佛家祈福之虚构性以及僧侣寺庙之弊害的著作。此外,其作还涉及佛教的理论弱点。此书写于1398年,主要围绕以下19个问题展开分析论证以阐述其斥佛论主张。(1)佛氏轮回之辨;(2)佛氏因果之辨;(3)佛氏心性之辨;(4)佛氏作用是非之辨;(5)佛氏心迹之辨;(6)佛氏昧于道器之辨;(7)佛氏毁弃人伦之辨;(8)佛氏慈悲之辨;(9)佛氏真假之辨;(10)佛氏地狱之辨;(11)佛氏祸福之辨;(12)佛氏乞食之辨;(13)佛氏禅教之辨;(14)儒释同异之辨;(15)佛法入中国;(16)事佛得祸;(17)舍天道而谈佛果;(18)事佛甚谨年代尤促;(19)辟异端之辨。而且,在文中他还援引了许多程颢、程颐兄弟和朱熹等人的有关抑佛扬儒的论述。

仅从《佛氏杂辨》题目来看,郑道传对佛教的批判是相当系统而全面的。在驳斥佛教"因果轮回"等基本教义的过程中,提出天地万物由"气"形成之气化论观点。《佛氏轮回之辨》中提到:

> 人物之生生无穷乃天地之化,运行而不已者也。原夫太极有动静而阴阳生,阴阳有变合而五行具。于是无极太极之真,阴阳五行之精,妙合而凝,人物生生焉。其已生者,生而过;未生者,来而续。其间不容一息之停也。佛之言曰:人死精神不灭,随复受形。于是,轮回之说兴焉。《易》曰:原始反终,故知死生之说。又曰:精气为物,游魂为变。先儒解之曰:天地之化,虽生生不穷,然而有聚必有散,有生必有死。能原其始而知其聚之生,则必知其后之必散而死。能知其生也,得于气化之自然。初无精神寄寓于太虚之中,则知其死也,与气而俱散无复留有形象,尚留于冥漠之内。又曰:精气为物,游魂为变,天地阴阳之气交合复成人物。到得魂气归于天体,魄归于地复,是变了粗气为物,是合精与气而成物,精魄而气

魂也。游魂为变,变则是魂魄相离,游散而变。变非变化之变,既是变则坚者、腐存者达无物也。天地间如烘炉,虽生物皆销铄己尽。安有已散者复合而已生者复来乎?今且验之,吾身一呼一吸之间,气一出焉,谓之一息。其呼而出者,非吸而入之也。然则人之气息亦生生不穷,而生者过,来者续之,理可见也。外而验之于物,凡草木自根而干、而枝、而叶、而华实,一气通贯。当春夏时,其气滋至而华叶畅茂;至秋冬,其气收敛而华叶衰落;至明季春夏又复畅茂,非已落之叶返本归源而复生也。又井中之水,朝朝而汲之,喝饮食煮,煮而尽之;濯衣服者,日曝而干之,泯然无迹。而井中之泉,源源而出,无有穷尽,非已汲之水返其故处而复生也。且百谷之生也,春而种十石,秋而收百石,以至千万,其利倍蓰,是百谷亦生生也。今以佛氏轮回之说观之,凡有血气者自有定数,来来去去无复增损。然则天地之造物反不如农夫之生利也。且血气之属,不为人类,则为乌兽鱼龟昆虫。其数有定,此蕃则彼必耗矣,此耗则彼必蕃矣。不应一时俱蕃,一时俱耗矣。自今观之,当盛世人类蕃庶,乌兽鱼龟昆虫亦蕃庶;当衰世人物耗损,乌兽鱼龟昆虫亦耗损。是人与物皆为天地之气所生,故气盛则一时蕃庶,气衰则一时耗损,明矣。予愤佛氏轮回之说惑世尤甚。幽而质诸天地之化,明而验诸人物之生,得其说如此,与我同志者幸共鉴焉。

　　或问子引先儒之说,解《易》之游魂为变曰:魂与魄相离,魂气归于天,体魄降于地,是人死则魂魄各于天地,非佛氏所谓人死精神不灭者耶?曰:古者四时之火,皆取于木,是木中元有火,木热则生火。犹魄中元有魂,魄暖着为魂,故曰钻木出火。又曰形既生矣,神发知矣。形魄也,神魂也。火缘木而存,犹魂魄合而生。火灭则烟气升而归于天,灰尽降而归于地。犹人死则魂气升于天,体魄降于地。火之烟气即人之魂气,火之灰尽即人之体魄。且火气灭矣,烟气灰尽不复合而为火。则人死之后,魂气体魄亦不复合而为物。其理岂不明甚也哉。①

　"轮回"乃梵文 Samāra 的意译,原意为"流转"。原是印度婆罗门教教义,后为

---

① 　郑道传:《佛氏轮回之辨》,《佛氏杂辨》,《三峰集》(下)卷9,首尔:三峰郑道传先生纪念事业会2009年版,第131—136页。

佛家沿用发展佛教的基本教义之一。它宣扬一切有生命的东西,如果得不到"解脱",则会永远在所谓"六道"(天、人、阿修罗、地狱、饿鬼、畜生,或无阿修罗道而为"五道轮回")中生死相续、无有止息,故称"六道轮回"。这种"轮回"说的核心是灵魂不灭,即人死后其精神不死。根据其人一生所做的"业",灵魂还会在来生以至二生三生承受业报。① 基于灵魂不灭论的"轮回"说是佛教世界观和信仰核心理论。

郑道传以朱子学"气化"论以及"气之生生不息"的理论对之进行了批评。他认为人和万物都为天地之气所生,"太极有动静而阴阳生,阴阳有变合而五行具。于是无极太极之真,阴阳五行之精,妙合而凝,人物生生焉"②。气之凝聚者为"形质",为"神气",而"形质"与"神气"必然紧密相连。一旦形质消灭,神气也就不复存在,所以人死了精神便无以存在,所谓"天地之化,虽生生不穷,然而有聚必有散,有生必有死。能原其始而知其聚之生,则必知其后之必散而死。能知其生也,得于气化之自然"。同时,他还提出事物总是处于发生、发展、消亡的演化过程中的辩证思想。"人物之生生而无穷乃天地之化,运行而不已者也。"此"生生无穷"之运动不是简单的循环,而是带有发展进步的质的变化。

郑道传以"气化"和"气之生生不息"的理论说明了人与物类能够不断繁衍的原因,一方面有力地批驳了佛教"轮回"说的理论基础——精神不灭论,另一方面也使儒家关于"气"的理论得以挺立和张扬。③ 他还以此说为基础进一步批评了作为"轮回"之理论依据的"因果报应"说:"或曰吾子辨佛氏轮回之说至矣,子言人物皆得阴阳五行之气以生,今夫人则有智愚贤不肖、贫富贵贱寿夭之不同,物则有为人所畜役劳苦至死而不辞者,有未免纲罗钓戈之害、大小强弱之自相食者,天之生物,一赋一与何其偏而不均,如是耶? 以此而言,释氏所谓生时所作善恶皆有报应者,不其然乎。且生时所作善恶是之谓因,它日报应是之谓果。此其说不亦有所据欤? 曰予于上论人物生生之理悉矣。知

---

① 参见李甦平:《韩国儒学史》,人民出版社 2009 年版,第 172 页。

② 郑道传:《佛氏轮回之辨》,《佛氏杂辨》,《三峰集》(下)卷 9,首尔:三峰郑道传先生纪念事业会 2009 年版,第 136 页。

③ 参见李甦平:《论三峰郑道传排佛的儒学》,载《韩国研究论丛》(第十五辑),世界知识出版社 2007 年版,第 368—369 页。

此则轮回之说自辨矣。轮回之说辨,则因果之说不辨而自明矣。"①可见,郑氏是把儒家"气"论思想作为其批评佛教的主要理论工具的。他以朱子学的"气禀"说批驳佛家因缘和合论和因果报应说:"夫所谓阴阳五行者,交运迭行、参差不齐,故其气也有通塞、偏正、清浊、厚薄、高下、长短之异焉。而人物之生,适当其时。得其正且通者为人,得其偏且塞者为物。人与物之贵贱于此焉分。又在于人得其清者智且贤,得其浊者愚不肖,厚者富而薄者贫,高者贵而下者贱,长者寿而短者夭,此其大略也。虽物亦然。"②

朱熹认为当理化生形气之时,理气浑然相融,具体到形成人物的时候,理即具于形气之中形成人的气禀。人物的气禀不仅有偏与正的问题,还有清与浊的问题。③朱子说过:"气有清浊,故禀有偏正。惟人得其正,故能知其本。具此理而存之,而见其为仁。物得其偏,故虽具此理而不自知,而无以见其为仁。"④郑道传援引朱学"气禀"说,进一步指出人与物之区别、人与人之差异皆由气禀的不同造成的,并非出于佛教所谓因果报应。他在《佛氏因果之辨》篇的文末写道:"圣人设教,使学者变化气质,至于圣贤治国者,转衰亡而进治安。此圣人所以回阴阳之气,以致参赞之功者。佛氏因果之说,岂能行于其间哉?"⑤可以看出,郑道传反对佛学主要是出于其"灭伦害国性"⑥。因此,他在《辟异端之辩》文中指出:"以予惛庸,不知力之不足,而以辟异端为己任者,非欲上继六圣一贤之心也。惧世之人惑于其说,而沦胥以陷,人之道至于灭矣。呜呼,乱臣贼子,人人得而诛之,不必士师。邪说横流,坏人心术,人人得而辟之,不必圣贤。此予之所以望于诸公,而因以自勉焉者也。"⑦

---

① 郑道传:《佛氏因果之辨》,《佛氏杂辨》,《三峰集》(下)卷9,首尔:三峰郑道传先生纪念事业会2009年版,第136页。

② 郑道传:《佛氏因果之辨》,《佛氏杂辨》,《三峰集》(下)卷9,首尔:三峰郑道传先生纪念事业会2009年版,第137页。

③ 参见张立文:《朱熹思想研究》,中国社会科学出版社1994年版,第333页。

④ 朱熹:《延平答问》,《朱子全书》(第13册),上海古籍出版社、安徽教育出版社2002年版,第335页。

⑤ 郑道传:《佛氏因果之辨》,《佛氏杂辨》,《三峰集》(下)卷9,首尔:三峰郑道传先生纪念事业会2009年版,第140—141页。

⑥ 参见尹丝淳:《尹丝淳教授的韩国儒学思想论》,首尔:艺文书院1997年版,第82页。

⑦ 郑道传:《辟异端之辩》,《佛氏杂辨》,《三峰集》(下)卷9,首尔:三峰郑道传先生纪念事业会2009年版,第184页。

朱熹反对佛学同样出于其对人伦道德的危害性,所谓"佛老之学,不待深辨而明,只是废三纲五常这一事,已是极大罪名,其他更不消说"①。不过,其对佛教的批判主要集中在禅宗。朱熹尝言:"禅学最害道,老庄于义理绝灭犹未至尽,佛则人伦坏;禅则又将许多义理,扫灭无余,故其为害最深。"②此外,他还认为佛教尤其是禅宗将"心"与"性"视为一物,沦空而耽寂。"要之,释氏只是恍惚之间见得些心性影子,却不曾仔细见得真实心性,所以都不见里面许多道理。政使有存养之功,亦只是存养得他所见底影子,固不可谓之无所见,亦不可谓之不能养,但所见所养非心性之真耳。"③心性一旦沦空耽寂即如浮光掠影无以致存养之功。由此可见,朱子学与佛学在心性问题上的根本差别。④

由上所述,郑道传欲构筑的"善恶因果报应"说既没有借助佛之法力,也没有借助天(上帝)之主宰,而是仰仗人的主观能动性亦即所谓"主体性"。他以为尽管人时有不善之行为,但因"理"的不变性和主宰性,只须力克私欲便可变化气质,从而将不善之行为变为善行。他强调人的"主体性",要求人们依靠良善意志和自身努力来战胜"恶"。这说明无论行为之动机还是果报皆系于自身之作为。郑道传的理论虽无佛教因果报应说之效力,却洋溢着合理主义的精神。他确立了以自由意志为基础的人的"主体性",大有异于建立在补偿心理之基础上的佛家他律伦理。其说立足人的自律性、自觉性以否定仰赖他力之思想,在哲学史上有重大的意义。⑤ 可见,郑氏不仅是与李成桂合作成就易姓革命并开创五百年朝鲜王朝的杰出政治家,而且还是开启朝鲜朝儒学独尊时代的深远影响的哲学家。

郑道传被誉为"东方真儒",丽末鲜初排佛论思想的集大成者。正是通过他对佛教教义的系统而全面的批判,性理学(朱子学)才确立了其在朝鲜朝的官方哲学的地位。而且,通过他的积极阐发,朱子学中理气论、心性论等领域

---

① 张伯行:《续近思录》,上海古籍出版社 1994 年版,第 387—388 页。
② 张伯行:《续近思录》,上海古籍出版社 1994 年版,第 410 页。
③ 朱熹:《文集》卷 53,《朱子全书》(第 22 册),上海古籍出版社、安徽教育出版社 2002 年版,第 2521 页。
④ 参见赖永海:《佛学与儒学》,浙江人民出版社 1992 年版,第 149—153 页。
⑤ 参见尹丝淳:《三峰郑道传斥佛论的哲学涵义》,洪军译,载《韩国研究论丛》(第二十二辑),世界知识出版社 2010 年版,第 423—424 页。

的思想皆在此后朝鲜朝儒学发展过程中得到进一步的继承和发扬。《高丽史》有载:"郑道传发挥天人性命之渊源,倡明孔孟程朱之道,辟浮屠百代之诳诱,开三韩千古之迷惑,斥异端,息邪学,明天理而正人心,吾东方真一人而已。"①

　　概言之,丽末鲜初朱子学被传入至最终确定为官方哲学,经历了以下三部曲:首先,被作为新的理论和学说而受到丽末新进士林的关注并被介绍到韩国;其次,被作为新的思想理论运用于排斥佛教的思想斗争中;最后,被革新派所利用,逐步确立为李氏朝鲜王朝的建国理念。至此朱子学获得了朝鲜朝官学的独尊地位。另外,从思想史的视角来看,至朝鲜朝初期韩国朱子学已呈现本土化倾向。像李穑的"天则理"思想、郑梦周的春秋大义和心性践履、吉再的节义精神以及基于性理学道器说的郑道传的斥佛论思想等,都为16世纪韩国性理学全盛时期的到来作了理论准备。

---

① 郑麟趾等:《金子粹》,《列传》卷33,《高丽史》卷120,台湾文史哲出版社1972年版,第503页。

第二章　朝鲜朝前期朱子学之发展

通过上一章的论述可以看出,新罗和高丽两朝的统治阶级将佛教定为国教,并动用大批人力和物力支持弘法。高丽太祖王建(877—943 年)在《十训要》第一条中便讲道:"我国家大业,必资诸佛护卫之力。"佛教的广泛传播不仅促进了韩国思想文化的发展,而且还推动了艺术、建筑等诸多领域的进步。但是随着高丽王朝(918—1392 年)的衰弱和作为国教之佛教的日益腐化堕落,其在意识形态领域的统治地位也随之逐渐丧失,"崇佛与排佛"成了高丽社会后期的矛盾焦点。在此种历史背景下,高丽朝的一些文人学者从 13 世纪末开始从元朝引进朱子学以对抗佛教。所以早期的韩国性理学也被称为高丽朱子学。朝鲜朝开国后,朱子学旋即被确定为官学,得到了迅速的发展。

第一节　金时习的太极论

金时习(1435—1493 年)是朝鲜朝性理学家、文学家,在"生六臣"①中最为著名。他字悦卿,号梅月堂、东峰,生于江陵。金氏自幼聪慧,5 岁便能读书缀文,13 岁师事经学大家金泮、尹祥习读"四书"、"五经"等儒家经典。21 岁皈依

---

① "生六臣"是指愤慨于世祖的篡位及灭伦行为而守节去官的六人,即金时习、南孝温、元昊、李孟专、赵旅、成聃寿。"生六臣"以不事二君之志,主张要誓死效忠端宗。还有"死六臣"是指图谋使端宗复位而被发觉处刑之六人,即成三问、朴彭年、河纬地、李垲、俞应孚、柳诚源。以此生、死六臣为首的在野士林与"勋旧派"人士彼此对立。从成宗以后,在野士林中开始有人进出中央官职,这些人对"勋旧"势力采取批判的态度,而形成两派人士的反目。(参见李丙焘:《韩国儒学史略》,首尔:亚细亚文化社 1986 年版,第 108 页;柳承国:《韩国儒学史》,傅济功译,台湾商务印书馆 1989 年版,第 115、145 页)

佛门出家,后还俗娶妻。其妻死后,复又还山,于成宗二十四年卒于鸿山无量寺。

一、太极说

太极说是金时习哲学思想的主要内容。我们知道"太极"乃朱子学的核心概念,直接关系到对朱子学本体论问题的探讨。朱子曾说过:"太极只是天地万物之理。在天地言,则天地中有太极;在万物言,则万物中各有太极。未有天地之先,毕竟是先有此理。动而生阳,亦只是理;静而生阴,亦只是理。"[①]太极只是理,未有天地,先有此理——"理"的在先并非时空意义上的先后,而是逻辑意义上的在先。

在韩国哲学史上,金时习是最早对"太极"问题进行论述的学者。他在《太极说》中写道:

> 太极者,无极也。太极,本无极也。太极,阴阳也。阴阳,太极也。谓之太极,别有极则非极也。极者,至极之要,理之至极,而不可加也。太者,包容之义,道之至大,而不可侔也。[②]

金氏以为并非"太极"之外另有"无极"。"太极"即是"理之至极",乃事物存在的根据和最高原理。他进一步解释道:"阴阳外别有太极,则不能阴阳;太极里别有阴阳,则不可曰太极。阴而阳,阳而阴,动而静,静而动,其理之无极者,太极也。其气则动静辟阖而阴阳,其性则元亨而利贞也,其情则阴惨而阳舒也,其用则天地以之圆方。元气以之发育,万物以之遂性。其性之正者,太极之为阴阳也。"[③]可见,梅月堂将"太极"视为主宰"一阴一阳、一动一静"之"理"。他在著作中对"理之主宰性"详细加以说明:

> 天地之间,生生不穷者道也,聚散往来者,理之气也。有聚故有散之名,有来故有往之名,有生故有死之名。名者,气之实事也。气之聚者,生而为人。人者,理之具而著者也。故有心焉。[④]

---

① 《理气上·太极天地上》,黎靖德编:《朱子语类》卷1,中华书局2004年版,第1页。
② 金时习:《太极说》,《梅月堂集》卷20,《韩国文集丛刊》13,韩国民族文化推进会1989年版,第384页。
③ 金时习:《太极说》,《梅月堂集》卷20,《韩国文集丛刊》13,韩国民族文化推进会1989年版,第384—385页。
④ 金时习:《生死说》,《梅月堂集》卷20,《韩国文集丛刊》13,韩国民族文化推进会1989年版,第383页。

　　若夫寒暑往来，日月代明，昼夜之道，则此理之自然，气之所以为气，
而成变化而行鬼神者也。①

金时习将气之聚散、往来，即"生生不穷者道"视为理之主宰性所致。可见，他
以"太极"为主宰气之运动的"所以然"之理。也有些学者主张，梅月堂是"唯
气论者"或"气一元论者"。② 有时他的言论确有类似倾向，比如说过"天地之
间，惟一气橐籥耳"③等。

　　然此等言论是基于金时习"太极，阴阳也。阴阳，太极也"④的思想。换言
之，是基于金时习以气之聚散、往来来说明万物之生成的思想。这是仅将
"理"视为气之运动法则的结果。不过，金时习同时也肯定理对气之主宰性，
而且还强调理、气之区别。他曾讲过："才有理，便有气。"⑤故其所言"太极阴
阳也，阴阳太极也"应理解为对"理气不离"的强调。梅月堂的理气二元论思
想意在阐明理气之"造化"及其"相即不离"。

　　同时他还将"理"表述为"公共之理"。"天之生民，各与以性。性即理也，
不谓之理，而谓之性者，理是泛言人物公共之理。性是在我之理，在我之理，未
尝不善。如父子有亲之理，以至朋友有信之理，便是人之性。如牛耕马驰，鸡
司晨，犬护主，草木昆虫，各有形质，好恶不同，便是物之理，然而其源则一也。
故曰，民吾同胞，物吾与也。"⑥此"公共之理"即为"理一"，所以万物皆与我为
一体；同时"理"又是"分殊之理"，故天之生民必以性理，草木昆虫亦各有其物
理。可见，金时习对"理"的认识大体接续朱子学说而来。

　　此外，梅月堂将人的"性理"阐发为"实理"。众所周知，"性即理"是程朱
理学的基本命题，但是在具体的解释上每位理学家的视角各有不同。对于性

---

① 金时习：《神鬼说》，《梅月堂集》卷 20，《韩国文集丛刊》13，韩国民族文化推进会 1989 年版，第
　383 页。
② 参见刘明钟：《韩国思想史》，大邱：以文出版社 1981 年版，第 244—247 页。
③ 金时习：《神鬼说》，《梅月堂集》卷 20，《韩国文集丛刊》13，韩国民族文化推进会 1989 年版，第
　383 页。
④ 金时习：《太极说》，《梅月堂集》卷 20，《韩国文集丛刊》13，韩国民族文化推进会 1989 年版，第
　384 页。
⑤ 金时习：《服气》，《杂著》，《梅月堂集》卷 17，《韩国文集丛刊》13，韩国民族文化推进会 1989 年版，
　第 351 页。
⑥ 金时习：《杂说》，《梅月堂集》卷 23，《韩国文集丛刊》13，韩国民族文化推进会 1989 年版，第
　417 页。

理,梅月堂是这样认识的:

> 性与理,都无两般。先儒云,性即理也。天所命,人所受,而实理之具
> 于吾心者也,盖初非有物。但是仁义礼智之在我,浑然至善,未尝有恶。
> 尧舜,涂人,初无少异。惟气质有清浊粹驳之不齐,不能皆全,故汩于人欲
> 而失之,谓之众人。无私欲之蔽而能尽其性,谓之圣人,其实未尝有殊也。
> 子思之言天命,孟子之言性善者是也。彼告子之言生,荀子之言恶,杨子
> 之言混,韩子之论三,释氏之作用,皆以气而遗其理也。①

> 道德与性理异乎? 曰,无以异也。夫道者,性理之极处,初非有他歧
> 可说。②

将"性理"理解为"实理",即"天所命,人所受,而实理之具于吾心者",此为朝
鲜朝后期实学派的实心实理说的肇端。梅月堂之说既有助于防范性理的抽象
化和空洞化,又有益于增强性理学家的现实感和历史感。在他看来,循此仁之
性(实理)则可以自父子之亲以达至仁民爱物。

二、道佛观

梅月堂对佛、道也多持批判的态度。他曾以孟子"存心养性"之思想为依
据批驳佛教"观心见性"说。"如浮屠氏观心则不可,如金不博金,水不洗水,
岂可以吾心观吾心。若云可观,心应有二。"③在此,他还阐述了自己对人心道
心问题的理解,曰:"或问先圣有言,人心惟危,道心惟微,心岂非二乎。曰,所
谓人心者,生于物我之相形,人欲之私也。道心,源于性命之正,天理之公也。
从事于斯,无少间断,遂使道心常为一身之主,而人心每听命焉。则危者安,微
者著,而人欲卒无以胜夫天理之公矣。岂有但观而已乎。"④"道心为主,人心
听命",这是朱子人道说的主要观点。但是,将"人心"简单理解为"人欲之私"

---

① 金时习:《性理》,《杂著》,《梅月堂集》卷 17,《韩国文集丛刊》13,韩国民族文化推进会 1989 年版,
第 348 页。
② 金时习:《性理》,《杂著》,《梅月堂集》卷 17,《韩国文集丛刊》13,韩国民族文化推进会 1989 年版,
第 347 页。
③ 金时习:《杂说》,《梅月堂集》卷 23,《韩国文集丛刊》13,韩国民族文化推进会 1989 年版,第
417 页。
④ 金时习:《杂说》,《梅月堂集》卷 23,《韩国文集丛刊》13,韩国民族文化推进会 1989 年版,第
417 页。

却有待斟酌。由此也可以看出,此时韩国性理学尚处于理论建构阶段,仍需进一步的深入发展。

金时习对道家也进行了批判。他认为:"彼老氏者,体道而非率性之道。论德而非明命之德,则如之何其泽于世,垂于后也。"①老氏之学虽然也可称为已悟"道"本,但是其"道"并不是儒家所言"率性之道",而其"德"亦非儒家所谓"明命之德"。因此,老氏之说就难以"泽于世,垂于后"。

在论述儒道两家之异时,梅月堂还提出"志为帅之气"的思想。他曾说过:"在圣人之道则不然。论养气,不论服气,盖在心为志,志发为气。志,气之帅也。"②这与郑道传、权近等人主张的"志帅气卒"的思想一脉相承。

由上所述,金时习是对儒释道的义理都有较深切体会的朝鲜朝初期一位博学多识的学者,因而后人对其思想的学派属性也多有争论。退溪李滉即称其为"一种异人"。他评论道:"[鋗]世人以金梅月之披缁,为不足观。在鋗之意,以为梅月遁世一节,固未合于中庸之道。然而身中清,废中权,如此看则何如。[滉]梅月别是一种异人,近于索隐行怪之徒。而所值之世适然,遂成其高节耳。观其与柳襄阳(柳襄阳:本名,柳子汉,因曾任襄阳府使,故被称为"柳襄阳"——引者注)书,金鳌新话之类,恐不可太以高见远识许之也。"③而栗谷李珥则称梅月堂为"横谈竖论,多不失儒家宗旨。至如禅道二家,亦见大意"④。朝鲜朝中期著名性理学家宋时烈(字英甫,号尤庵、尤斋,谥号文正,1607—1689 年)则在《梅月堂画像跋》中对其评论道:"其髭须虽在,而冠服则正缁流所著也。余尝按栗谷先生奉教所撰公传,公少为儒生,中为缁流,晚尝长发归正,临终时更为头陀像,盖三变其形矣,独乃留此缁像而自赞焉者,岂亦有意存乎其间耶。盖公出家放迹,实欲藏晦其身。然百世之下,见其气象精神

① 金时习:《性理》,《杂著》,《梅月堂集》卷 17,《韩国文集丛刊》13,韩国民族文化推进会 1989 年版,第 347 页。
② 金时习:《服气》,《杂著》,《梅月堂集》卷 17,《韩国文集丛刊》13,韩国民族文化推进会 1989 年版,第 351 页。
③ 李滉:《答许美叔》,《退溪全书》(二) 卷 33,首尔:成均馆大学校大东文化研究院 1985 年版,第 189 页。
④ 李珥:《金时习传》,《栗谷全书》(一) 卷 14《杂著》1,首尔:成均馆大学校出版部 1992 年版,第 292 页。

于片幅之上者,犹知其为梅月公矣。"①但是,通过其性理说的分析可以看出,李珥在《金时习传》中"心儒迹佛"的评价还是较为中肯的。李珥写道:"自以声名早盛,而一朝逃世,心儒迹佛。取怪于时,乃故作狂易之态,以掩其实。士子有欲受学者,则逆击以木石,或弯弓将射,以试其诚。"②

概而言之,梅月堂的性理学思想肯定理对气的主宰性,但同时也强调二者之分别,所谓"才有理,便有气"。所以对其"太极,阴阳也。阴阳,太极也"的思想应理解为对理气不离的重视。金时习的理气二元论思想强调理气之"造化"及其"相即不离"。梅月堂之学虽然在体系化方面有所不足,对朱子学的理解程度亦有欠缺,但是基本上还是笃守了朱子学的基本立场。金时习思想与李彦迪(字复古、号晦斋、紫溪翁,1491—1553 年)对太极主理性的论述有所不同,却从"理气一体"、"理气造化"的角度解释"太极之理"的主宰性,由此开启了韩国哲学史上影响深远的无极太极论辩之先河。同时在他的学说中,还可以看到赵光祖道学思想的萌芽以及退溪李滉、栗谷李珥等人的性理学的端绪。

梅月堂金时习的主要哲学著作有《太极说》、《生死说》、《神鬼说》、《易说》等,现均收录在《梅月堂集》(24 卷)中。

第二节 赵光祖的道学论

朝鲜建国初期朝政由"事功派"(郑道传、权近等人)主导,他们以性理学(朱子学)为建国理念,积极推动社会经济和文化发展,迎来了新王朝建立后的短暂的繁荣期。但是随着李氏王朝的建立,退隐山林、远离政治争斗的"义理派"士人却并未完全退出社会政治的舞台。从世宗朝开始,他们逐渐重返朝政,对勋旧势力的腐败弊政进行了强烈的批判。这一派继承圃隐郑梦周义理思想之衣钵,大体包括吉再、金叔滋、金宗直、金宏弼、郑汝昌、赵光祖等人。与之同气相求的还有反对世祖篡位的"生六臣"、"死六臣"等节义派,他们都

---

① 宋时烈:《梅月堂画像跋》,《跋》,《宋子大全》卷 147,《韩国文集丛刊》113,韩国民族文化推进会 1993 年版,第 161 页。
② 李珥:《金时习传》,《栗谷全书》(一)卷 14《杂著》1,首尔:成均馆大学校出版部 1992 年版,第 292—293 页。

是继承圃隐郑梦周学脉的士林派学者。

中宗、明宗朝年间频发的"士祸"①，使大多数儒者逐渐远离现实政治，转而沉潜于对儒学义理问题之探究。于是，韩国士大夫们形成一股研究性理学义理的风潮。同时，这一时期性理学的"道学化"也得到加速发展。其实，15世纪中叶之前性理学的"道学化"现象已开始出现，掀起"道学化"思潮的正是出身于中小地主阶层的士林派学者。他们在至治主义思想的旗帜下试图彻底实现"大义（春秋大义）"，实现儒家的王道政治理想。道学思想正是支撑这些"士林派学者良心"的思想基础和哲学基础。② 本节将论述作为士林派学者翘楚的赵光祖的道学思想。

---

① "士祸者，谓士林之受难事变也。自燕山（第十代）朝至明宗（第十三代）朝，士祸屡起。即燕山时，有戊午、甲子二大士祸。中宗（第十一代）时，有己卯士祸。明宗时，有乙巳、丁未士祸。许多士林，酷被斩伐之祸，这间可以谓之士祸期。"（参见李丙焘：《韩国儒学史略》，首尔：亚细亚文化社1986年版，第116页）

② 这里有必要对韩国儒学的"道学"称谓作一简要介绍。对于"性理学"与"道学"的称谓，尹丝淳教授以为，从根本上来讲，即广义上而言"性理学"与"道学"是同义语。但是，从狭义上而言，二者又有区别："性理学"多带有探究天理、人性、义理等问题的理论意涵的主知主义色彩；"道学"则更多具有力行其原理的实践主义特点。易言之，"性理学"致力于对客观知识的探究，"道学"则追求实践真知和义理精神。相较而言，"道学"比"性理学"具有更为彻底的"修己"和"安人"一面。故"道学"是借义理、大义（春秋大义）的实现来继承和发展原始儒学道统的"性理学的实践儒学"。（参见韩国哲学会编：《韩国哲学史》（中卷），首尔：东明社1989年版，第144—152页）林月惠教授则指出：朝鲜儒者所谓"道学"内容，实包括朱子所诠释与发展的北宋诸子思想，以及朱子本人思想，其主轴是"程、朱学"。犹有进者，在朝鲜儒者看来，"道学"的内容精髓即是"程、朱学"，有时"道学"与"程、朱学"并称。朝鲜儒者虽然沿用宋代"道学"一词而与汉、唐儒学作区别，但从学派的择取来看，实际指涉"程、朱学"。又指出：性理学的学问性格是穷究天人之际，是深度的哲学思考与哲学体系的建立；同时作为"为己之学"的性理学也是实践哲学，必有完整的工夫论作为其哲学思考的起点与保证。因此，举凡涉及宇宙根源探问的理气问题，或是反躬自省而究其本源的心性问题，都是性理学关心的焦点。故在朝鲜儒者的思维里，"道学"、"程、朱学"、"性理学"虽有名言之不同，但实际上都是环绕朱子思想而展开的儒学思想。（参见林月惠：《异曲同调——朱子学与朝鲜性理学》，台湾大学出版中心2010年版，第4—6页）上引二位学者对"道学"的论述，对我们理解韩儒所指称的"道学"概念颇有助益。概而言之，"性理学"与"道学"都主张"穷理以致其知，反躬以践其实"，强调"知行并进"的重要性，但是"道学"更为重视基于彻底的涵养省察——"修己"基础上的"安人"，即至治主义王道理想政治。故可将"律身行道"的践履精神，"经世致用"的辅国安民精神视为"道学"思想的根本特色，这一点在赵光祖、李珥等人身上反映得较突出。李珥曾曰："夫道学者，格致以明乎善，诚正以修其身，蕴诸躬则为天德，施之政则为王道。"又曰："夫所谓真儒者，进则行道于一时，使斯民有熙皞之乐；退则垂教于万世，使学者得大寐之醒。进而无道可行，退而无教可垂，则虽谓之真儒，吾不信也。"（李珥：《东湖问答·已巳》，《栗谷全书》（一）卷15《杂著》2，首尔：成均馆大学校出版部1992年版，第316、317页）由是而观，朝鲜朝后期实学思潮的兴起亦是韩国儒学道学传统内在逻辑的自然展开。

一、至治主义

赵光祖(1482—1519年),字孝直,号静庵,谥号文正,是朝鲜朝前期著名性理学家。他是士林派的重要代表人物金宏弼的高足。作为汉阳人,光祖出生于官僚两班世家。中宗五年(1510年)参加"春中进士会试",中生员,入太学。中宗十年(1515年)又应谒圣别试以乙科状元及第,之后历任典籍监察、副提学、元子辅养官、大司宪等官职,从而确立了其朝鲜朝前期士林领袖之地位。后因遭勋旧势力的诬陷,在"己卯士祸"①中被中宗赐死。

赵光祖以"崇道学、正人心、法圣贤、兴至治"②为目标,热衷于"国是"之确立。他主张革弊扶新的社会改革,积极倡导至治主义,聚集了一批年轻士大夫反对勋旧派的专横。赵氏以为士大夫为学第一要务便是为生民而行道。他曾说过:"士生于世,业为学问者,冀得展其怀抱,有补于生民耳。孟子以亚圣,历聘齐、梁,岂有他意乎。但欲行其道而已。后世士子之事,自私而已。臣等面对六七度,徒以口舌,欲感君上,此特末耳。但君为君道,臣为臣道,则朝廷清而治道成矣。"③依其之见,君主若能"以道惟一"则德无不明,"治惟纯"则国无不理。但是,君主若不能"以道惟一"则德灭而国亡。他说:

> 伏以道惟一,而德无不明;治惟纯,而国无不理。不一乎道,不纯乎治,则二而暗,杂而乱。一纯二杂,罔不原乎是心,故正厥原,通微溥显,克一其居,而政化惟纯,德着而国昌。迷厥原,炽柱沈阖,二三其守,而政化乃杂,德灭而国亡。④

---

① 成宗时,金宗直作弔义帝文,以楚怀王比端宗,西楚霸王比世祖,隐然有诽谤世祖,同情端宗之嫌;而金宗直之弟子,当时担任史官的金驲孙将此弔文编入成宗实录,而引起了所谓"史草问题"。借此"史草问题"的机会,"勋旧"势力借王权而欲除去士林人物,故引起"戊午士祸"(1498年)。以此为发端,接二连三的"甲子士祸"(1504年)、"己卯士祸"(1519年)、"乙巳士祸"(1545年),造成无数士林派的牺牲,如金宏弼、郑汝昌、赵光祖等或被处斩或被流放,这些人物成了"道学派"的主流,后来大部分配享于文庙。此四次士祸,史称"四大士祸"。(参见柳承国:《韩国儒学史》,傅济功译,台湾商务印书馆1989年版,第115页)
② 李珥:《经筵日记》,《栗谷全书》(二)卷28,首尔:成均馆大学校出版部1992年版,第108页。
③ 赵光祖:《因不从改正功臣事辞职启三》,《启辞》,《静庵集》卷2,《韩国文集丛刊》22,韩国民族文化推进会1996年版,第22页。
④ 赵光祖:《弘文馆请罢昭格署疏》,《疏》,《静庵集》卷2,《韩国文集丛刊》22,韩国民族文化推进会1996年版,第18页。

可见，"以道惟一"的"弘道"思想是赵氏道学的核心理念。他主张为了"弘道"，志士仁人要杀身成仁、舍生取义以实现社会正义。那么其心目中的"道"又是何物呢？"夫道也者，本乎天，而依之于人，行之于事为之间，以为治国之方也。"①又曰："夫子之道，天地之道也。夫子之心，天地之心也。天地之道，万物之多，莫不从此道而遂，天地之心，阴阳之感，亦莫不由此心而和。阴阳和，万物遂而后，无一物不成就于其间，而井井焉有别。"②"人能弘道，非道弘人"③是孔子的主张，其要义是说人应有弘道的主观能动性。④ 人外无道，道外无人，故人能大其道，道不能大其人。而仁又是人之所以为人之理，所以说以人之理合于人之身才是道。赵光祖说：

> 天与人本乎一，而天未尝无其理于人。君与民本乎一，而君未尝无其道于民。故古之圣人以天地之大，兆民之众为一己，而观其理而处其道。观之以理，故负天地之情。达神明之德，处之以道，故凝精粗之体，领彝伦之节。是以是是非非、善善恶恶，无所得逃于吾之心。而天下之事，皆得其理，天下之物，皆得其平。此万化之所以立，治道之所以成也。虽然道非心，无所依而立，心非诚，亦无所赖而行，为人主者，苟以观天理而处其道，由其诚而行其事，于为国乎何难。恭惟主上殿下，以干健坤顺之德，孜孜不息，出治之心既诚，为治之道已立。犹虑夫纪纲有所未立，法度有所未定。其于尊礼先圣之余，进策臣等于泮宫，先之以先圣之事，遂及欲复隆古之治。⑤

对"天人一体"之道心的重视是赵光祖道学思想的根本精神。他的人生理想和政治抱负是欲在李朝实现唐虞三代之治。因此，赵光祖要求学者为学当以圣贤自期，人主为政当以实现三代之治为："学者以圣贤为期，未必即至圣贤之域，人主以唐虞三代为期，未必即致唐虞三代之治。然立志如此，而用功

① 赵光祖：《谒圣试策》，《对策》，《静庵集》卷2，《韩国文集丛刊》22，韩国民族文化推进会1996年版，第16—17页。
② 赵光祖：《谒圣试策》，《对策》，《静庵集》卷2，《韩国文集丛刊》22，韩国民族文化推进会1996年版，第16页。
③ 《论语·卫灵公》，朱熹：《四书章句集注》，中华书局1996年版，第167页。
④ 参见《孟子·尽心下》，朱熹：《四书章句集注》，中华书局1996年版，第367页。
⑤ 赵光祖：《谒圣试策》，《对策》，《静庵集》卷2，《韩国文集丛刊》22，韩国民族文化推进会1996年版，第15页。

于格致诚正,则渐至于圣贤之域,尧舜之治矣。若徒骛高远,而不下实功,则日趋浮虚之地而已……人君亦必以最贤者为师,次者为友,尊礼之,可也。"①在他看来,孔子之道只是与心相通之天理。学者只要"敬守此心",对越上帝,就可以不背夫子之道。所谓"敬守此心"便是以诚心守道。

于是,赵光祖将心的"诚未诚",视为天人离合、社会治乱之根据。他说:

> 然而所谓心、所谓道者,未尝不一于其间。而千万人事之虽殊,而其道心之所以为一者,天本一理而已。故以共天下之道,导与我为一之人,以共天下之心,感与我为一之心。感之而化其心,则天下之心化于吾心之正,莫敢不一于正。导之而导于吾道,则天下之人,善于吾道之大,莫敢不归于善。顾吾之道与心,诚未诚如何,而治乱分矣。②

他的至治主义政治理想的实现要求道德主体的自我省察和积极践履。而人主是否诚心守道最为关键。"所以治国者,道而已。所谓道者,率性之谓也。盖性无不有,故道无不在。大而礼乐刑政,小而制度文为,不假人力之为,而莫不各有当然之理,是乃古今帝王所共由为治;而充塞天地,贯彻古今,而实未尝外乎吾心之内;循之则国治,失之则国乱,不可须臾之可离也。是以使其此道之体,了然于心目之间,不敢有须臾之不明也。"③赵氏是朝鲜朝道学精神的确立者④。在他看来,治国即循道,若治国者离经叛道则国必乱。这就要求人君正心诚意、持敬慎独,先养己德,而后推之于行事。又说:

> 古云:至诚感神。又曰:不诚无物。君之遇臣,臣之事君,皆以诚实,则治化可期其成也。我国地方褊小,人君发一言,则八道之人,一朝皆得闻知。惟当于大臣则敬之,于群臣则体之,百工则来之,庶民则子之。患

---

① 赵光祖:《侍读官时启六》,《经筵陈启》,《静庵集》卷3,《韩国文集丛刊》22,韩国民族文化推进会 1996 年版,第 29 页。
② 赵光祖:《谒圣试策》,《对策》,《静庵集》卷2,《韩国文集丛刊》22,韩国民族文化推进会 1996 年版,第 15—16 页。
③ 赵光祖:《谒圣试策》,《对策》,《静庵集》卷2,《韩国文集丛刊》22,韩国民族文化推进会 1996 年版,第 18 页。
④ 宋时烈写道:"盖我箕邦,自殷师以后,上下数千年间道学堙晦,间有郑圃隐、金寒暄诸贤前后倡明之。然其承伊洛之渊源,志唐虞之熙雍,卓然以明ember新民,为此学之标准者,则肇自先生(指赵光祖——引者注),不可诬也。"(赵光祖:《绫州谪庐遗墟追慕碑记》,《记》,《静庵集》附录卷4,《韩国文集丛刊》22,韩国民族文化推进会 1996 年版,第 99—100 页)

吾之所以遇臣爱民者有未诚耳，不患其难化也。后世治道渐下，不能复古者，盖以后世之君，无有真如古昔帝王故也。今之言者曰，欲复古之治道，徒为变乱旧章而已。此由知识庸下，直以所见为言也。近来士气稍稍振起，民之趋向，亦渐好矣。惟愿自上日加慎独诚实工夫，终始不渝，则治化可臻矣。若使世道，日渐污下，终不可变，则人道终归于禽兽矣。三代之治，今可复致者，虽不可易言，岂全无致之之道乎。自上先养己德，推之行事，则人皆诚服，不期化而自化矣。若吾德不修，而修饰于事为之间，则亦何益乎。须敦厚其德，使万化自明德中流出，则下民自然观瞻欣感，有不能已者矣。又非但拱手以守其德而已，必以礼乐刑政，提撕警觉，布置施设，如有可为之事，当振奋而力行也。①

赵光祖以为人主苟能遵道循理、以诚行事，则士气可振，治化可期，于为国亦无难事。作为当朝士林领袖，他将中宗朝（1506—1544 年）视为实现理想政治的难得时机。在任副提学时，他曾向中宗进言道："人主学问，非止澄明一心而已，当见诸施为之际。今者，圣学已至高明。若失此机，后不可图。"②赵光祖认为世宗朝（1419—1450 年）是李氏王朝建立之后最为理想的时期，但"戊午士祸"和"甲子士祸"使成宗朝（1470—1494 年）刚刚培育起来的士气扫地以尽。他欲趁中宗即位之机重振士气，为朝鲜"立万世不拔之基"。赵氏言曰："我国世宗朝，礼乐文物，制度施为，髣髴乎周时。而至于废朝初年，成宗梓宫，在殡未久，而宫中所为，已可寒心，惟其一身，不能善饬，故士大夫皆失恒心，终至迷乱而莫救。赖祖宗德泽深厚，浃于民心，故圣上即位之后，人心庶几向善，而然其旧染污俗，难可猝新也。当此机会，不正士习，不厚民生，不立万世不拔之基，则圣子神孙，将何所取法乎。自古欲治而不能善治者，必有小人喜为谗间生事故也。臣谓圣学，日进于高明，而又推诚以待大臣，则大臣不敢以杂语。陈于上前，而必尽心于国事矣。国事不出于大臣，则上下违咈不顺，

①　赵光祖：《参赞官 副提学时启一》，《经筵陈启》，《静庵集》卷 3，《韩国文集丛刊》22，韩国民族文化推进会 1996 年版，第 31—32 页。
②　赵光祖：《复拜副提学时启十》，《经筵陈启》，《静庵集》卷 4，《韩国文集丛刊》22，韩国民族文化推进会 1996 年版，第 39 页。

而无以致治矣。"①朝鲜从 15 世纪末开始,统治阶级内部形成勋旧派和士林派两大政治势力。二者围绕着土地和政权展开激烈的争斗,给朝鲜社会造成重大损失。士林派基于维护中小地主之利益的立场出发,极力谴责勋旧大臣土地兼并,他们传播程朱之学,宣扬事君以忠的节义精神。勋旧派则视士林派为"野生贵族",每每伺机对其进行报复打压。从世祖(1455—1468 年)时起,至16 世纪 60 年代,大小"士祸"接连不断,其间多有流血事件。均以士林派的被害而告终,史称"士祸"。在"甲子士祸"中,赵光祖的恩师寒暄堂金宏弼(1454—1504 年)亦遭到迫害。1545 年(乙巳年)士林派又受尹元衡一派的打击,这就是"乙巳士祸"。1565 年尹元衡一派被驱逐,士林派随之重回政治舞台,势力开始空前膨胀。中央政权遂为清一色的士林派所掌控。

二、性理说

15 世纪的韩国因经历丽朝两朝更替和社会动荡,士林的士气有所受挫。但是,随着社会政治的逐渐稳定,以冶隐吉再学统所代表的"义理"精神开始风靡半岛,继承其学统的士大夫试图将他的政治理想付诸实践。此一动向反映在 15 世纪末叶出现的"小学修身派"身上。此派以金宗直、金宏弼、金安国(号慕斋,1478—1543 年)为代表,欲由高扬冶隐吉再以培育士林的"义理"精神。至 16 世纪初已成功在经延讲授"小学"。这表明他们的关注点已从个人修身之范围扩大至社会政治领域,在此过程中"心"的意义逐渐受到人们的关注。以赵光祖为代表的至治主义则更是从"心"上寻找修身之依据。

赵光祖生活于朝鲜朝"士祸"期,所以强调为学应兼顾"学问"与"治道",二者不可偏废。"虽曰存心于学问治道,而一有所嗜好,则所向不能专一矣。大抵心无二用,向善则背恶矣,夫文与书,可谓一事,而习文者,不暇于习书,理固然也,若意诚心正之功,到十分尽处,则可保无虞矣,不然则嗜好之害,不可不虑也。"②由此可见,他的道学思想所追求的是道德与政治、致知与践行的高

---

① 赵光祖:《参赞官副提学时启一》,《经筵陈启》,《静庵集》卷 3,《韩国文集丛刊》22,韩国民族文化推进会 1996 年版,第 32 页。
② 赵光祖:《复拜副提学时启十四》,《经筵陈启》,《静庵集》卷 4,《韩国文集丛刊》22,韩国民族文化推进会 1996 年版,第 39—40 页。

度协调与统一，而重点则在于"实功"。

赵光祖的性理学说具有贵理贱气之"主理"论倾向。"理"是其哲学的最高范畴，而"仁"则为理在人性上的显现。他曾说过："理不为气所动……因论理气之分曰：理为主而气为理之所使，则可矣。"①又说："春者，天之元也。四时自春而始，四端自仁而发。无春序不成，无仁不遂。"②光祖将"仁"比之于"春"，以为四季的流行自"春"而始，而人伦亦以"仁"为始端，这样便赋予"仁"以流行发育的功能，从而与天道合一。"虽天人之似殊兮，理在仁而靡爽，然则春于天，仁之于人，同一春也。"③他构筑了一个天人相贯、天人同理的"理一元"论性理哲学体系。在人性论上，主张人性是天理的体现，"性"与"理"同而不悖。静庵以为："性无不善而气禀不齐，人之气不善，气之使然也。"④他又说过："夫人受天地之中以生，只有仁义礼智之德。天理岂有恶哉，但为气禀所拘，故乃有差焉。姑息懦弱，仁之差也；暴虐厉猛，义之差也；诌谀过恭，礼之差也；奸谲诡诈，智之差也。理惟微而气易乘，故善人常少而不善人常多。"⑤赵光祖对"心"非常重视，以为"心是活物，若有感而动"⑥，他的性理学说特别强调对"心"施以检束的修养工夫的必要性。"整齐严肃，则自然主一无适，而应物精当，言动中礼矣。常人之不能若此者，不能齐肃故也，此是圣学之始终，而形容之极难，必于心地惺惺，无昏杂懈弛之时，可见矣。故先儒以主一无适为言，夫整齐严肃，正衣冠，尊瞻视者，乃不昏惰之工夫也。"⑦他在继承朱子学的"诚"、"敬"工夫的基础上，进而提出"持敬"、"去欲"修养方法。

① 赵光祖：《筵中记事二》，《筵中记事》，《静庵集》卷5，《韩国文集丛刊》22，韩国民族文化推进会1996年版，第49页。
② 赵光祖：《春赋》，《赋》，《静庵集》卷1，《韩国文集丛刊》22，韩国民族文化推进会1996年版，第12页。
③ 赵光祖：《春赋》，《赋》，《静庵集》卷1，《韩国文集丛刊》22，韩国民族文化推进会1996年版，第12页。
④ 赵光祖：《筵中记事一》，《筵中记事》，《静庵集》卷5，《韩国文集丛刊》22，韩国民族文化推进会1996年版，第46页。
⑤ 赵光祖：《复拜副提学时启十三》，《经筵陈启》，《静庵集》卷4，《韩国文集丛刊》22，韩国民族文化推进会1996年版，第39页。
⑥ 赵光祖：《筵中记事一》，《筵中记事》，《静庵集》卷5，《韩国文集丛刊》22，韩国民族文化推进会1996年版，第46页。
⑦ 赵光祖：《复拜副提学时启七》，《经筵陈启》，《静庵集》卷4，《韩国文集丛刊》22，韩国民族文化推进会1996年版，第38页。

尽管士林学派学者很少论及认识论问题,赵光祖还是在强调"学以致用"的同时言及这些问题。他说:"大抵耳、目、鼻、声、色、臭味之欲,无非以气而出也。"①

作为道学政治的积极倡导者,静庵认为实践圣贤之学以复尧舜之治的关键就在于人主的正心诚意,所谓"道非心无所依而立,心非诚亦无所赖而行"。一生以行道为己任的赵光祖在韩国历史上第一次系统阐发了"保民"、"泽民"等王道政治思想,还在执政期间提出诸多改革世弊的合理性方案。

简言之,赵光祖道学精神之主旨是由仁政实现儒家至治主义的政治理想。因此,他严辨王霸义利,反对霸权政治,试图以存天理遏人欲来重塑社会纲常,从而构建一个充满正义的李朝社会。这正是儒家王道政治之理想。

静庵在其《戒心箴序》中写道:

> 人之于天地,禀刚柔以形,受健顺以性,气则四时,而心乃四德也,故气之大浩然无所不包,心之灵妙然无所不通。况人君一心,体天之大,天地之气,万物之理,皆包在吾心运用之中。一日之候,一物之性,其可不顺吾度,使之乖戾邪枉耶。然人心有欲,所谓灵妙者沈焉,楛于情私,不能流通。天理晦冥,气亦否屯,彝伦斁,而万物不遂。况人君声色臭味之诱,日凑于前,而势之高亢,又易骄欤。②

从以上引文可以一窥其诚实的人格和笃实的为学。这里需注意的是他对理气心性问题的阐释。静庵认为气之大浩然无所不包,心之灵妙然无所不通,天地之气、万物之理皆包在吾心运用之中。将理气摄于"心"来讨论不仅是静庵道学思想的特色,而且还是韩国重视人间性理之学术传统的发端。正是赵光祖理气论研究的路向转换成为日后李滉、李珥等人"四七理气"之辨的嚆矢。可见,肇始于圃隐郑梦周的义理派学术,传至静庵赵光祖已达新的理论高度。

后世学者对赵光祖多有称道,宋时烈即将其拟于宋代濂溪。时烈尝言:

---

① 赵光祖:《筵中记事二》,《筵中记事》,《静庵集》卷5,《韩国文集丛刊》22,韩国民族文化推进会1996年版,第49页。

② 赵光祖:《戒心箴序》,《箴》,《静庵集》卷2,《韩国文集丛刊》22,韩国民族文化推进会1996年版,第23页。

"余以为先生之生于我东者,实如濂溪之于宋朝也。岂必授受次第如贯珠,然后乃为道学之传哉。"①同为士林派学者的白仁杰(字士伟,号休菴,1497—1579年)则称美他说:"其丕阐绝学之功,优于郑梦周、金宏弼远矣。"②奇大升也赞道:"以东方学问相传之次而言之,则以梦周为东方理学之祖……金宗直学于叔滋,金宏弼学于宗直,而赵光祖学于宏弼,继其渊源之正,得其明诚之实,蔚然尤盛矣。"③号称朝鲜朝朱子学双璧之一的李滉同样对他推崇备至:"盖我东国先正之于道学,虽有不待文王而兴者,然其归终在于节义章句文词之间,求其专事为己,真实践履为学者惟寒暄为然。先生(指赵光祖——引者注)乃能当乱世冒险难而师事之,虽其当日讲论授受之旨,有不可得而闻者,观先生后来向道之诚,志业之卓如彼,其发端寔在于此矣。"④由此可见,至赵光祖朝鲜朝道学的义理思想已初具规模。

不过,最为推崇静庵赵光祖的还是李珥。李珥对静庵在李朝儒学史上的地位和历史作用都给予了极高的评价。"问:我朝学问,亦始于何代? 曰:自前朝末始矣。权近入学图似龃龉,郑圃隐号为理学之祖,而以余视之,乃安社稷之臣,非儒者也。然则道学自赵静庵始起,至退陶先生,儒者模样已成矣。"⑤可见,尽管李珥承认朝鲜朝的理学传统由郑梦周始发其端,但是认为圃隐只是安社稷之臣,且其学又"规矩不精",尚难称为儒者。只有赵光祖才是朝鲜朝性理学传统的真正始祖。李珥说过:"我国理学无传,前朝郑梦周始发其端,而规矩不精,我朝金宏弼接其绪,而犹未大著,及光祖倡道,学者翕然推尊之。今之知有性理之学者,光祖之力也。"⑥

朱子学传入朝鲜半岛之初,学者大多专注于功名和词章训诂,并未对道学

① 赵光祖:《深谷书院讲堂记》,《记》,《静庵集》附录卷4,《韩国文集丛刊》22,韩国民族文化推进会1996年版,第99页。

② 赵光祖:《请从祀疏略》,《附录》,《静庵集》附录卷3,《韩国文集丛刊》22,韩国民族文化推进会1996年版,第87页。

③ 奇大升:《论思录下》,《别集附录》卷2,《高峰集》第二辑,韩国东洋哲学会影印1997年版,第140页。

④ 李滉:《静庵赵先生行状》,《行状》,《退溪集》卷48,《韩国文集丛刊》30,韩国民族文化推进会1996年版,第558—559页。

⑤ 李珥:《语录上》,《栗谷全书》(二)卷31,首尔:成均馆大学校出版部1992年版,第257页。

⑥ 李珥:《经筵日记》(一),《栗谷全书》(二)卷28,首尔:成均馆大学校出版部1992年版,第109页。

的义理精神进行深入研究。直至金宗直、金宏弼、郑汝昌、赵光祖等士林派学者出现后，道学研究才被引向义理探究之路。尤其是赵光祖以一己之力将道学研究推向了经世济国之实践性理学的轨道。[①] 他的至治主义思想，后为李珥等人继承和发扬，不仅影响了朝鲜朝后期性理学的发展，而且还在韩国思想史上掀起了绵延几百年的实学思潮之狂飙。赵光祖的主要著作有《静庵集》（5卷）。

第三节　徐敬德的气本论

朝鲜朝开国百余年之后，朱子学发展终于迎来了鼎盛时期。从15世纪末、16世纪初开始，接连涌现出多位颇有理论建树的硕学鸿儒，如徐敬德、李彦迪、曹植（字楗仲，号南冥，1501—1572年）、李滉、奇大升、李珥、成浑等人。这一性理学家群体在韩国性理学的发展以及近世东亚儒家文化圈的形成方面发挥了重要的作用。本节拟对徐敬德的哲学思想作些简要的论述。

一、太虚说

徐敬德（1489—1546年），字可久，号花潭、复斋，谥号文康。徐氏既是朝鲜朝前期代表性的性理学家之一，又是气本论哲学的理论先驱，世称"花潭先生"。他是开城府人，平生为学最得《大学》"格物致知"之旨。据《年谱》记载，徐氏18岁时当读《大学》至致知在格物一节，便慨然叹道："为学而不先格物，读书安用？"[②]徐敬德志行甚高，不喜举业，曾卜筑精舍于开城五冠山下的

---

① 吴锡源教授也指出，道学与一般以知识为主，单纯追求理论的学问不同，带有很强的实践性。认为，道学是一种正确认识人伦事实判断的客观真理和价值判断的规范性知识，并通过修养人格以期在社会上实现正道的一种实践性学问。以人为本决定了其人道精神，从终极上阐明人道与天理决定了其哲学精神（突出表现为性理学），修炼人格、实践正义决定了其义理精神。他从栗谷的相关论述中总结出，韩国的道学思想兼具人道精神、哲学精神与义理精神三个方面特点。故道学含有理学和义理学等意义，所以只有同时具备纯正本质、缜密理论以及切合实际的实践才能称为真正意义上的道学。（参见吴锡源：《韩国儒学的义理思想》，邢丽菊、赵甜甜译，复旦大学出版社2014年版，第148—153页）书中作者，对宋代道学思想与韩国道学派、韩国的士人精神与出处义理等问题作了具体阐发，这些论述对理解韩国道学思想特点及韩国儒学的义理精神皆有较大帮助。

② 徐敬德：《年谱》，《花潭集》卷3，《韩国文集丛刊》24，韩国民族文化推进会1990年版，第319页。

花潭边,潜心道义,专以穷格为事,以此终其一生。他曾在一首《述怀》诗中吟道:

> 读书当日志经纶,晚岁还甘颜氏贫。
>
> 富贵有争难下手,林泉无禁可安身。
>
> 采山钓水堪充腹,咏月吟风足畅神。
>
> 学到不疑知快活,免教虚作百年人。①

隐居松都(开城)的花潭潜心治学,安贫乐道,其不拘形迹、狂放自适的形象由诗作跃然纸上。这首诗可视为其守道笃学之生平的真实写照。

徐敬德虽然其为学不尊朱子而多从邵雍和张载之说②,但是其所建构的气本论哲学体系在韩国儒学史上却具有重要的地位和影响。李珥曾评论说:"敬德则深思远旨,多有自得之妙,非文字言语之学也。"③

关于"虚空与气",张载论述道:"太虚无形,气之本体,其聚其散,变化之客形尔……太虚不能无气,气不能不聚而为万物,万物也不能不散而为太虚……气之聚散于太虚,犹冰之凝释于水,知太虚即气,则无无。"④他以为,气之本体乃无形的太虚,正是气的聚散形成万物与太虚。太虚、气和万物可谓同一实体的不同存在状态,这是张载气本论思想的立论基础。横渠的气一元学说不仅将中国古代哲学的气论思维推向了新的高度,而且还促进了东亚儒家文化圈气论思想的深入发展。

作为韩国气学派的理论先驱,徐敬德确如李珥所言极重精思自得,其学说亦确有"自得之妙"。他不仅主张世界由"气"构成,而且还提出了独特的先后天理论。

首先,徐敬德将"气"视为世界的本原,以为一切皆为"气之聚散而已"。他曾说过:"吾亦曰:'死生人鬼,只是气之聚散而已'。"⑤还说过:"一气之分,

①　徐敬德:《诗》,《花潭集》卷1,《韩国文集丛刊》24,韩国民族文化推进会1990年版,第292页。

②　李泽堂(1584—1647年)曰:"徐花潭奋起寒微,高节终始。理数之学,追踵康节。静庵以后,无出其右。"栗谷曰:"其论理多主横渠之说,微与程朱不同,而自得之乐,非人所可测也。"(徐敬德:《遗事》,《花潭集》卷3,《韩国文集丛刊》24,韩国民族文化推进会1990年版,第329、332页)

③　李珥:《经筵日记》(二),《栗谷全书》(二)卷29,首尔:成均馆大学校出版部1992年版,第160页。

④　张载:《正蒙·太和篇第一》,《张载集》,中华书局2010年版,第6—7页。

⑤　徐敬德:《鬼神死生论》,《花潭集》卷2,《韩国文集丛刊》24,韩国民族文化推进会1990年版,第307页。

为阴阳。阳极其鼓而为天,阴极其聚而为地,阳鼓之极,结其精者为日,阴聚之极,结其精者为月,余精之散为星辰,其在地为水火焉。"①在花潭看来,天地万物归根结底皆是先天之太虚。正是气的鼓、聚、凝、散之运动产生了千变万化的物质现象。因此,气的运动才是这包罗万象的世界的普遍本质,所以他以气为自己哲学体系的核心概念。

其次,徐敬德将"气"之性质规定为"湛然虚静",所谓"其湛然虚静,气之原也"②。他进而指出:"有聚散而无有无,气之本体然矣。气之湛一清虚者,弥漫无外之虚。聚之大者为天地,聚之小者为万物。聚散之势,有微著久速耳。大小之聚散于太虚,以大小有殊。虽一草一木之微者,其气终亦不散。况人之精神知觉,聚之大且久者哉!形魄见其散,似归于尽没于无。"③依徐氏之见,气之本体"有聚散而无有无"。由此可知,其所言"湛一清虚"之气乃超时空之永恒存有物。他以气本论思想为基础对气之聚散运动给出自己的解释:即气之"聚"生成大千世界,"散"则还原为气;易言之,具体的事物只是"浮现一气中"而已。所以气虽看不见、摸不着,却作为实实在在的存有充塞着整个宇宙。徐敬德以为气"弥漫无外之远,逼塞充实,无有空阙、无一毫可容间也。然挹之则虚,执之则无,然而却实,不得谓之无也"④。

再次,在"太虚"与"气"的关系上,徐敬德相信因"虚静即气之体",故太虚既无终始亦无穷尽。他说:"无外曰太虚,无始者曰气,虚即气也。虚本无穷,气亦无穷。气之源,其初一也。既曰气一,便涵二;太虚为一,其中涵二。既二也,斯不能无阖辟、无动静、无生克也。"⑤文中从空间和时间的意义上对"太虚"与"气"作出了解释:太虚为"无外",气为"无始",二者皆无穷。花潭还指出二者初皆为"一",但以其中涵"二"遂有事物的运动变化。"太虚,虚而不虚,虚则气。虚无穷无外,气亦无穷无外。既曰虚,安得谓之气?曰虚静,即气之体;聚散,其用也。知虚之不为虚,则不得谓之无。老氏曰:'有生于无',

---

①　徐敬德:《原理气》,《花潭集》卷2,《韩国文集丛刊》24,韩国民族文化推进会1990年版,第305页。
②　徐敬德:《原理气》,《花潭集》卷2,《韩国文集丛刊》24,韩国民族文化推进会1990年版,第305页。
③　徐敬德:《鬼神死生论》,《花潭集》卷2,《韩国文集丛刊》24,韩国民族文化推进会1990年版,第307页。
④　徐敬德:《原理气》,《花潭集》卷2,《韩国文集丛刊》24,韩国民族文化推进会1990年版,第305页。
⑤　徐敬德:《理气说》,《花潭集》卷2,《韩国文集丛刊》24,韩国民族文化推进会1990年版,第306页。

不知虚即气也。又曰:'虚能生气。'非也。若曰:'虚生气',则方其末生,是无有气而虚为死也。既无有气,又何自而生?无始也,无生也。既无始,何所终?既无生,何所灭?老氏言虚无,佛氏言寂灭,是不识理气之源,又乌得知道。"①这里徐敬德对"太虚"和"气"的内涵、功用皆作了说明:太虚虚而不虚,虚即为"气";"气"有体用,以虚静为体,而以聚散为用。引文中他在阐述其"太虚"说的同时,还指出了其与佛、老之寂灭虚无的本质区别。"有生于无"出自《老子》第四十章②,"虚能生气"亦与道家"有生于无"不无关系。对此,张横渠批判说:"若谓虚能生气,则虚无穷,气有限,体用殊绝,入老氏'有生于无'自然之论,不识所谓有无混一之常……此道不明,正由懵者略知体虚空为性,不知本天道为用,反以人见之小因缘天地。"③从徐敬德"虚静即气之体"的论述中,可以看出儒家气论与佛、老之学的本质区别。

二、先天说

徐敬德在论述"太虚"的同时,提出了他的"先天说":"太虚湛然无形,号之曰先天,其大无外,其先无始,其来不可究,其湛然虚静,气之原也。"④这就是其独特的"先天说"。从引文中可以概见,所谓"太虚"有三层含义:一太虚为世界的本原;二太虚(气)既无形迹亦无终始;三太虚即气。由此,徐敬德在韩国哲学史上首次明确提出"气不灭"论。"虽一片香烛之气,见其有散于目前,其余气终亦不散,乌得谓之尽于无耶。"⑤举此实例的目的在于说明,气的存在形态虽从有变无也无损其根本属性,此为其"气不灭"论的基本主张。

接着,徐敬德进一步阐发气之"后天说":

倏尔跃,忽尔辟,孰使之乎?自能尔也,亦自不得不尔,是谓理之时也。《易》所谓"感而遂通",《庸》所谓"道自道",周所谓"太极动而生阳"

---

① 徐敬德:《太虚说》,《花潭集》卷2,《韩国文集丛刊》24,韩国民族文化推进会1990年版,第306—307页。

② "反者,道之动;弱者,道之用。天下之物生于有,有生于无。"(《老子·庄子·列子》,岳麓书社1991年版,第11页)

③ 张载:《正蒙·太和篇第一》,《张载集》,中华书局2010年版,第8页。

④ 徐敬德:《原理气》,《花潭集》卷2,《韩国文集丛刊》24,韩国民族文化推进会1990年版,第305页。

⑤ 徐敬德:《鬼神死生论》,《花潭集》卷2,《韩国文集丛刊》24,韩国民族文化推进会1990年版,第307页。

者也。不能无动静，无阖辟，其何故哉？机自尔也。既曰一气，一自含二；既曰太一，一便涵二。一不得不生二，二自能生克。生则克，克则生。气之自微以至鼓荡，其生克使之也。一生二。二者何谓也？阴阳也，动静也，亦曰坎离也。一者何谓也？阴阳之始，坎离之体，湛然为一者也。一气之分，为阴阳。阳极其鼓而为天，阴极其聚而为地。阳鼓之极，结其精者为日；阴聚之极，结其精者为月。余精之散为星辰，其在地为水火焉。是谓之后天，乃用事者也。①

徐敬德以先天、后天来说明本体界和现象界：气未用事时湛然虚静之状态谓之"先天"；气用事后变现之现象谓之"后天"。在太虚与气之聚散等问题的论述中，明显可见张载思想对他的影响。敬德门人朴淳（字和叔，号思庵，1523—1589 年）就曾说过花潭所见得颇受张子《太和》等篇的影响。② 同时，朴淳也充分肯定了徐敬德对张载气论的发展，指出："张子所论'清虚一大'，此穷源反本，前圣所未发也。花潭又推张子之未尽言者，极言竭论，可谓极高明也。"③朴淳虽为敬德的弟子，但与成浑、李珥等皆交好，故而学风较为开放。他讲"花潭又推张子之未尽言者，极言竭论"，可说是公允之言。

三、"二化一妙"论

如何解答"气"与"理"的关系，这是气论中十分重要的课题。为此，徐敬德特撰《理气说》一文，阐明其对理气问题的看法。在理学的首要问题理气先后上，徐氏基于"气为本"的思想，主张"理不先于气"。这是因为气无其始，所以理亦无其始。他说：

原其所以能阖辟、能动静、能生克者而名之曰太极。气外无理，理者，气之宰也。所谓宰，非自外来而宰之，指其气之用事，能不失所以然之正者而谓之宰。理不先于气，气无始，理固无始。若曰理先于气，则是气有

---

① 徐敬德：《原理气》，《花潭集》卷 2，《韩国文集丛刊》24，韩国民族文化推进会 1990 年版，第 305 页。

② 徐敬德：《花潭集》附录《遗事》中记载："十四日，朴和叔来见，稳讨张子《太和》篇。花潭所见得，尽是自此做出来也。"（徐敬德：《遗事》，《花潭集》卷 3，《韩国文集丛刊》24，韩国民族文化推进会 1990 年版，第 329 页）

③ 徐敬德：《遗事》，《花潭集》卷 3，《韩国文集丛刊》24，韩国民族文化推进会 1990 年版，第 329 页。

始也。老氏曰："虚能生气",是则气有始有限也。①

徐敬德在理气问题上的主要观点集中反映在此段引文中。现将要点归纳如下:一是理不先于气;二是气外无理,二者具有共存性;三是气无始而理固无始,二者具有共时性。徐敬德还以老氏主张为例批判道:若说理先于气等于承认气是有始有限的,则与老氏"虚能生气"论一般无二。这表明在理气先后的问题上,花潭坚持的是二者共存共时性。

徐敬德气论思想的关键在于如何理解"理"的概念及其特性。在上段引文中,花潭将"太极(理)"定义为"原其所以能阖辟、能动静、能生克者",即事物产生运动变化的原因。此"所以"的另一种表述就是"宰",即"气外无理,理者,气之宰也"。问题是此"气之宰"可否理解为一般朱子学意义上的理对气的主宰作用?如果将此理解为主宰性,那么花潭哲学便可说是理气二元结构的理论体系。对"宰"的概念放在特定的语境中加以分析可以发现,文中"气之宰"指的是事物运动变化时的条理或是规律。徐敬德之理是"指其气之用事,能不失所以然之正者",亦即事物的内在法则。可见,在花潭哲学中"理"不具有主宰义。

作为气本论者,徐敬德将天地万物的变化归结为"机自尔",意思是说事物的阖辟动静皆由内因决定而外力无与焉。他进一步解释道:"阴阳一用,动静一机,此所以流行循环不能自已也。"②"一阴一阳者,太一也。二故化,一故妙,非化之外,别有所谓妙者。二气之所以能生生化化而不已者,即太极之妙,若外化而语妙,非知易者也。"③此即徐敬德的"二化一妙"说。在他的哲学中,"妙"为事物运动的根本属性,而"化"则为运动变化之内因——"妙化"就是对立统一。此为运动变化的根本动力。事物正是由内因之推动而生生化化、迁变不已。徐敬德的这一思想极具理论卓见,在韩国哲学史上无疑具有里程碑式的意义。

尽管徐敬德气论很有创意,但是同时代的性理学家并未对其学说给予肯

---

① 徐敬德:《理气说》,《花潭集》卷2,《韩国文集丛刊》24,韩国民族文化推进会1990年版,第306页。
② 徐敬德:《复其见天地之心说》,《花潭集》卷2,《韩国文集丛刊》24,韩国民族文化推进会1990年版,第308页。
③ 徐敬德:《理气说》,《花潭集》卷2,《韩国文集丛刊》24,韩国民族文化推进会1990年版,第306页。

定,反而多有微词。李滉尝言:"因思花潭公所见于气数一边路熟。其为说未免认理为气,亦或有指气为理者。故今诸子亦或狃于其说,必欲以气为亘古今常存不灭之物,不知不觉之顷,已陷于释氏之见,诸公固为非矣。"①李滉认为徐敬德论气虽精到无余,却因主气太过于理未深透彻,颇有认理为气之病。而李珥亦批评道:"花潭则聪明过人,而厚重不足。其读书穷理,不拘文字,而多用意思。聪明过人,故见之不难,厚重不足,故得少为足。其于理气不相离之妙处,了然目见,非他人读书依样之比,故便为至乐。以为湛一清虚之气,无物不在,自以为得千圣不尽传之妙。而殊不知向上更有理通气局一节,继善成性之理,则无物不在。而湛一清虚之气,则多有不在者也。理无变而气有变,元气生生不息,往者过来者续,而已往之气,已无所在。而花潭则以为一气长存,往者不过,来者不续,此花潭所以有认气为理之病也。"②李珥虽也指责其说有认气为理之病,但仍肯定与退溪相比"花潭多自得之味"③。他还认可徐敬德对"理气不相离之妙处"已"了然目见"。

其实,李珥对徐敬德的评价可谓切中肯綮。花潭哲学之难解就在于其对"理气之源"等紧要处的细心体贴。徐氏以为:"理之一其虚,气之一其粗,合之则妙乎妙。"④他还说过:"气之湛一清虚者,既无其始,又无其终,此理气所以极妙底。学者苟能做工到此地头,始得觑破千圣不尽传之微旨矣。"⑤可见,他自己也认为此等处为理解其学说的关键。不过,徐敬德所谓理气不相离之妙实基于气一元论,而非构筑在理气二元论的基础之上。因此,尽管花潭学说对李珥主气论影响较大,但李珥还是直言"宁为退溪之依样,不必效花潭之自得也"⑥。李珥甚至预言:"恐珥读书愈久,而愈与公(指花潭——引者注)见背驰也。"⑦

---

① 李滉:《答南时甫》,《退溪全书》(一)卷14,首尔:成均馆大学校大东文化研究院1985年版,第364页。
② 李珥:《答成浩原》,《栗谷全书》(一)卷10,首尔:成均馆大学出版部1992年版,第214—215页。
③ 李珥:《答成浩原》,《栗谷全书》(一)卷10,首尔:成均馆大学出版部1992年版,第215页。
④ 徐敬德:《原理气》,《花潭集》卷2,《韩国文集丛刊》24,韩国民族文化推进会1990年版,第306页。
⑤ 徐敬德:《鬼神死生论》,《花潭集》卷2,《韩国文集丛刊》24,韩国民族文化推进会1990年版,第307页。
⑥ 李珥:《答成浩原》,《栗谷全书》(一)卷10,首尔:成均馆大学出版部1992年版,第215页。
⑦ 李珥:《经筵日记》(二),《栗谷全书》(二)卷29,首尔:成均馆大学出版部1992年版,第160页。

简言之,李滉与李珥对徐敬德的评价不仅有助于我们对其气本论思想的理解,而且有助于后人对其学术性格的判定。由此亦可见,气学派与理学派学者无论在学术立场还是理论旨趣上皆相距甚远。

作为韩国气学派的理论先驱,徐敬德的学问和品格皆为后世学人所敬重,被尊为"近代儒林之表"①。李滉对其理论贡献称许道:"然吾东方,前此未有论著至此者,发明理气,始有此人耳。"②李珥也对其学问赞曰:"虽然偏全闲,花潭是自得之见也。"③

1772 年编纂的《四库全书》收录《花潭集》二卷(见于《四库全书·总目提要》卷七十八《别类存目》五之中)。徐敬德是著作被收录《四库全书》的唯一的韩国哲学家,可谓千载一人而已。这也说明其哲学在韩国乃至东亚哲学史上都有重要意义。徐敬德的主要哲学著作有《原理气》、《理气说》、《太虚说》、《鬼神死生论》以及《复其见天地之心说》等,现均被收录于《花潭集》(4卷)中。

第四节 李彦迪的理本论
——以"无极太极"之辨为中心

在韩国儒学史上发生过的主要学术论辩有"无极太极"之辨、"四端七情理气"之辨、"四七人心道心"之辨、"人物性同异(湖洛论争)"之辨以及"心说"论争等。其中,"无极太极"之辨是对性理学本体论(宇宙论)问题的探讨,其余皆为对性理学心、性、情等核心概念的深度辨析。这些论辩的依次展开不仅促进了韩国性理学理论的深入发展,而且还促成了韩国儒学独特理论风格的形成。从韩国儒学各个发展阶段所呈现的各具特色的学术争辩中,我们可以发现韩国性理学家们所具有的强烈的批判精神和问题意识。本节要考察的是韩国儒学史上首次出现的学术论争——"无极太极"之辨。

① 洪履祥(1549—1615 年,字元礼,号慕堂)曰:"花潭徐敬德,守道笃学,为近代儒林之表。"(徐敬德:《遗事》,《花潭集》卷 3,《韩国文集丛刊》24,韩国民族文化推进会 1990 年版,第 332 页)
② 李滉:《论人物》,《言行录》卷 5,《退溪全书》(四),首尔:成均馆大学校大东文化研究院 1985 年版,第 232—233 页。
③ 李珥:《答成浩原》,《栗谷全书》(一)卷 10,首尔:成均馆大学校出版部 1992 年版,第 215 页。

一、论辩的发端

李彦迪(1491—1553年),字复古,号晦斋、紫溪翁,谥号文元,庆州府人。李氏出生于庆州良佐村,10岁丧父,12岁时短暂受学于其舅父愚斋孙仲暾(1463—1529年),而愚斋曾为佔毕斋金宗直门人。我们只知道李彦迪的思想与愚斋之弟亦为其舅父的忘斋孙叔暾①有所不同。李氏学无师承②,于中宗九年(1514年)登第,始入仕途,历任吏曹判书、刑曹判书、左赞成等官职。作为朝鲜朝前期士林学者的"五贤"③之一,他既是朝鲜朝主理论哲学思想的理论先驱,又是朝鲜朝性理学鼎盛期的揭幕人。李彦迪一生从宦多年,旋进旋退,颇不平顺。在他8岁时发生"戊午士祸",14岁时发生"甲子士祸",29岁和55岁时又发生"己卯士祸"、"乙巳士祸"。韩国历史上的"四大士祸"皆曾亲历。但是,李彦迪始终将"养真"与"经世"④作为其平生之志,为后学树立了一个有担当、有追求的儒者形象。他23岁时写了这样一首诗:

> 平生志业在穷经,不是区区为利名。
>
> 明善诚身希孔孟,治心存道慕朱程。
>
> 达而济世凭忠义,穷且还山养性灵。
>
> 岂料屈蟠多不快,夜深推枕倚前楹。⑤

此诗写于中宗九年,正是其中生员试之年。从"明善诚身"、"治心存道"的诗句中,可以感受到其强烈的希慕圣贤之情。诗中所抒发的正是孟子的"穷则

---

① 忘斋孙叔暾的具体情况,今已无从查考,据载为愚斋孙仲暾之弟。(参见李丙焘:《韩国儒学史略》,首尔:亚细亚文化社1986年版,第140—141页)

② 退溪曰:"若吾先生,无授受之处,而自奋于斯学,暗然日章而德符于行,炳然笔出而言垂于后者,求之东方,殆鲜有其伦矣。"(李滉:《行状·晦斋李先生行状》,《退溪先生文集》卷49,《退溪集》,《韩国文集丛刊》30,韩国民族文化推进会1996年版,第568页)

③ 士林派的"五贤"是指晦斋李彦迪、寒暄堂金宏弼(1454—1504年)、一蠹郑汝昌(1450—1504年)、静庵赵光祖(1482—1519年)、退溪李滉。(参见李丙焘:《韩国儒学史略》,首尔:亚细亚文化社1986年版,第140—141页;尹思淳:《晦斋的"仁"思想》,载《李晦斋的思想与其世界》,首尔:成均馆大学校出版部1992年版,第41页)

④ "奉次惠韵"诗中写道:"自叹平生心事谬,养真经世两堪羞。"在诗的末尾处,晦斋又加自注曰:"平生有志两事,今俱未遂,岂非可羞耶?"(李彦迪:《奉次惠韵》,《晦斋集》卷3,《韩国文集丛刊》24,韩国民族文化推进会1990年版,第376页)

⑤ 李彦迪:《山堂病起》,《晦斋集》卷1,《韩国文集丛刊》24,韩国民族文化推进会1990年版,第353页。

独善其身,达则兼善天下"①的儒家理想情怀和入世精神。可见,李彦迪在步入仕途之初便立下修齐治平的人生志向。

他的学问和思想对韩国性理学的影响,从朝鲜朝的儒学巨擘李滉之评价可以概见。李滉尝言:

> 谨受而伏读之,反复参究,质之以古圣贤之言,于是始知先生(指晦斋——引者注)之于道学,其求之如此其切也,其行之如此其力也,其得之如此其正也。而凡先生之出处大节,忠孝一致,皆有所本也。先生在谪所,作《大学章句补遗》、《续大学或问》、《求仁录》,又修《中庸九经衍义》,《衍义》未及成书,而用力尤深。此三书者,可以见先生之学。而其精诣之见,独得之妙,最在于与曹忘机汉辅《论无极太极书》四五篇也。其书之言,阐吾道之本原,辟异端之邪说,贯精微彻上下,粹然一出于正。深玩其义,莫非有宋诸儒之绪余,而其得于考亭者为尤多也。呜呼,我东国古被仁贤之化,而其学无传焉。丽氏之末以及本朝,非无豪杰之士有志此道,而世亦以此名归之者。然考之当时,则率未尽明诚之实,称之后世,则又罔有渊源之征,使后之学者无所寻逐,以至于今泯泯也。②

此段文字引自李滉为李彦迪所撰写的"行状",文中他对李氏的生平和学问做了简明扼要之概括,称道其有精诣之见和独得之妙。文中李滉虽然举了《大学章句补遗》、《续大学或问》、《求仁录》以及未完成稿《中庸九经衍义》等李氏代表作,但是他认为李氏学问之理论精髓在于与曹忘机堂(名汉辅,庆州人)的《论无极太极书》四五篇中。其实,李滉提到的《大学章句补遗》、《续大学或问》、《求仁录》以及未完稿《中庸九经衍义》都是李彦迪晚年流配江界时所作。他在江界度过了人生的最后六年,最终在此地辞世,享年63岁。而与忘机堂的无极太极论辩书则作于李氏二十七八岁时,可见其思想成熟之早。在某种意义上说,他后来著作所表达的观点是早年与忘机堂曹汉辅论辩时确立的思想的进一步发展。因此本节也将以李彦迪与曹汉辅的《论无极太极

---

① 《孟子·尽心上》,朱熹:《四书章句集注》,中华书局1996年版,第351页。
② 李滉:《行状·晦斋李先生行状》,《退溪先生文集》卷49,《退溪集》,《韩国文集丛刊》30,韩国民族文化推进会1996年版,第567—568页。

书》为中心,来探讨其理本论哲学思想的特点。

这场论辩发生在 1517 年(中宗十二年)至 1518 年。最初是忘斋孙叔暾与忘机堂曹汉辅①之间通过书信对"无极太极"问题展开相互问难。李彦迪读到这些书信后,便撰写**《书忘斋忘机堂无极太极说后》**(以下简称《说后》)一文对之加以评述。曹汉辅旋即对李彦迪的《说后》提出了异议。于是,李氏和曹汉辅之间开始有书信往来,现存《晦斋集》中有李彦迪答忘机堂书信四封。但曹汉辅致李彦迪的书信皆已失传,只能通过现存的李彦迪答曹汉辅书信一窥其思想梗概。

这里我们首先对《说后》的主要内容做些简要分析,以便对李彦迪、孙叔暾和曹汉辅的观点有个总体的了解。为了便于讨论,笔者将《说后》的内容按文意分为若干个段落,抄录如下:

第一段落:"谨按:忘斋无极太极辨,其说盖出于陆象山,而昔子朱子辨之详矣。愚不敢容赞。若忘机堂之答书,则犹本于濂溪之旨,而其论甚高,其见又甚远矣。其语《中庸》之理,亦颇深奥开广。得其领要,可谓甚似而几矣。然其间不能无过于高远而有悖于吾儒之说者。愚请言之:夫所谓无极而太极云者,所以形容此道之未始有物,而实为万物之根柢也。是乃周子灼见道体迥出常情,勇往直前说出人不敢说底道理,令后来学者晓然见得太极之妙,不属有无,不落方体,真得千圣以来不传之秘。夫岂以为太极之上,复有所谓无极哉! 此理虽若至高至妙,而求其实体之所以寓,则又至近而至实。若欲讲明此理而徒骛于窅冥虚远之地,不复求之至近至实之处,则未有不沦于异端之空寂者矣。"②

---

① 忘斋孙叔暾和忘机堂曹汉辅均无文集传世,故二人生平事迹及具体学说,今已无从详考。据《成宗实录》记载,忘机堂曹汉辅,曾经是成均馆的儒生。因不满馆长的教导方法,煽动学生集体休学。后被受杖刑,肃夺科举应试资格。忘机堂比忘斋年长一些。"丁巳/司宪府启:'成均馆首善之地,而师弟之间,有父子之恩,今生员任祉、崔希哲、金俊孙、曹汉辅、李兢,愤长官生员寄斋,一样行楚,极目扬说,悖慢无礼。而又唱为诡激之说,鼓动诸生,效衰世卷堂之事,空馆而去。轻蔑朝廷,大毁名教,罪犯深重。若不痛惩,顽悍之徒,长恶不悛,污染风化,非细故也。请上项崔京哲,决杖一百,任祉拒逆不着,加二等,杖六十徒一年,金俊孙、曹汉辅、李兢,各杖九十收赎,皆永永停举,以戒后来。'从之。"(国史编撰委员会编:《成宗四年癸巳七月》,《朝鲜王朝实录》9 卷 32,首尔:探求党 1984 年版,第 43 页)

② 李彦迪:《书忘斋忘机堂无极太极说后》,《杂著》,《晦斋集》卷 5,《韩国文集丛刊》24,韩国民族文化推进会 1990 年版,第 389 页。

本段引文的观点可视为李氏在"无极太极"问题上的基本看法。文中李彦迪首先对忘斋和忘机堂观点的理论来源作了说明,指出忘斋的主张出自陆子学说,而忘机堂的观点则本于濂溪之旨。他进而声言,陆子的无极太极之说因朱子已详辩无须赘言,而妄机堂的学说则因过于高远而似有背于吾儒之旨处。由此可见,宋代朱陆之辨是忘斋、忘机堂无极太极之辨的理论先河。李彦迪在本段还阐述了自己对无极太极问题的基本理解,主张并非太极之上复有无极,此至高至妙之理只能在至近而至实处求之,不然就会有沦于异端之空寂者的危险。由此可见,他对道体之根源、行为之应然等问题越有借由自己的理解。不过,从李氏对"无极而太极"的解释来看,其见似与朱子并无二致。此其所以李滉评论其学说时直言"深玩其义,莫非有宋诸儒之绪余,而其得于考亭者为尤多也"。

第二段落:"今详忘机堂之说,其曰太极即无极也则是矣。其曰岂有论有论无、分内分外,滞于名数之末则过矣。其曰得其大本则人伦日用、酬酢万变,事事无非达道则是矣。其曰大本达道浑然为一则何处更论无极太极,有中无中之有间则过矣。此极之理虽曰贯古今彻上下而浑然为一致,然其精粗本末、内外宾主之分,粲然于其中,有不可以毫发差者。是岂漫无名数之可言乎?而其体之具于吾心者则虽曰大本达道初无二致,然其中自有体用动静先后本末之不容不辨者。安有得其浑然则更无伦序之可论,而必至于灭无之地而后为此道之极致哉?今徒知所谓浑然者之为大而极言之,而不知夫粲然者之未始相离也。是以其说喜合恶离、去实入虚,卒为无星之称、无寸之尺而后已。岂非穷高极远而无所止者欤?"[①]

在此段引文中,李彦迪援引朱子之说对忘机堂的不当言论进行了逐一反驳,指出其"太极即无极"、"得其大本则人伦日用、酬酢万变,事事无非达道"等见解可以成立,但不分有无、分内分外以及有中无中而论无极太极却明显不妥。李氏以为太极之理虽然贯古今彻上下而浑然为一致,然其精粗本末、内外

---

①　李彦迪:《书忘斋忘机堂无极太极说后》,《杂著》,《晦斋集》卷5,《韩国文集丛刊》24,韩国民族文化推进会1990年版,第389—390页。

宾主之分,粲然于其中,无有毫发之差。① 而且,其"体"之具于吾心者虽曰大本达道初无二致,其中自有体用动静先后本末之不同。故不能只重其浑然而轻其伦序,"喜合恶离,去实入虚"。

第三段落:"先儒言周子吃紧为人特著道体之极致,而其所说用工夫处只说定之以中正仁义而主静。君子修之吉而已,未尝使人日用之间必求见此无极之真而固守之也。盖原此理之所自来,虽极微妙、万事万化,皆自此中流出,而实无形象之可指。若论工夫则只中正仁义,便是理会此事处。非是别有一段根原工夫又在讲学应事之外也。今忘机之说则都遗却此等工夫,遽欲以无极太虚之体作得吾心之主。使天地万物朝宗于我而运用无滞,是乃欲登天而不虑其无阶,欲涉海而不量其无桥。其卒坠于虚远之域而无所得也必矣。大抵忘机堂平生学术之误病于空虚,而其病根之所在则愚于书中求之而得之矣。其曰太虚之体本来寂灭,以灭字说太虚体,是断非吾儒之说矣。上天之载无声无臭,谓之寂可矣。然其至寂之中,有所谓于穆不已者存焉。而化育流行、上下昭著安得更著灭字于寂字之下。试以心言之:喜怒哀乐未发、浑然在中者,此心本然之体而谓之寂可也;及其感而遂通则喜怒哀乐发皆中节,而本然之妙于是而流行也。先儒所谓此之寂寂而感者此也。若寂而又灭则是枯木死灰而已,其得不至于灭天性乎?然忘机于本来寂灭之下便没灭字不说,而却云虚而灵、寂而妙。灵妙之体充满太虚、处处呈露,则可见忘机亦言其实理而说此灭字不去。故如是岂非有所穷而遁者乎?"②

在此段引文中李彦迪直言不讳批评忘机堂,以为其平生之误在于"空虚"二字,而其病根则在"愚于书中求之而得之"。他在指出错误根源的同时,还断言以"灭"字说太虚体"断非吾儒之说"。"寂灭"是佛教用语,《涅槃经》上

---

① 此处李彦迪所持的是朱子的立场,朱子在《太极图说解》中,曾曰:"夫道体之全,浑然一致,而精粗本末、内外宾主之分,粲然于其中,有不可以毫厘差者。此圣贤之言,所以或离或合,或异或同,而乃所以为道体之全也。今徒知所谓浑然者之为大而乐言之,而不知夫所谓粲然者之未始相离也。是以信同疑异,喜合恶离,其论每陷于一偏,卒为无星之称,无寸之尺而已。岂不误哉!"(参见朱熹:《太极图说解》,《朱子全书》(第13册),上海古籍出版社、安徽教育出版社2002年版,第77页)

② 李彦迪:《书忘斋忘机堂无极太极说后》,《杂著》,《晦斋集》卷5,《韩国文集丛刊》24,韩国民族文化推进会1990年版,第390页。

有"诸行无常,是生灭法,生灭灭已,寂灭为乐"一句。而"诸行无常"则又是佛教三法印之一,因此《涅槃经》上的这一句又可视为佛家基本思想的另一种表述。众所周知,大乘佛教不承认现实世界的实在性。以"四大"为假合,以寂灭为圆觉,遂将人伦道德视如赘疣。而儒家所说的"寂"则是"寂然不动,感而遂通"之"寂",与佛家之寂灭有着本质的区别。

李彦迪还批评忘机堂曹汉辅不仅在太极之上复设无极,而且漠视形而下之人伦日用之修养工夫。如果只关注形而上之"灵妙之体",就无从体认至近至实处的太极之理。他认为上天无声无臭可谓"寂",然至寂之中又有"于穆不已",其化育流行遂生鸢飞鱼跃之景象,所以在"太极"之上绝不可添加一"灭"字。

"自汉以来圣道塞而邪说行,其祸至于划人伦、灭天理而至今未已者,无非此一灭字为之害也。而忘机堂一生学术言语及以上议论之误,皆自此灭字中来。愚也不得不辨。若其超然高会一理浑然之体而的无疑,则实非今世俗儒高释所可几及。亦可谓智而过者矣。诚使忘机堂之高识远见获遇有道之君子,辨其似而归于真、提其空而反于实,则其高可转为吾道之高,其远可变为吾道之远矣。而不幸世无孔孟周程也,悲夫!"①

在本文结尾处,李氏总结异端之弊害全在一"灭"字,而忘机堂为学论议之误亦皆源自此一"灭"字。因此他认为自己不得不撰文辨析。"诚使忘机堂之高识远见获遇有道之君子,辨其似而归于真,提其空而反于实,则其高可转为吾道之高,其远可变为吾道之远。"

由此而论,李氏批评忘机堂曹汉辅的用意在于揭露其异端思想,像文章中隐约出现的佛家倾向。《说后》一文写于中宗十二年(1517 年)正月,即李彦迪 27 岁之时。曹汉辅何时作复则已无从查考。从年谱上的记载看,李彦迪答忘机堂曹汉辅的第一封书信是在中宗十三年(戊寅年即 1518 年)写的。他时年 28 岁。

① 李彦迪:《书忘斋忘机堂无极太极说后》,《杂著》,《晦斋集》卷 5,《韩国文集丛刊》24,韩国民族文化推进会 1990 年版,第 390 页。

二、论辩的主要内容及理论特点

前已言及,"无极太极论辩"起因于李彦迪所撰的《说后》。该文写于中宗十二年,翌年曹汉辅对此提出异议。于是,便有了"答忘机堂"的四封书信。

在论辩的过程中,晦斋李彦迪和忘机堂曹汉辅围绕"无极"、"太极"概念以及儒家修养论等问题而展开了讨论。发生于朝鲜朝初期的此一论辩中,李彦迪从朱子学理本论的立场出发,批驳了具有佛道思想色彩的曹汉辅的主张。此论辩在学理上可理解为"无极太极"问题的性理学式解读和非性理学式解读的立场对立。

因为《说后》主要是李彦迪对孙叔暾和曹汉辅的"无极太极"说的评论文章,故只能了解到他的思想概貌。不过,在"答忘机堂"的四封书信中却可以发现李氏较为系统的性理学观点。而且,从《说后》和《答忘机堂书》中还可以看出,曹汉辅的观点的确受到佛、道两家思想的影响。故李彦迪在《答忘机堂书》中,指责其所持的是佛家之寂灭论而非儒家之寂感论。李氏和曹汉辅之间的论辩作为性理学本体论问题之探讨在韩国儒学史上意义重大,说明朝鲜朝初期的学界已具备相当的理论水平。下面将对四封书信之内容做逐一分析。

在《**答忘机堂第一书·戊寅**》的开头李彦迪写道:"伏蒙示无极寂灭之旨、存养上达之要,开释指教不一而足。亦见尊伯不鄙迪而收之,欲教以进之也。感戴欣悚,若无所容措。"①可知,曹汉辅在读了李氏所写的《说后》之后,就"无极寂灭"和"存养上达"等本体论、修养论问题给李氏回信,这应该是曹汉辅在致李彦迪信中谈的主要问题。

于是,李彦迪在复信中首先解释自己为何撰写《说后》,然后针对来信中提到的问题又陈述了己见。他说:

> 来教所云寂灭存养之论有似未合于道者。小子亦有管见须尽露于左右者,敢避其僭越之罪而无所辨明耶。夫所谓太极者乃斯道之本体、万化

---

① 李彦迪:《答忘机堂第一书》,《杂著》,《晦斋集》卷5,《韩国文集丛刊》24,韩国民族文化推进会1990年版,第391页。

之领要,而子思所谓天命之性者也。盖其冲漠无朕之中,万象森然已具。天之所以覆,地之所以载,日月之所以照,鬼神之所以幽,风雷之所以变,江河之所以流,性命之所以正,伦理之所以著,本末上下贯乎一理,无非实然而不可易者也。周子所以谓之无极者,正以其无方所无形状。以为在无物之前而未尝不立于有物之后,在阴阳之外而未尝不行于阴阳之中。以为通贯全体、无乎不在,则又初无声臭影响之可言也。非若老氏之出无入有、释氏之所谓空也。①

从整个论辩过程中李氏自谦的语气和态度来看,曹汉辅应较彼时才二十七八岁的李彦迪年长许多。所以李氏在信中陈述己见时显得比较谨慎。对于曹氏的寂灭存养之论,李彦迪十分谦虚地讲到"小子亦有管见须尽露于左右",然后谈了自己对"太极"与"无极"概念的理解。他指出"太极"作为斯道之本体、万化之领要是实然而不可易者,周子所以又称之为"无极"乃因其具"无方所、无形状"之特性。究其实与佛道两家所言"空"、"无"等概念有着本质的区别。

接着他借"理"、"气"之概念阐发了己见,并对曹氏的本体论进行了批评:

今如来教所云,无则不无而灵源独立,有则不有而还归渐尽。是专以气化而语此理之有无,岂云知道哉?所谓灵源者气也,非可以语理也。至无之中至有存焉,故曰"无极而太极"。有理而后有气,故曰"太极生两仪"。然则理虽不离于气,而实亦不杂于气而言。何必见灵源之独立然后始可以言此理之不无乎?鸢飞鱼跃昭著上下,亘古亘今充塞宇宙。无一毫之空阙,无一息之间断。岂可但见万化之渐尽而遂指此极之体为寂灭乎?②

从内容中可以推知,曹汉辅将"灵源"视为宇宙本体。而李彦迪则认为所谓"灵源"者其实是气,不能将形而下之"气"视为宇宙的终极本体。他认为"无极而太极"其实是"至无之中至有存焉"之义。此处的"而"应指"所当然之

① 李彦迪:《答忘机堂第一书》,《杂著》,《晦斋集》卷5,《韩国文集丛刊》24,韩国民族文化推进会1990年版,第391页。
② 李彦迪:《答忘机堂第一书》,《杂著》,《晦斋集》卷5,《韩国文集丛刊》24,韩国民族文化推进会1990年版,第391页。

中"的"所以然之理"——太极即是"理"。① 李氏进而提出自己的理气观——"有理而后有气","理虽不离于气","而实亦不杂于气"。理与气的关系问题是朱子学的基本问题,李氏对此所持的正是传统朱子学以理为本的理气二元论立场。

他还指出曹氏所云寂感、寂灭之分似同而实异的,先儒对此已有至论,后学者不可以此为浮议而独以异端之说为是:

> 盖太极之体虽极微妙,而其用之广亦无不在。然其寓于人而行于日用者,则又至近而至实。是以君子之体是道也,戒慎乎其所不睹,恐惧乎其所不闻,有以全其本然之天而绝其外诱之私。不使须臾之顷、毫忽之微,有所间断而离去。其行之于身也,则必造端乎夫妇以至于和兄弟顺父母,而有以尽己之性。及其尽性之至也,则又有以尽人物之性。而其功化之妙极于参天地赞化育,而人极于是乎立矣。此君子之道所以至近而不远,至实而非虚,建诸天地而不悖,质诸鬼神而无疑,百世以俟圣人而不惑者也。此非愚生之言,实千古圣贤所相传授而极言至论者也。②

文中李彦迪借圣贤之言阐发了自己的观点,同时也表明己见合乎儒家正统。太极与理气的问题属于天道,李氏遂借探讨寂灭的问题将话题转入人道。他认为道不远人,若离人事而求道未有不蹈于空虚。李彦迪引用《诗经》"天生烝民,有物有则"之句来说明人在天地之间不能违物而独立。"安得不先于下学之实务而驰神空荡之地? 可以为上达乎? 天理不离于人事。人事之尽而足目俱到以臻于贯通之极,则天理之在吾心者至此而浑全。酬酢万变、左右逢源,无非为我之实用矣。"③李氏依据朱子"统体一太极"的思想为依据,提出天理不离于人事,以此批判曹氏的"存养上达"修养方法的根本错误。李彦迪说:

> 明道先生曰:"道之外无物。物之外无道。"又曰:"下学人事,便是上

---

① 参见苏勇点校:《易经》,北京大学出版社1996年版,第84页。
② 李彦迪:《答忘机堂第一书》,《杂著》,《晦斋集》卷5,《韩国文集丛刊》24,韩国民族文化推进会1990年版,第392页。
③ 李彦迪:《答忘机堂第一书》,《杂著》,《晦斋集》卷5,《韩国文集丛刊》24,韩国民族文化推进会1990年版,第393页。

达天理。"讵不信欤？且如存养之云,只是敬以直内,存之于未发之前以全其本然之天而已。苦曰游心于无极之真。使虚灵之本体作得吾心之主,则是使人不为近思之学而驰心空妙。其害可胜言哉？又况虚灵本是吾心之体也。无极之真,本是虚灵之中所具之物也。但加存之之功而不以人欲之私蔽之,以致其广大高明之体可也。张南轩曰:"太极之妙不可臆度而力致,惟当本于敬以涵养之。"正谓此也。今曰"游心于无极",曰"作得吾心之主",则是似以无极太极为心外之物而别以心游之于其间,然后得以为之主也。此等议论似甚未安。[①]

李彦迪在文中先讲明虚灵、无极之真以及吾心之间的关系,进而阐明儒家修身的正确方法。由此可见二人为学工夫之差异。李彦迪强调洒扫应对当中的"下学而上达",而曹氏则主张带有"顿悟"性质的"存养而上达"。后者的主张当然会受到正统儒者的批评。在结尾处李彦迪写道:

来教又曰"圣人复起不易吾言",亦见尊伯立言之勇而自信之笃也。然前圣后圣其揆一也。今以已往圣贤之书考之,存养上达之论无所不备。其曰"存心养性",其曰"戒慎恐惧",其曰"主静曰主敬"者,无非存养之意。而曷尝闻有如是之说乎？吕氏虚心求中之说,朱子非之。况以游心无极为教乎？孔子生知之圣也,亦曰"我下学而上达",又曰"吾尝终夜不寝以思,无益。不如学也。"况下于孔子者乎？故程子曰:"圣人千言万语,只是欲人收已放之心寻向上去,下学而上达也。"以此观之,其言之可易与不可易直验于已往之圣人而可见矣。何必有待于后来复起之圣人乎？天下之祸,莫大于甚似而难辨。惟其甚似,故能惑人;惟其难辨,故弥乱真。伏详赐书,无非杂儒释以为一。至有何必分辨之说,此小子所甚惧而不敢不争者也。伏见尊伯年高德邵,其于道体之妙亦可谓有所见矣。但以滞于寂灭之说,于其本源之地已有所差。而至于存养上达之论,则又与圣门之教大异。学者于是非之原毫厘有差,则害流于生民,祸及于后世。况其所差不止于毫厘乎？伏惟尊伯勿以愚言为鄙,更加着眼平心玩

---

① 李彦迪:《答忘机堂第一书》,《杂著》,《晦斋集》卷5,《韩国文集丛刊》24,韩国民族文化推进会1990年版,第393页。

理。黜去寂灭游心之见，粹然以往圣之轨范自律。吾道幸甚！善在刍荛，圣人择之。况听者非圣人，言者非刍荛。而遽指言者为狂见而不察乎？蘧伯玉行年五十知四十九年之非，又曰行年六十而六十化。古之君子改过不吝，故年弥高而德弥进也。小子所望于尊伯者止此。①

从曹汉辅"游心于无极之真"以及"使虚灵之本体作得吾心之主"等见解中确实可以感受到其思想明显混杂于佛理。所以李彦迪在此信的末尾处称忘机堂"无非杂儒释以为一"，与圣门之教的理论旨趣相去甚远。尽管二人年龄相差较大，李彦迪仍以昂扬的卫道精神据理力争。

接到曹汉辅的回信后，李彦迪在《答忘机堂第二书》中写道："伏睹来教于无极上去'游心'二字，于其体至寂下去一'灭'字。是不以愚言为鄙，有所许采。幸甚幸甚！"②这表明忘机堂接受李氏在第一封信中的批评，已去掉无极之上的"游心"二字和其体至寂下的一"灭"字。但是，彦迪仍然觉得曹汉辅尽管在字句上对之前的表述做了些调整，却并未尽弃其思想中的佛、道立场。于是，他继续提出委婉的批评：

> 书中所论一本之理及中庸之旨，亦颇明白少疵、妙得领要。圣人之道，固如斯而已，更无高远难穷之事。迪敢不承教。③

文中提到的"一本之理"和"中庸之旨"分别指的是第一封信中所讨论的无极太极、寂灭等本体论的问题和有关存养上达的工夫论问题。可见，在内容上此信殆可视为第一封信之继续。李彦迪提到：

> 至如寂灭之说，生于前书粗辨矣。未蒙察允，今又举虚灵无极之真，乃曰"虚无即寂灭，寂灭即虚无"。是未免于借儒言而文异端之说。小子之惑滋甚。先儒（指朱子——引者注）于此四字盖尝析之曰："此之虚，虚而有；彼之虚，虚而无；此之寂，寂而感；彼之寂，寂而灭。"然则彼此之虚寂同，而其归绝异，固不容不辨。而至于无极之云，只是形容此理之妙无

---

① 李彦迪：《答忘机堂第一书》，《杂著》，《晦斋集》卷5，《韩国文集丛刊》24，韩国民族文化推进会1990年版，第393页。
② 李彦迪：《答忘机堂第二书》，《杂著》，《晦斋集》卷5，《韩国文集丛刊》24，韩国民族文化推进会1990年版，第394页。
③ 李彦迪：《答忘机堂第二书》，《杂著》，《晦斋集》卷5，《韩国文集丛刊》24，韩国民族文化推进会1990年版，第394页。

影响声臭云耳,非如彼之所谓无也。故朱子曰:"老子之言有无,以有无为二;周子之言有无,以有无为一。"正如南北水火之相反,讵不信欤?①

李彦迪认为曹氏的"虚无即寂灭,寂灭即虚无"实际上是借吾儒之言文饰异端之说。他举朱子之言阐明儒家的虚寂观念与异端之虚寂说犹如南北水火之相反,在理论归趣上决然不同。彼此之虚寂名同而实异。

李彦迪进而指出:

> 来教又曰:"主敬存心而上达天理。"此语固善,然于上达天理上却欠"下学人事"四字,与圣门之教有异。天理不离于人事。下学人事,自然上达天理。若不存下学工夫,直欲上达,则是释氏觉之之说。乌可讳哉?人事,形而下者也。其事之理则天之理也,形而上者也。学是事而通其理,即夫形而下者而得夫形而上者,便是上达境界。从事于斯,积久贯通,可以达乎浑然之极矣。而至于穷神知化之妙,亦不过即是而驯致耳。②

李彦迪在为学次第上重视"下学人事",体现心性工夫之切近日用人伦的一面。他引孔子的"道不远人,人之为道而远人,不可以为道"之语以证明己之看法。最后李彦迪写道:

> 夫穷理,非徒知之为贵。知此理又须体之于身而践其实,乃可以进德。若徒知而不能然,则乌贵其穷理? 而其所知者终亦不得而有之矣。孔子曰:"人皆曰予知,择乎中庸,而不能期月守。"然则非知之难,行之难。此君子所以存省体验于日用事物之际,而言必顾行、行必顾言,不敢容易大言者也。不知尊伯亦有如是体察之功乎? 亦有如是践履之实乎? 大抵道理,天下之公共。不可以私智臆见论之。要须平心徐玩,务求实是可也。③

依李彦迪之见,所谓"穷理"指的是由亲身体验知晓此理,必以进德为期才是理学家所谓德性之知。他委婉指出若无"体察之功"、"践履之实",则所见往

---

① 李彦迪:《答忘机堂第二书》,《杂著》,《晦斋集》卷5,《韩国文集丛刊》24,韩国民族文化推进会1990年版,第394页。

② 李彦迪:《答忘机堂第二书》,《杂著》,《晦斋集》卷5,《韩国文集丛刊》24,韩国民族文化推进会1990年版,第394页。

③ 李彦迪:《答忘机堂第二书》,《杂著》,《晦斋集》卷5,《韩国文集丛刊》24,韩国民族文化推进会1990年版,第394—395页。

往流为异端。作为晚辈祈盼曹氏痛去寂灭之见,又能主敬存心以达于天理。诚如此,"则尊伯之于斯道,可谓醇乎醇矣。"①前已论及曹李二人年龄差距较大。但是从信的内容来看,曹汉辅并未轻视一位新锐学者对己见之质疑。于是,有了他们之间的第三封书信。

在《答忘机堂第三书》的开头,李彦迪写道:"伏睹来喻所陈,虽云不滞寂灭之说有年,而寂灭之习似依旧未除。是以其论说浮于道理幽妙之致,而未及反躬体道之要。不免为旷荡空虚之归,而非切近的当之训。此小子所以未敢承命者也。"②于是李氏进一步陈述了自己的体道经验和感悟。

从此信的内容可以推知,曹汉辅复信中的主张可归纳为如下三个方面:一是"大本"与"达道",即"敬以直内,顾諟天之明命"的存养之道问题。彦迪在信中提到:

> 迪闻子朱子曰:"道者日用事物当行之理。"皆性之德而具于心,无物不有,无时不然。古今论道体,至此而无余蕴矣。愚请因此而伸之。盖道之大原出于天,而散诸三极之间。凡天地之内,无适而非此道之流行,无物而非此道之所体……当喜怒哀乐未发之前,此心之真寂然不动。是则所谓无极之妙也,而天下之大本在于是也。固当常加存养之功以立大本,而为酬酢万变之主。而后可以发无不中而得时措之宜。然于此心之始动几微之际,天理人欲战于毫忽之间,而谬为千里之远。可不于是而益加敬慎乎?是故君子既常戒惧于不睹不闻之地,以存其本然之,而不使须臾之离有以全其无时不然之体……自其一心一身以至万事万物,处之无不当,而行之每不违焉。则达道之行于是乎广矣,而下学之功尽善全美矣。二者相须,体道工夫莫有切于此者。固不可阙其一矣。

> 来教有曰:"敬以直内,顾諟天之明命。"吾之心坚定不易,则固存养之谓矣,而于静时工夫则有矣。若夫顿除下学之务,略无体验省察之为,则于动时工夫盖未之及焉。是以其于求道之功疏荡不实,而未免流为异

---

① 李彦迪:《答忘机堂第二书》,《杂著》,《晦斋集》卷5,《韩国文集丛刊》24,韩国民族文化推进会1990年版,第395页。
② 李彦迪:《答忘机堂第三书》,《杂著》,《晦斋集》卷5,《韩国文集丛刊》24,韩国民族文化推进会1990年版,第395页。

端空虚之说。

> 伏睹日用酬酢之际,不能无人欲之累。而或失于喜怒之际,未能全其大虚灵之本体者有矣。岂非虽粗有敬以直内工夫,而无此义以方外一段工夫?故其体道不能精密而或至于此乎。昔颜渊问"克己复礼"之目。孔子曰:"非礼勿视,非礼勿听,非礼勿言,非礼勿动。"程子继之曰:"由乎中而应乎外,制于外所以养其中。"然则圣门工夫虽曰主于静以立其本,亦必于其动处深加省察。盖不如是则无以克己复礼,而保固其中心之所存矣。故曰"制于外所以养其中",未有不制其外而能安其中者也。愚前所云存省体验于日用事物之际而言顾行行顾言者,此之谓也。安有遗其心官、随声逐色,失其本源之弊哉?中庸曰:"诚者,不勉而中,不思而得。"从容中道,圣人也。诚之者,择善而固执之者也。盖地位已到圣人,则此等工夫皆为筌蹄矣。若未到从容中道之地而都遗却择善省察工夫,但执虚灵之识。①

李彦迪在信中对儒家的"大本"与"达道"作了简单明了的论述,这表明他对之已有了深切之体悟。李彦迪在工夫论问题上的立场是,"常加存养之功以立大本,而为酬酢万变之主"。他主张"存养"不能像曹汉辅那样只强调"敬以直内",而忽视"义以方外"。在李彦迪看来,不假修为即可克己复礼、酬酢万变如同不出门而欲适千里,不举足而欲登泰山,结果肯定是"必不能矣"。

二是曹汉辅认为为破世人执幻为真,故言"寂灭"。对此有悖儒家宗旨的"异端"之见,李彦迪批评道:

> 来教又曰:"为破世人执幻形为坚实,故曰寂灭。"此语又甚害理。盖人之有此形体,莫非天之所赋而至理寓焉。是以圣门之教,每于容貌形色上加工夫以尽夫天之所以赋我之则,而保守其虚灵明德之本体。岂流于人心惟危之地哉?孟子曰:"形色天性也,惟圣人然后可以践形。"岂可以此为幻妄?必使人断除外相,独守虚灵之体,而乃可以为道乎?是道不离于形器。有人之形则有所以为人之理,有物之形则有所以为物之理,有天

---

① 李彦迪:《答忘机堂第三书》,《杂著》,《晦斋集》卷5,《韩国文集丛刊》24,韩国民族文化推进会1990年版,第395—396页。

地之形则有所以为天地之理……若有其形而不能尽其道,是空具是形而失夫所以得其形之理也。然则弃形器而求其道,安有所谓道者哉?此寂灭之教所以陷于空虚诞谩之境,而无所逃其违天灭理之罪者。①

众所周知佛教主张"四大皆空",其耽空沦寂之弊对儒家之教危害甚深。李彦迪依性理学"道器不离"、"体用一源"之旨对之予以批驳。他从儒家的立场出发肯定了经验世界的真实性,这一点在讨论"下学上达"时讲得更透彻。

三是在"下学上达"的为学之方上,曹汉辅认为"下学上达乃指示童蒙初学之士,豪杰之士不如是"。对此李彦迪不以为然。他说:

> 今曰"下学上达乃指示童蒙初学之士,豪杰之士不如是"。愚请以孔子申之。自生民以来,生知之圣未有盛于孔子者,亦未尝不事于下学……然则孔子不得为豪杰之士,而其所为亦不足法欤?若曰孔子之言所以勉学者也,于其已则不必,然则愚请以孔子所亲为者白之。孔子问礼于老聃,问官于郯子。入太庙,每事问。是非下学之事乎?问官之时,实昭公十七年而孔子年二十七矣。入太庙则孔子始仕时也。古人三十而后仕,则是时孔子年亦不下三十。其非童蒙明矣。夫以生知之圣,年又非童蒙,而犹不能无下学之事。况不及孔子?而遽尔顿除下学不用力,而可以上达天理乎?是分明释氏顿悟之教,乌可尚哉?孟子曰:"古之君子,过则改之。今之君子,过则顺之。"……若使尊伯于此异说之诞终身迷没,不知其非则已矣。今曰不滞者有年,则是已觉其非而欲改之也。退之云"说乎故不能即乎新者,弱也。"请自今痛去寂灭之见,反于吾道之正。②

曹汉辅与李彦迪二人在为学之方上的分歧与宋代朱陆之间"尊德性"与"道问学"之争颇有相似之处。陆氏主张"先立乎其大者",将朱子的"博学于文"视为"支离事业"。朱子则批评象山为学浮躁,只好发高论而不"道中庸",造说遂与佛老相似。③ 在为学之方上李彦迪以圣贤为例批驳了曹氏的观点,强调不论童蒙初学还是豪杰之士皆不能无下学之事。

---

① 李彦迪:《答忘机堂第三书》,《杂著》,《晦斋集》卷5,《韩国文集丛刊》24,韩国民族文化推进会1990年版,第396—397页。
② 李彦迪:《答忘机堂第三书》,《杂著》,《晦斋集》卷5,《韩国文集丛刊》24,韩国民族文化推进会1990年版,第397页。
③ 参见彭永捷:《朱陆之辩——朱熹陆九渊哲学比较研究》,人民出版社2002年版,第231页。

　　《答忘机堂第四书》是两人之间最后一次通信,在复信的开头李彦迪写道:"今承赐教,辞旨谆谆,反复不置,且去'寂灭'二字而存'下学人事'之功。迪之蒙许深矣,受赐至矣,更复何言!"①从中可推知,经过几次书信往来曹汉辅对李彦迪的批评有所接受,对自己的立场也做了调整。而且李彦迪也认可曹汉辅态度之转变。他在信中指出:"然而窃详辱教之旨,虽若尽去异说之谬、入于圣门之学,然其辞意之间未免有些病。而至于物我无间之论,则依旧坠于虚空之教。小子惑焉。"②但在李彦迪看来,忘机堂仍未彻底摒弃其原有思想。第四封信的讨论焦点是有关"主敬存心"的工夫论问题。李彦迪写道:

　　　　圣门之教主敬以立其本,穷理以致其知,反躬以践其实。而敬者又贯通乎三者之间,所以成始而成终也。故其主敬也,一其内以制乎外,齐其外以养其内。内则无贰无适,寂然不动,以为酬酢万变之主。外则俨然肃然,深省密察,有以保臼其中心之所存。及其久也,静虚动直、中一外融,则可以驯致乎不勉不思从容中道之极矣。两件工夫不可偏废明矣。安有姑舍其体而先学其用之云哉?③

李彦迪将理学工夫论概括为"主敬以立其本,穷理以致其知,反躬以践其实"。简言之,即践行居敬穷理。这是基于伊洛渊源的正统解释。李彦迪在信中十分强调"敬"之工夫,这一思想对后来李滉的主敬工夫论颇有影响。李彦迪援引程伊川从《论语》"非礼勿视,非礼勿听,非礼勿言,非礼勿动"(颜渊第十二)中提炼出来的道德戒律阐明了自己的观点,指出"本体工夫固不可不先,而省察工夫又尤为体道之切要"。他认为颜子亦循此四箴之路径优入圣域,后之学圣人者宜服膺而勿失。李彦迪主张为人要谨守"由乎中而应乎外,制于外所以养其中"。由此他对曹氏在第三封复信中提到的几个问题一一做了答复。

　　一是"主敬存心"的问题。李彦迪以"衣"、"网"为例答复说:"伏睹来教

---

① 李彦迪:《答忘机堂第三书》,《杂著》,《晦斋集》卷5,《韩国文集丛刊》24,韩国民族文化推进会1990年版,第397页。
② 李彦迪:《答忘机堂第三书》,《杂著》,《晦斋集》卷5,《韩国文集丛刊》24,韩国民族文化推进会1990年版,第397页。
③ 李彦迪:《答忘机堂第四书》,《杂著》,《晦斋集》卷5,《韩国文集丛刊》24,韩国民族文化推进会1990年版,第398页。

有曰'主敬存心',则于直内工夫有矣,而未见义以方外省察工夫。岂非但得衣之领而断其百裔,但得网之纲而绝其万目者哉?人之形体固当先有骨髓,而后肌肤赖以充肥。然若但得骨髓,一切削去皮肤,则安得为人之体?而其骨髓亦必至于枯槁而无所用矣。况既去皮肤而于骨髓亦未深得者哉?愚前所谓常加存养以立大本,为酬酢万变之主者,固尊伯主敬存心、先立其体之说。初非毁而弃之。未蒙照察,遽加罪责,不胜战汗。"①前已言及李氏并不反对"主敬存心",只是向忘机堂强调了修养工夫不能缺失"义以方外"。在他看来,两段工夫同等重要,必须同时并举。

二是"先立其体和下学人事"的问题。李彦迪对此回复道:"来教又曰:'先立其体,然后下学人事。'此语亦似未当。下学人事时,固当常常主敬存心。安有断除人事,独守其心?必立其体。然后始可事于下学乎。所谓体既立则运用万变,纯乎一理之正而纵横自得者。固无背于圣经贤传之旨。然其所谓纯乎一理、纵横自得者,乃圣人从容中道之极致。体既立后,有多少工夫?恐未易遽至于此。伏惟更加精察。"②此问题还是前一问题的延伸。李彦迪在存养省察的问题上立场鲜明,就是坚持下学与上达同时并进。

三是"仁者与天地万物为一体"的问题。李彦迪谈了自己的理解,指出:"且如万物生于一理。仁者纯乎天理之公,而无一毫人欲之私。故能以天地万物为一体。然其一体之中,亲疏远近是非好恶之分自不可乱。故孔子曰:'仁者,人也。'孟子曰:'无是非之心,非人也。'《家语》又曰:'惟仁人为能好人,能恶人。'以此言之,仁者虽一体万物,而其是非好恶之公亦行乎其中而不能无也。舜大圣人也,固非有间而滞于所执者。然而取诸人为善,舍己从人则舜亦不能无取舍之别矣。安有心无间则茫然与物为一?更无彼此取舍好恶是非之可言,然后为一视之仁哉。"③追求"天人合一"是儒家修己的最高理想。但李彦迪强调的是"一体之中,亲疏远近是非好恶之分自不可乱"。他认为儒

---

① 李彦迪:《答忘机堂第四书》,《杂著》,《晦斋集》卷5,《韩国文集丛刊》24,韩国民族文化推进会1990年版,第398页。
② 李彦迪:《答忘机堂第四书》,《杂著》,《晦斋集》卷5,《韩国文集丛刊》24,韩国民族文化推进会1990年版,第398页。
③ 李彦迪:《答忘机堂第四书》,《杂著》,《晦斋集》卷5,《韩国文集丛刊》24,韩国民族文化推进会1990年版,第398页。

者同时还要具备明辨是非曲直的能力，从而做到择善而从。

在信的最后李彦迪语词恳切，寄望曹汉辅平心察理，勿以其有是非取舍为罪。此后曹氏再未复信，而两人的论辩也就此而告终。从现存四封书信的内容来看，李氏最终也没能说服忘机堂尽弃其原有立场。读此书信可以感受到一位刚刚步入仕途的年轻士大夫[①]的卫道意识。两人温文尔雅之论辩既流露了少壮学者李彦迪的锐气和担当，又展现了学界名宿曹汉辅的平和与谦逊。

三、论辩在韩国儒学史上的意义

"无极太极"之辨是韩国儒学史上围绕与朱子学相关的理论问题发生的首次论辩。此次论辩不论对李彦迪太极说的形成还是朱子学在韩国的发展皆有非常重要的意义。

在论辩的过程中，李彦迪基于朱熹之理气二元论对具有佛道思想倾向的曹汉辅"无极太极"说进行了批驳。与此同时，他还以性理学为正统捎带批判佛道两家的理论。因此他们二人之间的论辩不仅令性理学之本体论得以确立，而且使儒佛与儒道之义理分际得以明晰。尽管此后还发生了影响更大的"四七理气"之辨、"人心道心"之辨和"人物性同异"之辨等等，但是此论辩在韩国哲学史上的重要性不容小视。

"四七理气"之辨则与"人心道心"之辨密切相关。后者也是朱子学的一个重要论题，在韩国儒学史上令"四七理气"之辨得以进一步深化。本书将在论述四端七情论辩时设专节详述"人心道心"之辨。

与前一节介绍的徐敬德相比较，李彦迪虽亦重视本体论（宇宙论）问题的探讨，思想之旨趣却与徐氏大相径庭。徐敬德基于气本论之立场，主张"太虚即气"；而李彦迪则依据理本论之立场，将"太极"视为天理。"夫所谓太极者，乃斯道之本体、万化之领要，而子思所谓天命之性者也。盖其冲漠无朕之中，万象森然已具。天之所以覆，地之所以载……性命之所以正，伦理之所以著，

---

① 李彦迪 25 岁时任庆州的"州学教官"，27 岁时经"副正学"而转任"正学"官职。［参见韩国哲学会编：《韩国哲学史》（中），首尔：东明社 1989 年版，第 206 页］

本末上下贯乎一理,无非实然而不可易者也。"①李彦迪从主理论出发,阐述了其"太极说"。他认为这种"理"是"无形无质"之存有,"虽不离于气而实亦不杂于气",但理先气后,"有理而后有气"。② 李彦迪进一步指出:"是道不离于形器。有人之形则有所以为人之理,有物之形则有所以为物之理,有天地之形则有所以为天地之理,有日月之形则有所以为日月之理,有山川之形则有所以为山川之理。若有其形而不能尽其道,是空具是形而失夫所以得其形之理也。然则弃形器而求其道,安有所谓道者哉?"③他以为,在天地万物产生之前即已存在天地万物之理(太极),而在天地万物产生以后依然作为事物之所以然与大千世界密切结合。李彦迪又说:"天下之理体用相须、动静交养,岂可专于内而不于外体察哉?"④由此可见李彦迪哲学思想的主理论特色。

李彦迪晚年流配江界时著有《大学章句补遗》、《续大学或问》、《求仁录》以及《中庸九经衍义》——后者虽未完稿,但是较为详细地反映了他的道德经世观。《大学章句补遗》、《续大学或问》则是申述朱子之学的著作。在《大学章句补遗》一书中李氏曾言及朱子所作《格物补传》之不当处。例如在《四书章句集注》中的《大学》原文"此谓知之至也"一句下朱熹写道:"此句之上别有阙文,此特其结语耳。"接着又写道:"盖释格物、致知之义,而今亡矣。"⑤于是依程子之意作了格致章的补传。对此李氏指出:"朱子得其结语一句,知其为释格物致知之义,而未得其文,遂取程子之意以补之。其所以发明始学穷理之要,亦甚明备。然愚尝读至于此,每叹本文之未得见。近岁闻中朝有大儒得其阙文于篇中,更著章句,欲得见之而不可得,乃敢以臆见。取经文中二节,以为格物致知章之文。既而反复参玩,辞足义明,无欠于经文而有补于传义,又

① 李彦迪:《答忘机堂第一书》,《杂著》,《晦斋集》卷5,《韩国文集丛刊》24,韩国民族文化推进会1990年版,第391页。
② 李彦迪:《答忘机堂第一书》,《杂著》,《晦斋集》卷5,《韩国文集丛刊》24,韩国民族文化推进会1990年版,第391页。
③ 李彦迪:《答忘机堂第三书》,《杂著》,《晦斋集》卷5,《韩国文集丛刊》24,韩国民族文化推进会1990年版,第396—397页。
④ 李彦迪:《答忘机堂第四书》,《杂著》,《晦斋集》卷5,《韩国文集丛刊》24,韩国民族文化推进会1990年版,第398页。
⑤ 朱熹:《大学章句》,《四书章句集注》,中华书局1996年版,第6—7页。

与上下文义脉络贯通。虽晦奄复起,亦或有取于斯矣。"①可见,他对朱子之《格物补传》有失当处极为自信。李彦迪以为《大学章句补遗》开头经文中的"知止而后有定,定而后能静,静而后能安,安而后能虑,虑而后能得"和"物有本末,事有终始,知所先后,则近道矣"②二节原为格致章的原文,如今被错误纳入经文之中。为此他主张应将此两节,重新归入格致章之原文之中。而"此谓知之至也"一句是结上文两节之意的。《大学章句补遗》写于1549年,李氏时年59岁,早已是成名的儒学大家。此文对研究李彦迪理学思想大有助益。相较于朱子,李氏更强调格物致知之"止于至善"。依李彦迪之见,致知宜有缓急先后,由近及于远,由人伦及于庶物,必有以见其至善之所在而知所止,然后其所知所得皆切于身心。

从高丽末开始传入韩国的程朱之学,经二百余年的传播与蕴育,至李彦迪才有较具体系的性理学说。李氏的理气论和无极太极论在韩国哲学史上影响深远。他的思想在韩国儒学本土化的进程中起到了承前启后的历史作用。李彦迪的性理学说成为日后李滉和李珥等人集朝鲜朝朱子学之大成的理论基础。李氏第一次将有关心性修养和经世致用的理论作了系统的整理,为韩国儒学界确立了理本论哲学体系,而与曹汉辅之论辩集中反映了他的心性论思想。正是李彦迪将修身之存养工夫引向了心性论的进路。

李彦迪理本论思想对李滉的主理论产生了极大的影响。李滉十分推崇李彦迪,不仅称赞他的"立言垂后"之功,还曾为其作行状极言学力之深湛。李滉评论道:"其书之言,阐吾道之本原,辟异端之邪说,贯精微彻上下,粹然一出于正。"③还说:"近代晦斋之学甚正,观其所著文字,皆自胸中流出,理明义正,浑然天成,非所造之深,能如是乎?"④他认为李彦迪的学问"所得之深殆近

①　李彦迪:《大学章句补遗序》,《拾遗》,《晦斋集》卷11,《韩国文集丛刊》24,韩国民族文化推进会1990年版,第456页。
②　朱熹:《大学章句》,《四书章句集注》,中华书局1996年版,第3页。
③　李滉:《行状·晦斋李先生行状》,《退溪先生文集》卷49,《退溪集》,《韩国文集丛刊》30,韩国民族文化推进会1996年版,第567页。
④　李滉:《论人物》,《言行录》卷5,《退溪全书》(四),首尔:成均馆大学校大东文化研究院1985年版,第232页。

世为最也"①。李珥尽管对李彦迪在"乙巳士祸"中的作为颇有微词,但对其学问还是相当首肯,尝言:"李彦迪博学能文,事亲至孝,好玩性理之书,手不释卷。持身庄重,口无择言,多所著述,深造精微,学者亦以道学推之。"②

光海君二年(1610 年),李彦迪还与金宏弼、郑汝昌、赵光祖、李滉作为"士林五贤"配享文庙。他的哲学著作有《求仁录》、《大学章句补遗》、《续大学或问》、《中庸九经衍义》、《书忘斋忘机堂无极太极说后》、《答忘机堂书》以及《奉先杂仪》等。

概而言之,发生于 16 世纪初期的这场论辩反映了朝鲜朝初期的韩国儒者对理学本体论的不同理解。尽管这一论辩的持续时间和影响力不及 16 世纪发生的"四端七情"之辨和"人心道心"之辨,但在理学本土化的初期即由深度的哲学思考树立了正统的观念,有力地促进了后来韩国性理学的深入发展。

两位老少学者间展开的"无极太极"之辨在成就韩国学术史上的一段佳话的同时,还正式拉开了 16 世纪韩国儒学一系列精彩的学术论辩的序幕。

第五节　曹植的性理学

曹植(1501—1572 年),字楗仲,号南冥,谥号文贞。他出生于庆尚道三嘉,5 岁时移居汉阳。作为朝鲜朝著名的性理学家,曹南冥崇尚洙泗学的实践躬行精神,主张积极参与社会现实。因与李退溪同年,又并峙岭之左右,故合称岭南学派之双璧。庆尚右道的儒者大都从曹南冥之说,庆尚左道的儒者则多从李滉之说。后人称退溪学派为江左学派,南冥学派为江右学派。河谦镇(字叔亨,号晦峰、畏斋,1870—1946 年)在《东儒学案》之《德山学案》写道:"退溪居岭左之陶山……南冥居岭右之德山……蔚然为百世道学之宗师。二先生以天品:则退溪浑厚天成,南冥高明刚大。以出处:则退溪早通仕籍,位至贰相;南冥隐居尚志,屡征不起。以学问:则退溪精研力索天人性命之理,无有

---

① 李滉:《论人物》,《言行录》卷 5,《退溪全书》(四),首尔:成均馆大学校大东文化研究院 1985 年版,第 231 页。
② 李珥:《经筵日记》(一),《栗谷全书》(二)卷 28,首尔:成均馆大学校出版部 1992 年版,第 109 页。

余蕴;南冥反躬实践,敬义夹持之功,自有成法。"①本节将简要介绍一下岭南学派另一大儒曹南冥的思想。

与李退溪不同,曹南冥一生未仕,始终以教授为业。其为学极重"敬义",尝曰:"吾家有此两个字,如天之有日月,洞万古而不易。圣贤千言万语,要其归,都不出二字外也。学必以自得为贵曰,徒靠册字上讲明义理,而无实得者,终不见受用,得之于心,口若难言,学者不以能言为贵。"②李甦平教授在其著作《韩国儒学史》中认为,虽然曹植与李滉都对朝鲜朝儒学作出了贡献,但贡献点却不尽相同。李退溪主要是在性理学方面深化、发展了朱子学说,从而奠定了他在韩国儒学史上的显赫地位。而曹南冥则强调原典儒学的"敬义"和实践精神,遂自成一家之学而与退溪并峙。曹植为学以"敬义"标宗,其学一言蔽之就是"敬义"学。"敬义"在南冥学的体系中既是体(他以敬义为"心体")也是用(他同样以敬义为工夫)。"敬义"由是贯穿三才、融通天人,达于真善美的统一。这是曹植"敬义"思想的基本要点。③

曹植以为"程朱以后不必著书",只需反躬体验、持敬实行即可。他对现实社会表现出强烈的忧患意识。曾师事于曹南冥和李退溪的寒冈郑逑(字道可、可父,号寒冈、桧渊野人,1543—1620年)说过:"先生之于道义,亦可谓辛苦而后得之者矣。先生平生,未尝一念不在于世道。至于苍生愁苦之状,军国颠危之势,未尝不嘘唏掩抑。至或私自经画处置于胸中,而以为必先提掇于纪纲本源之地,则初非不屑夫天下之事者,怀德遯世,高洁自守,终世婆娑于穷山空谷之中。"④其主要学术著作有《南冥集》、《学记类编》等。其中《学记类编》分为上、下二卷。上卷又分"论道之统体"和"为学之要"两部分,并绘有二十二个图式加以阐释。下卷则列出儒者为学践行之法门,有"致知"、"存养"、"力行"、"克己"、"出处"、"治道"、"治法"、"临政处事"、"辟异端"等条目并附录两个图式。此二十四图便是与李退溪《圣学十图》齐名的南冥的《学

① 河谦镇:《东儒学案》中篇第11,《德山学案》。(转引自李甦平:《韩国儒学史》,人民出版社2009年版,第371—372页)

② 曹植:《行状》,《南冥集》,《韩国文集丛刊》31,韩国民族文化推进会1996年版,第458页。

③ 参见李甦平:《韩国儒学史》,人民出版社2009年版,第391页。

④ 曹植:《祭文》(门人郑逑),《南冥集》卷3,《韩国文集丛刊》31,韩国民族文化推进会1996年版,第530—531页。

记图》。

《学记图》最能体现曹植的学术思想。用图说的形式表达自己的学术思想不仅是曹植的特点,也是朝鲜朝儒家学者的共同特色。韩国的图说可以追溯到朝鲜初期权阳村的《入学图说》。后来还相继出现过郑秋恋和李退溪合作的《天命图说》、李退溪的《圣学十图》、李栗谷的《心性情图》和《人心道心图说》等。以"图"示"说",以"说"释"图",二者之结合可以简明扼要地表达作者的思想。曹植二十四图亦是如此。

关于《学记图》,有学者认为其中十幅最为重要,即"三才一太极图"、"太极图与通书表里图"、"天人一理图"("天道图"和"天命图")、"心统性情图"、"忠恕图"("忠恕—贯图")、"敬诚图"("敬"图和"诚"图)、"审几图"("几图")、"为学次序图"("小学"、"大学"图)、"博约图"和"易书学庸语孟一道图"。之所以推重此十图,乃因其表达了曹植的本体论思想。其实若从曹植的思想主旨来看,二十四图中最重要的十图应是"敬图","小学、大学图","诚图","人心、道心图","博约图","知言、养气图","易书学庸语孟一道图","心为严师图","几图"和"神明舍图"。因为曹植论学的最大特点就在"敬义"和"力行"。① 不过,有人指出这十图中"忠恕图"("忠恕—贯图")、"博约图"并非曹植的"自图"。② 尽管如此,二十四图仍被普遍视为"南冥学"的精髓,由此可理解和把握其为学之特色。

曹植虽与李滉同为岭南儒林之师表,但是李滉对其学术常表不满,曾评论说:"南冥虽以理学自负,然直是奇士,其议论识见每以新奇为高务,为惊世之论,是岂真知道理者哉。"③对于两人为学风格及思想特点,朝鲜朝后期的实学大家星湖李瀷(字子新,号星湖,1681—1763 年)从其实学之视角指出:"檀君之世,鸿蒙未判,历千有余年,至箕子东封,天荒始破,不及于汉水以南。历九百余年至三韩,地纪尽辟为三国之幅员,历千有余年,圣朝建极,人文始阐。中世以后,退溪生于小白之下,南冥生于头流之东。皆岭南之地,上道尚'仁',

---

① 参见李甦平:《韩国儒学史》,人民出版社 2009 年版,第 372—373 页。

② 参见刘学智:《南冥"圣学二十四图"辨证》,载《关学、南冥学与东亚文明》,社会科学文献出版社 2007 年版。

③ 李滉:《论人物》,《言行录》卷 5,《退溪全书》(四),首尔:成均馆大学校大东文化研究院 1985 年版,第 233 页。

下道主'义'，儒化气节如海阔山高，于是乎文明之极矣。余生两贤之后，犹是文未坠地自此，以后如下滩之船其势难住，不知更有几重激湍坎窖在也。后来者，必将企余而起羡。"①的确如此，李滉崇"仁"，以高迈之学行潜心著书，弘阐天道性理；而曹植慕"义"，以刚毅之气节反躬践履，化导社会人心。

继踵乏人是南冥学派终为退溪学派所取代的重要原因。对此泽堂李植（字汝固，号泽堂、泽癯居士，1584—1647年）评论道：

> 岭南则退溪、南冥门脉颇异。退溪门下，西厓、鹤峰、柏潭最有名。而仕宦出入，不复讲学。吴德溪健，学行最高，游于两先生门，早卒无传。赵月川闲退老寿，而士心不附，亦无弟子。曹植高弟，寒冈、东冈为最，而声价皆不及郑仁弘。两冈兼宗退溪，故稍贰于仁弘。仁弘之恶，不待其诛戮而日彰，其门徒皆陷于梼杌，由是岭之下道，亦无学者，唯寒冈为完人。旅轩为高弟，旅轩殁，而亦无徒弟传述者，岭南之学亦止于是。湖南则上道，有李一斋；下道，有奇高峰。高峰早世，不及讲学。一斋弟子虽众，惟金公千镒，以节义著，学则无传焉。郑汝立出于其后，与李泼、郑介清，相应和雄豪一道，为无赖渊薮。及其叛乱，混被诛戮，湖俗浮薄，本不喜儒学，及汝立败，而人以为嚆矢，湖南学者，从此尽矣。②

文中泽堂对李滉、南冥学派的传承脉络作了概要式的说明，有助于我们了解岭南学派内部的复杂关系和流变状况。兼宗李滉和曹植的郑述在其《寒冈年谱》（卷一，庚辰38岁）中，也有对于二人为学之异颇有议论。依郑述之见，李滉德器浑厚，践履笃实，工夫纯熟，阶级分明，学者易于寻入；而曹植则器局峻整，才气豪迈，超然自得，特立独行，学者难以为受。

对于曹植之贡献，郑仁弘（字德远，号来庵，1535—1623年）推崇备至。他在《南冥先生集序》中写道："惟我先生，早志腾扬，喜读左柳，有躏一世轶千古之气，旋自大悟，一弃旧学，回车易辙，特立独行，凭河不足以为勇，摧山不足喻其力，一向藏修，箴铭钔佩，揭扁堂室，雷龙有舍，鸡伏有堂。其精舍曰山天，壁栖敬义字，矗矗观省，所识者，前言也，往行也。所急者，向里也，践履也。日复

① 李瀷：《东方人文》，《天地门》，《星湖僿说》卷1，韩国民族文化推进会1976年版，第18页。
② 李植：《杂著（示儿代笔）》，《泽堂先生别集》卷15，《泽堂集》，《韩国文集丛刊》88，韩国民族文化推进会1992年版，第523页。

一日，终始无间，其涵养之力，造诣之功，盖有不可量者。而当士林斩伐之余，士习偷靡，醉梦成风，人视道学，不啻如大市中平天冠。而先生奋起不顾，竖立万仞，使士风既偷而稍新，道学既蚀而复明。扶颓拯溺之功，在我东国，宜亦未有也。"①经历"己卯士祸"洗礼后整个士林士气低落，此时正是曹植接续"己卯士祸"之前的士林学风加以传扬，开启了为学必以自得为贵、反躬实践为特色的实践儒学传统。

要之，岭南学派的关注点是重振颓坏之社会纲纪，以确立伦理纲常，从而实现儒家所向往的王道社会。因而在性理学上自然倾向主理论，这就是理先气后论、理优位论以及理主气辅论皆出自岭南学脉之缘由。

---

① 曹植：《南冥先生集序》，《南冥集》，《韩国文集丛刊》31，韩国民族文化推进会 1996 年版，第453 页。

第三章　四端七情论辩之产生与发展

朝鲜朝开国之后，郑梦周一系的部分节义派学者即以岭南地区为中心逐渐形成了以义理研究为特色的"士林学派"。他们大兴私学教育，培养了众多新进士林。世宗(1419—1450年在位)朝时起"士林派"学者逐渐进驻中央朝政，与勋旧派形成了严重对立。于是，从15世纪末至16世纪60年代，两派之间曾发生了多次流血事件。韩国历史上著名的"四大士祸"便发生于此一历史时期。经过多次血腥的"士祸"洗礼，"士林派"逐渐成为主导16世纪以后的韩国思想界和政界的政治势力，同时亦被定为韩国儒学史上的正统正脉。

第一节　四端七情论辩之发端
——以权近、柳崇祖的"四端七情"说为中心

权近、柳崇祖及郑之云等皆为朝鲜朝前期的著名朱子学者，其在四端七情问题上的论述和主张，遂成日后退溪李滉、高峰奇大升、栗谷李珥、牛溪成浑等人进行"四端七情理气"之辨的理论端绪。本节首先将权近和柳崇祖的思想合在一起加以讨论，目的在于能对四端七情理论的产生及其发展有个系统的了解。

一、权近与其"四端七情"论

活跃于丽末鲜初思想界的朱子学者权近(字可远，号阳村，1352—1409年)与郑道传一起并称为朝鲜朝初期朱子学的双璧。权氏为安东人，曾受教

于李穑和郑道传。他出身文臣贵族家庭,曾祖父即是前文所介绍的高丽朱子学先驱权溥。

据年谱记载,权近步入仕途初期颇为顺当。他年17岁中成均试,年18岁(洪武二年己酉),三月中馆试第二名,五月樵隐李仁复、牧隐李穑同掌礼闱中第三名,六月擢殿试丙科第二名,七月直拜春秋检阅。历任中正大夫成均祭酒、艺文馆提学、成均馆的大提学、大司成等官职。但是,38岁(昌王元年)时他因"礼部咨文"事件中言事所牵连被贬到黄海道牛峰,后又贬至宁海。① 在韩国儒学史上不管是"以图示说"的研究传统,还是四七论辩的理论萌芽皆可以追溯至权近,故后人赞其道:"丽朝以来,非无名人器士,而所尚者,文章勋业也。惟文忠公郑梦周,始传程朱之学,而遭时不幸,未有著述。文康公权近,有文章学识,而《入学图说》以四端七情,分左右书之。此所以理气之发于二歧也。后来学者传袭之论,无复异趣。"②

他一生致力于性理学理论之探究,为朱子学的本土化作出了重要贡献,泽堂李植曾说过:"我国先儒,皆无著述,权阳村说经论学,始有著述。"③其力作《五经浅见录》按照朱子学观点阐释了"五经",而《入学图说》则是韩国最早一部理解朱子学思想的入门向导书籍,影响曾及于日本。

权近的《入学图说》是其为初学者讲授"四书五经"而作的一部"以图示说"的性理学入门书籍。全书分为前后集,前集中载有"天人心性合一之图"、"天人心性分释之图"、"大学指掌之图"、"中庸首章分释之图"、"诸侯昭穆五庙都宫之图"等26种图说;后集中则收有"十二月卦之图"、"周天三辰之图"、"一朞生闰之图"、"天地竖看之图"、"天地横看之图"等14种图说,共计40种图说。卷首有权近的"自序",卷末有郑道传和卞季良的跋文,书中权近将儒家经书中能够"图示"的内容尽己所能以图解的形式表现出来,极大方便了初学者的学习。

---

① 参见权近:《阳村先生年谱》,《阳村集》,《韩国文集丛刊》7,韩国民族文化推进会1990年版,第9—10页。

② 沈演:《请享疏》,《疏》,《高峰先生别集附录》卷2,《高峰集》第二辑,韩国东洋哲学会1997年版,第84页。

③ 李植:《追录》,《泽堂先生别集》卷15,《泽堂集》,《韩国文集丛刊》88,韩国民族文化推进会1992年版,第524页。

　　此图说对郑之云的《天命图说》和李滉的《圣学十图》都产生了巨大影响。李滉的《圣学十图》中的"大学图"与权近的"大学指掌之图"可说是一脉相承。因此《入学图说》被后人称为韩国"图书学"的嚆矢。

　　尽管为初学者而作，《入学图说》还是集中反映了权近的心性论思想。其中又以"天人心性合一之图"和"天人心性分释之图"尤为根本。该书收录的40篇图说中，讲授"四书"的有6篇，讲授"五经"的有3篇，讲授"河图洛书"的有10篇，讲授礼的有4篇，讲授天文地理的有12篇等等。在这40篇图说中，较能反映其性理学思想的是"天人心性合一之图"、"天人心性分释之图"、"大学指掌之图"、"中庸首章分释之图"、"中庸分节辨议"、"语孟大旨"、"五经体用合一之图"、"五经体用分释之图"等篇，而"大学指掌之图"、"中庸首章分释之图"、"语孟大旨"、"五经体用合一之图"、"五经体用分释之图"等图示正是权近对"四书五经"内容的系统解说图。权近思想除了此图说外，还散见于《阳村集》、《礼记浅见录》以及《三峰集》之注释内容。

　　下面，首先对其"天人心性合一之图"[1]（见图2）作出分析。

　　此图集中反映了权近的哲学思想。在该图解释的开头他便写道："朱子曰天以阴阳五行化生万物，气以成形而理亦赋焉。今本之作此图。"[2]表明此图的理论依据来自朱熹的宇宙论（理气论）。紧接着又写道：

　　　　右图谨依周子"太极图"及朱子《中庸章句》之说，就人心性上以明理气善恶之殊，以示学者。故不及万物化生之象，然人物之生，其理则周，而气有通塞偏正之异，得其正则通者为人，得其偏且塞者为物。即此图而观，则诚字一圈，得最精最通而为圣人；敬字一圈，得正且通者而为众人；欲字一圈，得偏且塞者而为物；其下禽兽横者得其尤偏塞而为草本者也。是则万物化生之象亦具于其中矣。夫天地之化，生生不穷，往者息而来者继。人兽草木，千形万状，各正性命，皆自一太极中流出。故万物各具一理，万理同出一源。一草一木各一太极，而天下无性外之物，故《中庸》言："能尽其性，则能尽人之性，能尽物之性，而可以赞天地之化育。呜呼

---

① 裴宗镐编：《韩国儒学资料集成》（上），首尔：延世大学校出版部1980年版，第5页。
② 裴宗镐编：《韩国儒学资料集成》（上），首尔：延世大学校出版部1980年版，第5页。

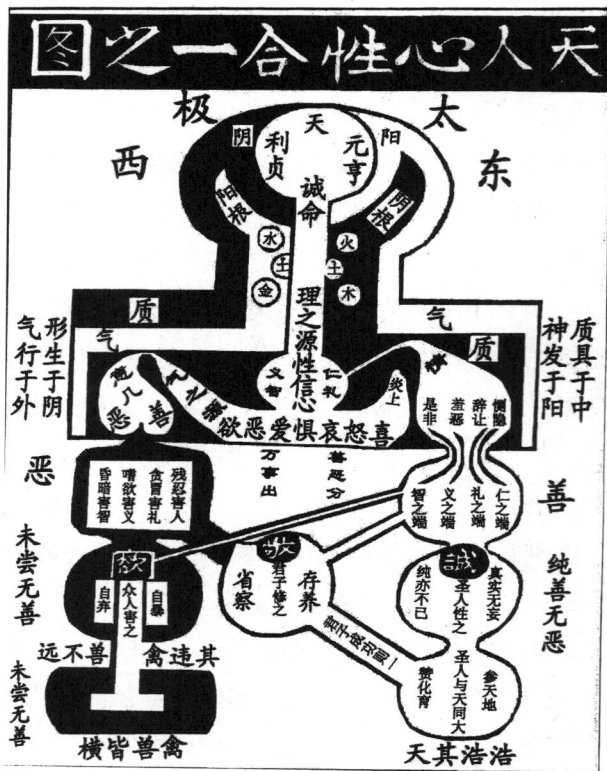

图 2 天人心性合一之图

至哉！"①

可见，此图是权近谨依周敦颐的《太极图说》和朱熹的《中庸章句》之说制作而成。权近在图说中还附上其与弟子的有关天人心性问题的答问。此图不仅谈到了"太极"、"天命"、"理气"、"阴阳"、"五行"以及"四端七情"等性理学的核心概念，而且还将这些概念之间的关系以图示形式清楚表示出来，使学者易于理解和把握其要领。

权近的性理学说非常重视"心"，以至于在其心性论中"性"是在论"心"时才附带成为讨论的对象。权近曰："心者，合理与气以为一身神明之舍，朱

---

① 裴宗镐编：《韩国儒学资料集成》（上），首尔：延世大学校出版部 1980 年版，第 5 页下、6 页上。

子所谓虚灵不昧,以具众理而应万事者也。"①如图中所见,他对"心"这一概念作了详细辨析,并对像"性"、"情"、"意"、"诚"、"敬"、"欲"等概念皆从心性论到修养论多角度作了分析。从图中可见,他将"性"之德目规定为仁、义、礼、智、信;"情"则指代为恻隐、羞恶、辞让、是非和喜怒哀惧爱恶欲;"意"为几善恶;"诚"乃真实无妄,纯亦不已,圣人性之;"敬"为存养省察,君子修之;"欲"为自暴自弃,众人害之。这里需要注意的是,"心"大体上是相较于"身"而言。因为他认为,心是人所得乎天而主乎身者,是具众理而应万事者。故他写道:"愚以为惟虚,故具众理;惟灵,故应万事。非具众理则其虚也,沫然空无而已矣。其灵也,纷然流注而已矣。虽曰应万事,而是非错乱,岂足为神明之舍哉。故言心而不言理,是知其有舍,而不知有其主也。"②若从理学的心身关系的角度来看,因"心"有具众理而应万事之功能,故主宰个体肉身活动的只能是"心"。可见,性理学以为人的身体和神明的作用皆与"心"相关联。

另外,心之重要特征,即"虚灵洞彻"与"神明"问题在图中虽未标示,但是在论著中也有对此一问题的相关论述。他认为,心不仅仅是"神明之舍",更是具有虚灵之妙之特性的认识器官。因心是"气之精爽"、"气之灵",故此心具有虚灵之特性,可以应对万事。他将心比喻为"心之灵而镜之明也",还说:"心之本体,寂然无朕,而其灵知不昧,譬则镜性本空,而明无不照。盖随缘者,心之灵而镜之明也。"③心之寂与镜之空是不变者,而心则以此感应万变而无穷尽。他还认为心所生发的行为可以为善为恶,而为善的行为必源于纯善无恶之性。

权近和郑道传皆为丽末鲜初的著名斥佛论者,权氏在展开其性理学"心"论的同时还对释氏所讲之"心"作了批判。"盖外边虽有应变之迹,而内则漠

---

① 权近:《心气理篇》序,《三峰集》(下)卷10,首尔:三峰郑道传先生纪念事业会2009年版,第201页。

② 权近:《心气理篇》序,《三峰集》(下)卷10,首尔:三峰郑道传先生纪念事业会2009年版,第201—202页。

③ 权近:《心气理篇》序,《三峰集》(下)卷10,首尔:三峰郑道传先生纪念事业会2009年版,第203页。

然无有一念之动,此释氏之学第一义也。"①佛教不承认外部世界的真实存在,以为现实世界为虚幻的、不真实的存在。这种心说所隐含的是遁世绝俗、逃避现实的消极的人生态度,自然与主张积极入世、力求为万世开太平的儒家人生观相去甚远。因此受到儒者的猛烈抨击。对此权近也批评道:"非具众理则其虚也,沫然空无而已矣。其灵也,纷然流注而已矣……故言心而不言理,是知其有舍,而不知有其主也。"②可见,他所讲的"心"正是朱子学所言之天理论视域下的理气之心。

值得注意的是,权近绘制此图的目的在于"就人心性上以明理气善恶之殊,以示学者"③。将理气摄入心性域来讨论是韩国性理学的重要特色,这一理论传统其实亦肇始于权近。韩儒的心性学说与其说是对人之性情问题的探究,不如说是从理气论的向度对人的性理问题的阐发。因人的行为皆与心理活动相关联,所以韩儒在思考如何使人的思想和行为具有正当性、合理性时重点考察了人的行为的根源,即试图立足于心性论以阐明人之道德行为的发生根源。于是,属于理学本体论范畴的理气概念被纳入心性论域,用于直接讲明人的道德行为的来源和根据。从"天人心性合一之图"中可以看到,"心"分善恶,而整图则被代表理气的白色和黑色一分为二。心具众理,性源于理,理若如实呈现即为纯善。故圣人即是完全实现心中之理者。

如前所述,韩国性理学关注的首要课题是"人",即具有道德良知的现实中的人。这一特点从《入学图说》开篇第一图"天人心性合一之图"中亦能窥见。此图说首先要辨明的是人的心性问题,而非天地万物如何化生的本体论问题。

人在现实生活中面临善恶选择时如何抉择"善",这是关乎修养论(工夫论)的问题,为此权近标出了"敬"。图中善恶被分在"心"之两侧,而"敬"又与二者相关联,意为人之为善为恶皆系于以"主敬"为主的存养省察工夫。

---

① 权近:《心气理篇》序,《三峰集》(下)卷10,首尔:三峰郑道传先生纪念事业会2009年版,第203页。
② 权近:《心气理篇》序,《三峰集》(下)卷10,首尔:三峰郑道传先生纪念事业会2009年版,第201—202页。
③ 裴宗镐编:《韩国儒学资料集成》(上),首尔:延世大学校出版部1980年版,第5页下。

其次,讨论其"天人心性分释之图"的"天"之图(见图3)和其"人"之图①
(见图4)。

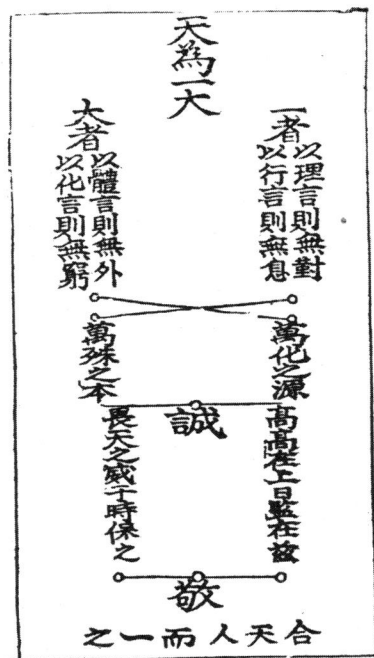

图3　"天人心性分释之图"之"天"之图

图4　"天人心性分释之图"之"人"之图

从《入学图说》的排序中也可看到,权近是在第一图"天人心性合一之图"

---

① 　参见裴宗镐编:《韩国儒学资料集成》(上),首尔:延世大学校出版部1980年版,第6页上。

中先论人之后，又在"天人心性分释之图"中次第论及"天"、"诚"、"敬"。"天人心性分释之图"之"天"之图显示"天为一大"："一者"意为以理言则无对，以行言则无息，故为万殊之本；"大者"则意为以体言则无外，以化言则无穷，故为万化之源。其"以理言则无对"的观念与日后李滉"理极尊无对"的思想可谓一脉相承，皆基于以理为本的理气论传统。"敬"是指主敬涵养下学工夫，"诚"是天人合一之媒介，故《中庸》有言："诚者，天之道也；诚之者，人之道也。诚者不勉而中，不思而得，从容中道，圣人也。"①

在"人"之图下，权近附言道：

> 人者，仁也。仁则天地所以生物之理，而人得以生而为心者也。故人为万物之灵，仁为众善之长，合而言之道也。圣人至诚，道与天同。君子能敬以修其道，众人以欲而迷，惟恶之从。故人者，其理一，而所禀之质，所行之事，有善恶之不同。故其为字，歧而二之，以示戒焉。人能体仁，以全心德，使其生理常存而不失，然后可无愧于为人之名。而其效必能得寿，不然则生理丧而非人矣。②

依权近之见，"仁"是天地所以生物之理，在人则为心。因此人是万物之灵，仁为众善之长，而将二者合而言之便是道。他进而指出惟君子能敬以修其道，而众人则迷于欲念、惟恶之从。权近将"仁"也就是文中所谓"生之理"视为人的本质。众所周知，儒家将"仁"视为人与万物共同的普遍原理，表现在人身上即为"人之性"。

再次，讨论其"天人心性分释之图"之"心"之图（见图5）。

对于此"心"之图，权近解释道：

> 心者，人所得乎天而主乎身，理气妙舍、虚灵洞彻、以为神妙之舍而统性情，所谓明德而具众理、应万事者也。气禀所拘，物欲所蔽，其用之发有时而昏。学者要当敬以直内，去其昏而复其明也。其字形方者，象居中方寸之地也。其中一点，象性理之源也。至圆至正，无所偏，象心之体也。其下凹者，象其中虚，惟虚故具象理也。其首之尖，自上而下者，象气之

---

① 《中庸章句》第20章，朱熹：《四书章句集注》，中华书局1996年版，第31页。
② 裴宗镐编：《韩国儒学资料集成》（上），首尔：延世大学校出版部1980年版，第6页上。

理之源
气之源
欲危人坚故属危
意几善恶
性
心敬
道心属微故微
情难见
情无有不善
心

图5　"天人心性分释之图"之"心"之图

源,所以妙合而成心者也。其尾之锐,自下而上者,心于五行属火象,火之炎上也,故能光明发动以应万物也。其右一点象性发为情,心之用也;其左一点象心发为意,亦心之用也,其体则一而用则二。其发原于性命者,谓之道心而属乎情,其初无有不善,其端微而难见,故曰道心惟微,必当主敬以扩充之。其生于形气者谓之人心而属乎意,其几有善有恶,其势危而欲坠,故曰人心惟危,尤必当主敬以克治之。遏人欲之萌,充天理之正,常使道心为主而人心听命,然后危者安,微者著。动静云为自无差谬而圣贤同归,参赞天地亦可以驯致矣。不然,则人欲日长,天理日消,此心之用不过情欲利害之事,虽有人形,其违禽兽不远矣。可不敬哉。①

尽管此文篇幅不长,权近还是简明扼要地对心身关系、心之结构、心之机能、心之作用、心之体用等都作了必要的说明。在心身关系方面,主张心是"人所得乎天而主乎身",亦即心为身之主宰;在心之结构方面,认为心是理气妙合而为神妙之舍;对于心之机能则主虚灵洞彻,由是明德而具众理、应万事;对于心之作用倾向心性关系中"心统性情";至于心之体用则主心体至正无偏而为性

① 裴宗镐编:《韩国儒学资料集成》(上),首尔:延世大学校出版部1980年版,第6页下。

理之源也——性发为情、心发为意即是用。① 其体则一,而用则二。道心原于性命而属乎情,"其初无有不善,其端微而难见,故曰道心惟微";人心则生于形气之私而属乎意,"其几有善有恶,其势危而欲坠,故曰人心惟危"。因此,以主敬工夫扩充天理之正,以遏人欲之萌,使人心听命于道心,便可做到危者安而微者著。以上是权近心论的主要观点,可以看出其基本见解皆来自朱熹理论。如对心之机能,朱熹曾有如下论述:"明德者,人之所得乎天,而虚灵不昧,以具众理而应万事者也。但为气禀所拘,人欲所蔽,则有时而昏;然其本体之明,则有未尝息者。故学者当因其所发而遂明之,以复其初也。"②在文中权近还探讨理欲之关系,以为二者此消彼长,必由主敬工夫方能扩充天理,所谓"人欲日长,天理日消"。

此图需注意的是,权近按心的字形将其分为两个部分加以解释:其一为"理之源";其二为"气之源"。他将道心和人心、情和意以性为中心分别列于"理之源"和"气之源"之下:道心属情,其初无有不善;人心属意,其几有善有恶。在权近看来,此时之"情"根于理,作为"四端"之情无有不善,人心是发于气之意,故其几有善有恶。理学家一般认为,人的思想行为或源于"性命之正",或生于"形气之私",韩儒则更倾向于从理气之发的视角来探讨此一问题。权氏殆以作为心之二用的情意分别生于理与气——"其体则一而用则二"。"情"和"意"乃人心的两种发用方式,源于性命者为道心(情),生于形气者为人心(意)。因此"学者要当敬以直内",防止生于私欲的行为的发生。

"人心道心"问题在韩国儒学史上极为重要。权近对此一问题基本立场是"人心惟危,尤必当主敬以克治之。遏人欲之萌,充天理之正,常使道心为主而人心听命,然后危者安,微者著。"依其之见,"情"的行为一般能呈现较为

---

① 李明辉先生指出,阳村坚守的是朱子的立场。因此他认为,这也可以解释阳村何以在引文中以"性发为情"为"心之用",而非"性之用"。"性发为情"与"心发为意"的两个"发"字之意涵并不相同:前一"发"字是"静态地作为存有依据"之意,后一"发"字则是心理学意义的"引发"之意。这相当于康德所谓"动因"(Bewegungsgrund)与"动机"(Triebfeder)之别,或是朱子所谓"动底"与"动处"之别。阳村原先以"性发"与"心发"来区别"四端"与"七情",但是他所说的"性发"并无实义,其实依然是"心发"(心之用),这便削弱了他欲区别二者之用心,而为后来的儒者留下极大的争论空间。(参见李明辉:《四端与七情:关于道德情感的比较哲学探讨》,华东师范大学出版社2008年版,第171—172页)

② 朱熹:《大学章句》,《四书章句集注》,中华书局1996年版,第3页。

理想的状态,源于气的"意"则不然,后者之呈现或善或恶,不由"心"的作用即无以引之向理。

权近以"理之源"和"气之源"判分人心以作解释,对后世学者影响甚大。

最后,再讨论其有关"性"的论述(见图6)。

性

图 6 "天人心性分释之图"之"性"之图

理学宇宙论(本体论)需借理气说才能得到阐发。从上文可见权近的思想大体不离伊洛渊源,是故在其学说中"性"总被赋予普遍宇宙之原理义,所谓"性即理"是也。

在《入学图说》中,权近彰示"性"之图并写道:

> 性者,天所命而人所受其生之理具于吾心者也。故其为字,从心从生。人与万物其理则同,而气质之禀有不同者焉。告子曰生之谓性,韩子曰与生俱生,释氏曰作用是性,皆以气言而遗其理者也。《中庸》曰天命之谓性,《孟子》曰尽其心者知其性也,知其性则知天矣。①

此图亦是为初学者而设。权近自言道,其训天人心性分释之意有些破碎,但是初学者则一见即可知其大意要旨。并标榜其解说皆本自程朱的格言,非为其臆说。初学之士的要务,则在于动处下功夫,而存养之事已包含在"敬"之中。

理学的根本特征在于反躬实践,而在现实中如何如实地呈现"理"和实践"理"遂成首要课题。为此权氏欲将天人问题转化为心性问题,以图在心性层面上实现"天人合一"这一儒家最高价值理想。心作为理气之合既具形上之特性,又有形下之特性。而且心还以"虚灵洞彻"统摄性情,由是具众理以应万事者。因此,在心的层面上追求其与性理的合一便是"仁学"思想的主旨。

"心具众理"强调的是"理"常存于人心。理学家认为,人心之理即性理不能如实呈现的主要原因在于"气禀所拘,人欲所蔽,则有时而昏"②之故。权近重视"性",亦因"理"只有通过"性"的发用才能呈现。那么,究竟由何呈现

---

① 裴宗镐编:《韩国儒学资料集成》,首尔:延世大学校出版部1980年版,第7页上。
② 朱熹:《大学章句》,《四书章句集注》,中华书局1996年版,第3页。

呢？无疑是要由"心"来呈现。从此意义上说，权近"心统性情"的思想可以视为对主体以其"实践性"能动地呈现天理的一种阐述。

如前文所述，他将"性"定义为"天所命而人所受其生之理具于吾心者"。① 这与程朱对"性"的论述大体相同，伊川曾言："心即性也。在天为命，在人为性，论其所主为心，其实只是一个道。"②又说过："在天为命，在义为理，在人为性，主于身为心其实一也。心本善，发于思虑，则有善有不善。"③陈淳在《北溪字义》中解释道："盖理是泛言天地间，人物公有之理。性是在我之理，只这道理受于天而为我所有，故谓之性。"④相较于程朱，权近的性理概念更强调"生之理"之义。

"性"字"从心从生"，仅就字形便可了知其与人心、人生的密切关系。作为性理学家，权近对历史上出现的不同"性"说评价道："告子曰，生之谓性；韩子曰，与生俱生；释氏曰，作用是性，皆以气言而遗其理者也。《中庸》曰天命之谓性，《孟子》曰尽其心者知其性也，知其性则知天矣。"⑤在他看来，告子、韩非子以及释氏之"性"论的主要理论缺陷是未意识到人之为人的根本特征，即所谓"义理之性"。这也反映了性理学追求的不仅仅是个体的安身立命，而且还是更广泛意义上的人类道德水平的提升。于此可见，儒家的确比其他学派理论更具道德关怀。权氏的"性"论与其说对人之本性的阐发，不如说是对人的能动实践能力的揭示，故可将其拟于实践性理学。

权近在书中"天人心性分释之图"的"性"条里面还写道：

> 昔唐韩子《原性》而本于《礼书》，以喜怒哀乐爱恶欲七者为性发之情，程子亦取而言之。今子以四端属乎性而七情列于心下者，何也？曰："七者之用在人本有当然之则。如其发而中节则《中庸》所谓达道之和，岂非性之发者哉！然其所发或有不中节者，不可直谓之性发，而得与四端并列於情中也。故列于心下，以见其发之有中节不中节者，使学者致察焉。"又况程子之言，以为外物触而动于中，其中动而七情出，情既炽而其

① 裴宗镐编：《韩国儒学资料集成》，首尔：延世大学校出版部1980年版，第7页上。
② 程颐：《伊川先生语录》，《程氏遗书》卷18，《二程集》，中华书局2004年版，第204页。
③ 程颐：《伊川先生语录》，《程氏遗书》卷18，《二程集》，中华书局2004年版，第204页。
④ 陈淳：《性条》，《北溪字义》，中华书局2009年版，第6页。
⑤ 裴宗镐编：《韩国儒学资料集成》，首尔：延世大学校出版部1980年版，第6页下、7页上。

　　性鉴矣。则其不以为性发也,审矣。①

他认为"七情"中发而中节者与"四端"之善并无二致,皆为同质之善;而发而不中节者则非为性之所发,故不能与"四端"并列。依权氏之见,"四端"为理之所发;而"七情"却并非如此。权近不仅依此区分"四端"和"七情",还进而以理气分判道心与人心:"理本无为,其所以能灵而用之者,气也……道心为危,人心惟微,则固以理气分言之矣。夫心之发其几有善恶之殊,若纯乎理而不杂乎气,则其发安有不善哉。"②从权近"心"之图(图 5)中可见,是以"理之源"和"气之源"的视角对心进行解读。依其思路,性之源是理,心之源是气。心为理气之合,故其发用呈现为道心和人心,前者属理,后者属气。同时心又统摄性情,理所当然"心之用"又可以显发为"情"和"意"。"情"发于"性理","意"发于"心气"。发于性理之善和发于心气之善者,虽同为至善之物,显发为"善"的过程却各有差异。这一过程乃攸关性理学存养理论和方法的重要课题,对此权近未作具体阐发。直至 16 世纪,李滉、李珥等理学家群体们才对之进行深入而具体的讨论。

　　权近在书中对"四端"和"四德"的关系作出了解释。"'恻隐、辞让、羞恶、是非即仁义礼智之端,非有二也。今子既以四者列于情下,又书其端,于外别作一圈,何也?'曰:'四者之性,浑然在中。而其用之行,随感而动。以为恻隐、辞让、羞恶、是非之心则是心,即为四者之端,诚非二也。然发于中者,谓之心;现于外者,谓之端。故孟子于此几两言之,或言端,或不言端。而朱子于言端,以为犹物在中,其端绪见于外,则其义愈明而不容无辨矣。'"③对于学生就此问题的提问,权近回答说四者之性是浑然在中者,而四者之端则是犹物在中而其端绪见于外者。二者诚非二物。其实这是讲仁义礼智之性如何生发为恻隐、辞让、羞恶、是非之情的问题。对于性情关系问题,朱子学的基本看法是"情根于性,性发为情";权近在此亦持相同立场。但他之所以视二者为"诚非二物",是因为四德与四端之情皆为纯善之物的缘故。

---

①　裴宗镐编:《韩国儒学资料集成》,首尔:延世大学校出版部 1980 年版,第 8 页下;又见"天人心性分释之图"之"性"条,《入学图说》,首尔:乙西文化社 1974 年版,第 150 页。

②　裴宗镐编:《韩国儒学资料集成》,首尔:延世大学校出版部 1980 年版,第 8 页上。

③　裴宗镐编:《韩国儒学资料集成》,首尔:延世大学校出版部 1980 年版,第 8 页下、9 页上。

权近还指出："理为心气之本原，有是理然后有是气，有是气然后，阳之轻清者，上而为天，阴之重浊者，下而为地……天地之理，在人而为性，天地之气，在人而为形，心则兼得理气，而为一身之主宰也。故理在天地之先，而气由是生，心亦禀之，以为德也。"①在此基础上，他着重解释了"五常"、"四端"、"七情"等心性论的基本问题。《入学图说》首次提出的"四端"与"七情"的关系问题，开韩国儒学史上著名的四端七情论辩之先河。沙溪金长生（1548—1631年）说过："退溪先生七情四端互发之说，其原出于权阳村《入学图说》。其图中，四端书于人之左边，七情书于人之右边。郑秋峦之云，因阳村而作图，李滉又因秋峦而作图，此互发之说所由起也。李滉曰：'四端理发而气随之，七情气发而理乘之。'是阳村分书左右之意。"②不仅如此，权近还在独尊儒术的基础上对佛、道进行批判并阐述自己的观点。他强调"理"的绝对权威，认为"理为公共之道，其尊无对"③。权近这一思想后为李滉发展为"理尊无对"说和"理贵气贱"说，从而开启了韩国儒学史上著名的主理论传统。

权近有关四端七情问题的看法实为百余年后李滉、奇大升、李珥、成浑等诸家旷日持久的"四七"论辩之滥觞，其思想后来被李滉为代表的岭南学派继承和发扬，在韩国儒学史上产生深远的影响。

"四端"即恻隐之心、羞恶之心、辞让之心、是非之心四种伦理上的道德情感，典出《孟子·公孙丑上》；"七情"则指喜、怒、哀、惧、爱、恶、欲七种生理上的自然情感，典出《礼记·礼运篇》。二者之间的关系问题在我国并未引起注意，却在16世纪的韩国儒学界引发了一场"四端七情，理发气发"的大论辩。这一论辩最终使韩国性理学走上了以心性论为中心的哲学轨道，在东亚儒学史上具有十分重要的影响。对"四端七情"这一问题的关注意味着韩国儒学已然开启本土化的进程。

权近与郑道传虽然同为朝鲜朝初期的理学大家，但是在接受和传播朱子学方面却各有特色。郑道传致力于对现有朱子学理论的理解与实践，并以之

---

① 权近：《心气理篇》注，《三峰集》卷10，首尔：三峰郑道传先生纪念事业会2009年版，第211页。
② 金长生：《四端七情辨》，《辨》，《沙溪遗稿》卷5，《韩国文集丛刊》57，韩国民族文化推进会1991年版，第66页。
③ 权近：《心气理篇》注，《三峰集》卷10，首尔：三峰郑道传先生纪念事业会2009年版，第210页。

为据批判佛教。而权近则更注重朱子学理论本身的探究与思考。若就两人对韩国朱子学的理论贡献而言,权氏显然大于郑氏。故权近被后世学者视为朝鲜朝初期朱子学的主要代表。李滉也很服膺权近的学问,曾对其评价道:"阳村学术渊博,为此图说极有证据,后学安敢议其得失。"①权氏《入学图说》还是韩国最早的儒学图示类书籍,所以他被目为韩国儒学界"以图释说"研究范式的开创者。不仅如此,权氏之学还传至日本,且在日本儒学界也产生了一定的影响。日本曾多次翻刻权氏《入学图说》,现存宽永甲戌刻本和庆安元年刻本等。

权近的主要著作有《五经浅见录》、《入学图说》以及《三峰集》中的《佛氏杂辨》序,《心气理篇》注、序等。现有《阳村集》(40卷)。

二、柳崇祖与其"四端七情"论

中宗时期的真一斋柳崇祖(字宗孝,号真一斋、石轩,1452—1512年)是朝鲜朝前期继权近之后又一位论及四端七情理气问题的性理学家。柳氏本贯为全州,谥号为文穆。他成宗三年(1472年)中司马试进入太学,1489年文科及第,历任司谏院正言、弘文馆副校理、司宪府掌令、成均馆大司成等官职。他是"官学派"的代表,但是对"士林派"学者亦相当友好,在任大司成时还荐举了赵光祖、金锡弘、黄泽等"士林派"学者。燕山君十年(1504年)被发配至原州,中宗反正之后又官复原职。史书上对其为人有如下记载:"文穆公,天资高明,器宇峻洁,早有志于学。其为学也,本之以孝弟忠信,律之以刚方廉直,六经诸子与百家,靡不淹贯,妙年升庠,已有道义之所推服,既擢第入翰苑,儒臣启,以经明行修,可为师表,兼带成均掌教,教导后进,先正臣李滉所称师友堂堂经训皇皇者也。当燕山主九年,文穆在宪府,抗疏论十余事,皆切直不少讳,贬其官,甲子祸作,杖窜原州,靖国之初,首入经幄,旋升工曹参议,三公启,经幄不可无此人,命兼带经筵官。遂长国子,三公又启,性理之学,不可绝其传,请选年少文臣,就崇祖受业,崇祖承命,课授甚勤,作为四经、四书等谚解,以晓诸生,宣庙朝所纂集刊行者也。又命选诸生中可大用者以奏,崇祖,以文

---

① 李滉:《答金惇叙》,《退溪全书》(二)卷28,首尔:成均馆大学校大东文化研究院1985年版,第62页。

正公臣赵光祖首荐,六年辛未,上亲临太学,谒先圣,退御明伦堂,横经问难时,崇祖为大司成,以大学进讲,反复乎存心出治之要,上凝旒倾听,桥门观者皆耸然。"①柳氏在《书经》、《易经》、《礼记》的研究方面造诣颇深,他以口诀和悬吐的方式给"四书"、"三经"编了《七书彦解》②,作为韩国彦解类之嚆矢,对后世影响颇大。柳氏的著作还有《真一斋集》、《大学十箴》、《性理渊源撮要》等。

《性理渊源撮要》摘取先儒学说中的紧要段落加以编纂,从中可见其性理学思想。而《大学十箴》则以箴规人主之思想行为为目的。全书将《大学》内容分成明明德箴、作新民箴、止至善箴、使无讼箴、格物致知箴、谨独箴、正心箴、修身箴、齐家治国箴和絜矩箴十个条目,分门别类以述帝王学之要义。依柳氏之见,大学之道,是修齐治平之准绳,是方圆平直之至。为君者之所以不可不明此大学之道,是因为为政之规矩准绳之所出;为臣者之所以不可不讲此大学之道,是因为为臣者之规矩准绳之所由施;为民者之所以不可不知此大学之道,是因为规矩准绳之所当从。他进一步指出,二帝三皇之所以盛治者,乃正其规矩准绳之体,以成己而运之于上,故方圆平直之用自正而物成于下。

在理与气这一性理学基本问题上,柳崇祖认为:"气与理,气殊形禀理一天地,气不外理,理寓气里。理不离气,浑然一体,气不杂理,粲然不混。无先无后,无端无始。赋物之初理一气二,物禀之后气同理异。"③柳氏倾向理气"混沦一体"、"不离不杂"的传统朱子学立场。他认为理气二者在时间上无先后、无终始,赋物之初理一气二,物禀之后"气同理异"。柳崇祖正视分殊之理的差异性,认为既有天下公共之理,又有一物各具之理。柳氏思想较具特色,在人性论领域尤重"气质之性"。

---

① 《承政院日记》134册,高宗二十年十二月一日。(参见韩国国史编纂委员会,电子版《承政院日记》,http://sjw.history.go.kr/search/inspectionDayList.do)另参见《承政院日记》影印本,韩国国史编纂委员会1968年版,第631页。

② 柳希春(字仁仲,号眉岩,1513—1577年)曾对此书言道:"柳崇祖等所定吐诚善。然今讲尚书,亦往往有误处,未审当改否。"又曰:"东方自古未有咀嚼经训,沈潜反复乎朱子文语如李滉者也。臣谪居时,用十年之功研究四书,有所论说。及见李滉之说,相合者十之七八。滉之经说,甚为精密,虽或千虑之一失,然不害其为得处之多也。又李珥有大学吐释。臣曾与珥在玉堂,说及大学,语多契合。"(《经筵日记》甲戌,《眉岩集》卷18,《韩国文集丛刊》34,韩国民族文化推进会1990年版,第495页)

③ 裴宗镐编:《韩国儒学资料集成》,首尔:延世大学校出版部1980年版,第60页上。

在"本然之性"与"气质之性"的关系上,柳氏提出:

> 天下固未有无理之气,亦未有无气之理,有阴阳则有木火金水者气也,有健顺则有仁义礼智者理也。气非理则无所承,理非气则无所附,是故未有阴阳已有太极,未有此气已有此理。推所从来,固不无先后之别,然言太极则已不离乎阴阳,言性则已不离乎气质,有则具有,又岂别为一物而有先后之可言哉。合而言之,则太极无物不存,万物各具一太极,性即气、气即性,盖未始相离也。初岂有所谓本然之性而又岂有所谓气质之性哉。分而言之,则形而上者谓之道,形而下者谓之器,性自性、气自气,又未始有相杂也。岂无所谓本然之性又岂无气质之性哉。①

此处涉及理(太极)的逻辑在先问题。理气之关系推所从来"固不无先后之别",只能说"未有阴阳已有太极,未有此气已有此理"。但在现实生活中,言太极时则已不离乎阴阳,"言性则已不离乎气质"。柳崇祖在此着重说明"气质之性"的实在性和现实性。接着,他进一步指出:"性本于天,虽气之本而气存于人,实性之用。性如日月之明而气则如云雾之昏矣。程子曰,'人生而静以上不容说,才说性时便已不是性',盖谓此也。夫形气未禀人物未生,浑然天理未有降付是人生而静以上也,可名之以理,不可名之以性,所谓在天曰命,是专以理言也。及降而在人则坠于形气,虽可谓之性,然已涉于有生,而不得超然于是理之本体矣。是才说性则便已不是性也,是所谓在人曰性也,是专以气质而言之。"②需要指出,尽管先儒在人性论方面已有本然之性(天命之性)、气质之性之说,但是柳氏在性论上仍然坚持二程"论性不论气,不备;论气不论性,不明"③的性气合一论。若综合上一段引文的内容来看,严格地讲他更倾向于明道的"性即气,气即性,生之谓也"④的性气不离的思想。

柳崇祖曾对历史上的几种具有代表性的"性"论做过评论,指出:"盖观古人之论'性',孟子专以本然言性,而不及于气,所谓论性不论气不备;荀杨误

---

① 裴宗镐编:《韩国儒学资料集成》,首尔:延世大学校出版部 1980 年版,第 56 页下。

② 裴宗镐编:《韩国儒学资料集成》,首尔:延世大学校出版部 1980 年版,第 57 页上、57 页下。

③ 程颢、程颐:《二先生语6》,《程氏遗书》卷6,《二程集》,中华书局 2004 年版,第 81 页。

④ "性即气,气即性,生之谓也。人生气禀,理有善恶,然不是性中元有此两物相对而生也"(程颢、程颐:《二先生语1》,《程氏遗书》卷1,《二程集》,中华书局 2004 年版,第 10 页),此文依其内容归在明道先生语似更恰当。(参见蒙培元:《理学范畴系统》,人民出版社 1998 年版,第 234 页)

以气质为性,而不识其本,所谓论气不论性不明;韩子之言性可谓备矣,五性之
说固已见其理之同,三品之说乃不知其气之异。此廉溪张程所以不得不表彰
而发明之也。然考之经传已有此意,但古人未尝明著其气质之名尔。"①儒家
之人性论确有一个发展过程,曾产生孟子的性善说、荀子的性恶说以及董仲舒
的性三品说等等。但是,张载"天地之性"、"气质之性"这样性二元论的出现
具有里程碑的意义,将儒家传统人性论的讨论推向了高潮。朱熹这样称赞张
载的人性论:"此起于张程。某以为极有功于圣门,有补于后学,读之使人深
有感于张程,前此未曾有人说到此。"②但朱熹之后人性论从性二元论逐渐转
向性气合一的性一元论,开始强调现实性。从东亚儒学史的视角来看,人性论
的此一转向在我国明代学者罗整庵(主理气一物论)、王廷相(主理气无性论)
以及韩儒柳崇祖的身上体现得较为明显。这也反映了在理学传统中道德理想
(理想性)与现世关怀(现实性)的尖锐冲突,从中可以看出,随着思想运动的
演进,儒者的现实指向性在逐渐增强。此理论转向可视为17世纪东亚各国注
重实践性与功利性的"实学"思潮兴起的前奏。

在权近提出以理气分言分四端七情的观点之后,柳崇祖也提出大体相同
的主张。他在《大学十箴》中的"明明德箴"中写道:

> 一阴一阳,本一太极,继善成性,理气妙合,秉彝懿德,人所同得,精真
> 之凝,灵妙虚寂,不吝于愚,不豊于智。内具众理,外应万事,统性与情,神
> 明莹澈。情动于性,纯善无杂。意发于心,几善与恶。理动气挟,四端之
> 情,气动理随,七情之萌。③

柳氏认为"四端"是理动所致,而"七情"则是气动所致。此一理动气动的解释
模式说明他将二者视为基于不同发用过程的两种不同的情感。其"理动气
挟,四端之情,气动理随,七情之萌"的观点与日后的李滉"四端理发而气随
之,七情气发而理乘之"思想颇为相似。柳崇祖在大作《性理渊源撮要》中将
程迥(沙随程复心)理气说做了进一步阐发,并提出自己的观点。

> 本然之性,理也,仁义礼智信,五性皆天理,故本无不善。气质之性,

---

① 裴宗镐编:《韩国儒学资料集成》,首尔:延世大学校出版部1980年版,第58页上。
② 《性理一·人物之性气质之性》,黎靖德编:《朱子语类》卷4,中华书局2004年版,第70页。
③ 裴宗镐编:《韩国儒学资料集成》,首尔:延世大学校出版部1980年版,第59页下。

气也,纯清者全其性,上智也。杂清浊者,善恶混,中人也。纯浊者,全是恶,下愚也。理发为四端,气发为七情。恻隐羞恶辞让是非,四者正情,无有不善。喜怒哀乐爱恶欲,七者中节则公而善,不中则私而恶。①

感通之谓情,则四端者理之发,七情者气之发。能为之谓才,则无不善者出乎性,而有不善者出乎气也。由是观之,理无不同也,所不同者气耳。理无不善也,所不善者才耳。②

柳崇祖以理气分言"四端"和"七情"的主张,在以上言论中得到再次确认。他认为四端七情根源不同,坚持对之区别对待。

从柳氏在《性理渊源撮要》中对程迥"四端七情"说的整理可以窥见,其思想主张在先儒著述中也不无痕迹。像"理动气挟,四端之情,气动理随,七情之萌"之说就与权近之"天人心性合一之图"之主旨大体相同。可见,"四七"对举、以理气分言四端七情的传统早在郑之云之前的朝鲜朝性理学中即已存在。此为韩国性理学的又一特征。

柳崇祖对朝鲜朝性理学发展的贡献,在史书上也有记载:"窃稽中庙朝大司成赠谥文穆公臣柳崇祖,倡明道学,所撰进《大学十箴》《性理渊源撮要》及经书《七书彦解》等书,启沃圣德,嘉惠后学,实为旷世之真儒,后生之师表,允合庇享之联跻而尚未彻旒,岁年侵寻,章甫之赍郁,不日不月,而朝家之令典,抑亦恐有未遑。臣等之责,愈久愈深,今当卫辟存闲之庆会,自不敢泯然,各道缝掖之徒,不谋而同,齐声而应,谨摅其平日实迹之有关于斯文者,以备乙览焉。"③

简言之,权近的《入学图说》和柳崇祖的《性理渊源撮要》所开创的"四七"对举之范式成为朝鲜朝"四端七情"之辨的理论端绪。明显可以看出,《入学图说》和《性理渊源撮要》中出现的"四七"对举的思想与郑之云、李滉的"四七互发"说有着无法分割的内在关联。

---

① 裴宗镐编:《韩国儒学资料集成》,首尔:延世大学校出版部1980年版,第53页下。
② 裴宗镐编:《韩国儒学资料集成》,首尔:延世大学校出版部1980年版,第57页上。
③ 《承政院日记》134册,高宗二十年十二月一日。(参见韩国国史编纂委员会,电子版《承政院日记》,http://sjw.history.go.kr/search/inspectionDayList.do)另参见《承政院日记》影印本,韩国国史编纂委员会1968年版,第631页。

第二节　李滉与其"四端七情"论

高丽末开始传入到朝鲜半岛的朱子学经过 14—15 世纪的传播与普及,至 16 世纪已基本发展成熟,开始形成了以主理、主气为理论特色的韩国化的性理学派,即以李滉(1501—1570 年)为宗的岭南学派和以李珥(1536—1584 年)为宗的畿湖学派。两派围绕四端七情问题而展开的四七论辩使韩鲜朝性理学的发展走上了以性情论探讨为主的发展轨道。本节和下一节将主要对李滉与奇大升的"四端七情"论进行论述。

一、李滉的理气论

李滉(字景浩,号退溪、退陶、陶叟)生于燕山君七年(1501 年),卒于宣祖三年(1570 年),谥号文纯。韩国历史上著名的思想家和教育家,被称为"东方之朱夫子"。出生于礼安县温溪里(今安东郡陶山面温惠洞)。中宗时文科及第,官至大提学、右赞成。后辞官退隐乡里,闭门静居,钻研学术,以著书立说和授徒讲学为业度过了其一生。曾在家乡礼安选一景色宜人处卜筑"陶山书堂",作为了其著述和讲学之场所。

李滉年轻时曾写过一首诗,诗中吟道:

> 露草夭夭绕碧坡,
>
> 小塘清活净无沙。
>
> 云飞鸟过元相管,
>
> 只恐时时燕蹴波。①

从这首哲理诗中,我们可以看出其峻别天理人欲之思想倾向早已有之。因此在之后的思想形成过程中李滉提出以主理为特色的性理学说也是情理之中的事情。对于其学问,弟子郑惟一(字子中,号文峰,1533—1576 年)曾写道:"先生学问一以程朱为准,敬义夹持,知行并进,表里如一,本末兼举,洞见大原,植

---

① 李滉:《野池》,《诗》,《退溪集》外集卷一,《韩国文集丛刊》31,韩国民族文化推进会 1996 年版,第 56 页。

立大本,若论其至吾东方一人而已。"[①]李滉的学说被其后学继承和发展并形成了规模庞大的岭南退溪学派,影响了此后韩国儒学的发展进路。

"理"与"气"是理学家为学立论的一对核心概念,因此理气问题亦可视为理学的一个基本问题和首要问题。[②] 而朱子则是第一个全面而系统地讨论理学这一基本问题的哲学家,他以理气二分、理气"不离不杂"[③]的思想为基础建立了以"理"为核心的庞大的哲学体系,成为宋明理学的主要代表。韩鲜朝性理学家们在继承和发展朱子学说的过程中,对理气问题[④]亦给予了极大的重视。韩儒丁时翰亦曾言道:"理气之论,实是圣门极至之源头,而吾儒及异学于此焉分。"[⑤]不过,李滉、李珥时期有关理气问题的讨论主要是围绕理气之发及理气体用问题而展开。

李滉在接续朱熹"理气二分"说的基础上,依理气道器之分,对二者"不杂"之义作了进一步的阐发,提出"理尊无对"、"理帅气卒"、"理贵气贱"的主张。他说:

> 盖理气合而命物,其神用自如此耳,不可谓天命流行处亦别有使之者也。此理极尊无对,命物而不命于物故也。[⑥]
>
> 天即理也,而其德有四,曰元亨利贞是也……天地之间,有理有气,才有理,便有气眹焉。才有气,便有理从焉。理为气之帅,气为理之卒,以遂

---

① 李滉:《学问》,《言行录》卷1,《退溪全书》(四),首尔:成均馆大学校大东文化研究院1985年版,第170页。

② 黄宗羲(1610—1695年)亦曾曰:"理气乃学之主脑。"(黄宗羲:《移史馆论不宜立理学传书》,《黄梨洲文集》,中华书局2009年版,第450页)

③ 朱子曰:"所谓太极者,不离乎阴阳而为言,亦不杂乎阴阳而为言。""理离气杂不得。""太极虽不离乎阴阳,而亦不杂乎阴阳。"(黎靖德编:《朱子语类》,中华书局2004年版,第67、72、1490页)

④ 在朝鲜朝史上,理气论在不同历史时期所表现出的理论趋向和旨趣各不相同。初期以无极太极论辩为契机,更多以宇宙论层面探讨理气问题,中期和后期(即性理学确立和深化时期)则以"四端七情论辩"、"人心道心论辩"以及"人物性同异论辩"为契机,主要从心性论层面谈论理气问题。相关论述可参见尹丝淳:《朝鲜朝理气论的开展》,载《风流与和魂》,沈阳出版社1997年版,第140—154页;宋荣培等:《韩国儒学与理气哲学》,首尔:艺文书院2000年版;李甦平:《韩国儒学史》,人民出版社2009年版,第2—35页。

⑤ 丁时翰:《与许太休 曤,金士重》,《愚潭集》卷4,《韩国文集丛刊》126,韩国民族文化推进会1993年版,第257页。

⑥ 李滉:《答李达李天机》,《书》,《退溪集》卷13,《韩国文集丛刊》29,韩国民族文化推进会1996年版,第356页。

天地之功。所谓理者,四德是也;所谓气者,五行是也。①

人之一身,理气兼备,理贵气贱,然理无为而气有欲。故主于践理者,养气在其中,圣贤是也;偏于养气者,必至于贼性,老庄是也。卫生之道,苟欲充其极致,则匪懈匪躬之职,皆当顿废而后,可庶几。其斁理害正如此,本不可以为训者也。若以为养气亦不可全无,而姑存其书为可,则其中尤近怪无稽者,亦当去之。②

从引文中可见,对二者"不杂"之义的重视,是李滉理气论的重要特色。他曾在《非理气为一物辩证》③一文中,写道:"朱子平日论理气许多说话,皆未尝有二者为一物之云,至于此书则直谓之'理气决是二物'。"④李滉重视其"不杂"之义的目的在于,主要是为了强调理的主宰性、主动性、优位性。由是在二者关系上他还认为,理与气的地位和作用亦不同,即"理帅气卒"、"理贵气贱"。如其所言,"理为气之帅,气为理之卒,以遂天地之功"、"人之一身,理气兼备,理贵气贱"等等。李滉的此一见解,既是对朱子"理先气后"、"理在事先"思想的修正,也是对朱子理气论的发展。他把朱熹的理气"先后"⑤关系转变为"主仆"关系,形成了自己独特的理气观,同时也为其"四七理气"论打下理论基础。

在东亚儒学史上,李滉性理学的"理"论极富特色,不过"理"亦是其性理学说中最为难解处。李滉本人也曾言道"理"字最为难知,对于缘由他写道:

凡人言理,孰不曰无形体、无分段、无内外、无大小、无精粗、无物我、

---

① 李滉:《天命图说》,《杂著》,《退溪集》卷8,《韩国文集丛刊》31,韩国民族文化推进会1996年版,第209—210页。

② 李滉:《与朴泽之》,《书》,《退溪集》卷12,《韩国文集丛刊》29,韩国民族文化推进会1996年版,第337页。

③ 此文是李滉为了辩驳罗钦顺等人的"理气一物"论思想而写。罗氏主张"理气一物"说,对此说李滉则认为,"整庵之学,自谓辟异端,而阳排而阴助,左遮右拦,实程朱之罪人也"。(李震相:《年谱》,《寒洲集》附录卷1,《韩国文集丛刊》318,韩国民族文化推进会2003年版,第277页)

④ 李滉:《非理气为一物辩证》,《退溪全书》(二)卷41,首尔:成均馆大学校大东文化研究院1985年版,第331页。

⑤ 对于"理气先后"论朱熹晚年也意识到此说可能会遭人质疑和批判,为此他也作过一些努力,但最终还是未能彻底解决这一问题,只是模棱两可地说:"然以意度之,则疑此气是依傍这理行,及此气之聚,则理亦在焉。"(《理气上》,黎靖德编:《朱子语类》卷1,中华书局2004年版,第3页)此句反倒是在强调理的主动性与气的被动性。李滉则接续朱熹晚年的这一变化,把"先后"关系转换为"主仆"关系。

虚而实、无而有哉。但真知其实无形体、实无分段、实无内外、实无大小、实无精粗、实无物我、实为虚而实、实为无而有为难。此某所以平日每云理字难知也。①

李滉为学一向主张学贵穷理,因为在他看来若对理有所未明,则或读书,或遇事都不能做到无碍。所谓"理有未明",即是指学者还未做到对理字之义的"真知"。那么,何谓其所言之"真知妙解到十分处"呢?李滉对此作了如下论述:

> 盖尝深思古今人学问道术之所以差者,只为理字难知故耳。所谓理字难知者,非略知之为难,真知妙解到十分处为难耳。若能穷究众理到得十分透彻,洞见得此个物事至虚而至实,至无而至有,动而无动,静而无静,洁洁净净地,一毫添不得,一毫减不得,能为阴阳五行万物万事之本,而不囿于阴阳五行万物万事之中,安有杂气而认为一体,看作一物耶。其于道义,只见其无穷,在彼在我,何有于町畦,其听人言,惟是之从,如冻解春融,何容私意之坚执。任重道悠,终身事业,安有欲速之为患哉。假有初间误入,一闻人规,便能自改而图新,安忍护前而无意于回头乎。诚恐循此不变,处而论道,则惑于后生,出而用世,则害于政事,非细故也。其以博览群书为非,而欲人默思自得,其意之落在一边,可知。公之报书,所以正其偏而砭其病者得矣。②

这是李滉答奇大升信中的一段话,也集中反映了在其哲学中"理"概念所具有的基本义涵。由以上引文内容所见,在其学说中"理"既是一个具无形、无质、无为之特性的形上之存有,又是一个指代实理的"天理"。而且,"理"又兼体用,既有无声、无臭、无方体之"体",又有至神至用之"用"。③ 对于这样的"理",李滉在文中进行了多角度的阐发,认为古今人学问道术之所以差者,只是因为"理"字难知之故。所谓"理"字难知,不是指略知之为难,而是将之真知妙解到十分处为难的意思。认为,只有"穷究众理到得十分透彻,洞见得此

---

① 李滉:《学问》,《言行录》卷1,《退溪全书》(四),首尔:成均馆大学校大东文化研究院1985年版,第179页。
② 李滉:《答奇明彦后论·别纸》,《书》,《退溪集》卷16,《韩国文集丛刊》29,韩国民族文化推进会1996年版,第426—427页。
③ 参见柳承国:《东洋哲学研究》,首尔:东方学术研究院1988年版,第220—221页。

个物事至虚而至实,至无而至有"处,才能算是真正知"理"。

从"虚实"、"有无"等角度论述"理"本体的同时,李滉在答复奇大升问难的信中还提出理有体用说,曰:"无情意造作者,此理本然之体也。其随寓发见而无不到者,此理至神之用也。向也但有见于本体之无为,而不知妙用之能显行,殆若认理为死物,其去道不亦远甚矣乎。"①实际上,理有体用说是为其"四七理气互发"说作了理论铺垫。

进而,李滉还提出"理非静有而动无,气亦非静无而动有"的理(太极)自有动静的思想,明确地肯定了理的发用性。李滉曰:

> 太极之有动静,太极自动静也;天命之流行,天命自流行也,岂有复使之者欤!但就无极二五妙合而凝,化生万物处看,若有主宰者运用而使其如此者。即书所谓惟皇上帝将衷于下民,程子所谓以主宰谓之帝是也。盖理气合而命物,其神用自如此耳,不可谓天命流行处亦别有使之者也。②

> 朱子尝曰:"理有动静,故气有动静;若理无动静,气何自而有动静乎?"知此则无此疑矣。盖"无情意"云云,本然之体,能发能生,至妙之用也。勉斋说,亦不必如此也。何者,理自有用,故自然而生阳生阴也。③

由此,在理气之发问题上李滉便有了理气互发之论。他对理本体所作的这一解释,不仅给"若理无动静,气何自而有动静乎"④的朱学内在矛盾的解决提供了一种新的逻辑可能,而且还积极回应了以"理为死理,而不足以为万物原,理何足尚"⑤为由对朱学理气说提出质疑的明初朱子学者们的诘难。但是,对其理发说需做进一步的解释。李滉亲身经历朝鲜朝多起"士祸",统治阶级内

---

①　李滉:《答奇明彦·别纸》,《书》,《退溪集》卷18,《韩国文集丛刊》29,韩国民族文化推进会1996年版,第467页。

②　李滉:《答李达李天机》,《退溪全书》(一)卷13,首尔:成均馆大学校大东文化研究院1985年版,第354页。

③　李滉:《答李公浩问目》,《书》,《退溪集》卷39,《韩国文集丛刊》30,韩国民族文化推进会1996年版,第383—384页。

④　李滉:《答郑子中别纸》,《书》,《退溪集》卷25,《韩国文集丛刊》30,韩国民族文化推进会1996年版,第102页。

⑤　黄宗羲:《诸儒学案上二》,《明儒学案》卷44,《黄宗羲全集》第8册,浙江古籍出版社1992年版,第361页。

部血腥的权力斗争致使整个社会动荡不安人心惶惶,社会道义及生命的尊严荡然无存。作为生活于此一时代的大哲学家李滉势必将重塑社会纲纪,提高伦理意识以及加强道德教化视作自己的历史使命。因此对李滉来讲,如何保存和扩充源于天理的人性本然之纯粹性就成为其首先要思考的哲学课题。故他所追求的是此种性理的自然呈现或良知之心的自我坎陷。李滉的这一主张看似与陆王心学的良知说有些相近之处,但其根本立场是基于人的道德心理和伦理行为意义上的性理发用,并非为王学意义上的"致良知",更不是本体论(宇宙论)向度上的"太极"之自动静。理发论在其学说中之所以能够得到成立,还与其对"理"特殊规定相关。前文已言及在其"理"论中,理具有"极尊无对,命物而不命于物"之特性,"理"具有绝对性。而且,在"气"论中他亦对之作了相应之规定。要言之,强调道德心理和伦理行为意义上的理(性)之发用性、主宰性、优位性,是李滉理气论区别于朱子理气论的紧要处,学者于此处应仔细玩味和体会。

那么,相较于"理","气"在李滉哲学中具有何种特性呢? 李滉认为,因为"气"是有形之物,故气有限量而理无限量,气有生死而理无生死之说[1]。

> 盖理本无有无,而犹有以有无言者。若气则至而伸,聚而形为有,反而归,散而灭为无,安得谓无有无耶。或别有所据,某未记耶,气之散也,自然消尽而泯灭。[2]

> 然滉前以为气散即无。近来细思,此亦偏而未尽。凡阴阳往来消息,莫不有渐,至而伸,反而屈,皆然也。然则既伸而反于屈,其伸之余者,不应顿尽,当以渐也。既屈而至于无,其屈之余者,亦不应顿无,岂不以渐乎。故凡人死之鬼,其初不至遽亡,其亡有渐。古者事死如事生,事亡如事存,非谓无其理,而姑设此以慰孝子之心,理正如此故也。由是观之,孔子答宰我之问,亦无可疑矣。以眼前事物言之,火既灭,炉中犹有熏热,久而方尽。夏月,日既落,余炎犹在,至夜阴盛而方歇,皆一理也。但无久而

---

① "气有生死,理无生死之说"。(李滉:《答郑子中别纸》,《书》,《退溪集》卷24,《韩国文集丛刊》30,韩国民族文化推进会1996年版,第73页)

② 李滉:《答郑子中讲目》,《书》,《退溪集》卷25,《韩国文集丛刊》30,韩国民族文化推进会1996年版,第95页。

恒存,亦无将已屈之气为方伸之气耳。①

可见,"气"在李滉哲学中具有生死、聚散之特性。他以为,没有恒久不变之气,气的聚散是一个渐变的过程。他举炉中火苗渐渐熄灭和夏日白天之暑热至夜缓解为例详加阐述。

李滉进而还提出气之原初无不善的主张,曰:

> 气之始无不善,乃气生源头处,非禀受之初也。然气有一日之始,有一月之始,有一时之始,有一岁之始,有一元之始,然此亦概举而言之耳。推来推去,其变无穷,当随处活看,不可执定为某气之始。苟指认一处为定则不通,不足以语造化之妙。②

那么,其无不善之"气"是否与李珥"湛一清虚"之气泯然无别呢? 对此,李滉解释说:"程子心本善之说,朱子以为微有未稳者。盖既谓之心,已是兼理气,气便不能无夹杂在这里。则人固有不待发于思虑动作,而不善之根株已在方寸中者,安得谓之善,故谓之未稳。然本于初而言,则心之未发,气未用事,本体虚明之时,则固无不善。故他日论此,又谓指心之本体,以发明程子之意,则非终以为未稳,可知矣。"③可知,其所言"气之始无不善"是指心之未发而本体虚明之时。这与徐敬德、李珥哲学中的"气"概念还是有较大区别的。李滉对此进一步解释道:"湛一气之本。当此时,未可谓之恶,然气何能纯善? 惟是气未用事时,理为主故纯善耳。"④这一解释对理解其"四七"论极为重要。因为依李滉之见,"气"只有听命于理或顺理而发的时候才能呈现为善。但是,又不能将"气顺理而发"称之为"理之发"。"以气顺理而发,为理之发,则是未

---

① 李滉:《答南时甫》,《书》,《退溪集》卷14,《韩国文集丛刊》29,韩国民族文化推进会1996年版,第366—367页。

② 李滉:《答郑子中别纸》,《书》,《退溪集》卷24,《韩国文集丛刊》30,韩国民族文化推进会1996年版,第73页。

③ 李滉:《答郑子中别纸》,《书》,《退溪集》卷24,《韩国文集丛刊》30,韩国民族文化推进会1996年版,第73页。

④ "李公浩问于退溪先生曰:'七情犹可谓之有善恶者,以其气未必纯善故也。但未知气本未纯善,则当其未发,谓之善恶未定可也,其谓之纯善无恶者何义?'答曰:'湛一气之本。当此时,未可谓之恶,然气何能纯善? 惟是气未用事时,理为主故纯善耳。'"(韩元震:《心纯善辨证》,《杂著》,《南塘集》卷29,《韩国文集丛刊》202,韩国民族文化推进会1998年版,第129页)

免认气为理之病。"①于此可见,其"四端之发纯理,故无不善"之说实乃根于其特殊的"气"论思想。

李滉还从价值论维度对理气概念作了"理纯善而气兼善恶"的价值规定。"理纯善而气兼善恶"之说其实承自程颐、朱熹的理学思想。气有清浊,由其清浊而言,气有或循理或不循理之可能。因此,要施以主敬工夫"以理驭气"。理是纯善,而气兼善恶,故以纯善之理帅"气"则"气"能循理而直遂。这便是所谓"理帅气卒"的思想。李滉的尊理贬气(理贵气贱)的观念,与其"理纯善而气兼善恶"思想有着密切的内在关联。他进而又从伦理道德的意义上,作出"理极尊而无对"、"理贵而气贱"的理优位论之规定。既保持了传统理学所崇尚的等级价值观,又体现了其独创性的一面。理既"为阴阳五行万物万事之本"②,那么理气关系即为主宰与被主宰的上下位关系。上者尊贵而下者卑贱,所以李滉指出:"理贵气贱,然理无为气有欲。"③在存养省察的工夫上,他特别强调主敬,惟其如此才能达到"以理驭气"使"气"顺理而发的目的。

二、李滉的"四端七情"论——兼论郑之云的《天命图》与"四端七情"论

在论述李滉的"四七理气"论之前,有必要先讨论一下郑之云与其《天命图》。因为在韩国儒学发展史上,郑氏独特的问题意识直接引致李滉和奇大升之间的"四端七情理气"之辨。李滉曾对郑之云称赞道:"君曾测海,我要窥藩,藉君伊始,我妄以结状其难……有契有违,往返弗置,君胡发端,弗极其致,使我怅怅,难禁老泪。"④

郑氏是继权近、柳崇祖之后又一位以理气分言"四端七情"的韩国性理学

① 李滉:《答奇明彦》,《书》,《退溪集》卷17,《韩国文集丛刊》29,韩国民族文化推进会1996年版,第432页。
② 李滉:《答奇明彦·别纸》,《退溪全书》(一)卷16,首尔:成均馆大学校大东文化研究院1985年版,第424页。
③ 李滉:《与朴泽之》,《书》,《退溪集》卷12,《韩国文集丛刊》29,韩国民族文化推进会1996年版,第337页。
④ 李滉:《祭亡友秋峦郑君之云文》,《退溪全书》(二)卷45,首尔:成均馆大学校大东文化研究院1985年版,第408页。

传统的继承者。他的思想不仅为此后李滉和李珥等人的"四七理气"之辨提
供了理论端绪，而且还开启了朝鲜朝五百年间的四端七情理论研究之先河。

郑之云(字静而，号秋峦、稼翁，1509—1561 年)是朝鲜朝前期性理学家，
曾受教于为金安国和金正国。郑氏世居高阳，本贯则为庆州。他一生未仕，以
处士终老。韩国儒学史上著名的"四端七情"之辨发端于郑氏之《天命图》。
对于自己的作图过程，他在《天命图序》中写道：

> 正德己卯(中宗十四年，1519 年——引者注)思斋金先生被微谴而退
> 卜居于高峰之芒洞，洞实之云所居里也，尝游其门受学焉。嘉靖戊戌(中
> 宗三十三年，1538 年——引者注)先生被召还朝，之云失其依归，与舍弟
> 之霖学于家。论及天人之道，则之霖以幼学患其无据，莫能窥测。余于是
> 试取朱子之说(见《性理大全》论人物之性)，参以诸说设为一图，而又为
> 问答名曰《天命图说》日与舍弟讲之。此非欲示诸人而作也，然图说既
> 草，则亦不可不见正于长者，遂取质于慕斋思斋两先生，两先生不深责之，
> 且曰："未可轻议，姑俟后日。"不幸，两先生相继以没，呜呼，痛哉。由是
> 此图之草，无所见正，而余之学问日就荒芜，几不能自振。去年秋退溪李
> 先生，误闻不肖之名，躬行者再三之，云感其殷勤，斋木以进。退溪欣然出
> 见，因语及《天命图》，之云以直告知，因请证之意，退溪稍假肯色。余退
> 而私自贺曰："吾丧两先生后，意谓更不得贤师友而求进，今得退溪，吾无
> 忧矣。"常往来质问是图，退溪证以古说，参用己意，补其所欠，删其所剩，
> 卒成完图。其赐己以厚，又从而为之说，附其后而教之，其幸孰大焉。非
> 徒余之幸也，在昔日两先生姑竢后日之志，今始副焉，是尤幸之大也。余
> 故首记作图之由次及定图之事，以藏于家。如有同志者出，其亦有以知退
> 溪考证之意也。①

文中郑氏较完整地记述了此图的写作过程。他采先儒之论并以图解以明之，
目的在于启子弟之蒙。此图取名为《天命图》——"天命"二字典出《中庸》首
句，可见其以《中庸》为性理学之基础。为了说明天人相与之道，郑之云在《天

---

① 奇大升：《郑秋峦天命图说序》，《两先生四七理气往复书下篇》卷 2，《高峰集》第三辑，韩国东洋哲
学会 1997 年版，第 144 页。

命图解》①中使用了诸如理气、心性、太极、道等性理学概念,并用这些概念对天人之际进行了理气论的说明,旨在揭示了天人合一之根据。他还从理气论的角度对人的心性以及善恶问题进行了说明,此即所谓"四端七情"论。尽管郑之云并未将"四七"问题作为一个独立的命题来论述,而只视作探究天人合一的根据之一,但是这丝毫不影响"四七"论在其性理学中所占的重要地位。②因为前者只是从其性理学整体构成之维度而言的。

此文写于嘉靖甲寅(明宗九年,1554年)之正月,此时退溪李滉已是年过五十的一代儒学名宿,思想也已渐趋成熟。他获得此图后,将图中的"四端发于理,七情发于气"改为"四端理之发,七情气之发",并在语气上作了改动。李滉的这一订正引起了学界的争议。尤其是奇大升从自己的"理气浑沦"思想出发对李滉之说提出了质疑。于是二人围绕"四七理气"之发的问题展开了一场大论辩。这一论辩最终发展成为左右韩国性理学发展走向的学术论争。

郑之云在阐发其性理学说时,也意识到单纯凭借"气"论是很难对"恶"的现象给予合理解释的。于是,他对阴阳之气赋予了善恶的价值含义。如把气分为清、浊、明、暗等。主张阳气清明,故可跻于善;阴气浊暗,故可流为恶。他断言"恶"的现象是由阴气所致,由此维护了"理"的纯善性。而且,还提出阴阳之气只是与心动之后的发用相关,并非各自独自发用的观点。这就消除了人的恶行的先天可能性。郑氏还认为,若心之发"意"根于性且其气属阳的话,天理会如实呈显;相反,如"意"与物相杂而其气属阴,则天理就会失去其真实性,终流于恶。依他之见,人的善恶行为取决于自由意志,所以应该对自己的行为负责。郑氏性理学追求"天人心性合一",这表明他是韩国性理学史上的主流派学者。与中国的朱子学相比,韩国性理学以"图说类"诠释模式见长。从《天命图》在韩国性理学史上所产生的影响可以窥见郑之云在此一传

---

① 研究郑之云性理学思想的基本资料有,《天命图解》和《天命图说》。《天命图解》为郑氏的原作,《天命图说》为经李滉修订后之作。《天命图解》和《天命图说》上都有郑之云的序文,李滉还为《天命图说》写了"后叙"。(参见丁大丸:《朝鲜朝性理学研究》,春川:江源大学校出版部1992年版,第274页)

② 参见丁大丸:《朝鲜朝性理学研究》,春川:江源大学校出版部1992年版,第276页。

统中的独特地位。① 其"四七"理论的首要意义就是肯定人的道德行为("人性善")的先天可能性,此为性理学最根本的哲学观念。《中庸》的"天命之谓性"的思想乃其天理观的来源和根据。实际上,性理学家所探讨的问题就是人与自然的关系,而探讨的目的则是为人类的道德行为寻找一个本体论的根据,即人与自然的和谐相处之根据。表现人与自然和谐关系的"万物有机体观"正是性理学家们这一思想的反映。理与气两个概念的使用也是为了证明这一思想。性理学家们以理气概念探讨道德行为之根源,尤其注重主宰人的行为的"心"的研讨,这也是心性论的重要主题之一。在心性论中,与对心性的理解同样重要的是有关修养工夫的问题,即如何使心性向"善"的问题。欲解决之,首先要探讨"恶"的根源及来源。所以从理气论维度对"恶"之根源进行探讨也是心性论的主要课题之一。其中,"四端七情"之探讨是对人的本性的深层剖析,目的在于扩充良知所彰显的内心之善以上合天理。② 实际上,他的这一思想根于孟子的性善说,欲从本体论的角度来把握性与天道的关系。

可见,郑之云是韩国儒学史上继阳村权近、真一斋柳崇祖之后又一位坚持"天人心性合一"这一韩国性理学传统的学者。在韩国儒学史上,他还是最早试图系统整理性理学相关理论的学者。③ 尽管其理论仍显得较为简单缺乏系统性,但在《天命图解》及《天命图说》中所见的理论探索还是对性理学的基本

---

① 在韩国儒学史上以权近的《入学图说》为嚆矢,还出现过不少图示。其中较具代表性的图解有金泮的《续入学图说》、权採的《作圣图》和《作圣图说》、郑之云的《天命图解》以及经李滉修订的《天命图说》、李滉的《圣学十图》等。其中,郑之云的《天命图解》起着承上启下的作用。另外,郑之云作《天命图解》后继续对此图加以修改以及与李滉相识后请教于李氏并与之一起修订《天命图解》等事例说明,起初郑、李二人对其修订的内容亦并未确信,即到此时为止李滉抑或是韩国性理学还未完全确立"四端七情"分属理气的理论主张。之后因受到奇大升的质疑,李滉一边接受其建议的同时,一边对其原有表述进行了相应的调整,在此过程中最终确立其"四七理气分属"理论。韩国性理学正是以此为起点,进入到极具细密性、精微性的独立发展阶段。(参见丁大丸:《郑之云与四七论争的发端》,载《四端七情论》,首尔:曙光社 1992 年版,第 45、46 页内容及当页注释)

② 参见丁大丸:《郑之云与四七论争的发端》,载《四端七情论》,首尔:曙光社 1992 年版,第 44—47 页。

③ 此点根据在于《天命图解》完成的时间,此图解完成于 1543 年。此时离徐敬德去世有 3 年、离李彦迪去世有 10 年时间。徐敬德还未完成其代表作《原理气》、《理气说》、《太虚说》、《鬼神死生论》等。李彦迪因当时还任官职,也未完成《大学章句补遗》、《奉选杂仪》、《求仁录》、《进修八规》、《中庸九经衍义》等性理学著述。(参见丁大丸:《郑之云与四七论争的发端》,载《四端七情论》,首尔:曙光社 1992 年版,第 45 页注释)

概念和范畴作了一定的概括和整理。所以李滉"君曾测海"的评价对他而言还是较为中肯的。郑之云的主要著作有《天命图解》以及《天命图说》。

李滉将其《天命图解》改订之后,首先遭到奇大升的发难。奇氏以为所谓四端和七情"所就以言之者不同,故有四端七情之别耳,非七情外复有四端也"①。又说过"就理气妙合之中而混沦言之,则情固兼理气,有善恶矣"②。在奇大升看来,将四端与七情相互对举,谓之纯理或兼气就有些不妥。奇氏主张四端虽由纯粹的天理所发,但只是七情中的苗脉而已。尽管理气实有分别(理为气之主、气为理之质料),但是在流行的层面(具体事物)上二者却混沦不可分开。

奇大升进一步评论说:

> 夫理,气之主宰也;气,理之材料也,二者固有分矣。而其在事物也,则固混沦不可分开;但理弱气强,理无朕而气有迹,故其流行发见之际,不能无过不及之差。此所以七情之发,或善或恶,而性之本体或有所不能全也。然其善者,乃天命之本然;恶者,乃气禀之过不及也。则所谓四端、七情者,初非有二义也。③

他认为四端与七情作为情感皆性状相似,而非有截然相反之特质。因此不能将二者以理气来分而言之。无疑,奇大升的这一见解还是较为贴近朱学原论的。

对于奇氏的质疑,李滉回答说:

> 性情之辩,先儒发明详矣。惟四端七情之云,但俱谓之情,而未见有以理气分说者焉。往年郑生之作图也,有四端发于理,七情发于气之说。愚意亦恐其分别太甚,或致争端,故改下纯善兼气等语。盖欲相资以讲明,非谓其言之无疵也。今者,蒙示辩说,摘抉差谬,开晓谆悉,警益深矣。然犹有所不能无惑者,请试言之而取正焉。夫四端,情也,七情,亦情也。

① 奇大升:《两先生四七理气往复书上篇》卷1,《高峰集》第三辑,韩国东洋哲学会1997年版,第102页。
② 奇大升:《高峰答退溪论四端七情书》,《两先生四七理气往复书上篇》卷1,《高峰集》第三辑,韩国东洋哲学会1997年版,第106页。
③ 奇大升:《两先生四七理气往复书上篇》卷1,《高峰集》第三辑,韩国东洋哲学会1997年版,第102页。

均是情也,何以有四七之异名耶? 来喻所谓"所就以言之者不同"是也。
盖理之与气,本相须以为体,相待以为用,固未有无理之气,亦未有无气之
理。然而所就而言之不同,则亦不容无别。从古圣贤有论及二者,何尝必
滚合为一说而不分别言之耶?①

李滉首先说明了其将郑氏之"四端发于理,七情发于气"之说进行改动的缘
由,他承认关于性情问题先儒已有详细论述。同时也认为先儒未有将"四端
七情"分置于理与气的范畴来讨论的先例。李滉还是认可理与气在具体事物
生成过程中的不可分离性。但正如奇大升所言,其"所就以言之者不同"可以
分别而言之。

李滉基于天命、气质之性分属理气的立场阐述了四端(纯善)、七情(兼善
恶)之间的关系。他以为四端和七情非为同类之情——四端是由理所发,七
情是由气所发。李滉的这一主张,虽然经过了几次修正,但其主旨却一直
未变。

在这一问题上他有过以下几种说法:一是首度对郑之云的《天命图》进行
修订时的说法。李滉将郑氏的"四端发于理,七情发于气"一句,改为"四端,
理之发;七情,气之发"。② 这是李滉 53 岁(1553 年)时的表述,其实此两句从
内涵到语义并无实质上的差异。请参见新、旧天命图(图 7、图 8)。

起初他认为此说"本晦庵说,其理晓然矣"③,其时还未与奇大升展开论
辩。二是在与奇氏进行论辩过程中有了第二种表述,即"四端之发纯理,故无
不善;七情之发兼气,故有善恶"④。这是己未年李滉 59 岁(1559 年)时的观
点。当此之际他已与奇大升展开"四七理气"之辨。加之李滉又恰好读到朱
子的"四端是发于理,七情是发于气"一句,于是进一步确信了自己的见解。
他在与奇大升的信中提到:"近因看《朱子语类》论孟子'四端'处,末一条正论

① 李滉:《答奇明彦·论四端七情第一书》,《书》,《退溪全书》(一)卷 16,首尔:成均馆大学校大东文
化研究院 1985 年版,第 405—406 页。
② 李滉:《天命图说后叙》,《退溪全书》(二)卷 41,首尔:成均馆大学校大东文化研究院 1985 年版,
第 325—326 页。
③ 李滉:《答李仲久》,《退溪集》卷 11,《韩国文集丛刊》29,韩国民族文化推进会 1996 年版,第
304 页。
④ 李滉:《与奇明彦》,《退溪全书》(一)卷 16,首尔:成均馆大学校大东文化研究院 1985 年版,第
402 页。

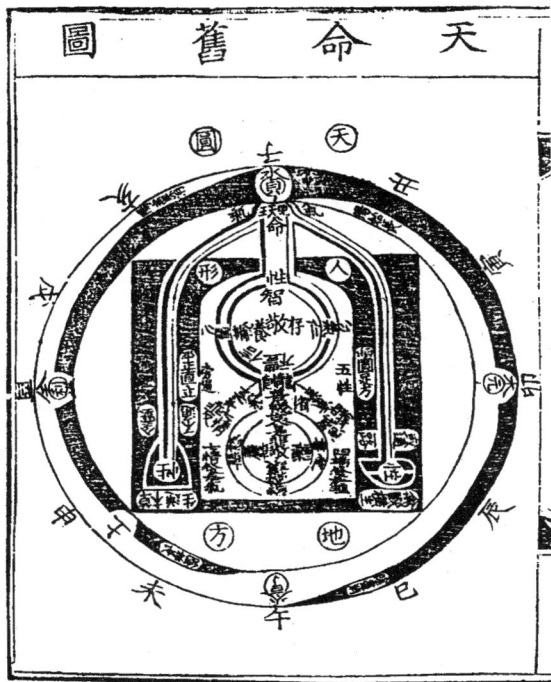

图 7　天命旧图

此事,其说云:'四端是理之发,七情是气之发。'古人不云乎:'不敢自信,而信其师。'朱子,吾所师也,亦天下古今之所宗师也。得是说,然后方信愚见不至于大谬。而当初郑说亦自为无病,似不须改也。"①三是经奇大升之诘难后便有了新的说法——"四则理发而气随之,七则气发而理乘之"②。此后李滉对这一说法再未作改动,可视为其最终定论。对最后一说,他在其晚年代表作《圣学十图》中作了进一步的论述:"四端之情,理发而气随之,自纯善无恶,必理发未遂,而掩于气然后流为不善;七情之情,气发而理乘之,亦无有不善,若气发不中,而灭其理,则放而为恶也。"③而此"四端,理发而气随;七情,气发而

① 李滉:《答奇明彦》,《退溪全书》(一)卷 16,首尔:成均馆大学校大东文化研究院 1985 年版,第407 页。

② 李滉:《与奇明彦》,《退溪全书》(一)卷 16,首尔:成均馆大学校大东文化研究院 1985 年版,第417 页。

③ 李滉:《心统性情图说》,《进圣学十图札》,《退溪全书》(一)卷 7,首尔:成均馆大学校大东文化研究院 1985 年版,第 205 页。

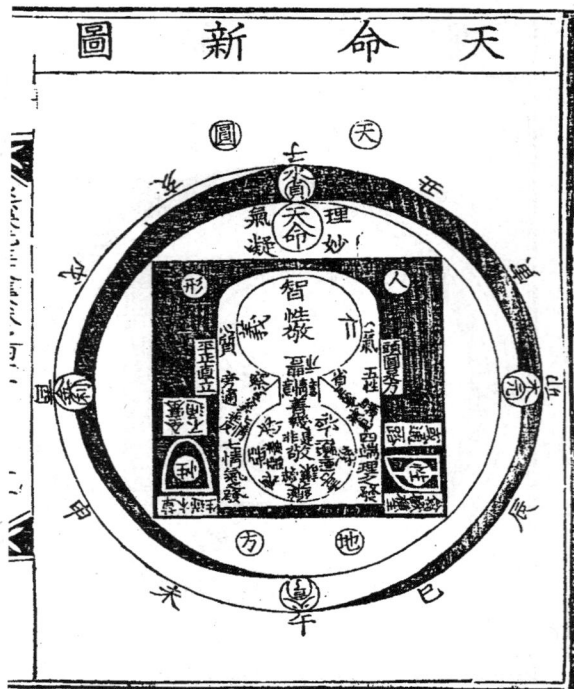

图 8 天命新图

理乘之"的说法正是李滉性理学中最具代表性的理论主张——"四七理气互发"说。

他强调的是二者在根本上的差异,这源于其对心、性、情结构的特别的认识。"理气合而为心,自然有虚灵知觉之妙。静而具众理,性也;而盛贮该载此性者,心也;动而应万事,情也;而敷施发用此情者,亦心也。故曰'心统性情'。"①

由此可知,在心性情的关系上李滉倾向张载的"心统性情"说。他将"心"理解为"理气之合"——与朱子"理与气合,便能知觉"的观念相比,心的含义以及与理、气的关系变得更为清晰。以此说为理论前提,可以分属理气的方式准确表述四端与七情、道心与人心以及天命之性与气质之性的关系。

① 李滉:《答奇明彦·别纸》,《退溪全书》(一)卷18,首尔:成均馆大学校大东文化研究院1985年版,第455—456页。

四端七情之辨实质是性情之辨。李滉曾专门制作《心统性情图》以系统阐述了这一主张。此图是作为李滉晚年思想结晶的《圣学十图》中的第六图，可视为其在四七问题上的最终定论。

《心统性情图》，共有上、中、下三图。上图为程复心所作，中图和下图则为李滉所作。心、性、情是性理学的核心概念。从性命进到心性，才算真正进入到主体(人)——此为性理学的主题。性理学的道德主体论正是通过心、性、情等诸范畴而得到全面展开。① 依程朱之见解，心之未发(寂然不动)为性，已发(感而遂通)为情——如此则性为体而情为用。朱熹认为"性是体，情是用，性情皆出于心，故心能统之。统，如统兵之'统'，言有以主之也"②。与之不同，李滉进一步发挥朱熹的理气心性说并将性情与理气之发相结合，从而将朱子学的心性论深化为以性情为中心的"四端七情理气"论。此图的中、下两图乃其理气心性诸说的最为简明扼要之表述。

李滉这样解释中图："其中图者，就气禀中指出本然之性，不杂乎气禀而为言。子思所谓天命之性，孟子所谓性善之性，程子所谓即理之性，张子所谓天地之性是也。其言性既如此，故其发而为情，亦皆指其善者而言。如子思所谓中节之情，孟子所谓四端之情，程子所谓何得以不善名之情，朱子所谓从性中流出元无不善之情是也。"③对于"七情"的善恶，李滉起初以为"七情，善恶未定也"④。经与奇大升往复论辩之后改为"七情本善而易流于恶，故其发而中节者乃谓之和"⑤。这一改动容易造成七情之"善"和四端之"善"之混同，所以对之需作仔细辨析。四端之情是人的道德感情亦即良心。四端之"善"是纯粹的且还带有道德色彩。但是七情则与此不同，原是与道德情感无关之情。作为自然情感，七情在"性发为情"之后才能以发用是否为"中节"衡量其

---

① 参见李泽厚：《中国古代思想史论》，生活·读书·新知三联书店 2015 年版，第 231—270 页；蒙培元：《理学范畴系统》，人民出版社 1998 年版，第 194 页。

② 《张子之书一》，黎靖德编：《朱子语类》卷 98，中华书局 2004 年版，第 2513 页。

③ 李滉：《心统性情图说》，《退溪全书》(一)卷 7，首尔：成均馆大学校大东文化研究院 1985 年版，第 205 页。

④ 李滉：《答奇明彦·论四端七情第一书》，《书》，《退溪全书》(一)卷 16，首尔：成均馆大学校大东文化研究院 1985 年版，第 406 页。

⑤ 李滉：《改本》，《书》，《退溪全书》(一)卷 16，首尔：成均馆大学校大东文化研究院 1985 年版，第 412 页。

善恶。因此如李滉早年所言，它还是"善恶之未定"。那么，应如何理解其修订后的说法呢？我们可以从其"本善"一语中去寻找。"善"被赋予道德含义之前，"好"是其概念的核心内容。易言之，善是规定事物之好的状态，道德性的善也是如此。"七情"作为原始的自然的感情本是好的感情，只因具有"过或不及"的性质，容易"流于恶"。① 其修订后的说法可以按此思路去解读。

对于下图李滉解释说："其下图者，以理与气合而言之。孔子所谓相近之性，程子所谓性即气气即性，张子所谓气质之性，朱子所谓虽在气中气自气性自性不相夹杂之性是也。其言性既如此，故其发而为情，亦以理气相须或相害处言，如四端之情，理发而气随之，自纯善无恶，必理发未遂而掩于气，然后流为不善。七者之情，气发而理乘之，亦无有不善，若气发不中而灭其理，则放而为恶也。"②

李滉在中图解中一方面直承孟子四端说，以不杂乎气的本然之性理解天命之性、性善之性和天地之性；另一方面又遵循程朱"情根于性，性发为情"之原则，依此解读中节之情、四端之情和无不善之情。因此，此图既合乎孟子的四端理论，也合乎朱子的性体情用论。在此我们也可以一窥李滉试图融合孟子与朱子之说的努力。正是两种权威文本相互冲突的思想史背景本身引发韩国儒者各种各样的学术争论。③ 学者对此不可不察。在下图解中，李滉承传朱子的理气心说，直接以理气分言四端与七情。而且，他还以四端与七情为例指出不论理发还是气发皆可为善。但是，已发之情易流为不善甚至放而为恶，原因就在理发未遂或者气发不中。因此，如何使理如实呈显或气发而皆中节遂成李滉"四七"论所要解决的首要课题。上述引文中李滉的主张可概括为"四端理发而气随之，七情气发而理乘之"。这便是其四端七情的"理气互发"说。

众所周知，以理气论"心"是朱子学的传统——李滉继承这一传统，也主张"合理气，统性情"。但李滉比朱熹更着力于对"情"的分析，此为其性理学

---

① 参见金基铉：《退溪的四端七情论》，载《四端七情论》，首尔：曙光社1992年版，第56—57页。
② 李滉：《心统性情图说》，《进圣学十图札》，《退溪全书》（一）卷7，首尔：成均馆大学校大东文化研究院1985年版，第205页。
③ 参见李明辉：《四端与七情：关于道德情感的比较哲学探讨》，华东师范大学出版社2008年版，第160页。

的一大特色。"七情"是情,"四端"也是情,而"情"必发于"心"(此心具心气之患)。因此如何使发于理、气、心的"情"皆能中节遂成人性善恶的关键所在。李滉主张以敬治心,强调对心气施以持敬工夫的原因即在于此。"要之,兼理气,统性情者,心也,而性发为情之际,乃一心之几微,万化之枢要,善恶之所由分也。学者,诚能一于持敬,不昧于理欲,而尤致谨于此,未发而存养之功深,已发而省察之习熟,真积力久而不已焉,则所谓精一执中之圣学,存体应用之心法,皆可不待外求而得之于此矣。"①其持敬之目的是要涵养省察,存"天理之公"以去"物欲之私"。也就是说在未发时涵养本善之心,已发时自我反省以求致中和。至去世前为止,李滉曾多次对此图进行修改。"盖先生此图,三次改本。初图则智上礼下仁左义右,次图则只改礼智上下,后图则又改仁义左右,最后仍以次图为定本,即今十图中所载本也。"②此图在李滉《圣学十图》中具有的重要性实在是无需赘言。

李滉还以"七情"与"四端"分论"人心"与"道心",指出"人心,七情是也;道心,四端是也。非有两个道理也。"③这既是对朱子心论的继承和发展,也是学术上的立异。在李滉看来,道心是义理之心即最高的道德原则,所以他在强调四端七情之差异的同时还特别重视道心人心之分别。虽然其中图未言及"气",但他论性情仍以理气分言之。"程夫子言曰:论性不论气不备,论气不论性不明,二之则不是。然则孟子、子思所以直指理言者,非不备也,以其并气而言,则无以见性之本善故尔,此中图之意也。"④这也表明李滉心说承继朱子之传统——倾向以"理气心"论性情,而且主张持教工夫。

在论辩的最后,李滉以《答奇明彦·论四端七情第三书》总结二人观点之异:

---

① 李滉:《心统性情图说》,《进圣学十图札》,《退溪全书》(一)卷7,首尔:成均馆大学校大东文化研究院1985年版,第205—206页。

② 李震相:《答宋康叟》,《寒洲集》卷14,《韩国文集丛刊》317,韩国民族文化推进会2003年版,第332—333页。

③ 《答李宏仲问目》,《退溪全书》(二)卷36,首尔:成均馆大学校大东文化研究院1985年版,第226页;另见宋时烈:《退溪四书质疑疑义二》,《杂著》,《宋子大全》卷133,《韩国文集丛刊》112,韩国民族文化推进会1993年版,第465页。

④ 李滉:《心统性情图说》,《进圣学十图札》,《退溪全书》(一)卷7,首尔:成均馆大学校大东文化研究院1985年版,第205页。

既曰"浑沦言之",安有主理、主气之分？由对举分别言时,有此分耳。亦如朱子谓:"性最难说,要说同亦得,要说异亦得。"又云:"谓之全亦可,谓之偏亦可。"

朱子曰:"天地之性,则太极本然之妙,万殊之一本也;气质之性,则二气交运而生,一本而万殊也。气质之性,即此理堕在气质之中耳,非别有一性也。"

前书引性言者,只为在性犹可兼理气说,以明情岂可不分理气之意耳,非为论性而言也。"理堕气质以后事"以下,固然,当就此而论。

天地之性,譬则天上之月也;气质之性,譬则水中之月也。月虽若有在天在水之不同,然其为月则一而已矣。今乃以为天上之月是月,水中之月是水,则岂非所谓不能碍者乎？而况所谓四端七情者,乃理堕气质以后事,恰似水中之月光,而其光也,七情则有明有暗,四端则特其明者。而七情之有明暗者,固因水之清浊而四端之不中节者,则光虽明而未免有波浪之动者也。伏乞将此道理更入思议,如何？

"月落万川,处处皆圆"之说,尝见先儒有论其不可,今不记得……敢问喜怒哀乐之发而中节者,为发于理耶？为发于气耶？而发而中节,无往不善之善,与四端之善,同欤？异欤？虽发于气,而理乘之为主,故其善同也。且"四则理发而气随之,七则气发而理乘之"两句,亦甚精密。然鄙意以谓此二个意思,七情则兼有,而四端则只有理发一边。抑此两句,大升欲改之曰:"情之发也,或理动而气俱,或气感而理乘。"如此下语,未知于先生意如何？气之顺理而发,无一毫有碍者,便是理之发矣。若欲外此而更求理之发,则吾恐其揣摩摸索,愈甚而愈不可得矣。此正太以理气分说之弊。前书亦以为禀,而犹复云云。苟曰未然,则朱子所谓"阴阳五行,错综不失端绪,便是理"者,亦不可从也。

道即器,器即道。冲漠之中,万象已具,非实以道为器;即物而理不外是,非实以物为理也。

大升谓"泛论则无不可"者,以其因说者而言之也。"著图则有未安"者,以其对说者而言之也。若必以对说者而言之,则虽用朱子本说,恐未免错认之病也。

以"气顺理而发"为理之发,则是未免认气为理之病。①

此信写就之后李滉或觉没有必要继续与奇氏论辩,故而未将信寄给他,只是针对奇氏来信中的质问撰文阐述自己的主张。李滉的基本观点是四端七情混沦而言时则无需以主理、主气来分言,但是若将二者对举而言则应以主理、主气来分言。他还以"因说"和"对说"来解释了此问题。直至结束辩论二人仍各持己见,并未达成一致。

由李滉和奇大升首开其端的此一论辩颇能反映韩国性理学之特色。李滉以为不仅"性"可以理气分言,而且"情"亦可以理气分而言之。"故愚尝妄以为,情之有四端七情之分,犹性之有本性、气禀之异也。然则其于性也,既可以理气分言之;至于情,独不可以理气分言之乎?"②此便是李滉的"理气互发"说,而奇氏的观点则被称为"理气共发"说。若说奇大升注重于对问题的客观性、逻辑性的阐明,李滉则更着力于对道德性的提高以及修养工夫论域中的主体的省察和践履的意义。

"四端七情理气"论是李滉性理学的最大特色。他虽一方面赓续朱子的理气心说,另一方面又直承孟子四端说。无怪乎既言四端理之发,又言七情为气之发。"且四端亦有中节之论,虽甚新,然亦非孟子本旨也。孟子之意,但指其粹然从仁义礼智上发出底说来,以见性本善故情亦善之意而已。"③基于此种理解,李滉进一步指出:"大抵有理发而气随之者,则可主理而言耳,非谓理外于气,四端是也。"④他对七情的看法始终落在气的一边。他说:"孟子之喜、舜之怒、孔子之哀与乐,气之顺理而发,无一毫有碍,故理之本体浑全。常人之见亲而喜、临丧而哀,亦是气顺理之发,但因其不能齐,故理之本体不能纯。以此论之,虽以七情为气之发,亦何害于理之本体耶?"⑤但气之发不能无理,所以"气发而理乘之者,则可主气而言耳,非谓气外于理,七情是也"⑥。从

---

① 李滉:《答奇明彦·论四端七情第三书》,《书》,《退溪全书》(一)卷17,首尔:成均馆大学校大东文化研究院1985年版,第429—430页。

② 李滉:《答奇明彦·论四端七情第一书》,《书》,《退溪全书》(一)卷16,首尔:成均馆大学校大东文化研究院1985年版,第406页。

③ 李滉:《后论》,《退溪全书》(一)卷16,首尔:成均馆大学校大东文化研究院1985年版,第422页。

④ 李滉:《改本》,《退溪全书》(一)卷16,首尔:成均馆大学校大东文化研究院1985年版,第419页。

⑤ 李滉:《改本》,《退溪全书》(一)卷16,首尔:成均馆大学校大东文化研究院1985年版,第419页。

⑥ 李滉:《改本》,《退溪全书》(一)卷16,首尔:成均馆大学校大东文化研究院1985年版,第419页。

道德实践的意义上说，"四端"需要扩充，而易"流于恶"的"七情"则要受检束。因为二者各具相异的性质，如何理解其异中之同便值得认真思考。

李滉肯定情有四端与七情之分。既然四端、七情皆是情，何以有四七之分？他用理气之分的观点解释说："情之有四端、七情之分，犹性之本有本性、气禀之异也。然则其于性也，既可以理气分言之，至于情独不可以理气分言之乎？"①那么，情又如何以理气分言？"恻隐、善恶、辞让、是非，何从而发乎？发于仁义礼智之性焉尔。喜、怒、哀、惧、爱、恶、欲，何从而发乎？外物触其形而动于中，缘境而出焉尔。"②若从客观的视角对情之结构做静态分析的话，便可以得出"四端"为"七情"之一部分的结论。但是在道德践履的意义上，二者又具有相反的性质。比较而言，奇大升关注前者，李滉则更倾向于后者。当然此种差异是相对的。两人真正的分歧源于各自在为学旨趣及问学方法上的差异。这种差异直接导致不同的问题意识。

要言之，"四七理气"论是李滉性理学中的核心内容。基于理气二分的立场李滉肯定情的"四七"之分，以为恻隐、善恶、辞让、是非发于仁义礼智之性；喜、怒、哀、惧、爱、恶、欲则是外物触其形而动于中而发，即缘境而出。不过依其理气心，"心气"之性质及所为，如气之清浊、偏杂、粹驳之状态，直接决定四端之呈显以及七情之善恶性质。李滉以为，"气"之状态影响理之显否，故在修养论上他特别主张施以主敬涵养工夫治"心气"之患，使气皆能循理而发以保证理发直遂而不被气所掩。

三、李滉的主敬论——以《圣学十图》为中心

李滉之学亦被称为主敬之学。因此下面将通过对《圣学十图》的分析来探讨其以主敬说为特色的性理哲学思想。

《退溪全书》"言行录"中记载，其门人金诚一将其学问概括为"试举其学大概，则主敬之工，贯始终兼动静，而尤严于幽独肆之地，穷理之功，一体用该

---

① 李滉：《答奇明彦·论四端七情第一书》，《书》，《退溪全书》（一）卷16，首尔：成均馆大学校大东文化研究院1985年版，第406页。
② 李滉：《答奇明彦·论四端七情第一书》，《书》，《退溪全书》（一）卷16，首尔：成均馆大学校大东文化研究院1985年版，第406页。

本末,而深造于真知实得之境,用功于日用语默之常"。① 主敬思想的基本论纲为"敬以直内,义以方外"。即敬以直内,涵养本心;义以方外,省察行事。尽管李滉所依傍的是程朱的主敬之说,但是其主敬之说知行并重,贯始终兼动静。其学既重尊德性又重道问学,又比程朱更强调"心"之作用和效用,也因之更加明确地揭示了"敬"之为学工夫与进入圣贤域以达至圣人的道德理想境界的关系。

　　作为"东方之朱夫子",李滉为学服膺朱子,毕生穷研性理,对朱子学的理气心性诸说多有发明。李氏 68 岁(宣祖元年,1568 年)时进呈宣祖的《圣学十图》更是其学问宏纲大目的集中反映,也是其一生学问的思想结晶。可谓"晚年深思熟虑,提纲挈领的结晶,也是他体认圣学大端,心法至要的心得。李滉独以图的形式,既示人以圣学入道之门,亦给人以简明易懂的启迪。《圣学十图》,融铸宋明理学之精髓,构成他的思想逻辑结构,其规模之宏大,操履之功用,在李朝理学史上均属罕见"②。《圣学十图》由《进圣学十图札》和《圣学十图》组成。所谓十图包括:第一图为周敦颐的《太极图》;第二图为程复心(字子见,号林隐,1279—1368 年)绘的张载的《西铭图》;第三图为李退溪绘的朱子的《小学图》;第四图为阳村权近绘的朱子的《大学图》;第五图为李滉绘的朱子的《白鹿洞规图》;第六图为《心统性情图》(上图由程复心作,中、下二图由李滉作);第七图为朱子的《仁说图》;第八图为程复心绘的《心学图》;第九图为王柏(字会之,号鲁斋,1197—1274 年)绘的朱子的《敬斋箴图》;第十图为李退溪绘的陈柏(字茂卿,号南塘,元儒)的《夙兴夜寐箴图》。对于上述十图,李滉还做了相应的引述和说明,指出前五图是"本于天道,而功在明人伦,懋德业"③,后五图则是"原于心性,而要在勉日用,崇敬畏"④。综观十图,

① 李滉:《附录·实记》,《言行录》卷6,《退溪全书》(四),首尔:成均馆大学校大东文化研究院1985年版,第246页。

② 张立文:《退溪书节要》,中国人民大学出版社1989年版,第7页。

③ 李滉:《进圣学十图札》,《退溪全书》(一)卷7,首尔:成均馆大学校大东文化研究院1985年版,第204页。

④ 李滉:《进圣学十图札》,《退溪全书》(一)卷7,首尔:成均馆大学校大东文化研究院1985年版,第205页。

"敬"①是贯穿其始终的核心纲目。

《圣学十图》的排列次序不仅体现了李滉哲学的逻辑结构,而且还反映了其对儒学(圣学)的全部理解。第一图为周敦颐的《太极图》,李滉对此解释说:

> 朱子谓此是道理大头脑处。又以为百世道术渊源。今兹首揭此图,亦犹《近思录》以此说为首之意。盖学圣人者,求端自此,而用力于小学大学之类,及其收功之日,而溯极一源,则所谓实理尽性而至于命,所谓穷神知化,德之盛者也。②

朱熹立学极重周敦颐之《太极图》,此图可说奠定了"濂溪先生"在宋明新儒学中的开山之祖的地位。李滉认为太极即是宇宙本体(天道),故将《太极图》视为百世道术之渊源亦即一切思想学说的立论基础。因此他强调学圣人者要"求端自此"。李滉将周敦颐的《太极图》理解为对《周易·系辞》的"易有太极,是生两仪,两仪生四象"之义的阐发。依李滉之见,圣人是"与天合德,而人极以立",因此圣人之学便是继天立极之学。他认为此图的目的在于阐明圣学的理论根据,而且还揭示如何以抵达圣域的修养工夫。李滉进而引用朱子的《太极图说解》以作说明:"修之悖之,亦在乎敬肆之间而已矣。敬则欲寡而理明,寡之又寡,以至于无,则静虚动直,而圣可学矣。"③《太极图》表明了以"敬"为核心的为学路数,具有将天道、地道和人道加以融合以作整体观照之特性。而其他九图皆为此图("立太极"和"立人极")的进一步展开。此其所以《近思录》、《性理大全》等开篇即设有《太极图》——李滉可以说继承了这一理学传统。

第二图为《西铭图》,旨在揭示天道的进一步展开。该图试图从对"求仁"的深刻体悟中阐明天地万物与我一体的道理。李滉以为"圣学在于求仁,须深体此意,方见得与天地万物一体,真实如此处,为仁之功,始亲切有味,免于

---

① 退溪曰:"今兹十图,皆以敬为主焉。"(李滉:《第四大学图》,《进圣学十图札》,《退溪全书》(一)卷7,首尔:成均馆大学校大东文化研究院1985年版,第203页)

② 李滉:《第一太极图》,《进圣学十图札》,《退溪全书》(一)卷7,首尔:成均馆大学校大东文化研究院1985年版,第199页。

③ 朱熹:《太极图说解》,《朱子全书》(第13册),上海古籍出版社、安徽教育出版社2002年版,第75页。

莽荡无交涉之患,又无认物为已之病,而心德全矣。故程子曰:《西铭》意极完备,乃仁体也。又曰:充得尽时,圣人也。"①这是李滉体仁的最高境界,于此彻悟仁与天地万物为一体。强调物我一体论与事亲事天之实践,他在《西铭图》图说中写道:"朱子曰……观其推亲亲之厚,以大无我之公,因事亲之诚,以明事天之道。盖无适而非所谓分立,而推理一也。"②天道以仁为本质。人只有懂得其所具之仁便是天地生生之理(太极),才能扩而充之与天地生生之理的合而为一,从而达到民胞物与的境界。这就需要通过心性修养、涵养工夫以提高人的素质,方能使其内心之德臻于完满。李滉将《太极图》与《西铭图》视为理学形而上学理论和修养工夫的根据,即小学大学的标准本原。"上二图,是求端扩充,体天尽道,极致之处,为小学大学之标准本原。下六图,是明善诚身崇德广业用力之处,为小学大学之田地事功。"③

正是基于此种考量,李滉分别以《小学图》、《大学图》和《白鹿洞规图》为第三、四、五图。《小学》是朱熹所编的一个以道德教育为主要内容的儿童教本。朱子极重小学,将其与大学并列。朱子学传入之初,朝鲜朝儒者便对《小学》给予了相当的关注。阳村权近曾写道:"小学之书,切于人伦世道为甚大,今之学者皆莫之习,甚不可也。自今京外教授官,须令生徒先读此书,然后方许他经。其赴生员之试,欲入大学者,令成均馆正录所先考此书通否,乃许赴试,永为恒试。"④李滉在《小学图》中,援引朱子的《大学或问》写道:"敬之一字,圣学之所以成始而成终也。为小学者,不由乎此,亦无以涵养本原,而谨乎洒扫应对进退之节,与夫六艺之教。为大学者,不由乎此,亦无以开发聪明,进德修业,而致夫明德新民之功也。"⑤从中亦可看出李滉对小学的重视。他在继承和发展朱子思想的基础上,以敬身明伦为旨归将小学教育的组织、内容、目的、宗旨提纲挈领。《小学图》反映了李滉强调实践、注重践履的为学性格。

① 李滉:《第二西铭图》,《进圣学十图札》,《退溪全书》(一)卷7,首尔:成均馆大学校大东文化研究院1985年版,第201页。
② 李滉:《第二西铭图》,《进圣学十图札》,《退溪全书》(一)卷7,首尔:成均馆大学校大东文化研究院1985年版,第200页。
③ 李滉:《第四大学图》,《进圣学十图札》,《退溪全书》(一)卷7,首尔:成均馆大学校大东文化研究院1985年版,第203页。
④ 权近:《论文科书》,《阳村集》卷31,《韩国文集丛刊》7,韩国民族文化推进会1990年版,第281页。
⑤ 朱熹:《大学或问》,《四书或问》,上海古籍出版社、安徽教育出版社2001年版,第2页。

李滉根据朱熹的《小学》一书的目录制作此图,以与《大学图》对举。在他看来小学和大学相反相成,是"一而二、二而一"①的关系。前文已言及《大学图》乃朝鲜朝初期的阳村权近所造。"大抵《大学》一书,一举目,一投踵,而精进本末,都在此。"②《大学》是被朱熹视作学者入德"行程节次"③的一本书,亦是其平生用力最久、最甚的一部儒家经典。朱子曾说:"某于《大学》用工甚多。温公作《通鉴》,言:'臣平生精力,全在此书。'某于《大学》亦然。《论》、《孟》、《中庸》,却不费力。"④李滉认为为学者只要按此"行程节次"认真践履、勇猛精进便可达至圣域。《大学图》的特色在于引述朱子《大学或问》的论"敬"之说以为圣学的始终之要。"或曰:敬若何以用力耶。朱子曰:程子尝以主一无适言之,尝以整齐严肃言之;门人谢氏之说,则有所谓常惺惺法者焉;尹氏之说,则有其心收敛不容一物焉云云。敬者,一心之主宰而万事之本根也,知其所以用力之方,则知小学之不能无赖于此以为始,小学之赖此以始,则夫大学不能无赖于此以为终者,可以一以贯之而无疑矣。盖此心既立,由是格物致知以尽事物之理,则所谓尊德性而道问学;由是诚意正心以修身,则所谓先立其大者而小者不能夺;由是齐家治国以及乎天下,则所谓修己以安百姓,笃恭而天下平。是皆未始一日而离乎敬也,然则,敬之一字,岂非圣学始终之要也哉。"⑤本段引文对李滉《圣学十图》的主敬思想影响甚大。尊德性而道问学、居敬而穷理是理学的基本立场,朱熹曾说:"学者工夫,唯在居敬、穷理二事。此二事互相发。能穷理,则居敬工夫日益进;能居敬,则穷理工夫日益密。"⑥认为二者可以相互促进、相互存养,不过朱熹实际上以"穷理"、"致知"为先。李滉指出:"非但二说(即《小学图》与《大学图》所引朱子论教之说)当通看,

① 李滉:《第三小学图》,《进圣学十图札》,《退溪全书》(一)卷7,首尔:成均馆大学校大东文化研究院1985年版,第202页。
② 李滉:《答南时甫》,《退溪全书》(一)卷14,首尔:成均馆大学校大东文化研究院1985年版,第365页。
③ 李滉:《答李平叔问目·大学》,《退溪全书》(二)卷37,首尔:成均馆大学校大东文化研究院1985年版,第258页。
④ 《大学一·纲领》,黎靖德编:《朱子语类》卷14,中华书局2004年版,第258页。
⑤ 李滉:《第四大学图》,《进圣学十图札》,《退溪全书》(一)卷7,首尔:成均馆大学校大东文化研究院1985年版,第203页。
⑥ 《学三·论知行》,黎靖德编:《朱子语类》卷9,中华书局2004年版,第150页。

并与上下八图,皆当通此二图而看……下六图是明善诚身崇德广业用力之处,为小学大学之田地事功。而敬又彻上彻下,着功收效,皆当从事而勿失者也。故朱子之说如彼,而今兹十图,皆以敬为主焉。"①由此可见,"敬"在李滉哲学中并不仅仅是彻上彻下、贯穿动静始终之修养工夫,而且还是可以统摄存心养性与格物致知的圣学第一要义。《圣学十图》即是其主敬思想的集中体现。第五图《白鹿洞规图》是李滉依朱熹的《白鹿洞书院学规》而作,旨在阐明人伦之道。"盖唐虞之教在五品,三代之学皆所以明人伦,故规之穷理力行,皆本于五伦。"②李滉认为大学是小学阶段的延续,而两阶段的教育有着不可分离的统一性。大学之道在明明德、在新民(穷理、力行)、在止于至善,而小学之宗旨则为在明人伦(五伦),所以说"此两图可以兼收相备"③。《白鹿洞规图》意在综合小学、大学的为学之方,着重突出五伦作为圣学内容的重要地位。另外,从《白鹿洞规图》中亦可看出李滉的书院教育思想。李滉以为以上五图"本于天道,而功在明人伦,懋德业"④。

心、性、情是理学人性论的核心范畴,第六图即为《心统性情图》,共有上、中、下三图。此图在上一节已有论及,这里只做简要介绍。上图为程复心所作,中、下图为李滉所作。在朝鲜朝儒学史上,主要论辩皆围绕"心"这一哲学范畴而展开。16世纪后半期的"四端七情"之辨、"人心道心"之辨、18世纪初叶的"人物性同异"论辩以及19世纪后半期的本心明德之"主理主气"论辩等均是对"心"之发用及相关问题的深入辨析。此为韩国性理学的特色所在。

从性命进到心性,才算真正进入到主体(人)。这正是理学的主题。理学道德主体论的人性学说,就是通过"心性情"等范畴全面展开⑤。依程朱之见

① 李滉:《第四大学图》,《进圣学十图札》,《退溪全书》(一)卷7,首尔:成均馆大学校大东文化研究院1985年版,第203页。
② 李滉:《第五白鹿洞规图》,《进圣学十图札》,《退溪全书》(一)卷7,首尔:成均馆大学校大东文化研究院1985年版,第204页。
③ 李滉:《第三小学图》,《进圣学十图札》,《退溪全书》(一)卷7,首尔:成均馆大学校大东文化研究院1985年版,第202页。
④ 李滉:《第五白鹿洞规图》,《进圣学十图札》,《退溪全书》(一)卷7,首尔:成均馆大学校大东文化研究院1985年版,第204页。
⑤ 参见李泽厚:《宋明理学片论》,载《中国古代思想史论》,生活·读书·新知三联书店2015年版,第232—243页;蒙培元:《理学范畴系统》,人民出版社1998年版,第194页。

解,心之未发(寂然不动)为性,已发(感而遂通)为情——一言蔽之即性为体情为用。朱熹认为"性者,理也。性是体,情是用,性情皆出于心,故心能统之。统,如统兵之'统',言有以主之也"①。李滉则与之不同。他进一步发挥程朱理气心性说,将性情之说与理气之发结合起来并将朱学心性论深化为以性情为中心的"四七理气"之辨。《心统性情图》之中图和下图将李滉理气心性诸说表述得最为简单明了。

众所周知,以理气论"心"是朱学之传统。李滉秉承之,亦主"合理气,统性情"。但是,李滉比朱熹更专注于对"情"的探讨。重"情"乃其性理学的一大特色。"七情"是情,"四端"亦是情,而"情"皆发于"理气心"。因此如何使发于"理气心"(此心具心气之患)的"情"皆能中节便成为心性修养的关键所在。李滉主张以敬治心气之患,强调对心气施以持敬工夫的原因即在于此。故其曰:"要之,兼理气,统性情者,心也,而性发为情之际,乃一心之几微,万化之枢要,善恶之所由分也。学者,诚能一于持敬,不昧于理欲,而尤致谨于此,未发而存养之功深,已发而省察之习熟,真积力久而不已焉,则所谓精一执中之圣学,存体应用之心法,皆可不待外求而得之于此矣。"②其持敬之目的就是要由涵养省察存"天理之公"以去"物欲之私"。未发时涵养本善之心,已发之际反观内省以求致中和。至去世前为止,李滉曾对此图进行了反复的修改。第一图的结构原是智上礼下仁左义右,先是对其中礼智上下结构进行改动,后来又对原图中的仁义左右次序做了修改。最后还是以第二次改动的为定本,收录十图之中。③ 可见,此图在《圣学十图》中所占的地位是何等之重要。

第七图为朱熹自作的《仁说图》。李滉曾将此图放于《心学图》之后,后接受李珥的建议移至《心学图》之前。他在给李珥的复信中写道:"《仁说图》当在《心学图》之前,此说甚好,此见解甚超诣。滉去年归来,始审得当如此,及

---

① 《张子之书一》,黎靖德编:《朱子语类》卷98,中华书局2004年版,第2513页。
② 李滉:《第六心统性情图》,《进圣学十图札》,《退溪全书》(一)卷7,首尔:成均馆大学校大东文化研究院1985年版,第205—206页。
③ "先生此图,三次改本。初图则智上礼下仁左义右,次图则只改礼智上下,后图则又改仁义左右,最后仍以次图为定本,即今十图所载本也。"(李震相:《答宋康叟》,《寒洲集》卷14,《韩国文集丛刊》317,韩国民族文化推进会2003年版,第332—333页)

得来说而益信之,即已依此说互易矣。"①由此亦可窥出《圣学十图》中各图的排列次序是经过了反复斟酌与思考。该图进一步说明了四德相互之间以及其与四端之间的关系。"朱子曰:仁者,天地生物之心,而人之所得以为心。未发之前,四德具焉,而惟仁则包乎四者。"②"仁"作为统摄"四德"与"四端"的道德理性,在理学中不仅与太极、诚以及中和等概念同等重要,而且还指代儒家所追求的天人合一之最高境界。人和天地生物皆以之为心。李滉将朱子学的仁说视为上承天道下启存养之途,亦即贯通天地自然和人类社会的关节点。这应该是李滉最终把此图置于《心学图》之前的重要原因。由其"圣学在于求仁"之见以及此图"发明仁道,无复余蕴"之说可以推知,在李滉的心目中人君者欲施仁政亦应于此图求其义。故《仁说图》在《圣学十图》中亦居重要地位。

第八图为程复心所绘《心学图》。李滉将此图目为天地生物之心(仁)的着足处。李滉性理学"求仁"之目的在于使人不断完善其人格,以优入于圣域。"此仁者,所以与天地万物为一体,恻隐之心,足以普四海弥六合也。"③《心学图》把"心"分为赤子心与大人心、人心与道心,也是为了给人提供实现理想人格的修养工夫。学者只有"惟精择善,惟一固执",才能克去己私以存天理。所以必须施以"持敬"工夫使人心变为道心。唯有以"敬"抑欲才能使人心听命于道心。加之"敬"又是一心之主宰,存理遏欲的工夫大可统一到"敬"字上来。就此而言,"存天理遏人欲"是主敬工夫之实质内容。对《圣学十图》中的后五图,李滉认为"五图原于心性,而要在免日用崇敬畏"④。他在第六、第七图中着力探究主体之性情问题后,便将"天地生物之心"作为仁之根据。李滉在第八图中又论述了与"心"相关之问题,并指出了治心之工夫以及"敬"作为一心之主宰在涵养省察的过程中的重要性。

---

① 李滉:《答李叔献》,《退溪全书》(一)卷14,首尔:成均馆大学校大东文化研究院1985年版,第280页。
② 李滉:《第七仁说图》,《进圣学十图札》,《退溪全书》(一)卷7,首尔:成均馆大学校大东文化研究院1985年版,第206页。
③ 李滉:《答黄仲举》,《退溪集》卷19,《韩国文集丛刊》29,韩国民族文化推进会1996年版,第487页。
④ 李滉:《进圣学十图札》,《退溪全书》(一)卷7,首尔:成均馆大学校大东文化研究院1985年版,第211页。

　　第九图为金华王鲁斋柏就朱熹《敬斋箴》绘制的《敬斋箴图》,此箴乃朱熹有感于张敬夫的"主一箴"所作。若说第八图示"圣学心法",那么此图则"为圣学之始终"。此图承《心学图》之旨,继续以"敬"为工夫之要以示具体的用工地头。在图说中,李滉引真西山之言曰:"敬之为义,至是无复余蕴,有志于圣学者,宜熟复之。"①这表明李滉不仅将"敬"视为其存养工夫的关键,而且还视为其性理学体系之核心。他在答李叔献(李珥)的信中写道:"惟十分勉力于穷理居敬之工。而二者之方,则《大学》见之矣,《章句》明之矣,《或问》尽之矣。足下方读此书,而犹患夫未有所得者,得非有见于文义,而未见于身心性情之间耶。虽见于身心性情,而或不能真切体验,实味膏腴耶。二者虽相首尾,而实是两段工夫,切勿以分段为忧,惟必以互进为法,勿为等待。即今便可下工,勿为迟疑。"②《敬斋箴》内容如下:"正其衣冠,尊其瞻视,潜心以居,对越上帝。足容必重,手容必恭,择地而蹈,折旋蚁封。出门如宾,承事如祭,战战兢兢,罔敢或易。守口如瓶,防意如城,洞洞属属,罔敢或轻。不东以西,不南以北,当事而存,靡他其适。弗贰以二弗参以三,惟心惟一,万变是监。从事于斯,是曰持敬,动静弗违,表里交正。须臾有间,私欲万端,不火而热,不冰而寒。毫厘有差,天壤易处,三纲既沦,九法亦斁。于乎小子,念哉敬哉,墨卿司戒,敢告灵台。"③这些可视为"敬"的具体细目,可以此指导人们的日常行为。李滉还依据陈柏的《夙兴夜寐箴》绘制《夙兴夜寐箴图》④以为第十图。他认为"敬斋箴有许多用工地头,故随其地头而排列为图。此箴有许多用工时分,故随其时分而排列为图。"⑤第九图《敬斋箴图》与第十图《夙兴夜寐箴图》一

---

①　李滉:《第九敬斋箴图》,《进圣学十图札》,《退溪全书》(一)卷7,首尔:成均馆大学校大东文化研究院 1985 年版,第 209 页。

②　李滉:《答李叔献(珥)》,《书》,《退溪集》卷14,《韩国文集丛刊》29,韩国民族文化推进会 1996 年版,第 371 页。

③　李滉:《第九敬斋箴图》,《进圣学十图札》,《退溪全书》(一)卷7,首尔:成均馆大学校大东文化研究院 1985 年版,第 209 页。

④　元儒程端礼曾在《读书分年日程》中,将程子的《四箴》、朱子的《敬斋箴》、真西山的《夜气说》、陈柏的《夙兴夜寐箴图》指定为学者当熟玩体察的文章。(参见程端礼撰:《程氏家塾读书分年日程》,黄山书社 1992 年版,第 41 页)

⑤　李滉:《第十夙兴夜寐箴图》,《进圣学十图札》,《退溪全书》(一)卷7,首尔:成均馆大学校大东文化研究院 1985 年版,第 210 页。

是以地头言,一是以时刻言。①　即,前者按行事罗列,是以心为核心展开的主敬工夫;后者是依时间编排,是以行为核心演绎的持敬规范。②　李滉曰:"盖敬斋箴,有许多用工地头,故随时其地头而配列为图。此箴有许多用工时分,故随时分而配列为图。"③但道之流行于日用之间,无所适而不在,亦无顷刻之或停,因此李滉强调不分时分与地头的主敬工夫。两者在李滉性理学中相互发明、相互补充均为相当紧要,因之李滉言二者须并进。

《圣学十图》前五图"本于天道,而功在明人伦,懋德业",体现了《太极图》融自然本体、社会教育、人格培养为一体的思想;后五图则"原于心性,而要在勉日用,崇敬畏",与前五图恰好构成不即不离的体用关系。前五图以无极太极为第一图,后五图以心统性情为第一图。这个划分不以天道人心为二,而是将二者看作相互关联的整体。形而上本体遂与人世间的心性冥冥相通,立人极也就可以进而立太极。④　易言之,后五图则展示心体(天道)呈现之修养过程。"综观此十图,其核心是人。因此,李退溪的圣学,我们亦可称为人学,即学做圣人之学。《圣学十图》,就是学做圣人的纲领条目,修养方法,程序节次,标准规范,行为践履,情感意志等等。全面、系统而又渐次深入地论述了为圣的目的、方法。"⑤依李滉之见,除了"心"之外再没有完成自我人格的原动力。关键在于如何克去除理气心所具有的心气之患,从而使心气循理而行、顺理而为。这就要求学者时刻以"敬"字治心、以"敬"字抵敌,"常常存个敬在这里,则人欲自然来不得"⑥。显而易见,以持敬工夫统摄心知乃是李滉主敬论的主要意涵。

由上所述可知,李滉主敬思想根植于其对性理学理气心性诸说的理解。依其理气之心,四端七情之善与不善端视发而中节与否——一切都随"气"而定。他说:"四端之情,理发而气随之,自纯善无恶,必理发未遂而掩于气,然

①　参见蔡茂松:《韩国近世思想文化史》,台湾东大图书公司1995年版,第348页。
②　参见张立文:《退溪书节要》,中国人民大学出版社1989年版,第16页。
③　李滉:《第九敬斋箴图》,《进圣学十图札》,《退溪全书》(一)卷7,首尔:成均馆大学校大东文化研究院1985年版,第210页。
④　参见张立文:《李退溪思想世界》,人民出版社2013年版,第40页。
⑤　参见张立文:《退溪书节要》,中国人民大学出版社1989年版,第17页。
⑥　《学六·持守》,黎靖德编:《朱子语类》卷12,中华书局2004年版,第207页。

后流为不善。七者之情,气发而理乘之,亦无有不善,若气发不中而灭其理,则放而为恶也。"①其实此时四端与七情皆滑入气一边,理发未遂是掩于气,理发直遂是不掩于气——遂与不遂皆为气之所为。气发不中则灭其理,气发中则不灭其理,灭理与不灭理亦皆为气之所为。所以主敬以治心上之"气患",使气顺理而发、循理而行,这就是以主敬说为特色的李滉思想的根本主旨。

简言之,李滉以"敬"贯动静、知行并重以及内外如一为其主敬思想的方法论,由此构筑了以主敬为核心的思想体系。他绘制的《圣学十图》以图画的形式将程朱理学中繁杂的主敬思想做了言简意赅的表述。此图既是主敬工夫的形象说明,也是李滉思想的简明提要。

"敬"作为理学修养的重要方法受到程朱诸儒的重视。朱子以为"大凡学者须先理会'敬'字,敬是立脚去处。"程子亦曰"'涵养须用敬,进学则在致知'。此语最妙"②。但是程朱诸儒并未以此为纲领构筑其道德形上学体系。朱子去世三百年后,号为"海东朱子"的李滉却以"敬"为核心构筑了颇具理论与践履特色的"实践道德哲学"(后人亦将之称为退溪"圣学"或退溪"心学"),遂集朝鲜朝的朱子学思想之大成。李滉对"敬"的强调与对"敬"的意义的理解确有超过朱子处。③ 以此为特色,退溪学代表了朱子学的进一步发展,在东亚儒学史上具有重要意义。

综上所述,李滉在"四端"和"七情"问题上坚持二者是不同类的情——四端是由理所发,七情是由气所发。"四端,理发而气随之;七情,气发而理乘之。"④李滉还制作"心统性情图"对此做了进一步的阐发。在工夫论方面,李滉极重主敬,以下学上达为其居敬穷理之出发点。"只将敬以直内为日用第一义,以验夫统体操存不作两段者为何等意味,方始有实用功处,脚跟着地,可渐渐进步,至于用功之久,积熟昭融,而有会于一原之妙,则心性动静之说不待

---

① 李滉:《心统性情图说》,《退溪全书》(一)卷7,首尔:成均馆大学校大东文化研究院1985年版,第205页。
② 《学六·持守》,黎靖德编:《朱子语类》卷12,中华书局2004年版,第215页。
③ 参见张学智:《心学论集》,中国社会科学出版社2006年版,第89页。
④ 李滉:《进圣学十图札》,《退溪全书》(一)卷7,首尔:成均馆大学校大东文化研究院1985年版,第204页。

辩论而嘿喻于心矣。"①他主张由下学上达之持敬修养工夫优入圣贤之域,从而体验天理之极致。由此可知李滉的道德学问观以及其为学的根本宗旨。"博学而不穷,笃行而不倦"②,李滉在知与行方面忠实履行了儒家之为学宗旨,堪称朝鲜朝五百年间难得的为己之学之楷模。

他的思想不仅对韩国性理学界影响至深,而且还对日本朱子学的发展产生了影响。其主要哲学著作有《启蒙传疑》、《自省录》、《朱子书节要》、《宋季元明理学通录》、《圣学十图》、《论四端七情书辨》等,均收录在《增补退溪全书》(1—5 册)之中。

第三节 奇大升与其"四端七情"论

李滉的"四端七情"论最能反映其性理学思想之特色。但是,他的四七理论的成熟与完善离不开与奇大升之间展开的相互问难。在与奇大升论辩过程中,不仅李滉的理论得到进一步深化,而且其立场也变得更加鲜明。本节将对奇大升"四七理气"论思想作一论述。

一、奇大升的理气论——兼述《论困知记》

奇大升(字名彦,号高峰、存斋)亦是朝鲜朝重要性理学家,生于中宗二十二年(1527 年),卒于宣祖五年(1572 年),谥号为文宪。他出生于全罗南道光州召古龙里松岘洞。③ 32 岁中文科乙科第一人,后官至大司谏。奇氏天资聪敏,博览强记,长于论辩。33 岁时便与李滉围绕四端七情"理气之发"问题进行了长达 8 年的相互问难,由此拉开了在韩国儒学史上具有划时代意义的"四七理气"论辩之帷幕。

理气问题是性理学的首要问题,奇大升亦十分重视此问题。他在信中写

---

① 李滉:《答金而精》,《书》,《退溪全书》(二)卷 29,首尔:成均馆大学校大东文化研究院 1985 年版,第 91 页。
② 陈澔注:《儒行第 41》,《礼记集说》卷 10,《礼记》,上海古籍出版社 1994 年版,第 321 页。
③ 学界对于奇大升的出生地、出生日期及亲友关系等问题的研究,可参阅郑炳连:《关于奇高峰生平的几点问题》,《东洋哲学研究》1996 年第 15 辑。

道:"然鄙意以为当于理气上,看得分明,然后心性情意,皆有着落,而四端七情,不难辩矣。后来诸先生之论,非不详且明矣。然质以思孟程朱之言,皆若异趣似于理气上未剖判也。"①依奇氏之见,若于理气问题上看得分明则心、性、情、意及四端七情诸说皆不难辩,故可将其理气说视为他的"四端七情"说的立论基础。于此也可以看出,他是追求理气说(存在论)与心性论相一致的性理学家。奇氏这一致思倾向与李珥有相似之处。下面将分析他的理气概念以及在理气之发问题上的观点和主张。

首先,他用太极阴阳说规定了理气概念。"至于天地上分理气,则太极理也,阴阳气也。"②他以太极阴阳论定义理气的同时,将此贯彻到人和物上进一步指出:"就人物上分理气,则健顺五常理也,魂魄五脏气也。"③这表明奇氏以传统性理学形上、形下之理论来理解理气。

其次,在理气关系上,奇大升以理为气之主宰,以气为理之材料——强调理对气的主宰性乃其思想之特色。

> 夫理,气之主宰也;气,理之材料也。二者固有分矣。而其在事物也,则固混沦而不可分开。但理弱气强,理无眹而气有迹,故其流行发见之际,不能无过不及之差。④

理为气之主宰就意味着理对气之运动的主导作用。但他在强调理的主宰性的同时又指出理的脆弱性,即理无眹而气有迹。"理弱气强"似与理的主宰性相矛盾。其实这也是朱学理气论的困境所在,因为在朱子哲学中"理"就具有"无情意,无计度,无造作"⑤之"三无"特性。奇氏有言:"朱子曰:'气则能凝结造作,理却无情意,无计度,无造作。只此气凝聚处,理便在其中。'正谓

① 奇大升:《两先生四七理气往复书上篇》卷1,《高峰集》第三辑,韩国东洋哲学会1997年版,第2页。
② 奇大升:《首条第二条》,《第一书改本》,《两先生四七理气往复书下篇》卷2,《高峰集》第三辑,韩国东洋哲学会1997年版,第131页。
③ 奇大升:《首条第二条》,《第一书改本》,《两先生四七理气往复书下篇》卷2,《高峰集》第三辑,韩国东洋哲学会1997年版,第131页。
④ 奇大升:《高峰上退溪四端七情说》,《两先生四七理气往复书上篇》卷1,《高峰集》第三辑,韩国东洋哲学会1997年版,第102页。
⑤ "盖气则能凝结造作,理却无情意,无计度,无造作。只此气凝聚处,理便在其中。"(《理气上》,黎靖德编:《朱子语类》卷1,中华书局2004年版,第3页)

此也。今曰:互有发用,而其发又相须,则理却是有情意有计度有造作矣。又似理气二者,如两人然。"①这是他在信中质疑李滉"理发"说的一段文字。如何化解本体义上理的主宰性与流行义上理的脆弱性矛盾以使气顺利而发? 这是每位理学家都要面临的重要理论课题。欲分析奇氏对这一问题的思考,还要从其理气关系的解读上着手。

再次,在理气关系问题上奇氏强调二者的不离义,此即理气"混沦一体"说。但是在此问题上他又力主既要"合看"又要"离看"。

> 理气在物,虽曰混沦不可分开,然不害二物之各为一物也。故曰就天地人物上分理与气,固不害一物之自为一物也。若就性上论,则正如天上之月与水中之月,及以一月随其所在而分别言之尔,非更别有一月也。②

在奇大升看来,古之圣贤论及理气性情之际,"固有合而言之者,亦别而言之者,其意亦各有所主"③,因此学者于此应特别要"精以察之"。依其对理气的规定,理无眹而气有迹,故理之本体是漠然无形象可见的。他评论说:"盖理无眹而气有迹,则理之本体,漠然无形象之可见,不过于气之流行处验得也。程子所谓善观者,却于已发之际观之者,此也。鄙说当初分别得理气,各有界限,不相混杂,至于所谓气之自然发见,乃理之本体然,则正是离合处,非以理气为一物也。"④非以理气为一物,而却"理"要在"气之流行处验得"。奇氏的这一观点与明儒罗钦顺(字允升,号整庵,1465—1547 年)的理气为一物,"理"当于"气之转折处观之"的主张既有相同之处,亦有相异之处。罗整庵的《困知记》传入韩国后引起较大反响,有尊奉之者,也有批判之者。李滉和奇大升即属后者,二人皆撰文予以批判。李滉写了篇《非理气为一物辩证》,奇大升则写了篇《论困知记》。

《高峰集》中记载:"明学者罗钦顺,号整庵,作《困知记》以理气为一物,以

---

① 奇大升:《高峰答退溪再论四端七情书》,《两先生四七理气往复书下篇》卷2,《高峰集》第三辑,韩国东洋哲学会 1997 年版,第 138 页。
② 奇大升:《首条第二条》,《第一书改本》,《两先生四七理气往复书下篇》卷2,《高峰集》第三辑,韩国东洋哲学会 1997 年版,第 131 页。
③ 奇大升:《高峰上退溪四端七情说》第四节,《两先生四七理气往复书上篇》卷1,《高峰集》第三辑,韩国东洋哲学会 1997 年版,第 107 页。
④ 奇大升:《高峰上退溪四端七情说》第十节,《高峰集》第三辑,韩国东洋哲学会 1997 年版,第 111 页。

朱子所谓所以然者为不然。若著'所以'字,则便成二物云,又以'道心为体,人心为用'。此书新出,而世之学者莫能辨其是非,或有深悦而笃信者。戊辰五月,大升以大司成,诣阙至玉堂与副提学臣卢守慎,共论《困知记》。守慎以整庵之言为至当,而无以议为。大升力辨其非曰,朱子以为道心源于性命之正,人心生于形气之私,固以理气分而言之矣。整庵认理为气,以理气为一物,故以'道心为性,人心为情'。种种新奇之说,皆从此出。何可背圣贤相传不可易之说,而从罗整庵之新奇乎?遂著困知记论以辨之。盖其正见,不眩于似是之非,而阐吾道之本原,辟异端之邪说。反复纡余,光明俊伟粹然一出于正,此李滉所以敛衽者特深也。"①"戊辰五月",即为宣祖元年(1568年)5月,时奇氏42岁。不过据其《年谱》记载,奇大升在明宗二十年(1565年)12月往见卢守慎(字寡悔,号苏斋,1515—1590年)于镇国院,并与之讨论了人心道心问题。② 卢氏以罗整庵《困知记》的理论为依据论述了其对人道说的看法。可见,他的《论困知记》一书是在与卢守慎展开论辩过程中完成,也是其思想成熟期的著作。③ 此书对了解奇大升的理气性情学说特点以及《困知记》一书在朝鲜半岛的传播与影响都具有重要的史料价值。

在此文的开头奇氏写道:

> 罗整庵《困知记》,世多尊尚。余尝观其书,闳博精邃,顿挫变化,殆不可测其涯涘。试提大概则推尊孔孟程朱,为之宗主。援据《易》、《诗》、《书》、《礼》,以张其说,而又能躬探禅学而深斥之。其驰骋上下,抑扬予夺之际,可谓不遗余力矣。世俗悦其新奇,而不究其实,宜乎尊尚之也。然愚之浅见,窃尝以为,罗氏之学,实出于禅学,而改头换面,文以圣贤之语,乃诐淫邪遁之尤者。使孟子而复生,必当声罪致讨,以正人心,固不悠悠而已也。④

---

① 沈演:《请享疏》,《疏》,《高峰先生别集附录》卷2,《高峰集》第二辑,韩国东洋哲学会1997年版,第88页。
② 奇大升:《高峰先生年谱》,《高峰集》第一辑,韩国东洋哲学会1997年版,第6页。
③ 奇大升于宣祖五年(1572年)辞世,享年46岁。但是,其思想成熟较早,明宗十四年(1559年)李滉主动致书奇氏征求自己对"四端七情理气之发"的下语是否无病一事便是例证。可见,尽管二人年龄实际相差26岁之多,但是李滉对奇大升的学问和为人却十分推重,不以后辈待之。
④ 奇大升:《论困知记》,《高峰先生文集》卷1,《高峰集》第一辑,韩国东洋哲学会1997年版,第73页。

从引文中可以概见,《困知记》传入韩国之初作为"新奇"之说颇受世儒的尊尚。这与《困知记》在中国的情形大不相同。罗钦顺为江西泰和人,生于宪宗成化元年,卒于世宗嘉靖二十六年。弘治六年(1493 年)进士及第,授翰林院编修,历任南京国子监司业、吏部左侍郎、南京吏部尚书等职。父死服阕后起原官,嘉靖六年坚辞礼部尚书、吏部尚书之召,致仕居家二十余年,足不入城市,潜心格致之学。他与其时的名儒王阳明、湛若水及欧阳德等人皆有往复辩论①,是在朱学阵营中为数不多的能与心学分庭抗礼的大儒。他的著作有《整庵存稿》二十卷和《困知记》六卷,而其哲学思想主要反映在《困知记》一书中。但《困知记》问世后并未受到中国学界关注,而却在韩国引起不小的波澜。如引文内容所见,有尊尚者亦有排斥者。奇氏则直斥罗氏之学"实出于禅学",即便是孟子复生亦必当声罪致讨以正人心。

他指出虽然罗氏的个别观点和圣贤之道也有相符之处,但是其大纲领大根本却与之相去不啻百千万里之远。他还举了罗氏《困知记》中的具体论点以说明其主张皆与圣贤本旨相违,舛错谬戾不须更辩。

> 《记》凡四卷,益以附录,无虑数万言。其间,岂无一二之几乎道,而其大纲领大根本,与圣贤相肯,不啻百千万里之远。则其学之邪正,为如何哉。其书所称"道心,性也;人心,情也"及"理气为一物"及"良知非天理"云云者,皆与圣贤本旨,舛错谬戾此,不须更辩,而其出于禅学之实,则不可以不辨也。②

尽管奇大升也主张理气"混沦一体"说,但是与罗氏的"理气为一物"说还是有本质的区别。在他看来,罗氏之学"其出于禅学之实,则不可以不辨"。罗钦顺的《困知记》传入韩国的具体时间已难以确知,但是从奇氏这段文字中可推知,起初传至韩国的《困知记》并非目前我们所见到的六卷《困知记》,而是嘉靖十二年癸巳(1533 年)五月完成的 4 卷本——是年罗氏 69 岁。在《困知记》序中,他写道:"余才微而质鲁,志复凡近。早尝从事章句,不过为利禄谋尔。

---

① 罗钦顺与王阳明、湛若水及欧阳德等人的往复辩论书信现收录于《困知记》附录中。(参见罗钦顺:《困知记》,中华书局 2013 年版,第 141—234 页)
② 奇大升:《论困知记》,《高峰先生文集》卷 1,《高峰集》第一辑,韩国东洋哲学会 1997 年版,第 73 页。

年几四十,始慨然有志于道。虽已晚,然自谓苟能粗见大意,亦庶几无负此生。而官守拘牵,加之多病,工夫难得专一,间尝若有所见矣,既旬月或逾时,又疑而未定,如此者盖二十余年,其于钻研体究之功,亦可谓尽心焉耳矣。"①罗氏这部著作的写作前后历时二十多年。当完成"四续"时已是嘉靖二十五年丙午(1546年)五月,其时他年已82岁。全书由卷上、卷下、续卷上、续卷下、三续、四续共六卷和附录构成。奇氏文中所提及的"道心,性也;人心,情也"、"理气为一物"及"良知非天理"等的确是罗钦顺在《困知记》中所阐述的理论主旨。罗氏在《困知记》开篇即讲:"孔子教人,莫非存心养性之事。然未尝明言之也。孟子则明言之矣。夫心者人之神明,性者人之生理,理之所在谓之心,心之所有谓之性,不可混而为一也。《虞书》曰:'人心惟危,道心惟微。'《论语》曰:'从心所欲,不逾矩。'又曰:'其心三月不违仁。'《孟子》曰:'君子所性,仁义礼智根于心。'此心性之辨也。二者初不相离,而实不容相混。精之又精,乃见其真。其或认心以为性,真所谓'差毫厘而谬千里'者矣。"②又说:"道心,性也。人心,情也。心一也,而两言之者,动静之分,体用之别也。凡静以制动则吉,动而迷复则凶。'惟精',所以审其几也;'惟一',所以存其诚也。'允执厥中','从心所欲不逾矩'也,圣神之能事也。"③明中叶以后程朱理学渐趋衰落,而陆王心学声势日隆。罗氏对此深以为忧,于是将辨明"心性之别"以批驳陆王的"良知即天理"说作为其历史使命。职是之故,罗氏立学极重"心性之辨"。他以为心性的关系是既不相离又不能相混的,二者之别甚是微妙。若于心性的分际区别上,稍不清晰,便真是差之毫厘而谬以千里。由此他将"道心"与"人心"关系定义为体用关系,这就是其独特的"人心道心体用"说。

那么,被称为"朱学后劲"的罗氏学说为什么会受到同样遵奉朱学的韩儒李滉、奇大升等性理学家的批判呢?这主要是因为其"理气为一物"的思想和由此引申出的"人心道心体用"说。于此可见,至16世纪中韩两国朱子学的发展已各呈不同的义理旨趣,此与韩国性理学者与中国朱子学者所处的不同人文语境与各自所倚重的不同核心话题相关。对于这一问题,讨论李珥理气

① 罗钦顺:《困知记·序》,《困知记》,中华书局2013年版,第1页。
② 罗钦顺:《困知记》,中华书局2013年版,第1页。
③ 罗钦顺:《困知记》,中华书局2013年版,第2页。

说时再做进一步分析。

奇大升以为，罗氏之所以提出"理气为一物"、"人心道心体用"说等主张是因其学源自禅学之故。故在《论困知记》一文中，他力图揭露罗氏学说"实出于禅学"的"真相"。于是，奇氏在文中用较大篇幅论述了与此相关的内容：

> 整庵自言"官京师，逢一老僧，闻'庭前柏树'之话，精思达朝，揽衣将起，恍然而悟，不觉流汗通体"云云，此则悟禅之证也。后官南雍，"潜玩圣贤之书，研磨体认，日复一日，年垂六十，始了然有见乎心性之真云云"，此则改头换面，文以圣贤之语之实也。此之分明招认，固不可掩。而又有其论道理处，尤显然而不可掩者焉。《记》上第五章曰："释氏之明心见性，与吾儒之尽心知性相一，似而实不同。盖虚灵知觉，心之用也，精微纯性之真也。释氏学，大抵有见于心，无见于性。故其为教，始则欲人尽离诸相，而求其所谓空，空即虚也。既则欲其即相即空，而契其所谓觉，觉即知觉也。觉性既得，则空相洞彻，神用无方，神即灵也。凡释氏之言性，穷其本末，要不出此三者。然此三者，皆心之妙，而岂性之谓哉。使其据所见之及，复能向上寻之，帝降之衷，亦庶乎其可识矣。顾乃自以为无上妙道，曾不知其终身，尚有寻不到处，乃敢驾其说，以误天下后世之人云云。"

> 以此一章观之，其学之出于禅学者，益无所遁矣。夫心之虚灵知觉，乃理气妙合，自然之妙，而其或有不能然者，特以气禀物欲之蔽，而失其正耳。人苟能操而存之，不为气禀物欲之所累，则其虚灵知觉之妙。固自若也，非如释氏之尽离诸相，而求其所谓空，然后心始虚也。又非如释子即相即空，而契其所谓觉，然后心有知觉也。又非如释子空相洞彻，神用无方，然后心可谓之神也。此与圣贤所论虚灵知觉者，同耶异耶？其亦不待辨而可知其非也。

> 且既曰："释氏之言性，穷其本末，要不出此三者"，而继之曰："然此三者，皆心之妙，而岂性之谓哉。"然则圣贤之论心，亦与释子无异致耶。"离诸相，契虚觉，而洞彻无方者"，乃释子之作弄精神，灭绝天理者也。今乃欲与圣贤之论心者，比而同之，其可乎，其不可乎。

> 又曰："据所见之及，复能向上寻之，帝降之衷，亦庶乎可识。"夫欲适

越而北其辕,终莫能幸而至焉。今乃欲据释子所见之及,而向上寻之,以识夫帝降之衷,吾恐其如北辕而适越,终身伥伥,竟无可至之日也。

整庵之学,初既怳禅,而后观圣贤之书以文之。故其言如此,殊不知儒释,道既不同,而立心亦异有如阴阳昼夜之相反,乌可据彼之见,而能为此之道乎。①

罗钦顺自述其一生孜孜求道,用心甚苦。先由禅学悟心之灵妙,后识吾儒性命之旨。年垂六十,才自认为有见于性命之真。② 其学思历程中确有一个出入佛道的经历(早年由禅学而入),《明史》亦记载道:"钦顺为学,专力于穷理、存心、知性。初由释氏入,既悟其非,乃力排之。"③罗氏从"佛在庭前拍树子"话头得悟后,始知释氏之"明心见性"与吾儒之"尽心知性"虽相似而实不同——释氏大抵有见于心而无见于性。他指出今之世人明心之说混于禅学,而不知有千里毫厘之谬。在罗氏看来,道之不明正由于此。由此而论,奇氏批驳钦顺之学"实出于禅学"一说似难成立。在《困知记》一书中罗氏以将近三分之一的篇幅对禅宗经典《楞伽经》以及达摩、宗杲等重要代表人物进行了深入而系统的批判。连《明儒学案》也提到"高景逸先生曰:'先生于禅学尤极探讨,发其所以不同之故,自唐以来排斥佛氏,未有若是之明且悉者。'呜呼!先生之功伟矣!"④其实,钦顺之学是建立于程朱的"理一分殊"说之上,罗氏曾说过:"性命之妙,无出理一分殊四字,简而尽,约而无所不通,初不假于牵合安排,自确乎其不可易也。"⑤又说:"一旦于理一分殊四字有个悟处,反而验之身心,推而验之人人,又验之阴阳五行,又验之鸟兽草木,头头皆合。于是始涣然自信,而知二君子之言,断乎不我欺也。愚言及此,非以自多,盖尝屡见吾党所著书,有以'性即理'为不然者,只为理字难明,往往为气字之所妨碍,才见得不合,便以先儒言说为不足信,殊不知工夫到后,虽欲添一个字,自是添不得

---

① 奇大升:《论困知记》,《高峰先生文集》卷1,《高峰集》第一辑,韩国东洋哲学会1997年版,第73—74页。

② 参见张学智:《明代哲学史》,中国人民大学出版社2012年版,第312页。

③ 张廷玉等:《明史》24册,中华书局2013年版,第7237页。

④ 黄宗羲:《诸儒学案中一》,《明儒学案》卷47,《黄宗羲全集》第8册,浙江古籍出版社1992年版,第410页。

⑤ 罗钦顺:《困知记》,中华书局2013年版,第9页。

也。"①可见罗氏之学大体是接续程朱而来,但是在理气观方面已与程朱有了较大不同。那么,为什么同尊朱子的奇大升与罗钦顺间会有如此大的理论分歧呢? 这主要源于二人对"理"的概念有不同的理解并对其"理"的特性有不同的界定。奇氏力辩罗氏之学的"禅学之实"乃因二人的理气观差异甚大,所以他紧接着就对罗氏理气说与心性说不一致提出批评。奇大升对钦顺的理气观极为不满,批评亦较多集中在与此相关的内容。学者于此不可不察。

前面已论及,奇大升是追求理气论与心性论相合一的性理学家。于是,他对罗氏思想中的两论不一处进行了猛烈的抨击。

> 佛氏"作用是性"之说,固认气为理,而以心论性也。整庵实见之差,实由于此。故理气一物之说,道心人心性情之云,亦皆因此而误焉。盖既以理气为一物,则人心道心,固不可分属理气。故其为说,必至于如是,而整庵之所自以为向上寻到者,亦不过于佛氏所见之外,知有理字。而其所谓理字者,亦不过于气上认其有节度处耳。整庵所谓"理只是气之理,当于气之转折处观之"者,正是此病也。虽其为说,张皇焜耀,开阖万端,而要其指归,终亦不出于此矣。

> 且整庵每自谓至当归一,而其言自相矛盾者亦多。夫既以理气为一物矣,而又以体用为二物焉,并引"一阴一阳之谓道,阴阳不测之谓神",以证体用之为二物。若曰:道是体神是用,而道与神为二物,则理气果一物乎? 理气果一物,则道与神,又何以为二物乎? 整庵又以心与性,为体用之二物,心与性,既是二物,与理气为一物之说,不亦矛盾之甚乎?②

奇氏认为钦顺之学有"认气为理"以及由此引生的"以心论性"之病。他进而指出,罗氏自以为向上寻到者,亦不过于佛氏所见之外知有一个"理"字。而其所谓"理"字者,亦不过于气上认其有节度处耳。所以奇大升直言,"整庵所谓'理只是气之理,当于气之转折处观之'者,正是此病也"。又指责说整庵每自谓至当归一,而其言自相矛盾者亦多。"既以理气为一物,则人心道心,固不可分属理气。"奇氏所要强调的是理学"体用一源"之原则,故指责罗钦顺

---

① 罗钦顺:《困知记》,中华书局 2013 年版,第 88 页。
② 奇大升:《论困知记》,《高峰先生文集》卷 1,《高峰集》第一辑,韩国东洋哲学会 1997 年版,第 74 页。

"以心与性,为体用之二物,心与性,既是二物,与理气为一物之说,不亦矛盾之甚乎?"既然理气为一物,体用就不能析为二物。

在东亚儒学史上奇大升是最早具体指出罗氏学说之内在矛盾的学者。对于此不能"归一"性,被称为宋明理学殿军的明末大儒刘宗周(1578—1645年)和《明儒学案》的作者黄宗羲(1610—1695年)师生亦有评述。刘宗周指出:"考先生所最得力处,乃在以道心为性,指未发而言;人心为情,指已发而言。自谓独异于宋儒之见……心性之名,其不可混者,犹之理与气,而其终不可得而分者,亦犹之乎理与气也。先生既不与宋儒天命、气质之说,而蔽以'理一分殊'之一言,谓理即是气之理,是矣。独不曰性即是心之性乎?心即气之聚于人者,而性即理之聚于人者,理气是一,则心性不得是二;心性是一,性情又不得是二。使三者于一分一合之间终有二焉,则理气是何物?心与性情又是何物?天地间既有个合气之理,又有个离气之理;既有个离心之性,又有个离性之情,又乌在其为一本也乎?吾儒本天,释氏本心,自是古人铁案。先生娓娓言之,可谓大有功于圣门。要之,善言天者,正不妨其合于人;善言心者,自不至流而为释。先生不免操因噎废食之见,截得界限分明,虽足以洞彼家之弊,而实不免抛自身之藏。"[1]黄宗羲则更直接指出:"盖先生之论理气最为精确,谓通天地,亘古今,无非一气而已。气本一也,而一动一静,一往一来,一阖一辟,一升一降,循环无已。积微而著,由著复微,为四时之温凉寒暑,为万物之生长收藏,为斯民之日用彝伦,为人事之成败得失,千条万绪,纷纭胶轕,而卒不克乱,莫知其所以然而然,是即所谓理也。初非别有一物,依于气而立,附于气以行也。或者因易有太极一言,乃疑阴阳之变易,类有一物主宰乎其间者,是不然矣。斯言也,即朱子所谓'理与气是二物、理弱气强'诸论,可以不辩而自明矣。第先生之论心性,颇与其论理气自相矛盾。夫在天为气者,在人为心,在天为理者,在人为性。理气如是,则心性亦如是,决无异也。人受天之气以生,只有一心而已,而一动一静,喜怒哀乐,循环无已。当恻隐处自恻隐,当羞恶处自羞恶,当恭敬处自恭敬,当是非处自是非,千头万绪,感应纷纭,历然不能昧者,是即所谓性也。初非别有一物,立于心之先,附于心之中也。

---

[1] 黄宗羲:《师说》,《明儒学案》,《黄宗羲全集》第 7 册,浙江古籍出版社 1992 年版,第 18—19 页。

先生以为天性正于受生之初,明觉发于既生之后,明觉是心而非性。信如斯言,则性体也,心用也;性是人生以上,静也,心是感物而动,动也;性是天地万物之理,公也,心是一己所有,私也。明明先立一性以为此心之主,与理能生气之说无异,于先生理气之论,无乃大悖乎?岂理气是理气,心性是心性,二者分,天人遂不可相通乎?"①当然,这是刘宗周与黄宗羲师弟基于心学之立场对罗氏之学作出的评判。但是,谨遵朱子之学的奇大升和秉持心学立场的刘、黄等人先后都对罗氏学说的自相矛盾提出批评。此一现象表明作为儒者他们皆以体用一源为共法,而其理论也因之具有相近的思想倾向。这无关各自的具体学术主张。就哲学体系的完整性而言,一个思想家的理气论与心性论应该是和谐统一的——后者应为前者的合乎逻辑的延伸。有些当代学者因此十分肯定刘、黄二人对罗钦顺的批评。② 当然也有人对刘、黄师弟对于罗氏学说的批评不以为然。③ 分歧的产生与朱子哲学特殊的义理架构不无关系。众所周知,朱子哲学在存在论(理气论)意义上倾向理气二分("不离不杂")和以理为主的理本论;而在心性论意义上则偏于以性、情、心三分结构为义理间架的"心统性情"论。④ 陈来先生曾指出,以"心统性情"为代表的朱子心性论结构

---

① 黄宗羲:《诸儒学案中一》,《明儒学案》卷47,《黄宗羲全集》第8册,浙江古籍出版社1992年版,第408—409页。

② 参见张学智:《明代哲学史》,中国人民大学出版社2012年版,第318—323页;蒙培元:《理学的范畴系统》,人民出版社1998年版,第240页。

③ 如林月惠教授指出:"现代学者似乎以为罗整庵的思想充满矛盾或不一致性。问题是,罗整庵的'理气为一物'与其'心性之辨'果真自相矛盾吗? 这究竟不同学者根据不同判断得到的外在批评? 还是不能善解罗整庵思想所下的判断? 因为,在阅读哲学文本时,我们理解与诠释的起点,总是尽可能预设哲学家有一致性的观点。就以罗整庵为例,不论明代理学或朝鲜性理学,都将罗整庵归诸朱子学,则整庵之说,到底在哪个义理脉络下属于朱子学? 这是必须探讨的问题。若以朱子为判准,字面上理解整庵的'理气为一物'之说,似乎与朱子理气二元性的性的倾向不一致。但是,若罗整庵'理气为一物'之意涵,在根本义理上不背离朱子理气'不离不杂'的义理要旨,则罗整庵之理气论就不一定与朱子对立。如此一来,向来加诸整庵思想的'矛盾'标签,亦可消解,罗整庵仍可复归于朱子学脉的传承系谱内。上述的设问,在朝鲜性理学者对整庵的评价中,可以得出线索。"由韩国儒者对罗钦顺的评价入手,探讨其理论的内在逻辑和特点是极好的研究视角,值得重视。林教授对此问题的研究颇具启发意义和参考价值。(参见林月惠:《异曲同调——朱子学与朝鲜性理学》,台湾大学出版中心2010年版,第152—191页)

④ 朱子极重张横渠之"心统性情"说及心、性、情三分结构说。朱子曰:"旧看五峰说,只将心对性说,一个情字都不下落。后来看横渠'心统性情'之说,乃知此话有大功";"横渠'心统性情'语极好";"伊川'性即理也',横渠'心统性情'二句,颠扑不破";"性、情、心,惟孟子、横渠说得好"。(《性理二》,黎靖德编:《朱子语类》卷5,中华书局2004年版,第91、92、93页)

的表达并非"理/气"二分模式,而是"易/道/神"的模式。盖因心性系统乃一功能系统,而不是存在系统。因此黄宗羲等人以"天人未能合一"来批评朱子的理气论未能贯通到心性论,似与事实有悖。实际上在朱学中理气观念并非没有应用到"人"。朱子使用"性理/气质"来分析人的问题即与其理气观一脉相承。① 陈来先生的这些论述不仅对朱子"心"论的理解有帮助,而且对罗氏学说的不一致性以及韩国儒学"四七理气"之发问题的理解亦大有助益。

在论述权近、郑之云等人的性理学时已言及,韩国性理学者在探讨性理问题时皆热衷于追求"天人心性合一"——摄理气于心乃韩国性理学之特色。因此相较于中国朱子学的理气说,韩国性理学的理气说更多带有性情论色彩。韩国儒者借此以说明性情之辨以及性情之发等问题。像李滉的"理气互发"论、奇大升的"理气共发"说以及李珥的"气发理乘"说皆可从这一角度得到深入的理解。否则很难解释倡言"理发理动"②以及"太极自动静"③的李滉何以能被称为"东方之朱夫子"。

在《论困知记》文末,奇氏还批评了罗氏的"良知非天理"说。曰:

> 整庵又论良知非天理,而云"知能是人心之妙用,爱敬乃人心之天

---

① 陈来先生认为,黄宗羲把"理/气"的二分分析看作一个绝对的、普遍的方法,认为无论主体、客体、实体、功能都应采取这种分析方法。朱子则与之不同,在人论方面,理气的方法只限于追溯意识情感的根源性分析和人身的结构分析。朱子从不把意识活动系统(即"心"本身)归结为"理"或者"气"。在朱子哲学中,知觉神明之心是作为以知觉为特色的功能总体,而不是存在实体,故不能把对存在实体的形上学分析("理/气")运用于对功能总体的了解。在功能系统中质料的概念找不到它适当的地位。另外,形上学的"理/气"分析把事物分解为形式、质料的要素,而"心"是统括性情的总体性范畴,并不是要素。这些都决定了存在论的形上学分析不能无条件地生搬硬套在朱子哲学中对"心"的把握上面。(参见陈来:《朱子哲学中的"心"的概念》,载《中国近世思想史研究》,生活·读书·新知三联书店 2010 年版,第 126—128 页)

② 李滉曰:"朱子尝曰:'理有动静,故气有动静;若理无动静,气何自而有动静乎?'盖理动则气随而生,气动则理随而显。濂溪云:'太极动而生阳',是言理动而气生也。《易》言'复其见天地之心',是言气动而理显,故可见也(凡言心者,皆兼理气看)。二者皆属造化而非二致。故延平以复见天地之心,为动而生阳之理,其言约而尽矣。若朱子所引喜怒哀乐已发未发,虽亦合理气而言,只是就人心言动静,不可与说造化处牵合为说,故延平不以为然耳(此朱子初年所见,后来无此等说)。今曰'朱子似以动而生阳,专作气看,故以为已发',恐未必然也。又曰'所谓一阳生者,专指气言,故以为已发',恐未必然也。又曰'所谓一阳生者,专指气言,其下系之以见天地之心,然后专是理气',亦恐太分开看了。"(李滉:《答郑子中别纸》,《书》,《退溪集》卷24,《韩国文集丛刊》30,韩国民族文化推进会 1996 年版,第 102 页)

③ 李滉:《答李达李天机》,《退溪全书》(一)卷 13,首尔:成均馆大学校大东文化研究院 1985 年版,第 354 页。

理"，然则天理在妙用之外，而妙用者无与于天理乎。夫天理之在人心，未发则谓之性，已发则谓之情，此心之所以统性情。而其未发者，寂也体也；其已发者，感也用也。然则爱敬者，为未发耶，已发耶。知能，虽皆心之用，而有真妄邪正之分，固不可皆指以为天理矣。若加一良字，则乃本然之善，岂非天理之发乎。今以爱敬为天理，而以良知为非天理，爱敬与良知果若是其不同耶。且以知能为心之妙用，而不察乎真妄邪正之实，则尤不可。佛氏之神通妙用，运水般柴之说，正坐不分其真妄，而皆以为妙用之失也。昔有问于胡文定公曰："禅者，以枯槎竖拂为妙用，如何？"公曰："以此为用，用而不妙。须是动容周旋中礼，方始是妙用处。"以此而揆诸整庵之言，其是非得失亦可见矣。整庵尝论宗杲，以为"直是会说，左来右去，神出鬼没，所以能耸动一世。"余以为整庵之状宗杲者，乃所以自状也。

噫，道丧学绝，世俗何尝知此意思。见余之论，必以为笑，不谓之狂，则谓之妄也。然余亦岂欲必信于世俗，而与哓哓者相竞。将以俟后来之君子尔，同志之士，幸相与谅之。①

从奇氏对罗整庵的批评中可见，他对罗氏的"良知非天理"说的理解上有些偏差。前面已论及，明中叶以后程朱之学渐显颓势，王学日渐兴盛。在此情形之下，罗氏愤而扛起朱学大旗，欲明"心性之辨"以批驳"良知非天理"说。他将此作为理论活动的首要任务。罗氏曰："夫孔孟之绝学，至二程兄弟始明。二程未尝认良知为天理也。以谓有物必有则，故学必先于格物。今以良知为天理，乃欲致吾心之良知于事事物物(此语见《传习录》。来书亦云：'致其良知于日履之间，以达之天下。')，则是道理全在人安排出，事物无复本然之则矣。无乃不得于言乎(《雍语》亦云：'天理只是吾心本体，岂可于事物上寻讨？'总是此见)！"②可见罗氏倾向程朱的"性即理"，而非"心即理"。因此他认为"有物必有则，故学必先于格物"——"格物"即为克己之私的过程。依罗整庵之见，"良知为天理"的说法过分强调个体之慧悟，极易将艰苦的修养工夫化

① 奇大升：《论困知记》，《高峰先生文集》卷1，《高峰集》第一辑，韩国东洋哲学会1997年版，第74—75页。
② 罗钦顺：《答欧阳少司成(甲午秋)》，《困知记》，中华书局2013年版，第157页。

为简易的禅悟,这是学人需警惕的非常危险的理论动向。显而易见,罗氏所批"良知"是指阳明的"致良知"。而奇氏所理解之"良知"则为基于伊洛渊源的良知、良能,也就是本然之善。于此也可以窥出奇氏的心性说仍以程朱的心、性、情三分义理间架为基础。

前文已论及奇大升并不同意罗钦顺的"理气一物"论。那么,应如何理解其理气"混沦一体"的思想呢?对此奇氏有如下表述:

> 喜同恶离,乐浑全厌剖析,乃末学之常累。然鄙意固未尝以是自安也,亦欲其一一剖析尔……又或问:理在气中发见处如何?朱子曰:如阴阳五行,错综不失端绪,便是理;若气不结聚时,理亦无所附着然,则气之自然发见,过不及者,岂非理之本体乎……至于极论其所以然,则乃以七情之发,为理之本体,又以气之自然发见者,亦非理之本体,则所谓发于理者于何而见之,而所谓发于气者,在理之外矣。此正太以理气分说之失,不可不察也。罗整庵所论不曾见得,不知如何。若据此一句,则其误甚矣。若大升则固非以理气为一物,而亦不谓理气非异物也。①

可见,奇大升主张的是基于"非以理气为一物,而亦不谓理气非异物"的理气"混沦一体"说。他以为理气虽不可谓二物,但也不能视为一物,"若以为一物,则又无道器之分矣"②。因此在奇氏看来,罗整庵以理气为一物,"其见甚乖"③。其实,奇大升的"理气混沦"说与罗钦顺的"理气一物"论的根本区别就在于对"理"作为"所以然"者的地位有着不同的理解。这牵涉到对"理"的主宰义的不同认识。奇氏强调理的主宰作用,所以不满"理气一物"论。"整庵则以理气为一物,以朱子所谓'所以然'者为不然。谓若着'所以'字,则便成二物云云。"④但上一段引文中奇氏所言"罗整庵所论不曾见得,不知如何"一句则需做进一步商榷。此言出自奇大升回复李滉的"高峰第二书"中。据研究,奇氏大约是在戊午年(32岁)或己未年(33岁)已读到《困知记》,故与

---

① 奇大升:《高峰上退溪四端七情说》第十节,《高峰集》第三辑,韩国东洋哲学会1997年版,第111—112页。
② 奇大升:《先生前上状》,《两先生往复书》,《高峰集》第三辑,韩国东洋哲学会1997年版,第44页。
③ 奇大升:《答退溪先生问目》,《高峰先生文集》卷3,《高峰集》第一辑,韩国东洋哲学会1997年版,第129页。
④ 奇大升:《先生前上状》,《两先生往复书》,《高峰集》第三辑,韩国东洋哲学会1997年版,第43页。

李滉开始"四七理气"论争之前很有可能已受《困知记》思想的影响。① 而且，李滉将奇氏己未年"高峰第一书"中的"七情中四端"以及"气之自然发见为理之本体然也"等观点，评为与整庵的"以理气为一物，而无所别矣"②。由此可见其时李滉也认为奇氏思想受到罗氏学说的影响。而奇氏在第二封回信中自辩道"整庵所论不曾见得"，则不能不令后学对之生疑。奇氏的理气"混沦一体"说后被李珥继承发展，确立为极富主气论特色的"理气之妙"说。

李滉对罗钦顺亦有评价，曾说过"近世罗整庵倡为理气非异物之说，至以朱子说为非是"③。他则谨依朱子在《答刘书文书》中所阐"理与气决是二物"说，对主气论学者的"理气非异物"之说进行了批评。

最后附上李滉的《非理气为一物辩证》一文以供学者参考。此文对理解李滉、罗钦顺以及奇大升三人理气论之间的差异有较大帮助。该文内容如下：

孔子曰："易有太极，是生两仪。"周子曰："太极动而生阳，静而生阴。"又曰："无极之真，二五之精，妙合而凝。"

今按：孔子、周子明言阴阳是太极所生，若曰理气本一物，则太极即是两仪，安有能生者乎？曰真曰精，以其二物，故曰妙合而凝。如其一物，宁有妙合而凝者乎？

明道曰："形而上为道，形而下为器，须著如此说。器亦道，道亦器。"

今按，若理气果是一物，孔子何必以形而上下分道器，明道何必曰"须著如此说"乎？明道又以其不可离器而索道，故曰"器亦道"，非谓器即是道也；以其不能外道而有器，故曰"道亦器"，非谓道即是器也。（道器之分即理气之分，故引以为证。）

朱子《答刘书文书》曰："理与气决是二物，但在物上看，则二物浑沦，不可分开，各在一处，然不害二物之各为一物也；若在理上看，则虽未有物，而已有物之理。然亦但有其理而已，未尝实有是物也。"又曰："须知

---

① 参见刘明钟：《奇大升与〈困知记〉》，载《高峰学论丛》，韩国高峰学术院1993年版，第252页。
② 奇大升：《退溪答高峰四端七情分理气辩》，《两先生四七理气往复书上篇》卷1，《高峰集》第三辑，韩国东洋哲学会1997年版，第104页。
③ 李滉：《答奇明彦》，《退溪全书》（一）卷16，首尔：成均馆大学校大东文化研究院1985年版，第407页。

未有此气,先有此性;气有不存,性却常在。虽其方在气中,然气自气,性自性,亦自不夹论。至论其偏体于物,无处不在,则又不论气之精粗,莫不有是理焉。"(今按:理不囿于物,故能无物不在。)不当以气之精者为性,性之粗者为气也。(性即理也,故引以为证。)

今按:朱子平日论理气许多说话,皆未尝有二者为一物之云,至于此书则直谓之"理气决是二物"。又曰:"性虽方在气中,然气自气,性自性,亦自不相夹杂。"不当以气之精者为性,性之粗者为气。夫以孔、周之旨即如彼,程、朱之说又如此,不知此与说同耶?异耶?滉愚陋滞见,但知笃信圣贤,依本分平铺说话,不能觑到花潭奇乎奇,妙乎妙处。然尝试以花潭说揆诸贤说,无一符合处。每谓花潭一生用力于此事,自谓穷深极妙,而终见得理字不透。所以虽拼死力谈奇说妙,未免落在形气粗浅一边了,为可惜也。而其门下诸人,坚守其误,诚所未谕,故今也未暇为来说一一订评。然窥见朱子谓叔文说:"精而又精,不可名状,所以得不已,而强名之曰太极。"又曰:"气愈精而理存焉,皆是指气为性之误。"愚谓此非为叔文说,正是花潭说也。又谓叔文"若未会得,且虚心平看,未要硬便主张,久之自有见处,不费许多闲说话也。如或未然,且放下此一说。别看他处,道理尚多,或恐别因一事透著此理,亦不可知。不必守此胶漆之盆,枉费心力也。"愚又谓,此亦非为叔文说,恰似为莲老针破顶门上一穴也。且罗整庵于此学非无一斑之窥,而误入处,正在于理气非二之说。后之学者,又岂可踵谬袭误,相率而入于迷昧之域耶?①

依李滉之见,罗钦顺和奇大升等皆"喜同而恶离,乐浑全而厌剖析"②,只强调理气之"不离"义而忽视二者的"不杂"义。于是,他特撰《非理气为一物辩证》一文以纠正罗、奇等人"理气非二"说及气本论者徐花潭"指气为性"说的错误。

由是观之,强调理气"非一物"是李滉的根本立场。正是基于此种理气

---

① 李滉:《非理气为一物辩证》,《退溪全书》(二)卷41,首尔:成均馆大学校大东文化研究院1985年版,第330—332页。
② 李滉:《答奇明彦》,《退溪全书》(一)卷16,首尔:成均馆大学校大东文化研究院1985年版,第407页。

"不杂"义,李滉和奇大升围绕"四端"和"七情"的"所从来(根源或来源)"及"所指(所就以言)"等问题展开了一场旷日持久的大论辩。

二、奇大升的"四端七情"论——与李滉"四七"论之比较为中心

在四端七情[①]以及理气问题上,奇氏基于其理气"混沦一体"的思想,对李滉的"四七理气互发"说提出了质疑。

明宗十四年(1559年)一月,李滉曾致书奇大升,提到"又因士友间传闻所论四端七情之说,鄙意亦尝自病其下语之未稳。逮得砭驳,益知疏缪,即改之云:'四端之发纯理,故无不善;七情之发兼气,故有善恶。'未知如此下语,无病否?"[②]就自己对"四端七情理气"之辨所做的表述征求了奇氏的意见。

是年三月,奇大升撰**《高峰上退溪四端七情说》**。他将书寄赠李滉,此书即为奇大升论四端七情第一书。其中写道:"子思曰:'喜怒哀乐之未发谓之中,发而皆中节谓之和。'孟子曰:'恻隐之心,仁之端也;羞恶之心,义之端也;辞让之心,礼之端也;是非之心,智之端也。'此性情之说也,而先儒发明尽矣。然窃尝致之,子思之言,所谓道其全者,而孟子之论,所谓剔拨出来者也。盖人心,未发则谓之性,已发则谓之情;而性无不善,情则有善恶,此乃固然之理也。但子思、孟子所就以言之者不同,故有四端、七情之别耳,非七情之外,复有四端也。"[③]奇大升以为所以有"四端"和"七情"之别乃因子思、孟子等先圣"所就以言之者"不同之故,也就是二者在情之所指及所偏重的方面有所不同。"情"只有一种,而"四端"和"七情"所指的对象却有所不同——一指全体,一指其中之部分,二者并不是不同性质的两种情。已发之情合理与否主要是看心是否依性理而为主宰。性是形上之理,情则是形下之气。理气不离——理不能独自发用,必因气之发而显理之意义。奇氏以为若依李滉之说将"四端"和"七情"分属理气两边,则会使人认为理发时无气之作用,而气发时无理作

---

① 奇大升所言"七情",多以《中庸》之喜、怒、哀、乐来指代。
② 李滉:《与奇明彦·己未》,《退溪全书》(一)卷16,首尔:成均馆大学校大东文化研究院1985年版,第402页。
③ 奇大升:《高峰上退溪四端七情说》,《两先生四七理气往复书上篇》卷1,《高峰集》第三辑,韩国东洋哲学会1997年版,第102页。

根据。这是不合于程朱学理气"不离"之义。① 奇大升指出,子思所说的"情"是所谓"道其全"者;而孟子所论的"情"则是所谓"剔拨"②出来者。故并非七情之外复有四端。若谓"四端发于理而无不善,七情发于气而有善恶",便如同将理与气判而为两物,也就无异于认为"七情"不发于性、"四端"不乘于气。这就是奇氏在"四七理气"之发问题上所持的"剔拨论"主张。

在奇大升而言,将"四端发于理而无不善,七情发于气而有善恶"一句改为"四端之发纯理,故无不善;七情之发兼气,故有善恶"③,虽似稍胜于前说但终究在语意上仍有所未安。

> 盖性之乍发,气不用事,本然之善得以直遂者,正孟子所谓"四端"者也。此固纯是天理所发,然非能出于七情之外也,乃七情中发而中节者之苗脉也。然则以四端、七情对举互言,而谓之"纯理"、"兼气",可乎?论人心、道心,则或可如此说;若四端、七情,则恐不得如此说,盖七情不可专以人心观也。夫理,气之主宰也;气,理之材料也,二者固有分矣。而其在事物也,则固混沦而不可分开;但理弱气强,理无朕而气有迹,故其流行发见之际,不能无过不及之差。此所以七情之发,或善或恶,而性之本体,或有不能全也。然其善者,乃天命之本然;恶者,乃气禀之过不及也。则所谓"四端、七情"者,初非有二义也。④

奇氏所言"四端"为本然之善("良知")得以直遂者即指"七情"中发而中节者之苗脉。因此他以为,"人心"、"道心"或可以理气分言,但是"四端"、"七情"却不宜对举互言而谓之"纯理"或"兼气"。奇大升进而指出所谓"善"者乃是"天命之本然",而所谓"恶"者则为"气禀之过不及"。于此可见,在四

---

① 参见杨祖汉:《从当代儒学观点看韩国儒学的重要论争》,华东师范大学出版社 2008 年版,第51 页。
② 杨祖汉:《从当代儒学观点看韩国儒学的重要论争》,华东师范大学出版社 2008 年版,第51 页。杨祖汉先生谓:"高峰此语,本于朱子。"《朱子语类》载:"又问:'孟子言性,与伊川如何?'曰:'不同。孟子剔出而言性之本,伊川是兼气质而言,要之不可离也。'"(《性理一·人物之性气质之性》,黎靖德编:《朱子语类》卷4,中华书局 2004 年版,第67 页)
③ 奇大升:《高峰上退溪四端七情说》,《两先生四七理气往复书上篇》卷1,《高峰集》第三辑,韩国东洋哲学会 1997 年版,第102 页。
④ 奇大升:《高峰上退溪四端七情说》,《两先生四七理气往复书上篇》卷1,《高峰集》第三辑,韩国东洋哲学会 1997 年版,第102 页。

七理气问题上奇氏的基本见解可概括为理弱气强——理无朕而气有迹,故其流行发见之际不能无过不及之差。因此七情之发或善或恶,"性之本体"或有不能全者。而且,他还以为所谓四端和七情初非有二义,二者只是不同性质的(如"善"的或"恶"的)"情"而已。奇氏又进一步论道曰:"近来学者,不察孟子就善一边剔出指示之意,例以四端、七情别而论之,愚窃病焉。朱子曰:'喜怒哀乐,情也;其未发,则性也。'及论性情之际,则每每以四德、四端言之,盖恐人之不晓,而以气言性也。然学者须知理之不外于气,而气之无过不及自然发见者,乃理之本体然也,而用其力焉,则庶乎其不差矣。"①奇大升在"四七理气"之发问题上的主张被称为"理气共发"或"理气兼发"论。② 这里的关键问题是其"理气兼发"或"理气共发"说中的"理"是否具"发用义"?依奇氏之见,"理之本体"为"气之无过不及自然发见者",若以此推之自然得出"四端"为"本然之善得以直遂者"的结论。而且因其力主"理"的"不外于气"之特性,故其"四七理气"论可以表述为"理气共发"或"理气兼发"说。但是,需注意的是,在其"四七理气"之发论中发之者是"气"而不是"理","理"只具"主宰义"。这也正是奇大升和罗钦顺虽皆主理气二者"混沦一体",前者却极力批判后者"认气为理"的主要原因。在罗钦顺的理气论中,理因不具"主宰义"弱化了自身的"实体性"——这对于谨遵传统程朱之旨的奇大升而言无异于离经叛道。

以上便是奇大升就"四七理气"问题致李滉的第一封书信中的主要内容。奇氏在信中着重阐述了其对"四端"和"七情"的理解以及在"四七理气"之发问题上的见解。

对于奇氏来函中的问难,李滉撰写了《答高峰四端七情分理气辩》一文。文章从以下几个角度作了认真的回应。首先,他肯定了奇大升对于"四端"和"七情"的区别。"夫四端,情也,七情亦情也,均是情也,何以有四七之异名耶?来喻所谓所就以言之者不同是也。盖理之与气,本相须以为体,相待以为用,故未有无理之气,亦未有无气之理。"③在李滉看来,理与气是"相须以为

---

① 奇大升:《高峰上退溪四端七情说》,《两先生四七理气往复书上篇》卷1,《高峰集》第三辑,韩国东洋哲学会1997年版,第102页。

② 参见黄义东:《栗谷学的先驱与后学》,首尔:艺文书院1999年版,第211页。

③ 奇大升:《高峰上退溪四端七情说》,《两先生四七理气往复书上篇》卷1,《高峰集》第三辑,韩国东洋哲学会1997年版,第103页。

体,相待以为用"的须臾不可分离的关系。"然而所就而言之不同,则亦不容无别。从古圣贤,有论及二者,何尝必滚合为一说,而不分别言之耶?"①这表明他虽然承认理气二者不可分离,但是基于"四端"和"七情""所就而言之"的差异而有种种分别。这是李滉在"四七理气"论问题上的根本立场。

其次,李滉从程朱"二性论"的角度对"四七"说进行了阐发。"且以'性'之一字言之,子思所谓'天命之性',孟子所谓'性善之性',此二'性'字,所指而言者何在乎?将非就理气赋与之中,而指此理原头本然处言之乎?由其所指者在理不在气,故可谓之'纯善无恶'耳。若以理、气不相离之故,而欲兼气为说,则已不是性之本然矣。夫以子思、孟子洞见道体之全,而立言如此者,非知其一不知其二也,诚以为杂气而言性,则无以见性之本善故也。至于后世程、张诸子之出,然后不得已而有'气质之性'之论,亦非求多而立异也。所指而言者,在乎禀生之后,则又不得以'本然之性'混称之也。故愚尝妄以为:情之有四端、七情之分,犹性之有本性、气禀之异也;然则其于性也,既可以理、气分言之,至于情,独不可以理、气分言之乎?"②子思、孟子所讲的"天命之性"和"性善之性"是指与"气质之性"不同的人之所以为人的内在道德性(天之所与我者),即非由外铄的"我固有之"者。在此李滉则基于"四端"与"七情"各自的"所从来"之异(在源起上存在的差异),主张因"性"有本性、气禀之异,故"情"亦有四端、七情之别。"性"可分理气而言之,"情"亦可分理气而言之。

再次,李滉又从四端七情的"所主"与"所重"之不同,力主二者皆可以分理气来说。"恻隐、羞恶、辞让、是非,何从而发乎?发于仁义礼智之性焉尔。喜、怒、哀、惧、爱、恶、欲,何从而发乎?外物触其形而动于中,缘境而出焉尔。四端之发,孟子既谓之心,则心固理气之合也。然而所指而言者,则主于理,何也?仁义礼智之性粹然在中,而四者,其端绪也。七情之发,朱子谓'本有当然之则',则非无理也。然而所指而言者,则在乎气,何也?外物之来,易感而先动者,莫如形气。而七者,其苗脉也。安有在中为纯理,而才发为杂气;外感

① 奇大升:《高峰上退溪四端七情说》,《两先生四七理气往复书上篇》卷1,《高峰集》第三辑,韩国东洋哲学会1997年版,第103页。
② 奇大升:《高峰上退溪四端七情说》,《两先生四七理气往复书上篇》卷1,《高峰集》第三辑,韩国东洋哲学会1997年版,第103页。

则形气,而其发为理之本体耶？四端,皆善也。故曰:'无四者之心,非人也。'而曰:'乃若其情,则可以为善矣。'七情,善恶未定也,故一有之而不能察,则心已不得其正,而必发而中节,然后谓之'和'。由是观之,二者虽曰皆不外乎理、气,而因其所从来,各指其所主与所重而言之,则谓之某为理,某为气,何不可之有乎。"①李滉也以为虽然"四端"与"七情"皆来自于理气,但是因其在"所从来(根源或来源上)"之义上各有"所主"与"所重",故不能将二者混为一谈。"四端"为发于内者,即仁义礼智之性的直接发用;"七情"则为外物触其形而动于中者,即人之形气感官因受外物刺激而产生的情感反应。"四端"所主的是"理","七情"所重的是"气"。因此李滉主张"四端"和"七情"可以分理气而言之。换句话说,他力辩二者之区别的目的在于强调其在善恶价值取向上的差别。

职是之故,李滉认为奇氏为学之失在于"喜同而恶离,乐浑全而厌剖析"。他在信中写道:"今之所辩则异于是,喜同而恶离,乐浑全而厌剖析,不究四端、七情之所从来,概以为兼理气,有善恶,深以分别言之为不可;中间虽有'理弱气强'、'理无朕,气有迹'之云,至于其末,则乃以气之自然发见为理之本体然也,是则遂以理、气为一物,而无所别矣。近世罗整庵倡为'理、气非异物'之说,至以朱子说为非。是滉寻常未达其指,不谓来喻之意亦似之也。"②在他看来,奇氏在倡言"四端"是从"七情"中剔拨出来的同时,又反过来说"四

---

① 奇大升:《退溪答高峰四端七情分理气辩》,《两先生四七理气往复书上篇》卷1,《高峰集》第三辑,韩国东洋哲学会1997年版,第103页。对这段引文的部分内容退溪在《答奇明彦・论四端七情第二书》中作了改动,如将本段引文中的"七情之发"以下"朱子谓'本有当然之则',则非无理"一句,改为"程子谓之'动于中',朱子谓之'各有攸当',则固亦兼理气";"为理之本体",改为"顾为理,不为气";"七情"以下"善恶未定也,故一有之而不能察,则心已不得其正,而必发而中节,然后谓之'和'"一段文字,改为"本善,而易流于恶,故其发而中节者,乃谓之'和'";"各指其所主与所重而言之"一句中,则删掉"与所重"三字。(参见奇大升:《退溪答高峰非四端七情分理气第一书改本》,《两先生四七理气往复书上篇》卷1,《高峰集》第三辑,韩国东洋哲学会1997年版,第117页)结合李滉的《改本》阅读上引段落,有助于掌握其在论辩过程中的思想变化。
② 奇大升:《退溪答高峰四端七情分理气辩》,《两先生四七理气往复书上篇》卷1,《高峰集》第三辑,韩国东洋哲学会1997年版,第104页。引文中的"似遂以"以下一段文字,退溪在《答奇明彦・论四端七情第二书》中改为"遂以理、气为一物,而无所分矣。若真以为一物而无所分,则非滉之所敢知。不然,果亦以为非一物而有所别,故本体之下著'然也'二字,则何苦于图,独以分别言之为不可?"(奇大升:《退溪答高峰非四端七情分理气第一书 改本》,《两先生四七理气往复书上篇》卷1,《高峰集》第三辑,韩国东洋哲学会1997年版,第117页)

端、七情为无异"——这明显是自相矛盾的。李滉进而直言"讲学而恶分析，务合为一说"乃古人所谓囫囵吞枣，其病不少——为学者若如此不已的话，就会不知不觉之间骎骎然入于以气论性之弊，而堕于认人欲作天理之患。

在此信的结尾处，他还援引朱熹之论为其主张申辩。"近因看《朱子语类》论孟子'四端'处，末一条正论此事，其说云：'四端是理之发，七情是气之发。'古人不云乎：'不敢自信，而信其师。'朱子，吾所师也，亦天下古今之所宗师也。得是说，然后方信愚见不至于大谬。而当初郑说亦自为无病，似不须改也。"① 李明辉先生认为朱子这句话在其义理系统中有明确的意涵，而其中两个"发"字的涵义并不相同："理之发"的"发"意谓"理是四端的存有依据"；"气之发"的"发"则意指心理学意义上的"引发"，谓七情是由气之活动所引生。但是在朱子的系统中，既然理本身不活动，自不能说：四端是由理之活动所引发。故对朱子而言，理之"发"是虚说，气之"发"为实说。② 这一论述对解读李滉、奇大升等人的"理发"、"气发"之说很有启发意义。"四端是理之发，七情是气之发"③一语的确见于《朱子语类》，但朱子并未对之做进一步的阐发。

接到李滉复函后，奇大升随即撰写了第二封信也就是**《高峰答退溪论四端七情书》**。信中对李滉在文中的答复一一作了回应。于是，两人之间就有了第二次往复论辩。奇氏第二封信的内容分为 12 节，主要内容如下：

首先，奇大升还是强调自己的"情"观，认为人只有一种"情"。"盖人之情一也，而其所以为情者，固兼理气，有善恶也；但孟子就理气妙合之中，专指其发于理而无不善者言之，四端是也；子思就理气妙合之中而浑沦言之，则情固兼理气，有善恶矣，七情是也。此正所就以言之不同者。然而所谓'七情'者，虽若涉乎气者，而理亦自在其中；其发而中节者，乃天命之性、本然之体，而与孟子所谓'四端'者，同实而异名者也。至于发不中节，则乃气禀物欲之所

---

① 奇大升：《退溪答高峰四端七情分理气辩》，《两先生四七理气往复书上篇》卷 1，《高峰集》第三辑，韩国东洋哲学会 1997 年版，第 104 页。

② 参见李明辉：《四端与七情：关于道德情感的比较哲学探讨》，华东师范大学出版社 2008 年版，第 176 页。

③ "四端是理之发，七情是气之发。"问："看得来如喜怒爱恶欲，却似近仁义。"曰："固有相似处。"（《孟子三·公孙丑上之下》，黎靖德编：《朱子语类》卷 53，中华书局 2004 年版，第 1297 页）

为,而非复性之本然也。是故愚之前说,以为非'七情'之外复有'四端'者,正谓此也。又以为四端、七情初非有二义者,亦谓此也。由是言之,以'四端主于理,七情主于气'而云云者,其大纲虽同,而曲折亦有所不同者也。"①依其之见,情兼理气故有善恶。四端和七情之异源于"所就以言之不同"——七情之中发而中节者乃天命之性,与孟子所谓四端皆同实而异名;至于发而不中节者则气禀物欲之所为,而非复性之本然。因此并非七情之外又有所谓四端者。

其次,奇氏以为不仅四端是性之所发,而且七情亦是性之所发。"来辩以为:'情之有四端、七情之分,犹性之有本性、气禀之异也。'此言甚当,正与朱子之言互相发明,愚意亦未尝不以为然也。然而朱子有曰:'论天地之性,则专指理言;论气质之性,则以理与气杂而言之。'以是观之,所谓'四端是理之发'者,专指理言;所谓'七情是气之发'者,以理与气杂而言之者也。而'是理之发'云者,固不可易;'是气之发'云者,非专指气也。"②他进而写道:"四端固发于仁义礼智之性,而七情亦发于仁义礼智之性也。不然,朱子何以曰'喜、怒、哀、乐,情也;其未发,则性也'乎? 又何以曰'情是性之发'乎?"③理学先辈即主情为性之所发。奇大升肯定情有四端、七情之分,而四端和七情皆由性所发。

再次,奇氏又据理学人性论之"未发为性,已发为情"的原则,进一步指出不仅七情是理乘气而发,而且四端也是理乘气而发。他还直言"四端亦气"。"后来伏奉示喻,改之以'四端之发纯理,故无不善;七情之发兼气,故有善恶'云云,则视前语尤分晓。而鄙意亦以为未安者,盖以四端、七情对举互言,而揭之于图,或谓之'无不善',或谓之'有善恶',则人之见之也,疑若有两情,且虽不疑于两情,而亦疑其情中有二善,一发于理,一发于气者,为未当也。"④奇大升认为"四端之发纯理,故无不善";"七情之发兼气,故有善恶"。情中有"发

---

①　奇大升:《高峰答退溪论四端七情书》,《两先生四七理气往复书上篇》卷1,《高峰集》第三辑,韩国东洋哲学会1997年版,第106页。

②　奇大升:《两先生四七理气往复书上篇》卷1,《高峰集》第三辑,韩国东洋哲学会1997年版,第105页。

③　奇大升:《两先生四七理气往复书上篇》卷1,《高峰集》第三辑,韩国东洋哲学会1997年版,第109页。

④　奇大升:《两先生四七理气往复书上篇》卷1,《高峰集》第三辑,韩国东洋哲学会1997年版,第106—107页。

于理"和"发于气"的两种善的说法难免令人困惑。这在奇大升看来显然是不妥的。依其之见,心之感而性之欲者出便是"情"。故"情"皆出于心,并非仅源于外物触其形。"心"是理气之合,当其感于物而动之际发之者只能是"气"——四端和七情也不例外。"愚按:'外物触其形,而动于中'一句,出《好学论》。然考本文曰:'形既生矣,外物触其形,而动于中矣。其中动,而七情出焉。'其曰'动于中',又曰'其中动'云者,即心之感也。心之感而性之欲者出焉,乃所谓'情'也。然则情见乎外,虽似缘境而出,实则由中以出也。辩(指《退溪答高峰四端七情分理气辩》一文——引者注)曰:'四端之发,其端绪也。'愚谓:四端、七情,无非出于心者,而心乃理、气之合,则情固兼理、气也,非别有一情,但出于理,而不兼乎气也。此处正要人分别得真与妄尔。辩曰:'七情之发,其苗脉也。'愚按《乐记》曰:'人生而静,天之性也;感于物而动,性之欲也。'朱子曰:'性之欲,即所谓情也。'然则情之感物而动者,自然之理也。盖由其中间实有是理,故外边所感,便相契合;非其中间本无是理,而外物之来,偶相凑著而感动也。然则'外物之来,易感而先动者,莫如形气'一语,恐道七情不著也。若以感物而动言之,则四端亦然。赤子入井之事感,则仁之理便应,而恻隐之心于是乎形;过庙、过朝之事感,则礼之理便应,而恭敬之心于是乎形。其感物者,与七情不异也。辩曰:'安有在中,为理之本体耶?'愚谓:在中之时,固纯是天理,然此时只可谓之'性',不可谓之'情'也。若才发,则便是情,而有和不和之异矣。盖未发,则专是理;既发,则便乘气以行也。朱子《元亨利贞说》曰:'元亨利贞,性也;生长收藏,情也。'又曰:'仁、义、礼、智,性也;恻隐、羞恶、辞让、是非,情也。'"①可见,奇大升在谈论四端和七情时特别强调心的感知与主宰作用。心为理气之合,故出于心的四端和七情必兼理气。他还说过若以生长收藏为情,便见乘气以行之实,而"四端亦气"也。

　　最后,奇氏还从价值论意义上就四端和七情的善恶性质问题提出自己的看法,"愚按程子曰:'喜、怒、哀、乐未发,何尝不善?发而中节,则无往而不善。'然则四端固皆善也,而七情亦皆善也。惟其发不中节,则偏于一边,而为

---

① 奇大升:《两先生四七理气往复书上篇》卷1,《高峰集》第三辑,韩国东洋哲学会1997年版,第109—110页。

恶矣。岂有善恶未定者哉？今乃谓之'善恶未定'，又谓之'一有而不能察，则心不得其正；而必发而中节，然后乃谓之和'，则是七情者，其为冗长无用，甚矣！而况发而未中节之前，亦将以何者而名之耶？且'一有之而不能察'云者，乃《大学》第七章《章句》中语，其意盖为忿懥、恐惧、好乐、忧患四者，只要从无处发出，不可先有在心下也。《或问》所谓'喜怒忧惧，随感而应；妍蚩俯仰，因物赋形'者，乃是心之用也，岂遽有不得其正者哉？惟其事物之来，有所不察，应之既或不能无失，且又不能不与俱往，则其喜怒忧惧，必有动乎中，而始有不得其正耳。此乃正心之事，引之以证七情，殊不相似也。夫以来辩之说，反复剖析，不啻详矣，而质以圣贤之旨，其不同有如此者，则所谓'因其所从来，各指其所主与所重'者，虽若可以拟议，而其实恐皆未当也。然则谓'四端为理'、谓'七情为气'云者，亦安得遽谓之无所不可哉？况此所辩，非但名言之际有所不可，抑恐其于性情之实、存省之功，皆有所不可也。"①他又说道："夫以四端之情为发于理而无不善者，本因孟子所指而言之也。若泛就情上细论之，则四端之发，亦有不中节者，固不可皆谓之善也。有如寻常人，或有羞恶其所不当羞恶者，亦有是非其所不当是非者。盖理在气中，乘气以发见，理弱气强，管摄他不得，其流行之际，固宜有如此者，乌可以为情无有不善？又乌可以为四端无不善耶？此正学者精察之地，若不分真妄，而但以为无不善，则其认人欲而作天理者，必有不可胜言者矣。"②在奇大升看来，"善"者乃是"天命之本然"，"恶"者则是"气禀之过不及"。③但因理具有"不外于气"之特性，故气之无过不及自然发见者即为"理之本体"。而"理之本体"乃"天命之本然"亦即天赋之"善"者。于是，他认为四端和七情初非有此二义，皆仅是"情"的一种善恶性质而已。因此不能以理气来分言四端和七情。二者的区别只在性发为情之际，所发是否中节——其发而中节者，则无往而不善；其发而不中节，则偏于一边者而为恶。基于此，奇氏以为不仅"七情亦皆善"，而且"四端

---

① 奇大升：《两先生四七理气往复书上篇》卷1，《高峰集》第三辑，韩国东洋哲学会1997年版，第110页。

② 奇大升：《两先生四七理气往复书上篇》卷1，《高峰集》第三辑，韩国东洋哲学会1997年版，第114页。

③ 奇大升：《两先生四七理气往复书上篇》卷1，《高峰集》第三辑，韩国东洋哲学会1997年版，第102页。

之发亦有不中节者"。可见,他强调的是二者作为人类感情的同质性和同构性。依奇氏之见,二者的关系并非七情之外复有四端,而是七情包含四端(可简称为"七包四")的关系。

李滉受到奇大升的进一步质疑。他在即接到奇氏《论四端七情第二书》之后就对其之前不够严谨的表述作了修正,并撰写了《答奇明彦·论四端七情第二书》。信中李滉首先对奇氏四端亦是感物而动、七情本善而易流于恶等部分观点表示赞同。不过,对其将四端和七情视为"同实异名"的观点则给予了坚决反对。"公意以为:四端、七情皆兼理、气,同实异名,不可以分属理、气。滉意以为:就异中见其有同,故二者固多有浑沦言之;就同中而知其有异,则二者所就而言,本自有主理、主气之不同,分属何不可之有?斯理也,前日之言,虽或有疵,而其宗旨则实有所从来。盛辩一皆诋斥,无片言只字之得完。今虽更有论说,以明其所以然之故,恐其无益于取信,而徒得哓哓之过也。"① 李滉主张对于二者既要异中见其有同,又要同中而知其有异。他还指出以"所就而言",二者本自有主理、主气之"所主"的区别。由此,李滉提出了"四七理气互发"说——"四则理发而气随之,七则气发而理乘之"。其详细内容摘录如下:

> 盖浑沦而言,则七情兼理、气,不待多言而明矣。若以七情对四端,而各以其分言之,七情之于气,犹四端之于理也。其发各有血脉,其名皆有所指,故可随其所主而分属之耳。虽滉亦非谓七情不干于理,外物偶相凑著而感动也。且四端感物而动,固不异于七情,但四则理发而气随之,七则气发而理乘之耳。②

可见,在四七理气问题上李滉坚守的是对二者各自不同的"所从来"与"所主"的"主理/主气"立场,如其所言"其发各有血脉,其名皆有所指,故可随其所主而分属之耳"。至此,李滉大体已确立其在四七理气问题上的基本理论主张——"四七理气互发"说。"四则理发而气随之,七则气发而理乘之",可视

---

① 奇大升:《退溪答高峰非四端七情分理气辩第二书》,《两先生四七理气往复书上篇》卷1,《高峰集》第三辑,韩国东洋哲学会1997年版,第120页。

② 奇大升:《退溪答高峰非四端七情分理气辩第二书》,《两先生四七理气往复书上篇》卷1,《高峰集》第三辑,韩国东洋哲学会1997年版,第121页。

为其在四七理气问题上的最终定论。在此后与奇氏的往复论辩中,李滉对这一基本观点则再未作修正。

对于李滉的答复,奇大升提出了再质疑——遂有《**高峰答退溪再论四端七情书**》。此信即为其《论四端七情》之第三书,作于 1561 年(明宗十六年/明世宗嘉靖四十年)。信中开头奇氏先对《退溪答高峰非四端七情分理气第一书》的《改本》作了评论,之后又对李滉的答复给予了逐条回应,最后还对《后论以虚为理之说》、《四端不中节之说》、《俚俗相传之语,非出于胡氏》等问题分别进行了论述。奇大升以其"因说"和"对说"①之理论对李滉的"四七理气互发"说提出了质疑。信中写道:

> 大升以为朱子谓"四端是理之发,七情是气之发"者,非对说也,乃因说也。盖对说者,如说左右,是对待底;因说者,如说上下,便是因仍底。圣贤言语,固自有对说、因说之不同,不可不察也。②

> 大升谓"泛论则无不可"者,以其因说者而言之也。"著图则有未安"者,以其对说者而言之也。若必以对说者而言之,则虽朱夫子本说,恐未免错认之病。③

朱子的"四端是理之发,七情是气之发"是李滉"四七理气互发"说的重要立论依据,所以奇氏特意对朱子的这一说法作了自己的解读。他认为朱子此句是"因说"而非"对说",是"纵说"而非"横说"。故不能以左右对待来理解。依其之见,圣贤之言"固自有对说、因说之不同",所以后之学者对之需加以详察。

基于其"因说"之立场,奇大升又援引朱子对理气特性的论述并以此为据对李滉"四七理气互发"说提出异议。奇氏指出:

> 如第二条所谓"人之一身,理与气合而生,故二者互有发用,而其发

---

① 对于奇大升"因说"、"对说"问题的论述可参见李相殷:《四七论辩与对说、因说的意义》,载《高峰学论丛》,高峰学术院 1993 年版,第 131—160 页;黄义东:《高峰奇大升的哲学研究》,高峰学术院 2002 年版,第 126—132 页。
② 奇大升:《高峰答退溪再论四端七情书》,《两先生四七理气往复书下篇》卷 2,《高峰集》第三辑,韩国东洋哲学会 1997 年版,第 131 页。
③ 奇大升:《高峰答退溪再论四端七情书》,《两先生四七理气往复书下篇》卷 2,《高峰集》第三辑,韩国东洋哲学会 1997 年版,第 133 页。

又相须也。互发，则各有所主可知；相须，则互在其中可知"云云者，实乃受病之原，不可不深察也。夫理、气之际，知之固难，而言之亦难。前贤尚以为患，况后学乎？今欲粗述鄙见，仰其镌晓，而辞不契意，难于正说出来，姑以一事譬之。譬如日之在空也，其光景万古常新，虽云雾滃渟，而其光景非有所损，固自若也；但为云雾所蔽，故其阴晴之候，有难齐者尔。及其云消雾卷，则便得偏照下土，而其光景非有所加，亦自若也。理之在气，亦犹是焉。喜、怒、哀、乐、恻隐、羞恶、辞让、是非之理，浑然在中者，乃其本体之真；而或为气禀物欲之所拘蔽，则理之本体，虽固自若，而其发见者，便有昏明、真妄之分焉。若尽去气禀物欲之累，则其本体之流行，岂不犹日之偏照下土乎？朱子曰："气则能凝结造作，理却无情意，无计度，无造作。只此气凝聚处，理便在其中。"正谓此也。今曰"互有发用，而其发又相须"，则理却是有情意，有计度，有造作矣。又似理、气二者，如两人然，分据一心之内，迭出用事，而互为首从也。此是道理筑底处，有不可以毫厘差者，于此有差，无所不差矣。[①]

这是奇氏就李滉在《答高峰非四端七情分理气辩》之第二书中作答的内容提出的反驳意见。李滉以为，人之一身是由理与气和合而生，因理与气互在其中，故浑沦言之者固有之；又因各有所主，故分别言之亦无不可。对此奇大升以日照大地为喻指出，日光照射大地虽受云雾之影响，但是在空之日"其光景则万古常新"，无所加损。他认为，理之在气亦是如此，故尽去气禀物欲之累则其本体之流行犹如日之偏照大地。若曰二者"互有发用，而其发又相须"的话，等于是"理"却具有了情意、计度、造作等特性——这显然有违于朱学之根本原理。依他之见，这是"道理筑底处，有不可以毫厘差者，于此有差，无所不差矣"。可见，奇氏同样忠于朱子之学，且以朱学为其立学之据的。

基于此，奇大升对李滉"四七理气互发"说委婉地提出己之修正意见，并主张对于"此等议论"不可草草下定论。

"四则理发而气随之，七则气发而理乘之"两句，亦甚精密。然鄙意

---

① 奇大升：《俚俗相传之语，非出于胡氏》，《高峰答退溪再论四端七情书》，《两先生四七理气往复书下篇》卷2，《高峰集》第三辑，韩国东洋哲学会1997年版，第138页。

以为此二个意思,七情则兼有,而四端只有理发一边尔。抑此两句,大升欲改之曰:"情之发也,或理动而气俱,或气感而理乘。"如此下语,又未知于先生意如何?子思道其全时,固不用所从来之说,则孟子剔拨而说四端时,虽可谓之指理发一边,而若七情者,子思固已兼理、气言之矣。岂以孟子之言,而遽变为气一边乎?此等议论,恐未可遽以为定也。①

前文已论及,奇大升所理解的"理之发"即为"气之顺理而发,无一毫有碍者"。对之他极为自信,认为若在此之外更求"理之发"之义"则吾恐其揣摩摸索愈甚,而愈不可得矣"②。由此可见,奇大升和李滉皆以朱子学说为据展开思想的攻防。

接到奇氏的《论四端七情》第三书后,李滉只是在来书中节录数段加以批示,并未再作答复——只向奇氏致以含有欲结束二人论辩之意的书函。或许在李滉看来,通过奇氏的三次来书和自己的两次答复已令双方充分了解各自的立场和主张。同时也感到二人相互间很难说服对方,遂欲结束这场论辩。接到李滉来函后,奇大升又撰写了《四端七情后说》和《四端七情总论》寄赠李滉,此时已是1566年(明宗 二十一年/明世宗嘉靖四十五年)。收到奇氏寄来的两书后,李滉只是简单作了回复,而对来书中的具体问题并未详加解答。他写道:"四端七情《总说》(应为《总论》——引者注)、《后说》两篇,议论极明快,无惹缠纷挐之病。眼目尽正当,能独观昭旷之原,亦能辨旧见之差于毫忽之微,顿改以从新意,此尤人所难者。甚善!甚善!所论鄙说中,'圣贤之喜怒哀乐'及'各有所从来'等说,果似有未安,敢不三复致思于其间乎?兼前示人心道心等说,皆当反隅以求教。今兹未及,俟子中西行日,谨当一一。"③如引文所见,信中李滉仅就奇氏对"圣贤之喜怒哀乐"及"各有所从来"的解释提出些异议,对来书之内容未作具体回复。这表明李滉已无意继续与奇氏的这场旷日持久的论辩。

① 奇大升:《高峰答退溪再论四端七情书》,《两先生四七理气往复书下篇》卷2,《高峰集》第三辑,韩国东洋哲学会1997年版,第132页。
② 奇大升:《高峰答退溪再论四端七情书》,《两先生四七理气往复书下篇》卷2,《高峰集》第三辑,韩国东洋哲学会1997年版,第132页。
③ 李滉:《答奇明彦》,《退溪全书》(一)卷17,首尔:成均馆大学校大东文化研究院1985年版,第439页。

这场开始于明宗十四年(1559年)1月的李滉《与奇明彦》一书的论辩,以明宗二十一年(1566年)10月李滉作《答奇明彦》一书而告终。但是,双方的主要论点大都集中于奇大升上退溪的前三次书和李滉的前两次作答的书函中。尽管二人围绕四七理气问题而展开的讨论就此告一段落,但是他们相互间的问学并未就此中断。宣祖昭敬王元年(1568年)7月奇氏就拜谒了奉王命入京的李滉,是年12月还与其一同讨论《圣学十图》。而且,次年(1569年)3月还将欲回安东陶山的李滉送至东湖,并同宿江墅。在东湖舟上,奇大升先寄一绝奉别李滉,朴和叔等继之。席上诸公,咸各赠言饯别李滉。奇氏诗曰:"江汉滔滔万古流,先生此去若为留。沙边拽缆迟徊处,不尽离肠万斛愁。"①李滉和韵:"列坐方舟尽胜流,归心终日为牵留。愿将汉水添行砚,写出临分无限愁。"②李滉临行,不能尽酬,谨用前二绝韵奉谢了诸公相送之厚意。不料,于东湖作别后的第二年,1570年(宣祖三年)12月李滉辞世。奇氏惊闻退溪李滉先生讣音,设位痛哭。翌年正月送吊祭于陶山,2月撰《退溪先生墓碣铭先生自铭并书》,赞其曰:"先生盛德大业,卓冠吾东者,当世之人,亦既知之矣;后之学者,观于先生所论著,将必有感发默契焉者。而铭中所叙,尤足以想见其微意也。"③可见,奇大升和李滉虽然在为学和致思倾向上分歧明显,但是作为同道益友和直谅诤友,二人感情甚笃,在相互问学中共同推动了韩国性理学的深入发展。

三、奇大升"四端七情"论的特色

奇大升与李滉皆为李朝一代儒宗,二人的学说亦各具其理论特色。由上所述可知,奇大升的理论特色主要体现在其理气观和性情论等方面。

首先,在理气观上奇大升主张理气的"混沦一体"性,但是亦不否认二者

---

① 奇大升:《奉别退溪先生》,《高峰续集》卷1,《高峰集》第二辑,韩国东洋哲学会1997年版,第19页。

② 李滉:《京次韵奉赠》,《诗》,《退溪全书》(一)卷5,首尔:成均馆大学校大东文化研究院1985年版,第154页;另见奇大升:《退溪先生次韵》,《高峰续集》卷1,《高峰集》第二辑,韩国东洋哲学会1997年版,第19页。

③ 奇大升:《退溪先生墓碣铭先生自铭并书》,《高峰先生文集》卷3,《高峰集》第一辑,韩国东洋哲学会1997年版,第95页。

区别——所谓"非以理气为一物,而亦不谓理气非异物"。① 奇氏说过:

> 理气在物,虽曰混沦不可分开,然不害二物之各为一物也。故曰就天地人物上分理与气,固不害一物之自为一物也。若就性上论,则正如天上之月与水中之月,及以一月随其所在而分别言之尔,非更别有一月也。②

> 理,气之主宰也;气,理之材料也,二者固有分矣。而其在事物也,则固混沦而不可分开。但理弱气强,理无朕而气有迹,故其流行发见之际,不能无过不及之差。③

他主张在二者的"不离"义上应持"合看"和"离看"的立场。"古之圣贤论及理气性情之际,固有合而言之者,亦别而言之者,其意亦各有所主"④,因此要求学者于此当特别"精以察之"。依其"理无朕而气有迹"等观点来看,理之本体是漠然无形象可见的。奇大升论曰:"盖理无朕而气有迹,则理之本体,漠然无形象之可见,不过于气之流行处验得也。程子所谓善观者,却于已发之际观之者,此也。鄙说当初分别得理气,各有界限,不相混杂,至于所谓气之自然发见,乃理之本体然,则正是离合处,非以理气为一物也。"⑤"理"要在"气之流行处验得"、"气之自然发见,乃理之本体"以及"非以理气为一物"等观点皆是奇氏理气论的重点所在,必须仔细玩味方能体会出其性理学说之特点。

他与李滉虽然在强调"理"的主宰性和理气不杂性方面取得了共识(二人皆承认理的"实在性"),但是在对理的作用的认识上分歧较大。与奇氏不同,李滉十分重视"理"的能动性和发用性。李滉说过"太极之有动静,太极自动静也;天命之流行,天命自流行也,岂有复使之者欲!……盖理气合而命物,其

---

① 奇大升:《高峰上退溪四端七情说》第十节,《高峰集》第三辑,韩国东洋哲学会 1997 年版,第 111—112 页。

② 奇大升:《首条第二条》,《第一书改本》,《两先生四七理气往复书下篇》卷 2,《高峰集》第三辑,韩国东洋哲学会 1997 年版,第 131 页。

③ 奇大升:《高峰上退溪四端七情说》,《两先生四七理气往复书上篇》卷 1,《高峰集》第三辑,韩国东洋哲学会 1997 年版,第 102 页。

④ 奇大升:《高峰上退溪四端七情说》第四节,《两先生四七理气往复书上篇》卷 1,《高峰集》第三辑,韩国东洋哲学会 1997 年版,第 107 页。

⑤ 奇大升:《高峰上退溪四端七情说》第十节,《高峰集》第三辑,韩国东洋哲学会 1997 年版,第 111 页。

神用自如此耳,不可谓天命流行处亦别有使之者也"①。他还提出"此理极尊无对,命物而不命于物"②的"理帅气卒"论。这是李滉在理气论方面的创见,也是其思想的特色所在。论者将此称为朱学的"死理向活理的转化"③。

在理气观方面奇氏的理论呈现的是"一元论"的倾向,而李滉的学说则体现了鲜明的"二元论"特色。

其次,在"天命之性"与"气质之性"的关系问题上,奇大升认为二者是"一本"和"万殊"的关系。奇氏论曰:

> 朱子曰:"天地之性,则太极本然之妙,万殊之一本也;气质之性,则二气交运而生,一本而万殊也。气质之性,即此理堕在气质之中耳,非别有一性也。"愚谓:天地之性,是就天地上总说;气质之性,是从人物禀受上说。天地之性,譬则天上之月也;气质之性,譬则水中之月也。月虽若有在天、在水之不同,然其为月,则一而已矣。今乃以为天上之月是月,水中之月是水,则岂非所谓"不能无碍"者乎?④

从援引的朱子语录中可以看出,奇氏实际上将二者的关系理解为"一理"与"分殊用之理"的关系。他以"天命之性"为本,而以"气质之性"为末。奇氏还曾引用朱子《中庸章句》说:"喜、怒、哀、乐,情也。其未发,则性也,无所偏倚,故谓之中。发皆中节,情之正也,无所乖戾,故谓之和。大本者,天命之性,天下之理皆由此出,道之体也。达道者,循性之谓,天下古今之所共由,道之用也。"⑤可见,奇大升还将"天命之性"(理)视作"道之体"和"天下之大本",而且认为天下之道理皆由此出。

但他又说:

> 所谓"天地之性"与"气质之性"者……若就性上论,则所谓"气质之

---

① 李滉:《答李达李天机》,《退溪全书》(一)卷13,首尔:成均馆大学校大东文化研究院1985年版,第354页。

② 李滉:《答李达李天机》,《书》,《退溪集》卷13,《韩国文集丛刊》29,韩国民族文化推进会1996年版,第356页。

③ 参见张立文:《李退溪思想世界》,人民出版社2013年版,第6页。

④ 奇大升:《第一书改本·首条第二条》,《高峰答退溪再论四端七情书》,《两先生四七理气往复书下篇》卷2,《高峰集》第三辑,韩国东洋哲学会1997年版,第131页。

⑤ 奇大升:《高峰上退溪四端七情说》第六节,《两先生四七理气往复书上篇》卷1,《高峰集》第三辑,韩国东洋哲学会1997年版,第108页。

性"者,即此理堕在气质之中耳,非别有一性也。然则论性,而曰"本性"、曰"气禀"云者,非如就天地及人物上,分理、气而各自为一物也,乃以一性随其所在,而分别言之耳。至若论其情,则缘本性堕在气质,然后发而为情,故谓之"兼理气,有善恶"。而其发见之际,自有发于理者,亦有发于气者,虽分别言之,无所不可,而仔细秤停,则亦有似不能无碍。①

依奇氏之见,"气质之性"("万殊"性)与"天命之性"("一本"性)实际上同为一性。之所以有"本性"、"气禀"之说乃因以"一性"之随其所在而分别言之。换句话说,"气质之性"即指此"理"("天命之性")堕在气质之中者。"天命之性"要通过"气质之性"来得到具体呈现和实现,所以说在"气质之性"之外"非别有一性也"。

对"天命之性"与"四端"、"七情"的关系,奇大升认为"'七情'者,虽若涉乎气者,而理亦自在其中;发而中节者,乃天命之性、本然之体,而与孟子所谓'四端'者,同实而异名者也。至于发不中节,则乃气禀物欲之所为,而非复性之本然也"②。在他看来,"七情"中发而中节者为"天命之性"、"本然之体",与"四端"是同实而异名的;而发而不中节者则是气禀物欲之所为,并非是性之本然。

与奇氏不同,李滉却以程朱的"二性说"为理论依据,提出自己的"性"论。"且以'性'之一字言之,子思所谓'天命之性',孟子所谓'性善之性',此二'性'字,所指而言者何在乎?将非就理气赋与之中,而指此理原头本然处言之乎?由其所指者在理不在气,故可谓之'纯善无恶'耳。若以理、气不相离之故,而欲兼气为说,则已不是性之本然矣。夫以子思、孟子洞见道体之全,而立言如此者,非知其一不知其二也,诚以为杂气而言性,则无以见性之本善故也。至于后世程、张诸子之出,然后不得已而有'气质之性'之论,亦非求多而立异也。所指而言者,在乎禀生之后,则又不得以'本然之性'混称之也。故愚尝妄以为:情之有四端、七情之分,犹性之有本性、气禀之异也;然则其于性

① 奇大升:《高峰答退溪论四端七情书》,《两先生四七理气往复书上篇》卷1,《高峰集》第三辑,韩国东洋哲学会1997年版,第108页。

② 奇大升:《高峰答退溪论四端七情书》,《两先生四七理气往复书上篇》卷1,《高峰集》第三辑,韩国东洋哲学会1997年版,第106页。

也,既可以理、气分言之,至于情,独不可以理、气分言之乎?"①在李滉看来,思、孟所言"天命之性"和"性善之性"是指人之所以为人的内在道德根据(天之所与我者)——我固有之而非由外铄。李滉主要是基于"四端"与"七情"在"所指"及"所从来"(根源或来源)上的差别,提出"性"有本性、气禀之异。他坚持"二性论"的立场,强调"情"亦有四端、七情之别的观点。进而又认为"性"可以分理气而言之,"情"亦可以分理气而言之。

简言之,奇大升基于理气"混沦一体"及"一本万殊"的理念主张"一性论"。他重视人的现实之性也就是所谓"气质之性";与之不同,李滉依据理气二分及理气互发的思想,坚持其"二性论"的观点。

再次,在"四端"与"七情"关系方面,奇大升基于理气"混沦一体"的认识以及"一性说"之立场,坚持独到的"七包四"("因说")的思想。在奇氏性理学的逻辑结构中,"四端"与"七情"是同构性的("一情")。七情中发而中节者与四端"同实而异名",所以在其看来七情之善与四端之善并无差异。

奇大升说过:

> 盖七情亦本善也,发而中节,则无往而不善,发而不中节然后为恶矣……盖七情中善者,乃理之发,而与四端同实而异名者也。②

> 盖性虽本善,而堕于气质,则不无偏胜,故谓之"气质之性"。七情虽兼理、气,而理弱气强,管摄他不得,而易流于恶,故谓之"气之发"也。然其发而中节者,乃发于理,而无不善,则与四端初不异也。但四端只是理之发,孟子之意,正欲使人扩而充之,则学者于四端之发,可不体认以扩充之乎?七情兼有理、气之发,而理之所发,或不能以宰乎气,气之所流,亦反有以蔽乎理,则学者于七情之发,可不省察以克治之乎?此又四端,七情之名义各有所以然者,学者苟能由是以求之,则亦可以思过半矣。③

依其见,七情亦本善,只因兼摄理气加之理弱气强,故易流于恶。但是,奇大

① 奇大升:《高峰上退溪四端七情说》,《两先生四七理气往复书上篇》卷1,《高峰集》第三辑,韩国东洋哲学会1997年版,第103页。

② 奇大升:《高峰答郑秋峦》,《两先生四七理气往复书下篇》卷2,《高峰集》第三辑,韩国东洋哲学会1997年版,第142页。

③ 奇大升:《四端七情总论》,《两先生四七理气往复书下篇》卷2,《高峰集》第三辑,韩国东洋哲学会1997年版,第140页。

升认为七情中善者(发而中节者),与发于理的四端是同实而异名。这里奇氏所提到的"发于理"一词常被视为经与李滉多次辩论后对李氏立场的妥协。其实不然,此处奇大升只是顺着孟子的四端说扩展开来讲而已①,并非向"四七理气互发"说的回归。在其理气论中,理之本体被规定为"气之自然发见",故其所言"理之发"即为"气之顺理而发,无一毫有碍者"②。若奇氏"四七"说带有理发论的意味,肯定会遭到后来李珥等人的批判。但是李珥只对李滉的理发论展开批驳,而对奇氏之说则每持接续之姿态。

因此,"四端"与"七情"为"一情"还是"二情"的问题上,奇氏始终坚定地抱持二者为"一情"的立场。奇大升说过:

> 盖人之情一也,而其所以为情者,固兼理气,有善恶也;但孟子就理气妙合之中,专指其发于理而无不善者言之,四端是也;子思就理气妙合之中而浑沦言之,则情固兼理气,有善恶矣,七情是也。此正所就以言之不同者也。③

> 大升前者妄以鄙见撰说一篇。当时以为子思就情上,以兼理气、有善恶者,而浑沦言之,故谓之"道其全";孟子就情中,只举其发于理而善者言之,故谓之"剔拨出来"。然则均是情也,而曰"四端"、曰"七情"者,岂非以所就而言之者不同,而实则非有二情也。④

如前所述,奇氏认为七情中发而中节者和四端无别,因而七情之善与四端之善同具价值之善。在他看来,四端、七情之别就在于"所就而言"者的不同之故。孟子所谓四端是就情中"只举其发于理而善者"剔拨言之,子思所谓七情则是就情上"兼理气、有善恶者(道其全)"浑沦言之——其实人之情是"一"而已矣。"剔拨论"是奇大升在"四七"关系问题上的重要理论观点。

---

① 奇大升在《四端七情后说》中谓:"孟子论四端,以为'凡有四端于我者,知皆扩而充之'。夫有是四端,而欲其扩而充之,则'四端是理之发'者,是固然矣。"(奇大升:《四端七情后说》,《两先生四七理气往复书下篇》卷2,《高峰集》第三辑,韩国东洋哲学会1997年版,第139页)

② 奇大升:《高峰答退溪再论四端七情书》,《两先生四七理气往复书下篇》卷2,《高峰集》第三辑,韩国东洋哲学会1997年版,第132页。

③ 奇大升:《高峰答退溪论四端七情书》,《两先生四七理气往复书上篇》卷1,《高峰集》第三辑,韩国东洋哲学会1997年版,第106页。

④ 奇大升:《高峰答退溪论四端七情书》,《两先生四七理气往复书上篇》卷1,《高峰集》第三辑,韩国东洋哲学会1997年版,第112页。

　　李滉则基于其"理气二分"和"二性论"的立场，主张将四端与七情"对举互言"——奇氏将其理气互发说称为"对说"。

　　李滉在答奇氏对于其"四端七情"论的质疑时，从"所就而言"的视角写道：

　　　　性情之辩，先儒发明详矣。惟四端七情之云，但俱谓之情，而未见有以理气分说者焉。往年郑生之作图也，有四端发于理，七情发于气之说。愚意亦恐其分别太甚，或致争端，故改下纯善兼气等语……夫四端，情也，七情，亦情也。均是情也，何以有四七之异名耶？来喻所谓"所就以言之者不同"是也。盖理之与气，本相须以为体，相待以为用，固未有无理之气，亦未有无气之理。然而所就而言之不同，则亦不容无别。从古圣贤有论及二者，何尝必滚合为一说而不分别言之耶？①

他也承认关于性情问题先儒已有详细论述。但同时又认为以理气分言"四七"之发的说法前所未见。将四端和七情分属理气来探讨的研究范式始自韩国儒者。依李滉之见，尽管理与气在具体生成事物的过程中"相须以为体，相待以为用"，具有不可分离性，但是不能将四端和七情"滚合为一说"。其"所就以言之者不同"，故应分别以言之。

　　李滉进而又从"所指"的视角论述道：

　　　　故愚尝妄以为，情之有四端七情之分，犹性之有本性、气禀之异也。然则其于性也，既可以理气分言之；至于情，独不可以理气分言之乎？恻隐、羞恶、辞让、是非，何从而发乎？发于仁义礼智之性焉尔。喜、怒、哀、惧、爱、恶、欲，何从而发乎？外物触其形而动于中，缘境而出焉尔。四端之发，孟子既谓之心，则心固理气之合也。然而所指而言者，则主于理，何也？仁义礼智之性粹然在中，而四者，其端绪也。七情之发，朱子谓"本有当然之则"，则非无理也。然而所指而言者，则在乎气，何也？外物之来，易感而先动者，莫如形气。而七者，其苗脉也。安有在中为纯理，而才

---

① 李滉：《答奇明彦·论四端七情第一书》，《书》，《退溪全书》（一）卷16，首尔：成均馆大学校大东文化研究院1985年版，第405—406页。

发为杂气;外感则形气,而其发为理之本体耶?①

李滉基于天命、气质之性分属理气的立场,认为情之有"四七"之分犹如性之有"本性"、"气禀"之异。他阐述了四端(纯善)、七情(兼善恶)之间微妙的关系,以为恻隐、羞恶、辞让、是非,发于仁义礼智之性,而喜、怒、哀、惧、爱、恶、欲则源于外物触其形而动于中。一主于理,一主于气。之所以有此分别乃因"其发各有血脉,其名皆有所指"。李滉说过:"若以七情对四端而各以其分言之,七情之于气犹四端之于理也。其发各有血脉,其名皆有所指。"②二者各有不同的来源,所以他主张四端和七情非为同类之情,四端是由理所发,七情是由气所发。这一观点虽经几次修正,其主旨却一直未变。

概而言之,在持续8年之久的往复论辩中,因所持的立场角度及所仰重的诠释文本上的差异,③双方始终无法在见解上达成一致。在四端七情的问题上,奇大升基于理气"混沦一体"的认识主张"一性论"和"一情说",而李滉则依止"理气二分"的思想强调"二性论"和"二情说"。

奇氏以为四端与七情皆可视为情的一种善恶性质,不能将二者看作性质有异甚至截然相反的两种情,也不能将二者以理气来分而言之。无疑奇大升的这一见解更为贴近朱学原论。但是李滉却从"理气二分"和"尊理"的立场出发,强调二者的异质性亦即道德情感与自然情感的不同。退溪十分关注道德行为的源起,而奇氏则更留意流行层面已发之情的中节问题,如《两先生四七理气往复书》等篇中就多有对中节问题的论述。奇大升和李滉皆为一代儒学名宿,二人的论辩虽未达成共识,却给后人提供了广阔的哲学思辨的空间。

---

① 李滉:《答奇明彦·论四端七情第一书》,《书》,《退溪全书》(一)卷16,首尔:成均馆大学校大东文化研究院1985年版,第406页。

② 李滉:《答奇明彦·论四端七情第二书》,《书》,《退溪全书》(一)卷16,首尔:成均馆大学校大东文化研究院1985年版,第417页上。

③ 李明辉先生指出,奇大升与李滉的主要分歧在于,高峰坚持四七的同质性,退溪主张四七的异质性。并认为高峰严守朱子的立场,将理本身视为"仅存有而不活动";退溪则游移于孟子和朱子之间,而未清楚地意识到其间的矛盾。在以上基本前提下,双方各自引经据典,来支持自己的观点。(参见李明辉:《四端与七情:关于道德情感的比较哲学探讨》,华东师范大学出版社2008年版,第175—176页)张立文先生谓,高峰与退溪"四七理气"之辩的分歧处在于,高峰重视理气妙合之中的混沦性,而退溪忽视之。(参见张立文:《高峰奇大升》,载李甦平主编:《东方著名哲学家评传·韩国卷》,山东人民出版社2000年版,第366页)此两种观点有助于学者对奇大升与李滉"四七理气"之辨理论特点的把握。

他们所开启的"四七理气"之辨,后为李珥、成浑等人进一步扩展为"四七人心道心"之辨。

李珥曾这样评价奇氏的"四七"理论:"余在江陵,览奇明彦与退溪论四端七情书。退溪则以为'四端发于理,七情发于气',明彦则以为四端七情元非二情,七情中之发于理者为四端耳。往复万余言,终不相合。余曰,明彦之论,正合我意。盖性中有仁义礼智信,情中有喜怒哀乐爱恶欲,如斯而已。五常之外,无他性。七情之外,无他情。七情中之不杂人欲,粹然出于天理者,是四端也。"①这表明李珥的思想与奇大升一脉相承,亦持"四端七情非二"之立场。他又提道:"退溪与奇明彦论四七之说,无虑万余言。明彦之论,则分明直截,势如破竹。退溪则辨说虽详,而义理不明,反复咀嚼,卒无的实之滋味。明彦学识,岂敢冀于退溪乎,只是有个才智,偶于此处见得到耳。窃详退溪之意,以'四端为由中而发,七情为感外而发'。以此为先入之见,而以朱子发于理发于气之说,主张而伸长之,做出许多葛藤。每读之,未尝不慨叹,以为正见之一累也。"②李珥对"四端七情"之辨中双方的学说皆有透彻之领悟。像"四端为由中而发,七情为感外而发"的说法确为李滉四七论的要害所在。但他却支持奇氏的主张,盖因其追求的"明德之实效,新民之实迹"③的务实精神与高峰之学更为合拍。

由此可见,奇大升在韩国儒学史上的地位也十分重要。退溪李滉在与其辩论中逐步确立了其"四七理气互发"说的立场,由此奠定了岭南学派的理论基础;而栗谷李珥则在奇氏与李滉辩论中同情前者之立场,并将之发扬光大以为"气发理乘一途"说,从而奠定了畿湖学派的理论基础。

---

① 李珥:《论心性情》,《栗谷全书》(一)卷14《杂著》1,首尔:成均馆大学校出版部1992年版,第296页。
② 李珥:《答成浩原·壬申》,《栗谷全书》(一)卷10《书》2,首尔:成均馆大学校出版部1992年版,第199页。
③ 李珥:《进札》,《圣学辑要》一,《栗谷全书》(一)卷19,首尔:成均馆大学校出版部1992年版,第199页。

第四节　李珥与其"四七人心道心"论

李珥(字叔献,号栗谷、石潭,1536—1584 年)出生于江原道江陵北坪村
(乌竹轩)外氏第,籍贯为德水,谥号文成,是韩国历史上最为杰出的哲学家、
思想家和政治家。他自幼受母亲师任堂之训导,很早便接触儒家经典。《年
谱》中写道:"壬寅二十一年,先生七岁……先生始受学于母夫人,间就外傅,
不劳而学日就,至是文理该贯,四书诸经,率皆自通。"①其母申氏,号师任堂,
是己卯士祸(1519 年)的名贤申命和之女,以诗、书、画三绝而闻名于世。在母
亲的良好教育下,李珥从孩提时代起即表现出其超群天资。而其 8 岁时(在
坡州栗谷里花石亭)写下的五言律诗《花石亭》,则至今令人惊叹不已。诗云:

> 林亭秋已晚,骚客意无穷。
>
> 远水连天碧,霜枫向日红。
>
> 山吐孤轮月,江含万里风。
>
> 塞鸿何处去,声断暮云中。②

这首诗不仅诗句对仗工整,而且其格调浑成,虽深谙诗律者亦有所不及。③ 尤
其是诗中的"山吐孤轮月,江含万里风"一句,很难想象出自 8 岁孩童之笔。
李珥从 13 岁始在进士初试中状元及第至 29 岁魁生员及文科前后止,应科举
试 9 次,均已状元及第,故又被称为"九度状元公"。

李珥 16 岁时其母(师任堂申氏)遽尔逝世,与母亲感情极深的他此时深
感人生无常,于是三年后(19 岁)脱下孝服后入金刚山摩诃衍道场修行佛法。
在一次与老僧的问答中他旋觉佛学之非而决心下山,正式弃佛学儒。次年
(20 岁)往江陵作了"自警文"11 条,第一条即谓:"先须大其志以圣人为准则,

---

① 李珥:《年谱》(上),《栗谷全书》(二)卷 33《附录一》,首尔:成均馆大学校出版部 1992 年版,第
281—282 页。

② 李珥:《花石亭》,《诗》(上),《栗谷全书》(一)卷 1,首尔:成均馆大学校出版部 1992 年版,第
11 页。

③ 金长生亦谓:"尝题诗《花石亭》,格调浑成,虽老于诗律者,有能不及也。"(金长生:《栗谷先生行
状》,《栗谷全书》(二)卷 35,首尔:成均馆大学校大东文化研究院 1992 年版,第 342 页)

一毫不及圣人,则吾事末了。"①李珥年少李滉 35 岁,明宗十三年(23 岁)春拜谒李滉于礼安陶山,并滞留两天向其主动请教了主一无适及应接事务之要,消释了平日积累之疑点,并给李滉也留下了深刻印象。这是两位大儒的首次晤面,之后李滉在答门人月川赵穆的信中,曾大加赞赏李珥谓:"汉中李生珥自星山来访,关雨留三日乃去。其人明爽,多记览,颇有意于吾学,后生可畏,前圣真不我欺也。"②李珥的《行状》中对此事亦有记载,写道:"二十三岁谒退溪先生于陶山,问主一无适、应接事物之要,厥后往来书札,辩论居敬穷理及庸学辑注,圣学十图等说。退溪多舍旧见而从之,尝致书曰:世间英才何限而不肯存心于古学,如君高才妙年,发轫正路,他日所就何可量哉?千万益以远大自期。"③可见,尽管这是二人初次晤对,但是对彼此的思想都产生了较大影响。此后他们通过书信还有过多次相互问学,由此共同开创出韩国性理学自主的理论探索与创新的全盛时代。

在韩国哲学史上,李珥与李滉并称为韩国性理学的双璧。畿湖地区的学者(指京畿道、忠清道、全罗道一带的学者)大都从栗谷李珥之说,称栗谷为"东方之圣人";岭南地区的学者(庆尚道一带的学者)则大都从退溪李滉之说,称退溪为"东方之朱夫子"。于是,形成了两个不同的性理学派——栗谷学派和退溪学派,两个学派分别代表了韩国性理学不同的发展方向。

一、李珥的"理气之妙"论——与罗钦顺"理气一物"论之比较为中心

以东亚儒学史的视角而观,15 世纪中叶(明中叶)至 16 世纪中后叶中韩儒学史上涌现出一批具有重要理论建树和思想影响的鸿儒硕学。如这一时期的明代大儒有罗钦顺(1465—1547 年)、湛若水(1466—1560 年)、王守仁(1472—1528 年)、王廷相(1474—1544 年)等;朝鲜朝的名儒则有赵光祖(1482—1519 年)、徐敬德(1489—1546 年)、李彦迪(1491—1553 年)、曹植

---

① 李珥:《自警文》,《栗谷全书》(一)卷 14,首尔:成均馆大学校出版部 1992 年版,第 300 页。
② 李滉:《答赵士敬·戊午》,《书》,《退溪集》卷 23,《韩国文集丛刊》30,韩国民族文化推进会 1996 年版,第 46 页。
③ 李珥:《行状》,《栗谷全书》(二)卷 35,首尔:成均馆大学校出版部 1992 年版,第 343 页。

（1501—1572 年）、李滉（1501—1570 年）、郑之云（1509—1561 年）、奇大升（1527—1572 年）、李珥（1536—1584 年）、成浑（1535—1598 年）等，皆为称誉于海内外的"杰然之儒"。可见，在东亚儒学史上这是一个名儒辈出、学说纷呈的学术至为兴盛时期。

其中，江右大儒罗钦顺则被称为"朱学后劲"、"宋学中坚"。他的学说中所呈现的新的理论动向不仅影响了其时的明代理学的演进，而且还传至域外影响了韩国性理学和日本朱子学的发展。下面将通过罗钦顺与李珥理气说的比较，来探讨李珥理气论的特色。

李珥之学，正如宋时烈（字英甫，号尤庵，1607—1689 年）所言"不由师传，默契道体似濂溪"①。尽管李珥学无定师，但是其立学极重视统合诸流，汇纳各家。故宋时烈又赞其谓："遂取诸家之说，分析其同异，论正其得失，务得至当之归……其有乐浑全而恶分析，则先生（指李珥——引者注）必辩其同异于毫厘之间，其有逐末流而昧本源，则先生必一其宗元于统会之极。"②

虽然李珥生活的年代是在"破邪显正"的幌子下，对除朱子学以外的其他学派均视为异端而加以排斥的时代，但他并不盲从朱子，而是表现出强烈的批判和自主精神。针对李滉的"四七理气互发"之说，李珥曾言道："若朱子真以为理气互有发用，相对各出，则是朱子亦误也。何以为朱子乎？"③这种为学上的自主和批判精神，使其能够对历史上的和同时代的各家学说加以吸收和借鉴，构筑以理气"不离"之义为特色的独特性理哲学体系。

在与其同时代的中韩诸儒中，李珥唯独对罗钦顺非常赞赏，曰："罗整庵识见高明，近代杰然之儒也。有见于大本，而反疑朱子有二歧之见。此则虽不识朱子，而却于大本上有见矣。"④表明李珥认为罗钦顺对朱学之大本，即对朱学的要领是有真切之体会。于是，将整庵罗钦顺与退溪李滉、花潭徐敬德做比

---

① 宋时烈：《紫云书院庙庭碑》，《栗谷全书》（二）卷 37《附录 5》，首尔：成均馆大学校出版部 1992 年版，第 402 页。

② 宋时烈：《紫云书院庙庭碑》，《栗谷全书》（二）卷 37《附录 5》，首尔：成均馆大学校出版部 1992 年版，第 402 页。

③ 李珥：《答成浩原》，《栗谷全书》（一）卷 10《书》2，首尔：成均馆大学校出版部 1992 年版，第 202 页。

④ 李珥：《答成浩原》，《栗谷全书》（一）卷 10《书》2，首尔：成均馆大学校出版部 1992 年版，第 202 页。

较时,亦将其推为最高。曰:"近观整庵、退溪、花潭三先生之说,整庵最高,退溪次之,花潭又次之。就中,整庵、花潭多自得之味,退溪多依样之味(一从朱子说)。"①李滉和徐敬德是与李珥同朝的另外两位大儒,在韩国哲学史上均具有重要影响。而李珥最为称赞罗钦顺的原因在于,较之李滉和徐敬德,罗钦顺不仅有见于朱学之大本,且多有自得之味。

同时,他还将罗钦顺学说同薛瑄(1389—1465 年)、王守仁(1472—1529年)之学亦做过比较,曰:"罗钦顺拔萃人物,自所见少差;薛瑄虽无自见处,自可谓贤者也;王守仁则以谓朱子之害甚于洪水猛兽之祸,其学可知。"②此处李珥对薛瑄的评价同罗钦顺对薛氏的评价内容亦大体相似,罗钦顺在《困知记》中曾写道:"薛文清学识纯正,践履笃实,出处进退,惟义之安。其言虽间有可疑,然察其所至,少见有能及之者,可谓君子儒矣。"③由此可见,《困知记》一书对李珥的影响还是十分明显。《困知记》何时传入韩国,学界尚无定论。④ 但是该书传入韩国后,在 16 世纪朝鲜朝儒者中产生了强烈反响,不少学者撰文对之加以评说。⑤ 其中代表性论者有:卢守慎(字寡悔,号苏斋,1512—1590年)、李滉、奇大升、李珥等人。

不过,与罗钦顺相比李珥为学则更具开放性。比如对其时盛行于明代思想界的阳明心学李珥也并未一概排斥,而主张应"取其功而略其过",认为这才是"忠厚之道"。⑥ 这显然与罗钦顺对待心学之立场差异较大。

前已言及,李珥的性理学是在对各家理论的批判、撷取中形成。其中,直接影响其理气学说形成的有三家理论——罗钦顺的"理气一物"论、李滉的

---

① 李珥:《答成浩原》,《栗谷全书》(一)卷 10《书》2,首尔:成均馆大学校出版部 1992 年版,第214 页。

② 李珥:《语录上》,《栗谷全书》(二)卷 31,首尔:成均馆大学校出版部 1992 年版,第 258 页。

③ 罗钦顺:《困知记》卷下,中华书局 2013 年版,第 49—50 页。

④ 关于此一问题可参考韩国学者尹南汉的研究。(参见尹南汉:《朝鲜时代的阳明学研究》,首尔:集文堂 1982 年版,第 11 页注 6)尹氏认为《困知记》于 1553 年传入朝鲜半岛,大约于 1560 年在韩国刊行;相关论述还可阅林月惠的研究。(参见林月惠:《异曲同调——朱子学与朝鲜性理学》,台湾大学出版中心 2010 年版,第 149—158 页)

⑤ 《困知记》传入朝鲜半岛后退溪便写《非理气为一物辩证》一文,驳斥了罗钦顺的"理气一物"说。此外,奇大升著《论困知记》、李显益著《困知记辨》、韩元震著《罗整庵困知记辨》、李恒老著《困知记录疑》等,对罗氏的《困知记》进行评说。

⑥ 李珥:《学部通辨跋》,《栗谷全书》(一)卷 13,首尔:成均馆大学校出版部 1992 年版,第 273 页。

"理气二元"论、徐敬德的"气一元"论。李珥曾对此三家学说做过详细的评论,曰:

> 整庵则望见全体,而微有未尽莹者,且不能深信朱子,的见其意。而气质英迈超卓,故言或有过当者,微涉于理气一物之病,而实非以理气为一物也。所见未尽莹,故言或过差耳。退溪则深信朱子,深求其意。而气质精详慎密,用功亦深。其于朱子之意,不可谓不契,其于全体,不可谓无见,而若豁然贯通处,则犹有所未至,故见有未莹,言或微差。理气互发,理发气随之说,反为知见之累耳。花潭则聪明过人,而厚重不足。其读书穷理,不拘文字而多用意思。聪明过人,故见之不难;厚重不足,故得少为足。其于理气不相离之妙处,了然目见,非他人读书依样之比,故便为至乐。以为湛一清虚之气无物不在,自以为得千圣不尽传之妙,而殊不知向上更有理通气局一节。继善成性之理,则无物不在;而湛一清虚之气,则多有不在者也。理无变而气有变,元气生生不息,往者过来者续。而已往之气,已无所在。而花潭则以为一气长存,往者不过,来者不续,此花潭所以有认气为理之病也。虽然偏全闲,花潭是自得之见也。今之学者开口便说理无形而气有形,理气决非一物。此非自言也,传人之言也。何足以敌花潭之口而服花潭之心哉。惟退溪攻破之说,深中其病,可以救后学之误见也。盖退溪多依样之味,故其言拘而谨;花潭多自得之味,故其言乐而放。谨故少失,放故多失。①

从这段引文中,我们可以得出以下结论。一是,尽管李珥为学极重"自得之味",但是在为学性格上他仍坚守朱学的立场。故他强调,"宁为退溪之依样,不必效花潭之自得"②。二是,他认为罗钦顺气质英迈超卓故能望见朱学之全体,但是又因不能深信朱子的见其意。故其言论确有"微涉于理气一物之病"。李珥以为理气实际上"非为一物",而是"一而二、二而一"妙合关系。三是,李滉能深信朱子,气质亦精详慎密,故对于朱子之意,不可谓不契。但是因

---

① 李珥:《答成浩原》,《栗谷全书》(一)卷10《书》2,首尔:成均馆大学校出版部1992年版,第214—215页。
② 李珥:《答成浩原》,《栗谷全书》(一)卷10《书》2,首尔:成均馆大学校出版部1992年版,第215页。

于豁然贯通处有所未至,故其所见亦有未尽莹者。这里主要是指,他与李滉在理气之发问题上的分歧。在此一涉及朝鲜朝性理学的核心论题的见解上,李珥反对李滉的"四七理气互发"说,而是主张颇有"主气"意味的"气发理乘一途说"。四是,李珥尽管对徐敬德"理不先于气"思想给予高度评价,称其为"于理气不相离之妙有了然目见",但是同时指出徐敬德之说有"认气为理之病"。李珥以为,继善成性之"理"无物不在而湛一清虚之"气"则多有不在,故主张"一气长存"之上则更有"理通气局"一节。

由此亦可概见李珥在理气问题上的主要观点,即"一而二、二而一"的"理气之妙"说、"气发理乘一途"说 以及"理通气局"说等。其实李珥正是用这些学说来试图解答,朱学的理气先后、理气动静、理气同异等基本理论问题。其中,"理气之妙"思想既是李珥性理学的根本立场,亦是理解其性理哲学的理论要害。

要之,从李珥对罗钦顺的肯定以及对其学说的重视中可以看出,罗钦顺理气说是影响李珥理气思想形成的主要理论之一。

朱子学演进至罗钦顺,较之原来的理论发生了明显改变。首先是在理气观方面与朱熹的学说产生了较大差异。从理学史角度来看,明中叶的朱学呈现出从"理本"向"气本"发展的趋向。无疑,罗钦顺是在这一理学发展转向过程中起关键作用的重要人物。

理学从二程开始,在哲学的宇宙论上,把"理"作为宇宙的普遍原理,同时又认为这个"理"是气的存在、运动的"所以然"。朱熹继承并发展这一思想,建构了以理气二分、理气"不离不杂"①为特色的以"理"为核心的庞大的哲学体系,成为宋明理学的主要代表。朱熹以为,"理"是不杂而又不离于气的形上实体,强调"理"作为气之所以然而具有的实体性和主宰性。这一思想在朱子后学中受到不少怀疑,罗钦顺便是对此提出异议的代表性学者之一。

罗钦顺对朱熹理气论的批判主要集中在其理气二分思想上。他在《困知记》一书中,写道:

---

① 朱子曰:"所谓太极者,不离乎阴阳而为言,亦不杂乎阴阳而为言。""理离气杂不得。""太极虽不离乎阴阳,而亦不杂乎阴阳。"(黎靖德编:《朱子语类》,中华书局 2004 年版,第 67、72、1490 页)

自夫子赞《易》,始以"穷理"为言,理果何物也哉? 盖通天地、亘古今,无非一气而已。积微而著,由著复微,为四时之温凉寒暑,为万物之生长收藏,为斯民之日用彝伦,为人事之成败得失。千条万绪,纷纭胶轕,而卒不可乱,有莫知其所以然而然,是即所谓理也。初非别有一物,依于气而立,附于气以行也。或者因"《易》有太极"一言,乃疑阴阳之变易,类有一物主宰乎其间者,是不然。夫《易》乃两仪四象八卦之总名,太极则众理之总名也。云"《易》有太极",明万殊之原于一本也,因而推其生生之序,明一本之散为万殊也。斯固自然之机,不宰之宰,夫岂可以形迹求哉? 斯义也,惟程伯子言之最精,叔子与朱子似乎小有未合。今其说具在,必求所以归于至一,斯可矣。……所谓叔子小有未合者,刘元承记其语有云,"所以阴阳者道"。又云,"所以阖辟者道"。窃详"所以"二字,固指言形而上者,然未免微有二物之嫌。以伯子"元来只此是道"之语观之,自见浑然之妙,似不须更着"所以"字也。所谓朱子小有未合者,盖其言有云"理与气决是二物",又云"气强理弱",又云"若无此气,则此理如何顿放",似此类颇多。[1]

周子《太极图说》篇首无极二字,如朱子之所解释,可无疑矣。至于"无极之真,二五之精,妙合而凝"三语,愚则不能无疑。凡物必两而后可以言合,太极与阴阳果二物乎? 其为物也果二,则方其未合之先各安在邪? 朱子终身认理气为二物,其源盖出于此。愚也积数十年潜玩之功,至今未敢以为然也。尝考朱子之言有云"气强理弱","理管摄他不得"。若然,则所谓太极者,又安能为造化之枢纽,品物之根柢邪? 惜乎,当时未有以此说叩之者。姑记于此,以俟后世之朱子云。[2]

此处所引两段引文是在其《困知记》中质疑朱熹理气二分说的主要段落。同时,从此段引文中亦可概见罗钦顺在理气问题上的基本立场。首先在对于"气"的理解上,罗钦顺明确指出"气"才是宇宙的根本存在,故主张"通天地、亘古今,无非一气而已"。虽然朱熹亦认为"气"是构成天地万物的基本的物

---

① 罗钦顺:《困知记》卷上,中华书局 2013 年版,第 5—7 页。
② 罗钦顺:《困知记》卷下,中华书局 2013 年版,第 37—38 页。

质形态,但是罗钦顺的主张已明显呈现出由"理本"转向"气本"的趋向。其次在对于"理"的理解上,罗钦顺则明确反对"理"在朱熹学说中具有的"实体性"、"主宰性"。依罗钦顺之见,"理"即是所谓"莫知其所以然而然"者,亦即事物自身中的"自然之机"和"不宰之宰"。

由此罗钦顺提出"理即气之理"的主张,他说:"吾夫子赞《易》,千言万语只是发明此理,始终未尝及气字,非遗之也,理即气之理也。"①

进而在理气为"一物"还是"二物"的问题上,他则断言"仆从来认理气为一物"②。以为,理是气之运动的内在根据和法则,并不像朱熹所说的是依附于气的另一实体(物)。尽管坚守"认理气为一物"的立场,但是他同时又明确表示学者亦不能将"气"认为"理"。他说:"理只是气之理,当于气之转折处观之。往而来,来而往,便是转折处也。夫往而不能不来,来而不能不往,有莫知其所以然而然,若有一物主宰乎其间而使之然者,此理之所以名也。'易有太极',此之谓也。若于转折处看得分明,自然头头皆合。……愚故尝曰:理须就气上认取,然认气为理便不是。此言殆不可易哉!"③表明,罗钦顺是反对将理气视为二元对待的两个实体,实体只是气,而"理"只是这一实体的自身的规定。即,这一实体固有的属性或条理。

理"当于气之转折处观之"以及"理须就气上认取"思想既是罗钦顺理气论的核心要义,亦是其理气说"最为难言"的地方。对此,他也曾坦言道:"理须就气上认取,然认气为理便不是。此处间不容发,最为难言,要在人善观而默识之。'只就气认理'与'认气为理',两言明有分别,若于此看不透,多说亦无用也。"④

罗钦顺自谓其理气不二之说并非为"臆决",而是由宗述明道而来。他说:"仆虽不敏,然从事于程朱之学也,盖亦有年,反复参详,彼此交尽。其认理气为一物,盖有得乎明道先生之言,非臆决也。明道尝曰:'形而上为道,形而下为器,须着如此说。器亦道,道亦器。'又曰:'阴阳亦形而下者,而曰道

---

① 罗钦顺:《困知记》附录,中华书局 2013 年版,第 184 页。
② 罗钦顺:《与林次崖金宪》辛丑秋,《困知记》,中华书局 2013 年版,第 196 页。
③ 罗钦顺:《困知记》续卷上,中华书局 2013 年版,第 89 页。
④ 罗钦顺:《困知记》卷下,中华书局 2013 年版,第 42 页。

者,惟此语截得上下最分明。原来只此是道,要在人默而识之也。'窃详其意,盖以上天之载,无声无臭,不说个形而上下,则此理无自而明,非溺于空虚,即胶于形器,故曰'须著如此说'。名虽有道器之别,然实非二物,故曰'器亦道,道亦器'也。至于'原来只此是道'一语,则理气浑然,更无隙缝,虽欲二之,自不容于二之,正欲学者就形而下者之中,悟形而上者之妙,二之则不是也……晦翁先生……谓'是理不离气,亦不杂乎气',乃其说之最精者。但质之明道之言似乎欠合。……良由将理气作二物看,是以或分或合,而终不能定于一也。"①可见,罗钦顺对程明道学说是极为推崇。尤其是,程明道的"器亦道,道亦器"和"原来只此是道"思想是罗钦顺理气浑然一体说的立论根据。若以此来衡量伊川、朱子理气说,皆有析理气为二物之嫌。此外,二程的"天地之间,亭亭当当、直上直下之正理"②和"天地之间只有一个感与应而已"③等思想,亦是罗钦顺构筑其理气说的主要理论来源。

李珥对明道的思想亦极为重视,这一点与罗钦顺相似。而且,在李珥和罗钦顺著述中所引用的二程言论大都为明道之说。宣祖五年(李珥37岁),李珥与好友成浑(字浩原,号牛溪,1535—1598年)进行理气心性问题的论辩时,曾系统阐述自己的理气观。论辩中,他还对成浑言道:"兄若不信珥言,则更以近思录、定性书及生之谓性一段,反复详玩,则庶乎有以见之矣。"④表明《近思录》及明道的《定性书》、《生之谓性章》等是李珥性理学的重要的理论来源。尤其是明道的"器亦道,道亦器"的思想亦是李珥理气说的立论根据。他说:"程子曰:'器亦道,道亦器。'此言理气之不能相离。"⑤李珥的理气观,正是以理气之不相离为其理论前提。

前已述及,李珥对罗钦顺十分赞赏,称其为"拔萃人物,自所见少差"。首先,在强调理气之不相离的意义上,李珥与罗钦顺持相同的立场。他说:"夫

① 罗钦顺:《答林次崖金宪》壬寅冬,《困知记》附录,中华书局2013年版,第202—203页。
② 程颢、程颐:《河南程氏遗书》卷第11,《二程集》,中华书局2004年版,第132页。
③ 程颢、程颐:《河南程氏遗书》卷第15,《二程集》,中华书局2004年版,第152页。
④ 李珥:《答成浩原·壬申》,《栗谷全书》(一)卷10《书》2,首尔:成均馆大学校出版部1992年版,第200页。
⑤ 李珥:《答成浩原·壬申》,《栗谷全书》(一)卷10《书》2,首尔:成均馆大学校出版部1992年版,第200页。

理之源一而已矣,气之源亦一而已矣。气流行而参差不齐,理亦流行而参差不齐。气不离理,理不离气,夫如是则理气一也。何处见其有异耶? 所谓理自理,气自气,何处见其理自理,气自气耶? 望吾兄精思著一转,欲验识见之所至也。"①这是李珥答成浑信中的一段话。李珥发挥明道之理气体用一源,显微无间的思想,告诫成浑理气不相离之妙须通过精思与证会方能真正体会。其次,在强调理气之不相杂的意义上,李珥与罗钦顺则明显有差异。在李珥的理气说中,理作为气之根柢及造化之根源在理气关系中被赋予主宰义,具有重要地位。如,李珥曰:"夫理者气之主宰也,气者理之所乘也。非理则气无所根柢,非气则理无所依著"②,"发之者气也,所以发者理也。非气则不能发,非理则无所发"③。可见,在理的规定上李珥与罗钦顺是有区别的。其实,这便是李珥称罗钦顺为"望见全体,而微有未尽莹者"及"气质英迈超卓,故言或有过当者,微涉于理气一物之病,而实非理气为一物也"的原因。

另一方面,这也反映了李珥性理学说与朱学的传承关系。较之罗钦顺,李珥在强调理气之不相离的同时,亦强调二者之不相杂。他认为理气关系是"既非二物,又非一物"的一而二、二而一的妙合关系。他说:"一理浑成,二气流行,天地之大,事物之变,莫非理气之妙用也。"④这就是李珥的"理气之妙"思想,也是其整个性理哲学体系的理论基石。

那么,何谓"既非二物,又非一物"呢? 李珥对此解释道:"非一物者,何谓也? 理气虽相离不得,而妙合之中,理自理,气自气,不相挟杂,故非一物也。非二物者,何谓也? 虽曰理自理,气自气,而浑沦无间,无先后,无离合,不见其为二物,故非二物也。"⑤理气一方面妙合之中互不相杂,理自理,气自气,故非为"一物";另一方面二者又浑然无间,无先后,无离合,故亦非为"二物"。前

---

① 李珥:《答成浩原》,《栗谷全书》(一)卷10《书》2,首尔:成均馆大学校出版部1992年版,第204—205页。
② 李珥:《答成浩原·壬申》,《栗谷全书》(一)卷10《书》2,首尔:成均馆大学校出版部1992年版,第197页。
③ 李珥:《答成浩原·壬申》,《栗谷全书》(一)卷10《书》2,首尔:成均馆大学校出版部1992年版,第198页。
④ 李珥:《易数策》,《栗谷全书》(一)卷14《杂著》1,首尔:成均馆大学校出版部1992年版,第304页。
⑤ 李珥:《答成浩原·壬申》,《栗谷全书》(一)卷10《书》2,首尔:成均馆大学校出版部1992年版,第197页。

者所强调的是理气二者各自不同的性质和作用,后者所强调的是在现实的意义上二者所具有的共时性、共存性。

接着李珥总结明道与朱子的理气关系论述,指出:

> 考诸前训,则一而二、二而一者也。理气浑然无间,元不相离,不可指为二物。故程子曰:器亦道,道亦器。虽不相离而浑然之中实不相杂,不可指为一物。故朱子曰:理自理,气自气,不相挟杂。合二说而玩索,则理气之妙,庶乎见之矣。①

以上引文中,亦可概见李珥为学上的特点。即,注重对各家学说的融会贯通。因理与气是相互渗透、相互蕴涵的关系,故不可指为“二物”;但二者是妙合之中,又各自有其不同的内涵和特性,故又不可指为“一物”。此种“非二物”故“二而一”、“非一物”故“一而二”的思维模式,正好反映了李珥独特的哲学思维方法。

李珥性理学中的最为紧要处,便是其“理气之妙”说。对此,他亦曾言道:“理气之妙,难见亦难说。”②尽管理气之妙难见亦难说,李珥却对此说颇为自信。他在给成浑的一封复信中,写道:“珥则十年前已窥此端,而厥后渐渐思绎,每读经传,辄取以相准,当初中有不合之时,厥后渐合,以至今日,则融会吻合,决然无疑。千百雄辩之口,终不可以回鄙见。”③表明,通过其多年努力而体贴到的理气之妙合关系,李珥已完全确信无疑。

于是,李珥从其“理气之妙”思想出发,提出了自己的理气动静说。他指出:“发之者气也,所以发者理也;非气则不能发,非理则无所发。发之以下二十三字,圣人复起,不易斯言。”④此即李珥所谓的“气发理乘”说。他对此二十三字所言之内容,极为肯定。简言之,所谓“气发理乘”是指,天地之化、吾心之发(气化流行)时理乘之而无所不在的存有形态。李珥此说,既是对李滉

---

①　李珥:《圣学辑要》二,《栗谷全书》(一)卷20,首尔:成均馆大学校出版部1992年版,第456页。

②　李珥:《答成浩原》,《栗谷全书》(一)卷10《书》2,首尔:成均馆大学校出版部1992年版,第204页。

③　李珥:《答成浩原》,《栗谷全书》(一)卷10《书》2,首尔:成均馆大学校出版部1992年版,第201页。

④　李珥:《答成浩原·壬申》,《栗谷全书》(一)卷10《书》2,首尔:成均馆大学校出版部1992年版,第198页。

"理气互发"说的批判,亦是对朱子理气说的进一步继承与阐发。

理发气发问题是朝鲜朝前期性理学的中心论题之一,此论与"四端七情"之辨相关联,颇能反映韩国性理学的理论特色。

李珥在与成浑(成浑基本上持李滉的立场)的四端七情论辩中,还系统阐发了其"气发理乘"思想。曰:

> 气发而理乘者,何谓也? 阴静阳动,机自尔也,非有使之者也。阳之动则理乘于动,非理动也;阴之静则理乘于静,非理静也。故朱子曰:"太极者,本然之妙也。动静者,所乘之机也。"阴静阳动,其机自尔,而其所以阴静阳动者,理也。故周子曰:"太极动而生阳,静而生阴。"夫所谓动而生阳、静而生阴者,原其本然而言也;动静所乘之机者,见其已然而言也。动静无端,阴阳无始,则理气之流行皆已然而已,安有未然之时乎?是故天地之化、吾心之发,无非气发理乘之也。所谓气发理乘者,非气先于理也,气有为而理无为,则其言不得不尔也。①

李珥的"气发理乘"说是以理气"元不相离"为其立论前提,加之在其哲学中"气"具有形、有为之特性而"理"却无之,故"理"不能以动静言。依他之见,理之所以流行,是乘气之流行而流行,理之有"万殊",亦因气之流行所致。不但天地之化是如此,而且人心之发亦不外乎此。发之者是其然,是表现者;所以发者是所以然,是使表现者得以实现的主宰者。

而且,同成浑的往复论辩中,李珥则更加明确了自己的四端七情"气发理乘一途"说。指出:"朱子之意亦不过曰:四端专言理,七情兼言气云尔耳。非曰四端则理先发,七情则气先发也。退溪因此立论曰:四端理发而气随之,七情气发而理乘之。所谓气发而理乘之者可也,非特七情为然,四端亦是气发理乘之也。"②文中,李珥不仅指责李滉未能正确理会朱子之意,而且还主张不仅七情是气发而理乘,四端亦是气发而理乘。

进而,他又以"理气之妙"论为基础推出自己在理气同异思想,即"理通气

---

① 李珥:《答成浩原》,《栗谷全书》(一)卷10《书》2,首尔:成均馆大学校出版部1992年版,第209页。

② 李珥:《答成浩原·壬申》,《栗谷全书》(一)卷10《书》2,首尔:成均馆大学校出版部1992年版,第198页。

局"说。那么,何谓"理之通"、"气之局"呢? 李珥解释曰:

> 理气元不相离,似是一物,而其所以异者,理无形也,气有形也;理无
> 为也,气有为也。无形无为而为有形有为之主者,理也。有形有为而为无
> 形无为之器者,气也。理无形而气有形,故理通而气局。理无为而气有
> 为,故气发而理乘。理通者何谓也? 理者,无本末也,无先后也。无本末、
> 无先后,故未应不是先,已应不是后,是故乘气流行、参差不齐,而其本然
> 之妙无乎不在。气之偏则理亦偏,而所偏非理也,气也。气之全则理亦
> 全,而所全非理也,气也。至于清浊、粹驳、糟粕、煨烬粪壤污秽之中,理无
> 所不在各为其性,而其本然之妙则不害其自若也。此之谓理之通。气局
> 者何谓也? 气已涉形迹,故有本末也、有先后也,气之本则湛一清虚而已
> 曷。尝有糟粕、煨烬粪壤污秽之气哉? 惟其升降、飞扬、未尝止息,故参差
> 不齐而万变生焉。于是气之流行也,有不失其本然者,有失其本然者。既
> 失其本然,则气之本然者已无所在,偏者偏气也,非全气也;清者清气也,
> 非浊气也;糟粕煨烬,糟粕煨烬之气也;非湛一清虚之气也。非若理之于
> 万物本然之妙,无乎不在也。此所谓气之局也。①

此段引文集中反映了李珥理气说之基本要义。文中可以看出,他从理气关系
和理气之特性着手,论述了"理通气局"、"气发理乘"及"理之偏全"等问题,
阐明了其在理气问题上的基本观点。要之,所谓"理通",是指"理同(同一
理)";"气局",则指"气异(各一气)"。② 对于"理通气局"这一命题,李珥自
诩为"理通气局四字,自谓见得,而又恐读书不多,先有此等言,而未见之
也"③。此说尽管亦受程朱的"理一分殊"、"理气同异"及佛教华严宗的"理事
通局"说的影响,但是仅就以通局范畴表述理气之异而言确为李珥独见。而
且,在他的性理哲学逻辑结构中"理通气局"与"气发理乘"说,作为说明人物
性同异与性情善恶的重要命题互为对待、互为补充,共同构筑了其"四七人

---

① 李珥:《答成浩原》,《栗谷全书》(一)卷10《书》2,首尔:成均馆大学校出版部1992年版,第208—
　209页。
② 李珥谓:"理通者,天地万物同一理也。气局者,天地万物各一气也。"(《圣学辑要》,《栗谷全书》
　(一)卷20,首尔:成均馆大学校出版部1992年版,第457页)
③ 李珥:《答成浩原》,《栗谷全书》(一)卷10《书》2,首尔:成均馆大学校出版部1992年版,第
　208页。

道”说的立论基础。

概言之,通过罗钦顺“理气一物”论与李珥“理气之妙”说的比较,可以看出 16 世纪中韩朱子学的不同发展面向。罗钦顺从去“理”的实体化、主宰义入手,将“理”视为“气”所固有的属性或条理,反对将理气视为二元对待的两个实体,明显表现出由“理本”向“气本”的转向。而,李珥虽然与罗钦顺同尊明道,但是仍表现出坚守朱学之为学性格,提出理气“非二物”故“二而一”、“非一物”故“一而二”的颇具特色的“理气之妙”说,对明道和朱熹思想作了有益的阐发。李珥和罗钦顺的理气思想不仅丰富和发展了朱熹的理气学说,而且也为朱子学在东亚地区的多元发展提供了新的思路与路径。

二、李珥的“四七人心道心”论——与成浑“四七人心道心”之辨为中心

通过对李滉、奇大升等人的“四七”论的分析和讨论可以看出,四端七情问题其实讨论的是“性”与“情”关系问题,因此顺四端七情理气问题便可以引出有关性情善恶及人心道心问题的论议。而栗谷李珥和牛溪成浑之间围绕人心道心问题展开的第二次“四七”之论争,便是四七理气问题在更深一层意义上的,即性情层面上的展开。在韩国哲学史上李珥和成浑之间发生的第二次“四七理气”之辨,既丰富了原有的四七理气理论之意涵,又开启了对性情善恶与人心道心关系问题的新的理论探索,将“四七”论引向了新的问题域。下面,将以李珥与成浑的“四七人心道心”之辨为中心探讨“四七”论进一步发展之状况。

成浑(字浩原,号牛溪,1535—1598 年),昌宁人,谥号文简,朝鲜朝著名性理学家。成浑幼承庭训,学业大进,15 岁便博通经史文辞,为人们所叹服。其父成守琛曾受学于赵光祖,成浑则尊幕李滉且多从其说。他与李珥交情甚笃,二人围绕“四七问题”进行了长达 6 年的书函往复,①继“退、高之辩”之后将此一论辩又推向了高潮。

---

① 成、李二人往复论辩期间,成浑致李珥的书函共为 9 封。但是现存的只有第一、第二、第四、第五、第六 5 封,其余已佚。

成浑的"四七"论和"人心道心"说的主要理论观点,大都集中在与李珥的往复论辩第一书和第二书。在致李珥的信中,成浑写道:"今看十图《心性情图》,退翁立论,则中间一端曰:'四端之情,理发而气随之,自纯善无恶;必理发未遂,而掩于气,然后流为不善。七者之情,气发而理乘之,亦无有不善;若气发不中,而灭其理,则放而为恶'云。究此议论,以理、气之发,当初皆无不善,而气之不中,乃流于恶云矣。人心道心之说,既如彼其分理、气之发,而从古圣贤皆宗之,则退翁之论,自不为过耶?"①可见,在四七理气问题上成浑是大抵接受李滉的立场,也认可李滉的"理气互发"说。基于此,成浑以为理发则为道心,而气发则为人心。

进而,他又曰:

> 心之虚灵知觉,一而已矣,而有"人心"、"道心"之二名,何钦?以其或生于形气之私,或原于性命之正,理、气之发不同,而危、微之用各异,故名不能不二也。然则与所谓"四端、七情"者同耶?今以道心谓之四端,可矣;而以人心谓之七情,则不可矣。且夫四端、七情,以发于性者而言也;人心、道心,以发于心者而言也。其名目意味之间,有些不同焉。幸赐一言,发其直指,何如?人心、道心之发,其所从来,固有主气、主理之不同,在唐虞无许多议论时,已有此说,圣贤宗旨,皆作两下说,则今为四端、七情之图,而曰"发于理"、"发于气",有何不可乎?理与气之互发,乃为天下定理,而退翁所见,亦自正当耶?然"气随之"、"理乘之"之说,正自拖引太长,似失于名理也。愚意以为四、七对举而言,则谓之"四发于理,七发于气",可也。为性情之图,则不当分开,但以四、七俱置情圈中,而曰"四端,指七情中理一边发者而言也;七情不中节,是气之过不及而流于恶"云云,则不混于理、气之发,而亦无分开二歧之患否耶?并乞详究示喻。②

文中成浑进一步阐发了自己对人心道心问题的具体看法。首先,援引朱子

① 成浑:《附问书》,《答成浩原·壬申》,《栗谷全书》(一)卷9《书》1,首尔:成均馆大学校出版部1992年版,第193页。

② 成浑:《附问书》,《答成浩原·壬申》,《栗谷全书》(一)卷9《书》1,首尔:成均馆大学校出版部1992年版,第193—194页。

《中庸章句》中的或生、或原说法,主张人心、道心二者是理气之发不同、危微之用各异;其次,在四端七情与人心道心的关系上,以为道心可视为四端,但是人心不可视为七情。而且又从"性发为情"、"心发为意"之向度,称"其名目意味之间,有些不同";再次,他从二者的"所从来"意义上,主张人心、道心亦可以主理、主气言之。这是接续李滉的说法而来,李滉曾主张四端与道心是"理之发",七情与人心为"气之发"。但是,成浑对李滉的"理气互发"说中的"气随之"和"理乘之"说法却表示疑义。而且,在四七关系上也表现出对"七包四"逻辑(在未发意义上)的认可倾向。

简言之,成浑则主要是站在李滉的立场,对李珥的观点提出了批评。依他之见,理与气之互发是天下之定理,而退翁所见亦自正当,并向李珥提出质疑道:自己也曾对退翁的"理气互发"说存疑,但细心玩味朱子关于"人心道心之异,则以其或生于形气之私,或原于性命之正"之说,觉得退溪的互发说亦未尝不可。他说:"顷日读朱子人心道心之说,有或生、或原之论,似与退溪之意合,故慨然以为在虞舜无许多议论时,已有此理气互发之说,则退翁之见不易论也。"[1]所谓"或生"与"或原",指朱熹所说的人心生于"形气之私",道心原于"性命之正"而言。道心原于性命之正,纯善无恶;人心生于形气之私,故有善有恶。可见,成氏明显倾向于肯定"理气互发"说。

在与李珥的论辩中,成浑也试图以"理气互发"和人心、道心相互对待逻辑为基础,来阐释四端与七情、人心与道心的善恶问题,这是其性理学的特点。成浑的主要著作有《朱门旨诀》、《为学之方》、《牛溪集》(12卷)等。

下面一段文字是成浑对李珥的四端七情"气发理乘一途"说的质疑,曰:

> 吾兄(指李珥——引者注)前后勤喻,只曰:性情之间,有气发理乘一途而已,此外非有他事也。浑承是语,岂不欲受用,以为简便易晓之学?而参以圣贤前言,皆立两边说,无有如高诲者,故不敢从也。昨赐长书中有曰:"出门之时,或有马从人意而出者,或有人信马足而出者。马从人意而出者,属之人,乃道心也;人信马足而出者,属之马,乃人心也。"又

---

[1] 成浑:《附问书》,《答成浩原·壬申》,《栗谷全书》(一)卷10《书》2,首尔:成均馆大学校出版部1992年版,第200页。

曰："圣人不能无人心,譬如马虽极驯,岂无或有人信马足而出门之时乎?"浑究此数段,皆下两边说,颇讶其与"只有一边,气发理乘"之语稍异,而渐近于古说也。又读今书,有曰:"发道心者,气也,而非性命,则道心不发。原人心者,性也,而非形气,则人心不发。以道心原于性命,以人心生于形气,岂不顺乎?"浑见此一段,与之意合,而叹其下语之精当也。虽然,于此亦有究极之未竟者焉。吾兄必曰:气发理乘,无他途也;浑则必曰:其未发也,虽无理、气各用之苗脉;才发之际,意欲之动,当有主理、主气之可言也,非各出也,就一途而取其重而言也。此即退溪互发之意也,即吾兄"马随人意,人信马足"之说也,即"非性命则道心不发,非形气则人心不发"之言也。未知以为如何? 如何? 此处极可分辨,毫分缕析,以极其归趣而示之,千万至祝! 于此终不合,则终不合矣。虽然,退溪互发之说,知道者见之,犹忧其错会;不知者读之,则其误人不少矣。况四七、理气之分位,两发、随乘之分段,言意不顺,名理未稳,此浑之所以不喜者也……情之发处,有主理、主气两个意思,分明是如此,则"马随人意,人信马足"之说也,非未发之前有两个意思也。于才发之际,有原于理、生于气者耳,非理发而气随其后,气发而理乘其第二也,乃理气一发,而人就其重处言之,谓之主理、主气也。①

文中成浑认为,衡之于圣贤前言,皆为立两边说,未曾有如李珥的一途论之说,并以人乘马之喻为其论说。这里他所指的圣贤应为,朱熹、陈淳等人。成浑的学说受朱、陈二人之影响也较大②,而且朱熹和陈淳的思想亦是其立论根据之一。具体而言,成浑的主张是心未发之时不能将四端与七情分别对待之,此时二者应为"混沦一体"之状态(可视为"七包四")。已发之时才可以分别四端与七情,即发于理的为四端、道心;发于气的为七情、人心。这里亦可以看到他

① 成浑:《附问书》,《答成浩原》,《栗谷全书》(一)卷10《书》2,首尔:成均馆大学校出版部1992年版,第211—212页。
② 成浑曾质疑李珥谓:"只于才动之际,而便有主理、主气之不同,非元为互发,而各用事也。人之见理见气,各以其重而言也。如是求之,与吾兄之诲不背焉矣! 奈何朱子之说曰:'或生于形气之私,或原于性命之正。'陈北溪之说曰:'这知觉有从理而发者,有从气而发者。'正如退溪互发之说,何耶?"(成浑:《附问书》,《答成浩原·壬申》,《栗谷全书》(一)卷10《书》2,首尔:成均馆大学校出版部1992年版,第205页)

与李滉的细微差异,成浑不同意未发之时的"所从来"意义上的四七分别。依他之见,主理、主气是"才发之际",即意欲动之时取其重而言之者。因此在这意义上,未发之时成浑对四七结构所持的立场又有与奇大升、李珥的"七包四"逻辑有相似的一面,表现出他的学说的折中性格。因此在"四七理气之发"问题上,他也提出折中李滉与奇大升等人主张的"理气一发"说。

针对成浑的质疑,李珥也以朱学理论为据,阐述了自己的"四七人心道心"论。他说:"'气发理乘一途'之说,与'或原或生','人信马足,马从人意'之说,皆可通贯。吾兄尚于此处未透,故犹于退溪'理气互发、内出外感、先有两个意思'之说,未能尽舍,而反欲援退溪此说,附于珥说耳。别幅议论颇详,犹恐兄未能涣然释然也。盖'气发理乘一途'之说,推本之论也;'或原或生','人信马足,马从人意'之说,沿流之论也。今兄曰'其未发也,无理、气各用之苗脉',此则合于鄙见矣。但谓'性情之间,元有理、气两物,各自出来',则此非但言语之失,实是所见差误也。"①李珥此处论述极为明快,他认为所谓"气发理乘一途"之说、"或原或生"与"人信马足,马从人意"之说,皆可以通贯。成浑对此有疑问,主要是对理气问题有所未透。于是李珥从理气论与性情说之间的相一致性出发,对"四七人心道心"论作了阐明。曰:"理气之说与人心道心之说,皆是一贯。若人心道心未透,则是与理气未透也。理气之不相离者若已灼见,则人心道心之无二原,可以推此而知之耳。"②由此可以看出,李珥的理气论("理气之妙"说)是其心性论的立论根基,人道说是其理气论的直接生发。因理气之"不离"义是其理气论的主要理论倾向,因此在人心道心问题上他也以二者的不可分和相联结为其主旨,强调人心道心的"无二原"性。这与李滉、成浑的基于二者不同价值意义上的人心道心相分思想是有明显区别的。

进而李珥阐发了自己的四七人道说。首先,从"主乎理"、"主乎气"的向度,对人心道心的含义作了论述。曰:"夫人也,禀天地之帅以为性,分天地之

---

① 李珥:《答成浩原》,《栗谷全书》(一)卷10《书》2,首尔:成均馆大学校出版部1992年版,第209—210页。

② 李珥:《答成浩原》,《栗谷全书》(一)卷10《书》2,首尔:成均馆大学校出版部1992年版,第201页。

塞以为形,故吾心之用即天地之化也。天地之化无二本,故吾心之发无二原矣。人生而静,天之性也。感于物而动,性之欲也。感动之际,欲居仁、欲由义,欲复礼,欲穷理,欲忠信,欲孝于其亲……欲切偲于朋友,则如此之类谓之道心。感动者因是形气,而其发也直出于仁义礼智之正,而形气不为之掩蔽,故主乎理,而目之以道心也。如或饥欲食、寒欲衣、渴欲饮……四肢之欲安佚,则如此之类谓人心。其虽本于天性,而其发由于耳目四肢之私而非天理之本然,故主乎气,而目之以人心也。道心之发,如火始燃,如泉始达,造次难见,故曰'微'。人心之发,如鹰解韝,如马脱羁,飞腾难制,故曰'危'。"①依李珥之见,因外感者(感动者)是形气,故感动之际被何方为所主宰,显得十分紧要。"主乎理"的道心,是直出于仁义礼智之正,又不为形气所掩蔽者;而"主乎气"的人心,则是出于耳目四肢之私,未直出于理之本然者。以"主乎理"、"主乎气"视角,探讨人心道心之含义,这一点颇能反映韩国儒学在讨论人间和存在的所以然根据这个形而上学本体论问题时,往往落实到性理层面上展开理气这个形上、形下问题的理论特性。② 重视人间性理,是韩国儒学的根本特征。

其次,李珥从"心是气"的意义上,以知觉论的立场回答了"一心"何以有"二名",即有人心道心之分的问题。

在李珥哲学中"心"属于气、属于已发,曰:"且朱子曰:'心之虚灵知觉,一而已矣,或原于性命之正,或生于形气之私。'先下一'心'字在前,则心是气也,或原或生,而无非心之发,则岂非气发耶? 心中所有之理,乃性也,未有心发而性不发之理,则岂非理乘乎?'或原'者,以其理之所重而言也;'或生'者,以其气之所重而言也,非当初有理、气二苗脉也。"③故不管人心还是道心皆属于已发。这一规定使其人心道心说具有了知觉论特色。对"一心"何以有"二名",他有以下几段论述。他说:

---

① 李珥:《答成浩原·壬申》,《栗谷全书》(一)卷10《书》2,首尔:成均馆大学校出版部1992年版,第197—198页。
② 参见张立文:《李退溪思想世界》,人民出版社2013年版,第10页。
③ 李珥:《答成浩原》,《栗谷全书》(一)卷10《书》2,首尔:成均馆大学校出版部1992年版,第210页。

> 心一也,而谓之道,谓之人者,性命、形气之别也。①
>
> 心一也,岂有二乎? 特以所主而发者有二名。②
>
> 人心道心虽二名,而其原则只一心。其发也或以理义或为食色,故随其所发而异其名。③

"心"只有一个,这与朱子的主张相同。但是在"一心"何以有"二名"的问题上,李珥所持的诠释立场与朱子不同。这源于李珥独特的性情论义理架构。众所周知,朱子的性理学说以"理气二分"、"心统性情"的心、性、情三分结构为基本义理间架,而李珥则以"理气之妙",心、性、情、意四分结构为基本义理间架。因此朱子的性情论可以"心统性情"说来概称,而李珥的性情论则似以"心性情意一路各有境界"说来指代更为恰当。此处,紧要处为二人对"意"概念的不同界定。在朱子性情论中,"意"和"情"都是从属于"心"的概念。"情"和"意"二者关系是,大抵"情"是性之动,"意"是心之所发;"情"是全体上论,"意"是就起一念处论。④ 因此在朱子心性论中,"意"的思量运用之意表现得并不突出。但是,在李珥哲学中,"意"和"情"是两个有明确规定的并列关系的哲学范畴,李珥曰:"意者,心有计较之谓也。情既发而商量运用者也……发出底是情,商量底是意。"⑤"情动后缘情计较者为意。"⑥"情"和"意"皆属于心之已发,而且还是心的两个不同境界。曰:"因所感而绅绎商量意境界"⑦,李珥提出其独特的"意境界"论。

故其人心、道心论是兼情、意而言,如其曰:"盖人心、道心,兼情、意而言也,不但指情也。七情则统言人心之动,有此七者,四端则就七情中择其善一边而言也,固不如人心、道心之相对说下矣。且情是发出恁地,不及计较。"⑧

---

① 李珥:《答成浩原·壬申》,《栗谷全书》(一)卷9《书》1,首尔:成均馆大学校出版部1992年版,第192页。

② 李珥:《圣学辑要》二,《栗谷全书》(一)卷20,首尔:成均馆大学校出版部1992年版,第456页。

③ 李珥:《答成浩原·壬申》,《栗谷全书》(一)卷10《书》2,首尔:成均馆大学校出版部1992年版,第198页。

④ 参见陈淳:《北溪字义》,中华书局2009年版,第17页。

⑤ 李珥:《圣学辑要》二,《栗谷全书》(一)卷20,首尔:成均馆大学校出版部1992年版,第456页。

⑥ 李珥:《杂记》,《栗谷全书》(一)卷14,首尔:成均馆大学校出版部1992年版,第297页。

⑦ 李珥:《杂记》,《栗谷全书》(一)卷14,首尔:成均馆大学校出版部1992年版,第297页。

⑧ 李珥:《答成浩原·壬申》,《栗谷全书》(一)卷9《书》1,首尔:成均馆大学校出版部1992年版,第192页。

需注意的是，"意"其实是在其人心道心说中起十分重要作用的范畴。这既是李珥与朱子性情论之区别，亦是其对朱子心、性、情、意说的发展。相较而言，李珥的心性学说确实比朱子的理论更为细密和清晰。而且，强调"意"的商量计较作用是李珥知觉论最为显著的特点。

基于"意之商量计较"意涵，李珥提出了极具特色的"人心道心不能相兼而相为终始"的"人心道心终始"说。他说：

> 今人之心，直出于性命之正，而或不能顺而遂之，间之以私意，则是始以道心，而终以人心也。或出于形气，而不咈乎正理，则固不违于道心矣；或咈乎正理，而知非制伏，不从其欲，则是始以人心，而终以道心也。[①]

不管根于性命之正的道心，还是源于形气的人心，皆属已发，此时气已用事。若欲不咈乎正理如实呈现，或知非制伏不从其欲，都要借"意"之计较、思虑、商量作用来实现。因此李珥认为，在人心之方寸之间，人心和道心时刻处于变动不居之可变状态。在已发层面上，二者是并无固定的、严格的分别。因此，李珥为学极重"诚意"，他以为"情胜欲炽，而人心愈危道心愈微"时，"精察与否皆是意之所为，故自修莫先于诚意[②]。指出，若能保证"意"之"诚"，则所发之"心"皆能呈现为道心。

再次，李珥还援引"四七"论、"理欲"论上的说法，进一步论述了其对人心道心问题及二者关系问题的认识。

前已论及，"四端七情"论是反映韩国性理学特色的重要学说，人心道心论争的发生其实就是"四七"论由"情"论层面向"心"论层面的进一步推进，即"四七"论在心性领域的更深、更广意义上的展开。

因为在李珥性理哲学中，"意"具有商量计较作用，故人心和道心时刻处于相互转换之状态。这与其"四七"论中，七情兼四端的情形有所不同，对此差异李珥指出："圣贤之说，或横或竖，各有所指，欲以竖准横，以横合竖，则或失其旨矣。心一也，而谓之道、谓之人者，性命形气之别也。情一也，而或曰四或曰七者，专言理、兼言气之不同也。是故人心道心不能相兼而相为终始焉，

---

① 李珥：《答成浩原·壬申》，《栗谷全书》（一）卷9《书》1，首尔：成均馆大学校出版部1992年版，第192页。
② 李珥：《答成浩原·壬申》，《栗谷全书》（一）卷9《书》1，首尔：成均馆大学校出版部1992年版，第193页。

四端不能兼七情而七情兼四端。道心之微,人心之危,朱子之说尽矣。四端不如七情之全,七情不如四端之粹,是则愚见也。"①可见,李珥对四端与七情的基本认识是,"四端不如七情之全,七情不如四端之粹",故四端不能兼七情而七情兼四端,人心道心不能相兼而相为终始。基于其"七包四"一元思维,他又对"人心道心相为终始"说作了进一步的阐述,李珥谓:

> 人心、道心相为终始者,何谓也?今人之心,直出于性命之正,而或不能顺而遂之,闲之以私意,则是始以道心,而终以人心也。或出于形气,而不咈乎正理,则固不违于道心矣;或咈乎正理,而知非制伏,不从其欲,则是始以人心,而终以道心也。盖人心、道心,兼情、意而言也,不但指情也。七情则统言人心之动,有此七者,四端则就七情中择其善一边而言也,固不如人心、道心之相对说下矣。且情是发出恁地,不及计较,则又不如人心、道心之相为终始也,乌可强就而相准耶?今欲两边说下,则当遵人心、道心之说;欲说善一边,则当遵四端之说;欲兼善恶说,则当遵七情之说,不必将柄就凿,纷纷立论也。四端、七情,正如本然之性、气质之性。本然之性,则不兼气质而为言也;气质之性,则却兼本然之性。故四端不能兼七情,七情则兼四端。朱子所谓"发于理"、"发于气"者,只是大纲说,岂料后人之分开太甚乎!学者活看可也。且退溪先生既以善归之四端,而又曰"七者之情,亦无有不善",若然,则四端之外,亦有善情也,此情从何而发哉?孟子举其大概,故只言恻隐、羞恶、恭敬、是非,而其他善情之为四端,则学者当反三而知之。人情安有不本于仁义礼智而为善者乎?此一段当深究精思。善情既有四端,而又于四端之外有善情,则是人心有二本也,其可乎?大抵未发则性也,已发则情也,发而计较商量则意也。心为性、情、意之主,故未发、已发及其计较,皆可谓之心也。发者气也,所以发者理也。其发直出于正理,而气不用事,则道心也,七情之善一边也;发之之际,气已用事,则人心也,七情之合善恶也。知其气之用事,精察而趋乎正理,则人心听命于道心也;不能精察而惟其所向,则情盛欲炽,而人心

① 李珥:《答成浩原·壬申》,《栗谷全书》(一)卷9《书》1,首尔:成均馆大学校出版部1992年版,第192页。

愈危,道心愈微矣。精察与否,皆是意之所为,故自修莫先于诚意。今若曰"四端,理发而气随之;七情,气发而理乘之",则是理、气二物,或先或后,相对为两歧,各自出来矣,人心岂非二本乎?情虽万般,夫孰非发于理乎?惟其气或掩而用事,或不掩而听命于理,故有善恶之异。以此体认,庶几见之矣。别纸之说,大概得之。但所谓"四、七发于性,人心、道心发于心"者,似有心、性二歧之病。性则心中之理也,心则盛贮性之器也,安有发于性、发于心之别乎?人心、道心皆发于性,而为气所掩者为人心,不为气所掩者为道心。①

本段引文较长,但是此段内容则是李珥对四七人心道心问题的最为系统之论述。如其文中言的"七情则统言人心之动,有此七者,四端则就七情中择其善一边而言也,固不如人心、道心之相对说下矣。且情是发出怎地,不及计较,则又不如人心、道心之相为终始也"中可以看出,在李珥哲学中"情"不具商量计较之义,故性发为情之际,七情可以兼四端。因为依他之见,"四端不如七情之全,七情不如四端之粹"。但是,人心、道心则已达比较、商量之地步,已具对比之意,故不能兼有,只能互为终始,这便是其"人心道心相为终始"说。

因为人心与道心是基于"意"之商量计较而存在的相对之物,李珥又由"人心道心相为终始"说,而提出"人心道心相对"说。他说:"盖人心道心相对立名,既曰道心则非人心,既曰人心则非道心,故可作两边说下矣。若七情则已包四端在其中,不可谓四端非七情,七情非四端也,乌可分两边乎?"②

此论看似与其"人心道心相为终始"说矛盾,但是这是李珥从天理人欲论角度对人道说的解读,可视为对人道终始说的另一种阐发。他说:"道心纯是天理故有善而无恶,人心也有天理也有人欲,故有善有恶。"③可见,李珥对道心、人心、人欲是有区分,而且也肯定人心亦有善。在此李珥所持的是朱子的立场。但是,人心之善与道心是否为同质之善呢?

对此,李珥在《人心道心图说》中写道:"孟子就七情中别出善一边,目之

① 李珥:《答成浩原·壬申》,《栗谷全书》(一)卷9《书》1,首尔:成均馆大学校出版部1992年版,第192—193页。

② 李珥:《答成浩原·壬申》,《栗谷全书》(一)卷10《书》2,首尔:成均馆大学校出版部1992年版,第199页。

③ 李珥:《人心道心图说》,《栗谷全书》(一)卷14,首尔:成均馆大学校出版部1992年版,第282页。

以四端。四端即道心及人心之善者也……论者或以四端为道心，七情为人心，四端固可谓之道心矣，七情岂可谓之人心乎？七情之外无他情，若偏指人心则是举其半而遗其半矣。"①可见，他是把二者视为同质之善。在"理欲"论意义上，其人道说比朱子的人道说显得更为紧张和严峻，颇似"天理人欲相对"说。这也是二人人心道心之说的主要区别之一。同时，李珥还从理欲之辨角度，对"人心惟危，道心惟微"作出了自己的解释。

论辩的结束阶段，李珥写了首五言律诗（《理气咏》）致成浑，以阐明其理气哲学主旨。诗云：

> 元气何端始，无形在有形。
> 穷源知本合，沿派见群精。
> 水逐方圆器，空随大小瓶。
> 二歧君莫惑，默验性为情。②

这首理语诗中李珥又夹注，曰："理、气本合也，非有始合之时。欲以理、气二之者，皆非知道者也……理、气原一，而分为二五之精……理之乘气流行，参差不齐者如此。空瓶之说，出于释氏，而其譬喻亲切，故用之。"③十分形象地从本体和流行的视角，再一次强调了其"理气之妙"和"气发理乘"思想。

成浑与李珥年龄相仿，李珥19岁时二人便定交。《年谱》记云："成先生长于先生（指李珥——引者注）一岁，而初欲师事之，先生辞焉。遂定道义之交，相期以圣贤事业终始无替。"④李珥卒后，成浑曾评其道："栗谷尽是五百年间气也。余少时讲论，自以为朋友相抗。到老思之，则真我师也，启我者甚多。"⑤李珥37岁（成浑时年38岁）时二人围绕人心道心、四端七情及理气之发问题展开了长达6年的辩论，尽管双方都未能说服对方，但是成浑对李珥的

① 李珥：《人心道心图说》，《栗谷全书》（一）卷14，首尔：成均馆大学校出版部1992年版，第283页。
② 李珥：《理气咏呈牛溪道兄》，《栗谷全书》（一）卷10《书》2，首尔：成均馆大学校出版部1992年版，第207页。
③ 李珥：《理气咏呈牛溪道兄》，《栗谷全书》（一）卷10《书》2，首尔：成均馆大学校出版部1992年版，第207页。
④ 李珥：《年谱》（上），《栗谷全书》（二）卷33《附录一》，首尔：成均馆大学校出版部1992年版，第281页。
⑤ 李珥：《诸家记述杂录》，《栗谷全书》（二）卷38《附录》6，首尔：成均馆大学校出版部1992年版，第429页。

崇敬之情从其评语中以见一斑。

在朝鲜朝儒学史上由李珥和成浑之间进行的"四七人心道心"之辨是,继"四端七情"之辨之后发生的,具有重要理论意义的又一学术论争。

三、李珥"四七人心道心"论的特色

李珥的"四七人道"说特色主要表现在,其"四七理气"说和心性情意论方面。

李珥的"四七理气"论是在与成浑的相互论辩和与李滉的相互问学中形成。李滉在"四七理气"论方面的基本说法是,"四七理气互发"说。成浑大抵接受李滉此一立场。

李滉曾曰:"孔子所谓相近之性,程子所谓性即气、气即性,张子所谓气质之性,朱子所谓虽在气中气自气性自性不相夹杂之性是也。其言性既如此,故其发而为情,亦以理气相须或相害处言,如四端之情,理发而气随之,自纯善无恶,必理发未遂而掩于气,然后流为不善。七者之情,气发而理乘之,亦无有不善,若气发不中而灭其理,则放而为恶也。"①此论便是李滉的"四七理气互发"说。此一理论的性情论基础是,"二性"(天命之性/气质之性)、"二情"(四端/七情)论。由此自然可以推导出,对举分别而言的四端"发于理"、七情"发于气"之论,即主理、主气之说。

李珥反对李滉的"四七理气互发"说,基于其理气"一而二、二而一"思路以为,子思、孟子所言的本然之性和程子、张子所言的气质之性,其实皆为"一性",只是所主而言者不同而已。曰:

> 性者,理、气之合也。盖理在气中,然后为性。若不在形质之中,则当谓之理,不当谓之性也。但就形质中单指其理而言之,则本然之性也。本然之性,不可杂以气也。子思、孟子言其本然之性,程子、张子言其气质之性,其实一性,而所主而言者不同。今不知其所主之意,遂以为二性,则可

①　李滉:《心统性情图说》,《退溪全书》(一)卷7,首尔:成均馆大学校大东文化研究院1985年版,第205页。

谓知理乎？性既一，而乃以为情有理发、气发之殊，则可谓知性乎？①

可见，李珥不仅主张性为理气之合，而且还明确区分"性"与"理"概念的不同用法。这既是李珥逻辑思维细密、精微之处，也是其"四七"论的独到之处。进而他指出，本然之性与气质之性其实是"一性"。这里还可以看出，他的"性"论又与奇大升的思想有诸多相似之处。依他之见，若不知其所主之意而视其为"二性"，可谓之味于"理"者。而在"性既一"之情形下，仍主情有理发、气发之殊的话，则又可谓之味于"性"者。

李珥也认为，理为形而上者也，气为形而下者也。不过，他特别强调二者的不能相离性。因此在他而观，二者既不能相离，则其发用也只能是"一"，不可谓互有发用。曰：

> 若曰互有发用，则是理发用时，气或有所不及；气发用时，理或有所不及也。如是，则理气有离合，有先后，动静有端，阴阳有始矣，其错不小矣。但理无为，而气有为，故以情之出乎本然之性，而不掩于形气者，属之理；当初虽出于本然，而形气掩之者，属之气，此亦不得已之论也。人性之本善者，理也，而非气则理不发。人心、道心，夫孰非原于理乎？非未发之时，亦有人心苗脉，与理相对于方寸中也。源一而流二，朱子岂不知之乎？特立言晓人，各有所主耳。程子曰："不是善与恶在性中为两物相对，各自出来。"夫善、恶判然二物，而尚无相对各自出来之理，况理、气之混沦不离者，乃有相对互发之理乎？若朱子真以为理、气互有发用，相对各出，则是朱子亦误也，何以为朱子乎？②

在李珥看来，承认"理气互发"说不仅等于承认理气有缝隙、有离合，而且还承认理气有先后、动静有终始。朱熹的"理气不杂"、"理气为二"思想，明初便遭到曹端、薛瑄、胡居仁等人的批评，他们依据程明道的"器亦道，道亦器"理论，主张理在气中，坚持理气无间一体思想，反对把二者对立、割裂。罗钦顺的"理气一物"说，便是其中的典型代表理论。罗氏的《困知记》对朝鲜朝性理学

---

① 李珥：《理气咏呈牛溪道兄》，《栗谷全书》（一）卷10《书》2，首尔：成均馆大学校出版部1992年版，第207页。

② 李珥：《答成浩原》，《栗谷全书》（一）卷10《书》2，首尔：成均馆大学校出版部1992年版，第202页。

及李珥"理气之妙"说的影响前文已多次论及,李珥也受此理论思潮之影响力主"理气非二"论。故他以为,四端与七情之说是朱子"特立言晓人,各有所主"而已。这与奇大升的所言四端、七情,"所就以言之者不同,故有四端七情之别有,非七情外复有四端也"①的思想并无二致。依李珥之见,若是朱子也真以为理、气互有发用,相对各出,则是朱子亦误也。

于是,他进而指出:

> 朱子之意,亦不过曰:四端专言理,七情兼言气云尔耳;非曰:四端则理先发,七情则气先发也。退溪因此而立论曰:"四端,理发而气随之;七情,气发而理乘之。"所谓"气发而理乘之"者,可也。非特七情为然,四端亦是气发而理乘之也。何则? 见孺子入井,然后乃发恻隐之心,见之而恻隐者气也,此所谓"气发"也。恻隐之本则仁也,此所谓"理乘之"也。非特人心为然,天地之化,无非气化而理乘之也。是故,阴阳动静,而太极乘之,此则非有先后之可言也。②

在此李珥对朱子的"四七"论作了己之阐发的同时,指出李滉的错误在于只认同七情为"气发而理乘之"。他坚持,不仅四端是"气发而理乘",七情亦是"气发而理乘"。对于李珥和李滉的"气发而理乘之"的说法,陈来先生认为,二者并不相同。他指出:李滉所说的气发是发自于形气,而李珥所说的气发是已发的情、意、心。李珥进一步说的见孺子入井而恻隐,这是气,就是气发,而理乘载其上。由于李珥的气发是已发的情、意、心,故把恻隐说成气,说成气发,这种说法与王阳明接近,容易引出"心即气"的主张,是与朱子和李滉不同的。李珥认为,气和理的这种动载关系是普遍的,不限于四端七情,整个天地之化都是如此。③ 陈先生的这一论述,对于二人的理气之发说的理解及理气论差异问题的探讨颇有裨益。

要之,"性"与"理"概念的区分,"一性"、"一情"论的强调以及"七包四"

---

① 奇大升:《两先生四七理气往复书上篇》卷1,《高峰集》第三辑,韩国东洋哲学会1997年版,第102页。
② 李珥:《答成浩原·壬申》,《栗谷全书》(一)卷10《书》2,首尔:成均馆大学校出版部1992年版,第198页。
③ 参见陈来:《韩国朱子学新论——以李退溪与李栗谷的理发气发说为中心》,《厦门大学学报(哲学社会科学版)》2015年第1期。

立场的坚守,是李珥"四七理气"论的主要特色。

那么,李珥和李滉的"气发而理乘"思想为什么会有理论差异呢?这源于李珥独特的心性情意论。

在李珥的心性情意论逻辑结构中,"心"处于十分重要之地位,他认为,就人之一身来说心"合性与气",而有"主宰"于身之作用。他说:

> 天理之赋于人者,谓之性,合性与气而为主宰于一身者,谓之心。心应事物而发于外者,谓之情。性是心之体,情是心之用,心是未发已发之总名……性之目有五,曰仁义礼智信;情之目有七,曰喜怒哀惧爱恶欲。情之发也,有为道义而发者。如欲孝其亲,欲忠其君,见孺子入井而恻隐,见非议而羞恶,过宗庙而恭敬之类是也,此则谓之道心。有为口体而发者,如饥欲食、寒欲衣、劳欲休、精盛思室之类是也,此则谓之人心。①

文中李珥对"性"、"情"、"心"、"道心"、"人心"等作了明确之界定。此说与朱子的"心为主宰"的思想和李滉的"心兼理气"、"理气合而为心"②说法皆也有所不同。因为在李滉的性理哲学体系中理具发用性和能动性,故理气合而为"心"自然有虚灵知觉之妙。而在心、身的关系上,李珥也强调心的优位性,比朱子更加明确指出心对身的主宰作用,言道:"心为身主,身为心器,主正则器当正。"③而且,在李珥性理哲学中心属于气,属于已发,故"心"在其性情论中是被探讨的主要对象。

对于"心"、"性"、"情"概念及相互关系,李滉则界定为:

> 理气合而为心,自然有虚灵知觉之妙。静而具众理,性也;而盛贮该载此性者,心也;动而应万事,情也;而敷施发用此情者,亦心也。故曰"心统性情"。④

表明,李滉的心论结构大体延续的是朱熹的"心统性情"思路。但是,有别于朱熹的是,他的这一思想突出了理对于心之"灵"的作用,着重于解决心

---

① 李珥:《人心道心图说》,《栗谷全书》(一)卷14,首尔:成均馆大学校出版部1992年版,第282页。

② 李滉:《李子粹语》卷1,《退溪全书》(五),首尔:成均馆大学校大东文化研究院1985年版,第212页。

③ 李珥:《圣学辑要》三,《栗谷全书》(一)卷21,首尔:成均馆大学校出版部1992年版,第483页。

④ 李滉:《答奇明彦别纸》,《退溪全书》(一)卷18,首尔:成均馆大学校大东文化研究院1985年版,第455—456页。

的知觉作用问题。

基于心之作用的独特认识,李珥又提出"心为性、情、意之主"的思想。他言道:

> 大抵未发则性也,已发则情也,发而计较商量则意也。心为性、情、意之主,故未发、已发及其计较,皆可谓之心也。发者气也,所以发者理也。其发直出于正理,而气不用事,则道心也,七情之善一边也;发之之际,气已用事,则人心也,七情之合善恶也。知其气之用事,精察而趋乎正理,则人心听命于道心也;不能精察而惟其所向,则情盛欲炽,而人心愈危,道心愈微矣。精察与否,皆是意之所为,故自修莫先于诚意。今若曰"四端,理发而气随之;七情,气发而理乘之",则是理、气二物,或先或后,相对为两歧,各自出来矣,人心岂非二本乎?情虽万般,夫孰非发于理乎?惟其气或掩而用事,或不掩而听命于理,故有善恶之异。以此体认,庶几见之矣。别纸之说,大概得之。但所谓"四、七发于性,人心、道心发于心"者,似有心、性二歧之病。性则心中之理也,心则盛贮性之器也,安有发于性、发于心之别乎?人心、道心皆发于性,而为气所掩者为人心,不为气所掩者为道心。①

李珥主张"心为性、情、意之主",故以为未发、已发及其计较,皆可谓之心。需注意的是,李珥对"性"概念的界定,曰:"性者,理、气之合也。盖理在气中,然后为性。"②其实,他所言之性为"气质之性"。"心是气",因此性、情、意皆可谓之心。但是,性和情不具计较商量义,故"意"之作用又显得十分重要。"意"不仅在其"四七人道"说中具有重要作用,而且在其修养论亦具有重要意义,故其曰"自修莫先于诚意"。进而,李珥还提出"人心、道心皆发于性"的主张,此说与朱熹和李滉的思想相比区别较大。

李珥心性情论中最为独特的思想为,其"性心情意一路而各有境界"论。他说:

---

① 李珥:《答成浩原·壬申》,《栗谷全书》(一)卷9《书》1,首尔:成均馆大学校出版部1992年版,第192—193页。
② 李珥:《理气咏呈牛溪道兄》,《栗谷全书》(一)卷10《书》2,首尔:成均馆大学校出版部1992年版,第207页。

子固历见余谈话,从容语及心性情。余曰,公于此三字,将一一理会否。子固曰,未也。性发为情,心发为意云者,殊未晓得。余曰,公于此难晓,则庶几有见于心性情矣。先儒此说,意有所在,非直论心性。而今之学者为此说所误,分心性为有二用,情意为有二歧,余甚苦之。今公自谓于此有疑,则庶几有真知矣。性是心之理也,情是心之动也,情动后缘情计较者为意。若心性分二,则道器可相离也;情意分二,则人心有二本矣。岂不大差乎?须知性心情意只是一路而各有境界,然后可谓不差矣。何谓一路?心之未发为性,已发为情,发后商量为意,此一路也。何谓各有境界?心之寂然不动时是性境界,感而遂通时是情境界,因所感而纻绎商量为意境界,只是一心各有境界。①

在心性情论方面,李珥一贯反对"分心性为有二用,情意为有二歧"。因为依他之见,若心性分二,则道器可相离也;情意分二,则人心有二本。由此他提出"性心情意只是一路而各有境界"思想。如前所述,李珥的性情论为心性情意四分逻辑结构,故性境界、情境界、意境界分别代表了"一心"之不同境界,犹如人之行走,一路走下去一路上各有不同的景致呈现一般。

总之,李珥心性情论的主要特色在于对"心"之主宰作用与"意"之计较商量作用的重视以及"性心情意只是一路而各有境界"论。而"性心情意只是一路而各有境界"论,的确为其在心性情论上的创见。

李珥的主要哲学著作有:《天道策》、《人心道心图说》、《圣学辑要》、《答成浩原》等。

自从 29 岁时任户曹左郎开始,他一生为宦,曾官至吏曹判书,49 岁时卒于京城大寺洞寓所。李珥是朝鲜朝五百年间难得的道学家、通儒。政治上,他积极建言献策主张为了朝鲜朝的中兴"因时制宜"与"变法更张",强调"事要务实"。在社会教育方面,他不仅亲自开展私学教育,而且还制定"海州相约"、"社会契约束"以及著《击蒙要诀》、《学校模范》等为朝鲜朝社会教育水平的提高作出了贡献。故成浑赞其曰:"栗谷于道体,洞见大原。所谓天地之化无二本,人心之发无二原,理气不可互发,此等说话,真是吾师。其爱君忧国

---

① 李珥:《杂记》,《栗谷全书》(一)卷 14,首尔:成均馆大学校出版部 1992 年版,第 297 页。

之忠,经世救民之志,求之古人,鲜有其俦。诚山河闲气,三代人物。"①他的学说被后人继承和发展,逐渐形成韩国儒学史上颇具影响的畿湖性理学派。

①　李珥:《诸家记述杂录》,《栗谷全书》(二)卷38《附录》6,首尔:成均馆大学校出版部1992年版,第429页。

第四章　四端七情论辩之影响

由于李珥和李滉对"四端七情理气"之发问题各自有不同的解释,故其后学也自然地划分为以李珥为宗的畿湖性理学派和以李滉为宗的岭南性理学派,即所谓"主气"派和"主理"派。而两派围绕"四端七情理气"之发的问题展开的长达四百年之久的激烈论辩,又使韩国性理学具有了重视人间性理之特色。

第一节　宋浚吉与其"四端七情"论

宋浚吉(字明甫,号同春堂,1606—1672 年)是 17 世纪韩国著名礼学家和政治家,同时亦是朝鲜朝中后期韩国性理学的主要代表人物之一。其本贯为恩津,谥文正。作为栗谷李珥的再传弟子,他在韩国儒学史上与同属畿湖学派的宋时烈(字英甫,号尤庵,1607—1689 年)并称为"两宋"先生,具有重要的历史地位和影响。宋浚吉身为畿湖学人还与以退溪李滉为宗匠的岭南学者保持密切联系,终汇诸家之长形成了颇具魅力的理论风格,为朝鲜朝礼学的形成以及性理学说的发展作出了贡献。本节拟从朱子、李珥和宋浚吉的思想之比较的视角,对其四七性理学说作一论述。

一、宋浚吉的理气论

理学家们大都把理气说作为其学说的基础和出发点。朱子虽主理气二分,却以理本论为哲学体系之核心。而且,"理"在朱子的哲学体系中具有多种含义和用法。比如天地万物存在之根据、事物运动变化之原因以及事物之内在规律等。另外,理又是仁义理智的总称(总名)。

李珥也同朱熹一样认为天地万物是由理和气构成。而且,他对理、气两概念还作了形上、形下的区别。李珥认为"天地万物之理,则一太极而已;其气,则一阴阳而已。其为气也,有大小焉"①。他还说过"理,形而上者也;气,形而下者也"②。可见其对理、气概念的认识并未超出朱子学的轨道。

李珥将"理"看作形而上之存有亦即宇宙的普遍法则和规律,使其既具事物法则规律之含义,又有伦理道德原理准则之意味。他曾说过:"对一阴一阳,天道流行,元亨利贞,周而复始,四时之错行,莫非自然之理也。"③盖以理为春夏秋冬周而复始之自然法则。又说过:"道学本在人伦之内,故于人伦尽其理,则是乃道学也。"④殆以理为人伦道德之准则。这与朱子对"理"概念的界定是基本相同的。

不过,在理、气两个概念的具体特性的认识上,李珥与朱子似乎又有所不同。这也是李珥为解决朱子所面临的理何以为万化之本的这一理论难题而进行的尝试。他将"理"理解为无形无为而又纯善的形而上之存有。"无形无为而为有形有为之主宰者,理也。"⑤而且,"理气无始,实无先后之可言。但推本其所以然,则理是枢纽、根柢,故不得不以理为先"⑥。不过这里需注意的是,在李珥理气论中,理与气是"浑沦无间,无先后、无离合"⑦的关系,不存在孰先孰后的问题。在他看来,理乃人与人、人与社会之间关系的道德基础。"朱子所谓'温和慈爱底道理者,即所谓爱之理也。'底字之字同一语意,何有不同

---

① 李珥:《寿夭策》,《栗谷全书》(二)《拾遗》卷5,首尔:成均馆大学校出版部1992年版,第558页。
② 李珥:《答成浩原》,《栗谷全书》(一)卷10《书》2,首尔:成均馆大学校出版部1992年版,第202页。
③ 李珥:《节序策》,《栗谷全书》(二)《拾遗》卷5,首尔:成均馆大学校出版部1992年版,第553页。
④ 李珥:《语录上》,《栗谷全书》(二)卷32,首尔:成均馆大学校出版部1992年版,第257页。
⑤ 李珥:《答成浩原》,《栗谷全书》(一)卷10《书》2,首尔:成均馆大学校出版部1992年版,第208页。
⑥ 李珥:《答成浩原》,《栗谷全书》(一)卷10《书》2,首尔:成均馆大学校出版部1992年版,第215页。
⑦ 李珥:《答成浩原·壬申》,《栗谷全书》(一)卷10《书》2,首尔:成均馆大学校出版部1992年版,第197页。

乎！大抵性即理也，理无不善。"①"理"作为慈爱之所以然的形而上本体乃纯善之存有。"夫理上不可加一字，不可加一毫修为之力，理本善也，何可修为乎？"②因此，在人的行为中合乎理的便是善，否则即为恶。相对于理的"无形"、"无为"、"纯善"之特性，气则具有"有形"、"有为"、"湛一清虚"之特性。

朱子主张气是有形与无形的统一。一方面，他认为"气聚成形"③，即有了气物才得以聚而成形(有形之物便是气)；另一方面，又认为天地之间存在无形之气，比如"声臭有气无形，在物最为微妙，而犹曰无之"④。

李珥则明确提出理无形而气有形。"气局者何谓也？气已涉形迹，故有本末也，有先后也。"⑤作为物质的、有形象的存在，气属于与本体界相对的现象界。理作为形而上之存有，其超越性、普遍性必须通过气来呈现和实现。"有形有为而无形无为之器者，气也。"⑥所以在李珥理气论中理与气是相互并举以显示其内涵的一对范畴。同时，气又具有"湛一清虚"性。李珥把气之本然状态解释为"湛一清虚"⑦或"湛然清虚"⑧的"浩然之气"。他说："气之本然者，浩然之气也。浩然之气，充塞天地，则本善之理，无少掩蔽。"⑨

李珥从其"理气之妙"的立场出发，认为不仅理具分殊性，而且气亦具分殊性。"一气运化散为万殊，分而言之，则天地万象各一气也；合而言之，则天地万象同一气也。"⑩由此而言，李珥的"理一之理"和"分殊之理"分别是依附

---

① 李珥：《答安应休》，《栗谷全书》(一)卷12《书》4，首尔：成均馆大学校出版部1992年版，第249页。
② 李珥：《答成浩原》，《栗谷全书》(一)卷10《书》2，首尔：成均馆大学校出版部1992年版，第209页。
③ 《性理二·性情心意等名义》，黎靖德编：《朱子语类》卷5，中华书局2004年版，第84页。
④ 《中庸章句》，朱熹：《四书章句集注》，中华书局1996年版，第40页。
⑤ 李珥：《答成浩原》，《栗谷全书》(一)卷10《书》2，首尔：成均馆大学校出版部1992年版，第209页。
⑥ 李珥：《答成浩原》，《栗谷全书》(一)卷10《书》2，首尔：成均馆大学校出版部1992年版，第208—209页。
⑦ 李珥：《答成浩原》，《栗谷全书》(一)卷10《书》2，首尔：成均馆大学校出版部1992年版，第209页。
⑧ 李珥：《圣学辑要》三，《栗谷全书》(一)卷21，首尔：成均馆大学校出版部1992年版，第468页。
⑨ 李珥：《答成浩原》，《栗谷全书》(一)卷10《书》2，首尔：成均馆大学校出版部1992年版，第209页。
⑩ 李珥：《天道策》，《栗谷全书》(一)卷14，首尔：成均馆大学校出版部1992年版，第310页。

或挂搭于"气一之气"和"分殊之气"的实理,作为气之本然者的浩然之气也是与"理"一样纯善之存有。而天地万物之所以千差万别,是因为气的有形有为之特性使其在时空的演化中出现了变异。

作为栗谷学派之嫡传的宋浚吉对朱子与栗谷皆十分推崇。他在进呈给国王的《写进春宫先贤格言屏幅跋》中便引了栗谷李珥的"道统之传,始自伏羲,终于朱子。朱子之后,又无的传"①一语,明确将朱子视为儒家道统的最后传人。同时,宋浚吉对李滉也表现出相当的尊敬。他在经筵侍讲时还多次引用李滉和郑经世(字景任,号愚伏,亦称为石㴢道人或松麓,1563—1632 年)等②岭南学者的言论进行讲解。他在晚年所作《记梦诗》中写道:"平生钦仰退陶翁,没世精神尚感通。此夜梦中承诲语,觉来山月满窗棂。"③表现出其洒脱不羁的治学风格。

在理气论方面,宋浚吉的学说大体承袭了其师沙溪金长生(字希元,号沙溪,1548—1631 年)的理论,后者被视为李珥的嫡传弟子。金长生 20 岁入李珥门下受学,后又从学于龟峰宋翼弼和牛溪成浑等人。

作为金长生的弟子,宋浚吉也用形上、形下来规定理、气两个概念。他对《易》大传"形而上者谓之道,形而下者谓之器"解释说"器即气也,道即理也,道器之分固如是"④。可谓径直以道器诠表理气。关于"理"与"道"的关系,程颐曾说过:"天有是理,圣人循而行之,所谓道也。"⑤宋浚吉亦以为然。在他看来,"道"和"理"同实而异名,皆具万理而无形无象。

对于理、气之界定,宋浚吉仍以"有形"、"无形"以及"有迹"、"无迹"为判分的标准。他说过:"气有形可见,故曰形而下。下者,指有形、有迹而言也。理于物无所不在,而无形可见、无迹可寻。故曰形而上。上者,超乎形迹之外,非闻见所及之谓也。"⑥

---

① 宋浚吉:《写进春宫先贤格言屏幅跋》,《国译同春堂集 2》卷 16,韩国民族文化推进会 1999 年版,第 127 页。
② 参见宋浚吉:《同春堂年谱》己丑,"庚申入 侍讲中庸及壬子,乙亥入 侍昼讲等",首尔:成均馆 1981 年版,第 45、71 页。
③ 宋浚吉:《同春堂年谱》"壬子,正月有记梦诗",首尔:成均馆 1981 年版,第 419 页。
④ 宋浚吉:《同春堂年谱》"己丑二十二年,乙亥入 侍昼讲",首尔:成均馆 1981 年版,第 70 页。
⑤ 程颐:《河南程氏遗书》卷第 21 下,《二程集》,中华书局 2004 年版,第 274 页。
⑥ 宋浚吉:《同春堂年谱》"壬子,乙亥入 侍昼讲",首尔:成均馆 1981 年版,第 71 页。

与其同时的宋时烈虽亦用形上、形下区分理气,但相比而言要较宋浚吉委婉一些。宋时烈有言:"所谓道者理也,所谓器者气也"①,他还说过"自人物之形象言之,其虚而能为所以然者是理,故谓之上。其经纬错综,能此形象者是气,故谓之下云尔"②。

宋浚吉的这一解释似乎更为合理而简明。不过,也易使人产生过甚其词之感。如其所言"子思既以一道字符串费隐说,道固形而上之理也,非杂以形而下之气也"。③就是明显的例子。在这一点上更近于退溪之学。栗谷之学强调的是理气之不离,亦即理与气的"一而二,二而一"的妙合关系。

在理气关系的问题上,宋浚吉仍以朱子和李珥的理气观为基础来解释理如何成为气之所以然。他认为"有是形必有是理",而且理之于物如"诗所谓有物有则者也"④。肯定了理对于气的主宰作用和意义。接着,宋浚吉还借体用这对范畴来说明理何以是物的"所以然"。他指出:"父子、君臣是形而下之器也,是物也。父而慈、子而孝、君而义、臣而忠是形而上之道也,是则也。慈孝义忠,此所谓理之当然者,所谓费也,用也。所以慈、所以孝、所以义、所以忠,此理之所以然者,至隐存焉,所谓体也。推之万事万物莫不皆然。"⑤宋浚吉进而以"理堕气中"解释理气如何生成万物。"理堕气中,气能用事,而化生万物。即所谓气以成形,理已赋焉者也。"⑥理与气是二物还是一物以及理为"实有之一物"还是"非别有一物"始终是困扰性理学家的理论难题,聚讼纷纭、莫衷一是。在这一问题上朱子的态度是既讲理气不相分离,还强调理与气"决是二物"。对此元代理学的重要代表人物吴澄(字幼清,号草庐,1249—1333 年)则提出"非别有一物"说,对朱子理气论从理论结构上作出了重要修正。吴澄以为"理者非别有一物,在气中只是为气之主宰者即是。无理外之

---

① 宋时烈:《答朴景初(癸丑)》,《宋子大全》卷 113,《韩国文集丛刊》112,韩国民族文化推进会 1993 年版,第 64 页。
② 宋时烈:《答李汝九(癸丑)》,《宋子大全》卷 90,《韩国文集丛刊》111,韩国民族文化推进会 1993 年版,第 185 页。
③ 宋浚吉:《同春堂年谱》"己丑二十二年,乙亥入　侍昼讲",首尔:成均馆 1981 年版,第 71 页。
④ 宋浚吉:《同春堂年谱》"己丑二十二年,乙亥入　侍昼讲",首尔:成均馆 1981 年版,第 71 页。
⑤ 宋浚吉:《同春堂年谱》"己丑二十二年,乙亥入　侍昼讲",首尔:成均馆 1981 年版,第 71 页。
⑥ 宋浚吉:《同春堂年谱》"己丑二十二年,乙亥入　侍昼讲",首尔:成均馆 1981 年版,第 71 页。

气,亦无气外之理。人得天地之气而成形,有此气即有此理。"①他否定理的实体性,强调理只是气之条理和规律。于此也可看出,在理的问题上朱子后学中已出现"去实体化"的转向。② 此后被世人称为"朱学后劲"的罗钦顺则明确提出"理气一物"说。"理只是气之理,当于气之转折处观之。往而来,来而往,便是转折处也。夫往而不能不来,来而不能不往,有莫知其所以然而然,若有一物主宰乎其间而使之然者,此理之所以名也。'易有太极',此之谓也。"③整庵指出理并不是形而上的实体,而只是气之运动的条理或规律。他大胆宣称:"仆从来认理气为一物。"④朱子后学的这一理论动向也深刻影响了朝鲜半岛性理学家。如前文所述,《困知记》传入韩国后,李滉即从述朱之立场出发特地撰写《非理气为一物辩证》一文以驳整庵异说。他尖锐指出罗氏的"理气一物"说是"于大头脑处错了"⑤。李珥对罗氏学说的评价则稍有不同:"整庵则望见体,而微有未尽莹者,且不能深信朱子,的见其意。而其质英迈超卓,故言或有过当者微涉于理气一物之病,而实非理气为一物也,所见未尽莹故言,或过差耳。"⑥不管怎样,李滉和李珥皆反对"理气一物"说,而以朱子之理气"不离不杂"、"决是二物"为不刊之论。

宋浚吉亦追随其后而以理气为二物,从他维护李珥学说之立场中便可概见。宋浚吉以为"稷乃谓其(指栗谷——引者注)学以理气为一物,不以可笑可哀之甚乎。邪说肆行而莫之禁,则其眩乱注误,将至惑一世之人,其为祸岂不下于洪水猛兽哉"⑦。

朱子理气说的二元论结构必然会面对理气先后、理同气异、理气聚散等难以解答之问题。对此理论困境,李珥提出"理气之妙"说以为解释这些问题的

① 黄宗羲:《草庐学案》,《宋元学案》卷 92,《黄宗羲全集》第 6 册,浙江古籍出版社 1992 年版,第 574 页。
② 参见陈来:《诠释与重建——王船山的哲学精神》,北京大学出版社 2004 年版,第 396—397 页。
③ 罗钦顺:《困知记》续卷上,中华书局 2013 年版,第 89 页。
④ 罗钦顺:《与林次崖金宪》(辛丑秋),《困知记》附录,中华书局 2013 年版,第 196 页。
⑤ 李滉:《答洪应吉》,《退溪全书》(一)卷 13,首尔:成均馆大学校大东文化研究院 1985 年版,第 348 页。
⑥ 李珥:《答成浩原》,《栗谷全书》(一)卷 10《书》2,首尔:成均馆大学校出版部 1992 年版,第 214 页。
⑦ 宋浚吉:《浦渚赵公谥状》,《国译同春堂集 3》卷 22,韩国民族文化推进会 2001 年版,第 135 页。

理论基础。

宋浚吉则在继承朱子和李珥理气观同时,还对他们理气为二物的思想作了如下总结:"若以有形无形言,则器与道为二物;以在上在下言,亦为二物。须如此说方见得即形理在其中,道与器不相分。"①继"理堕入气"说,宋浚吉又提出理气"妙合而凝"说。他写道:

> 廉溪所谓阴阳一太极,即所谓器即道也。《性理群书》注错误处甚多,至或不成文理,而此条所释精粗本末则无误矣。若依李珥说,则精粗本末之下,当着吐也。若然则释阴阳太极,不成说话矣。盖大而莫能载,小而莫能破者,无非器也,而理无所不在。子思所谓费而隐,子夏所谓孰先传焉,孰后倦焉。程子所谓洒扫应对,是其然,必有所以然。与来示所引朱子语皆一义也。理固如此,本无可疑,但此所谓精粗本末无彼此一句,分明是贴阴阳太极字说,以为理与气无彼此耳。非泛论气有精粗本末也,如何。幸更细思之,先贤说话横说、竖说,各有攸当,最忌相牵强合作一说……按妙合云者,理气本浑融无间也。此乃理气混合无间隔也,乃阴静时也。凝者,聚也,气聚而成形也。此乃阳动成形时也。②

对于理气妙合而凝,宋浚吉进一步解释道:妙合与凝是两项事,而《性理群书》注把妙合与凝合为一项事不符合朱子本意。他还以为《性理群书》注解把"妙合而凝"解释为妙于凝合无间断是有所未稳。"无间断也。间断字,恐未稳,以间隔释之,则未知如何。"③对于理气"浑融无间"思想,李珥总结前人关于理气关系的论述时也曾提出过,曰:"理气浑然无间,元不相离,不可指为二物。"④但是,李珥并未对"无间"一词作出进一步的解释。宋浚吉则将"无间"释为"无间隔",表明他对名言的义理分际异常敏感。理气"浑融无间"说,是"理堕入气"说的有益的补充。

---

① 宋浚吉:《上愚伏郑先生》,《同春堂集·别集》卷3,《国译同春堂集4》,韩国民族文化推进会2003年版,第89页。

② 宋浚吉:《上愚伏郑先生》,《同春堂集·别集》卷3,《国译同春堂集4》,韩国民族文化推进会2003年版,第89—90页。

③ 宋浚吉:《上愚伏郑先生》,《同春堂集·别集》卷3,《国译同春堂集4》,韩国民族文化推进会2003年版,第90页。

④ 李珥:《圣学辑要》二,《栗谷全书》(一)卷20,首尔:成均馆大学校出版部1992年版,第456页。

此"浑融无间"说似有类于明代理学家薛瑄(字德温,号敬轩,1389—1464年,谥文清,河东学派的缔造者)的理气"无缝隙"说。薛氏以理如日光、气如飞鸟之喻说明气有聚散而理无运动。结果还是理气看成有"缝隙"的。对于"堕入"说,罗钦顺批评道:"夫既以堕言,理气不容无罅缝矣。"①因为"堕入"一词本身隐含着理堕入气之前,理同气是被分隔着的意思。② 尽管宋浚吉对理气"浑融无间"作了精心的解释和字面上的调整,但还是很难用这一主张来圆满解释理同气异、理气聚散的问题。

于是宋浚吉援引了李珥的"理通气局"说,并对此说给予了极高的评价。

> (李珥)至于理通气局之论,发先贤所未发。形状理气本体,直接分明,可以开悟后学于百世。非其学问精旨超特绝出于人者,安能及此。谓理通气局,则其分别理气,可谓极明白矣。③

"理通气局"说是栗谷为回答理同气异问题而提出。关于"理通气局"这一命题,李珥认为"理通气局四字,自谓见得,而又恐读书不多,先有此等言,而未见之也"④。尽管佛教华严宗有理事通局之说,但是以"理通气局"四字表述理气同异、理气聚散却是李珥的独见。虽然其思想也受到程伊川的"理一分殊"和朱子的"理同气异"思想的影响,但这一命题的提出更多缘于李珥对"气发理乘"思想之发挥。因此,在其文章中"理通气局"说往往与"气发理乘"说相互对举——如,"理无形而气有形,故理通而气局;理无为而气有为,故气发而理乘"⑤。

由上所述,在理气论方面宋浚吉承接朱子和李珥之说认为,世界万物皆由理与气构成。而且,在理、气两个概念的规定上也大体追随了栗谷的学说。他比李珥更强调道器之分别和理的"无迹、超乎形迹"之特性。在这一点上,宋浚吉似乎具有某种折中李滉与李珥理气说之倾向,其作为主气论学者的理论

---

① 罗钦顺:《困知记》卷上,中华书局2013年版,第10页。
② 参见陈来:《诠释与重建——王船山的哲学精神》,北京大学出版社2004年版,第400—401页。
③ 宋浚吉:《浦渚赵公谥状》,《国译同春堂集3》卷22,韩国民族文化推进会2001年版,第135页。
④ 李珥:《答成浩原》,《栗谷全书》(一)卷10《书》2,首尔:成均馆大学校出版部1992年版,第208页。
⑤ 李珥:《答成浩原》,《栗谷全书》(一)卷10《书》2,首尔:成均馆大学校出版部1992年版,第209页。

特色并不明显。若对宋浚吉理气说作一概括的话,可以说其理论主要由"理堕气中"说、"理气浑融无间"说、"理通气局"说组成。三者在其学说中互为补充,共同构成一个较为合理的理论系统。但其对"理"的理解方面仍未超出传统的内在实体说之藩篱。

二、宋浚吉的"四端七情"论

前已述及,"四端七情"之辨是朝鲜朝性理学的中心论题之一。朝鲜朝前期性理学家们在探讨这一问题的过程中,先是围绕理气之"发"产生了歧义。

李滉在手订郑之云的《天命图说》过程中,将"四端发于理,七情发于气"改为"四端理之发,七情气之发"。奇大升则从自己的"理气浑沦"思想出发,对李滉之说提出了质疑。他指出:"就理气妙合之中而浑沦言之,则情固兼理气有善恶矣。"[1]在奇氏看来,所谓四端七情,"所就以言之者不同,故有四端七情之别有,非七情外复有四端也"[2]。四端虽为纯粹的天理之所发,但只是发乎七情中的苗脉而已。理气虽然有所分别(理为气之主宰、气为理之质料),但在具体事物中却混沦不可分开。

> 夫理,气之主宰也;气,理之材料也。二者固有分矣。而其在事物也,则固混沦而不可分开。但理弱气强,理无眹而气有迹,故其流行发见之际,不能无过不及之差,此所以七情之发,或善或恶,而性之本体或有所不能全也。然其善者,乃天命之本然;恶者,乃气禀之过不及也。则所谓四端、七情,初非有二义也。[3]

奇氏认为四端与七情皆是情,其间并无截然之别,所以二者不可分理气而论。其观点无疑与朱子的看法更为接近。

对于奇氏的质疑,李滉答复说先儒的确未将四端和七情分属理气进行探讨,而理与气在具体生成的过程中也确实不可分离,但二者因其所就以言之者

---

[1] 奇大升:《高峰答退溪论四端七情书》,《两先生四七理气往复书上篇》卷1,《高峰集》第三辑,韩国东洋哲学会1997年版,第106页。

[2] 奇大升:《两先生四七理气往复书上篇》卷1,《高峰集》第三辑,韩国东洋哲学会1997年版,第102页。

[3] 奇大升:《两先生四七理气往复书上篇》卷1,《高峰集》第三辑,韩国东洋哲学会1997年版,第102页。

不同有必要分别而论。他在回信中讲道：

> 性情之辩，先儒发明详矣。惟四端七情之云，但俱谓之情，而未见有以理气分说者焉……夫四端，情也，七情亦情也。均是情也。何以有四七之异名耶？来喻所谓"所就以言之者不同"是也。盖理之与气，本相须以为体，相待以为用，固未有无理之气，亦未有无气之理。然而所就而言之不同，则亦不容无别。从古圣贤有论及二者，何尝必滚合为一说而不分别言之耶？①

李滉进而指出情有四端七情之别亦犹性有本然气禀之异。性既然可以分理气来说，情为什么就不能分理气而言呢？他认为由于四端、七情所从来各有不同，所以可分别从主理和主气的角度分而言之。"故愚尝妄以谓情之有四端七情之分，犹性之有本性、气禀之异也。然则其于性也，即可以理气分言之；至于情，独不可以理气分言之乎？"②最后他把自己的观点归纳为"四端理发而气随之，七情气发而理乘之"——此即"理气互发"说。而奇氏之说则被称为"理气共发/理气兼发"说。

与理气之"发"问题相关的另一论题为"主理"、"主气"之分的问题。李滉有言："大抵有理发而气随之者，则可主理而言耳，非谓理外于气，四端是也。有气发而理乘之者，则可主气而言耳，非谓气外于理，七情是也。"③

其实，李滉、李珥等人也并非不知朱子理气"不离不杂"之义。李滉就说过："理与气本不相杂，而亦不相离。不分而言，则混为一物，而不知其不相杂也。不合而言，则判为二物，而不知其不相离也。"④李珥亦有理气"既非二物，亦非一物"之说。比较而言李滉着重于理气之"不杂"义，而李珥则强调理气之"不离"义。两人在理气观上的差异，直接造成在四七理气论问题上的不同理解。

---

① 李滉：《答奇明彦·论四端七情第一书》，《退溪全书》（一）卷16，首尔：成均馆大学校大东文化研究院1985年版，第405—406页。

② 李滉：《答奇明彦·论四端七情第一书》，《退溪全书》（一）卷16，首尔：成均馆大学校大东文化研究院1985年版，第406页。

③ 李滉：《改本》，《退溪全书》（一）卷16，首尔：成均馆大学校大东文化研究院1985年版，第419页。

④ 李滉：《论理气》，《退溪全书》（四）《言行录》卷4，首尔：成均馆大学校大东文化研究院1985年版，第218页。

　　李珥从其"理气之妙"的思想出发不同意李滉的"理气互发"说，转而支持奇大升的观点。他曾说过："朱子之意亦不过曰：四端专言理，七情兼言气云尔耳。非曰四端则理先发，七情则气先发也。退溪因此立论曰：四端理发而气随之，七情气发而理乘之。所谓气发而理乘之者可也，非特七情为然，四端亦是气发理乘之也。"①李珥一方面批评李滉未能真正理会朱子之本意，另一方面又主张不仅七情就连四端也是"气发理乘"。

　　李珥对李滉理论的批评，遭到成浑的辩难。于是，继"退、高之辩"李珥和成浑之间又展开了长达六年的第二次四七大论辩。成浑基本上支持李滉的观点。他指出："今为四端七情之图，而曰发于理、发于气，有何不可乎！理与气之互发，乃为天下之定理，而退翁所见亦自正当耶？"②进而坦言："愚意以为四、七对举而言，则谓之'四发于理，七发于气'可也。"③可见，成氏倾向于肯定李滉的"理气互发"之说。

　　李珥同成浑围绕四七人心道心问题进行的数年论辩中，始终坚持其"气发理乘一途"说。在他而观，对"四七理气"之发问题的解释只能是"气发理乘"。李珥有言："今若曰'四端理发而气随之，七情气发而理乘之'，则是理、气二物，或先或后，相对为两歧，各自出来矣。"④进而举例说："所谓气发而理乘之可也，非特七情为然，四端亦是气发而理乘之也。何则？见孺子入井，然后乃发恻隐之心，见之而恻隐者，气也。此所谓'气发'也。恻隐之本，则仁也，此所谓'理乘之'也。非特人心为然，天地之化无非气发而理乘之也。"⑤可见，依其之见四端与七情均为"气发理乘"。

　　在"四端七情"说上，宋浚吉基本接受了李珥的主张。《同春堂年谱》中有

---

① 李珥：《答成浩原·壬申》，《栗谷全书》（一）卷10《书》2，首尔：成均馆大学校出版部1992年版，第198页。

② 成浑：《附问书》，《答成浩原·壬申》，《栗谷全书》（一）卷10《书》2，首尔：成均馆大学校出版部1992年版，第200页。

③ 成浑：《附问书》，《答成浩原·壬申》，《栗谷全书》（一）卷9《书》1，首尔：成均馆大学校出版部1992年版，第193页。

④ 李珥：《答成浩原·壬申》，《栗谷全书》（一）卷9《书》1，首尔：成均馆大学校出版部1992年版，第193页。

⑤ 李珥：《答成浩原·壬申》，《栗谷全书》（一）卷10《书》2，首尔：成均馆大学校出版部1992年版，第198页。

如下的记述：

> 尤庵先生曰："日知皆扩充之说，李滉、李珥之见不同矣。"先生（指宋浚吉——引者注）曰："非但此也，四端七情之论亦不同。国初权近始发此论，其后郑之云作《天命图》而祖是说。李滉之言本于此，而有四端理发气乘，七情气发理乘之语。故李珥作书以辨之。"上曰："分言理气，何也。"对（按：宋浚吉）曰："此李珥所以为未安者也。四端只是拈出七情之善一边而言，不可分两边对说。若论气发理乘之，则不但七情而四端亦然。大抵人心必有感而后发，发之者气也，所以发者理也，无先后无离合，不可道互发也。"①

前已论及，权近（字可远，号阳村，1352—1409 年）是一位朝鲜朝初期颇有影响力的性理学家，郑之云、李滉等人的很多思想端绪皆可从其性理学说中找到理论依据。所以宋浚吉认为正是权氏的学说开了"四七"论之先河。文中宋浚吉在讲述李滉与栗谷四七理论之不同时也阐明了自己的立场。宋浚吉认为在"四端七情理气"之发问题上不能以分言理气的方式来解释四端与七情。气是发之者，而理则为所以发者——四端只是七情之中的纯善者。

> 夫孟子之言四端，所以明人之可以为善也。故特举情之善一边言之，非谓四端之外更无他情也。若人情只有四端，更无不善之情则人皆为圣人也，故四端只拈出情之善者而言也。《记》曰："何谓人情？喜、怒、哀、惧、爱、恶、欲。"七者，即人情善恶之总称。七情中之恶者，与四端为对则可。若以四端与七情相对则不可。李滉四七相对之论，虽因权近旧说，而未免失于照勘。义理天下之公也，学者穷格之功，只求义理之所在。若心有所疑而不为辨析，则此理终晦而不明矣。昔程子作易传，乃竭一生之精力，而朱子指其差吴处甚多。饶鲁、陈栎等至有愿为朱子忠臣，不愿为朱子佞臣等语，虽程朱之说，或未免有可疑处。况李滉之言，何可谓尽无差处乎。今以此为李珥之疵，其无识甚矣。李珥四七书，识见之超迈，言论之洞快，前古诸儒罕有及者。②

---

① 宋浚吉：《同春堂年谱》"戊戌十一年，己卯入　侍召对"，首尔：成均馆 1981 年版，第 213 页。
② 宋浚吉：《浦渚赵公谥状》，《国译同春堂集 3》卷 22，韩国民族文化推进会 2001 年版，第 134—135 页。

在宋浚吉看来,四端与七情并非"二情",二者是"七包四"的关系也就是说七情作为人类情感之总称内在包含四端。他明确反对李滉将二者并立为二物的思想。

在谈论李滉与李珥理气说之不同时,他还对"气发理乘"说作了进一步的解释。

> 盖退溪先生论四端七情云:"四端理发而气随之,七情气发而理乘之。"栗谷先生辨之甚详。无虑数十百言,其大意曰"发之者气也,所以发者理也。非气则不能发,非理者无所发。所谓气发理乘之者,非特七情为然,四端亦然云云"。先师(指金长生——引者注)常以栗谷之说为从。非特先师之见为然,外舅氏(指郑经世——引者注)之见亦然。弟常问之曰:"退溪、栗谷理气说不同,后学将何所的从。"答:"恐栗谷说是。试以吾身验之,如入家庙则心便肃然,是敬畏之发也。而即其肃然者,乃气也云云。"至今言犹在耳……栗谷此论真可谓百世以竢而不惑,使退陶而复作,亦必莞尔而笑。①

宋浚吉的岳父愚伏郑经世是当时岭南学派的主要代表人物。宋氏引愚伏为同调以为"气发理乘"论张目。他还试图说服其他退溪门人接受这一观点。

朱子也认为四端和七情皆为性之所发的情感。他在《孟子集注》中讲道:"恻隐、羞恶、辞让、是非,情也。仁、义、礼、智,性也。心,统性情也。端,绪也。因其情之发,而性之本然可得而见,犹有物在中而绪见于外也。"②宋浚吉对四端也有自己的解释。"有诸内而形诸外者,谓之端也。人心本善,于此可见。"③在宋浚吉看来,四端乃有诸内而形诸外者,属于已发之情——但又根于仁、义、礼、智而为人性之善。对于"性"、"理"之关系他解释道:"大抵性字从心从生,与理字不同。理堕在气中者,方谓之性。故曰'性即理也'。盖谓在人之性,即在天之理也。"④

在四端中,宋浚吉特别重视恻隐之心。他在与愚伏先生的信中提到"心

① 宋浚吉:《答郑景式景华》,《国译同春堂集2》卷12,韩国民族文化推进会1999年版,第52—53页。
② 《孟子·公孙丑上》,朱熹:《四书章句集注》,中华书局1996年版,第238页。
③ 宋浚吉:《同春堂年谱》"戊戌十一年,己卯入　侍召对",首尔:成均馆1981年版,第213页。
④ 宋浚吉:《上愚伏郑先生》,《同春堂集·别集》卷3,《国译同春堂集4》,韩国民族文化推进会2003年版,第90页。

生道也,有是心,斯具是形。恻隐之心,心之生道也。"①宋浚吉强调"恻隐之心"在四端中的统摄作用。"人无恻隐之心,便是死物,犹鱼之不得水则不生也……恻隐便是初动时,才动便见三者之分界。如春不生则夏不长,秋不收而冬无所藏矣。此可见恻隐统四端也。古人观庭草庐鸣以体仁,此是天机流动活泼泼地也。"②可见,他将"恻隐之心"视为了人之所以为人的根本特性。

不仅如此,宋浚吉还对仁、义、礼、智作了如下论述:

> 夫仁礼属于阳,义知属于阴,而阳德健、阴德顺,健顺五常乃人之所同得。而并言物者,凡物亦自得其一端,如虎狼之仁、蜂蚁之义皆是。故谓之各得其所赋之理也。③

此段引文不无泛性善论之意味,而其论说基础正是李珥的"理通气局"思想。由此可见朝鲜朝后期"人物性同异论"论辩之理论端绪。

宋浚吉对李滉与李珥的四端七情说详论其异同。他指出李滉之误,而对李珥"气发理乘"之思想则颇为推重。尽管宋浚吉在理气概念的界定和理气关系的理解上有折中二李之倾向,但从其四七理气论中还是可以明显感觉到畿湖派(主气论)的为学性格。

三、宋浚吉的"人心道心"论

对性情善恶及人心道心问题的讨论可以视作四端七情问题在更深层次的展开。作为朱子学的重要论题,人心道心问题与公私、理欲之探究皆有密不可分之关系。

二程认为人心与人欲相联,而道心则与天理相通。伊川有言:"'人心',私欲也;'道心',正心也。'危'言不安,'微'言精微。惟其如此,所以要精一。'惟精惟一'者,专要精一之也。精之一之,始能'允执厥中',中是极至处。"④明道则曰:"人心惟危,人欲也;道心惟微,天理也。"⑤伊川遂将"道心"

---

① 宋浚吉:《上愚伏郑先生》,《同春堂集·别集》卷3,《国译同春堂集4》,韩国民族文化推进会2003年版,第90页。
② 宋浚吉:《同春堂年谱》"戊戌十一年,己卯入　侍召对",首尔:成均馆1981年版,第213页。
③ 宋浚吉:《同春堂年谱》"己亥三十二年,辛巳入　侍昼讲",首尔:成均馆1981年版,第258页。
④ 程颢、程颐:《二程集》,中华书局2004年版,第256页。
⑤ 程颢、程颐:《二程集》,中华书局2004年版,第126页。

和"人心"对立起来,以前者为正而以后者为邪。在他看来,唯有用"精一"功夫护持"道心",才能令其不被"人心"扰乱。"人心私欲,故危殆;道心天理,故精微。灭私欲则天理明矣。"①职此之故,伊川明确主张存天理以灭人欲。

朱子也说过:"所谓'人心惟危,道心惟微,惟精惟一,允执厥中'者,尧、舜、禹相传之密旨也。"②他将十六字心传视为古圣相传之"道"。朱子是这样理解分人心、道心之异的:"此心之灵,其觉于理者,道心也;其觉于欲者,人心也。"③他进而说明:"只是这一个心,知觉从耳目之欲上去,便是人心;知觉从义理上去,便是道心。"④"道心"为根于义理之正,而"人心"则根于耳目之欲。

仅就已发、未发而论,则人心道心皆属于已发,这一点上李珥也与朱子所见略同。但是朱子主张二者皆发自"一心",李珥主张二者发自"一性"。那么,人何以会有人心、道心两种不同的知觉?朱子认为"心之虚灵知觉,一而已矣。而以为有人心道心之异者,则以其或生于形气之私,或原于性命之正,而所以知觉者不同。是以或危而不安,或微妙而难见耳"⑤。这就是朱子独到的解释。他还纠正了伊川的说法,提出人心并非皆"恶"。"若说道心天理,人心人欲,却是有两个心。人只有一个心,但知觉得道理底是道心,知觉得声色臭味底是人心……'人心,人欲也',此语有病,虽上智不能无此,岂可谓全不是。"⑥朱子在一定意义上肯定了人的生存欲求和生理欲望的合理性。在他看来,"大抵人心、道心只是交界,不是两个物"⑦。朱子虽然提出人心道心相分,却主张二者"不可作两物看,不可于两处求也"⑧。可见,在朱子哲学中人心道心问题虽与天理人欲问题相对应,但不似后者那样显得十分紧张。

李珥则继承朱子的学说并加以发挥,提出了"人心道心不能相兼而相为终始"的说法。

> 今人之心,直出于性命之正,而或不能顺而遂之,间之以私意,则是始

---

① 程颢、程颐:《二程集》,中华书局 2004 年版,第 312 页。
② 朱熹:《朱子全书》(21),上海古籍出版社、安徽教育出版社 2002 年版,第 1586 页。
③ 《中庸一·章句序》,黎靖德编:《朱子语类》卷 62,中华书局 2004 年版,第 1487 页。
④ 《尚书一·大禹谟》,黎靖德编:《朱子语类》卷 78,中华书局 2004 年版,第 2009 页。
⑤ 朱熹:《中庸章句》,《四书章句集注》,中华书局 1996 年版,第 14 页。
⑥ 《尚书一·大禹谟》,黎靖德编:《朱子语类》卷 78,中华书局 2004 年版,第 2010 页。
⑦ 《尚书一·大禹谟》,黎靖德编:《朱子语类》卷 78,中华书局 2004 年版,第 2015 页。
⑧ 朱熹:《朱子全书》(21),上海古籍出版社、安徽教育出版社 2002 年版,第 1397 页。

　　以道心,而终以人心也。或出于形气,而不咈乎正理,则固不违于道心矣;

　　或咈乎正理,而知非制伏,不从其欲,则是始以人心,而终以道心也。①

这是基于"意"的商量计较作用的,人心道心可互为转变、转换的理论。因此李珥认为人心道心可以相互转换,因而不能将其判然两分。

　　对于人心道心与四端七情的差异,李珥指出:"心一也,而谓之道、谓之人者,性命形气之别也。情一也,而或曰四或曰七者,专言理、兼言气之不同也。是故人心道心不能相兼而相为终始焉,四端不能兼七情而七情兼四端。道心之微,人心之危,朱子之说尽矣。四端不如七情之全,七情不如四端之粹,是则愚见也。"②人心道心之名源于性命形气之别,四端七情则与此不同——后者之区别是专言理、兼言气之不同。四端属于七情之善的一类,故而七情可兼四端。而人心与道心因含对比之意,所以无法相兼而只能互为始终。

　　不过,李珥认为"道心纯是天理故有善而无恶,人心也有天理也有人欲,故有善有恶。"③他肯定了人心亦有善的层面,此为李珥对李滉学说的有益补充。我们知道李滉以"理贵气贱"为据将人心等同人欲,进而将人欲归之为"恶"。

　　宋浚吉的"人心道心"说大体亦接续朱子、李珥之思路而讲。在他看来,"朱子之序,历叙上古圣王道统之传,'危微精一'十六字,实万世心学之渊源"④。宋浚吉以为"人心修之便是道心,自道心放出便是人心"⑤,他很注意二者的相互转换性。及至晚年特别强调气之发用时的省察功夫,要求对人心时时严加防范。"深加省察如有一念之差用,力速去焉。"⑥至于人心与道心的不同,宋浚吉解释道:"心之本体而言,未发之前理为主,既发之后气用事。周

---

① 李珥:《答成浩原·壬申》,《栗谷全书》(一)卷9《书》1,首尔:成均馆大学校出版部1992年版,第192页。

② 李珥:《答成浩原·壬申》,《栗谷全书》(一)卷9《书》1,首尔:成均馆大学校出版部1992年版,第192页。

③ 李珥:《人心道心图说》,《栗谷全书》(一)卷14《说》,首尔:成均馆大学校出版部1992年版,第282页。

④ 宋浚吉:《同春堂年谱》"己丑,庚申入　侍讲中庸",首尔:成均馆1981年版,第45页。

⑤ 宋浚吉:《同春堂年谱》"己亥三十二年,辛巳入　侍昼讲",首尔:成均馆1981年版,第258页。

⑥ 宋浚吉:《同春堂年谱》"戊申四十一年,十一月己亥入　侍召对",首尔:成均馆1981年版,第376页。

子云诚无为几善恶,此人心道心分歧处也。"①这表明他同样以已发、未发来区分人心与道心。

宋浚吉之"人心道心"说的主要特色在于其"心"论。首先,他强调"心"之虚灵知觉性,而且对"虚灵知觉"也有独到的理解。《年谱》中记云:"上御养心阁。侍读官金万重讲文义曰:'虚灵心之体,知觉人之用也'。先生曰:'此言误矣。虚灵知觉皆心之体也。其曰具众理应万事者,具众理体也,应万事用也。'"②虚灵知觉性指的是心具有不受先见左右的能动知觉之特性。宋浚吉强调知觉是体而非用,颇有个人之体悟。

其次,宋浚吉强调心之易动性。"道之浩浩何处下手用力之方,无逾于庄敬自持。真氏之言实为明白精切。每侍先王讲此书,未尝不反复咏叹于此。夫人之一心易流而难制,外貌斯须不庄不敬,则心便至于放逸矣。"③既然人心易流而难制,那么如何使其保持清明之体呢? 宋浚吉主张要去"物欲","心无物欲以蔽之,则清明之体自然呈露矣。"④

再次,在宋浚吉的学说中"心"多次被描述为"活物",比朱子之心更具活动性。"人心是活物。终不得不用,既不用于学问,则其所用不过宦官宫妾变嬖戏玩之事而已。"⑤这一点上与其同时代的尤庵宋时烈所见略同。宋时烈说过:"盖朱子之意,以人心道心,皆为已发者矣。此心为食色而发,则是为人心,而又商量其所发,使合乎道理者,则为道心。其为食色而发者,此心也。商量其所发者,亦此心也。何可谓两样心也? 大概心是活物,其发无穷,而本体则一,岂可以节制者为一心,听命者又为一心。"⑥从"心是活物"、"其发无穷"等论说中,可以看出韩国主气论学者的"心"论特色。

朱子的"心"是一身之主宰,赅备体用,兼摄形上之性理与形下之情气。如果说"一心"具众理乃其体,那么应万事者则其用;如果说寂然不动者乃其

---

① 宋浚吉:《同春堂年谱》"乙巳三十八年,癸亥 侍召对",首尔:成均馆1981年版,第376页。
② 宋浚吉:《同春堂年谱》"辛卯入 侍召对夕义入 侍",首尔:成均馆1981年版,第374页。
③ 宋浚吉:《同春堂年谱》"乙巳三十八年,乙丑入 侍召对",首尔:成均馆1981年版,第341页。
④ 宋浚吉:《同春堂年谱》"乙巳三十八年,丙寅入 侍召对",首尔:成均馆1981年版,第341页。
⑤ 宋浚吉:《同春堂年谱》"甲辰三十七年,上疏辞兼论 君德",首尔:成均馆1981年版,第325页。
⑥ 宋时烈:《答李汝九(庚戌)》,《宋子大全》卷90,《韩国文集丛刊》111,韩国民族文化推进会1993年版,第178页。

体,那么感而遂通者则其用。其"一心"实际上涵盖形上、形下两层,既是超越层面的本然之心,又是经验层面的实然之心。此"心"一体两面,既存有又活动。实然形下的"心"具有活动作用的能力,由此体现超越形上之"心",但又不是禅宗的"作用见性"。① 在宋浚吉的心性论中,"心"更多是指实然形下之"心",而又不同于阳明学所讲的一颗活泼泼的心。此一心论在工夫上有一特点,就是较为重视"志"的导向。"志"为"心之所之",使"心"全副地趋向一个目的,决然必欲得之——所以特别强调"立志"之重要性。② 宋浚吉亦是如此。他曾说过:"愿殿下勿以臣言为迂,必须立此大志焉。立志坚定,然后道统可继,治化可成矣。"③还说过:"诚能奋发大志,则何事不可做乎。"④

最后,宋浚吉对诸儒"心"论作了个概括:"圣贤论心不同有如此处,有如彼处。有从那边用工者,有从这边用工者,其归未尝不一。所谓从一方入,则三方入处皆在其中。"⑤这段话是宋浚吉向朝鲜国王讲解《心学图》时,针对李滉与李珥所论之不同而发的议论。从文义中我们可以看出他对李滉与李珥的心论都有精深的了解。

在"人心道心"论方面,宋浚吉亦有极高的造诣。据《年谱》上曰:"讲心经。先生(指宋浚吉——引者注)于人心道心之辨,毫分缕析援据详尽。上叹曰:'晓喻诚切也。'"⑥但从现存的文献中我们很难发现这方面的系统论述。材料的欠缺实是一件十分遗憾的事情。

以上是从比较的角度对宋浚吉的理气说、"四端七情"说以及"人心道心"说作了简要论述。可以看出,在理气二物之分判上宋浚吉和李珥相比虽有过甚之感,却大体不出李珥"理通气局"之藩篱。而在"四端七情理气"之发问题上,宋浚吉则特别重视李珥的"气发理乘"说。至于"人心道心"说,宋氏的理论特色在于对朱子所言实然之"心"的强调。

---

① 参见郭齐勇:《朱熹与王夫之的性情论之比较》,《文史哲》2001 年第 3 期。
② 参见郭齐勇:《朱熹与王夫之的性情论之比较》,《文史哲》2001 年第 3 期。
③ 宋浚吉:《同春堂年谱》"己亥三十二年,庚辰入 侍昼讲",首尔:成均馆 1981 年版,第 257 页。
④ 宋浚吉:《同春堂年谱》"乙巳三十八年,五月丙戌旨 行宫即被赐对",首尔:成均馆 1981 年版,第 329 页。
⑤ 宋浚吉:《同春堂年谱》"己巳三十八年,癸亥入 侍召对",首尔:成均馆 1981 年版,第 336 页。
⑥ 宋浚吉:《同春堂年谱》"己巳三十八年,癸亥入 侍召对",首尔:成均馆 1981 年版,第 336 页。

第二节　宋时烈与其"四端七情"论

宋时烈是 17 世纪韩国性理学的主要代表人物之一,他一生推尊朱子与李珥,穷研性理,为朝鲜朝性理学、义理学、礼学的发展作出了重要贡献。本节主要通过其理气论的分析,来探讨宋时烈的四端七情理论之特色。

一、宋时烈的理气论

理与气的关系问题是理学的基本问题,因而理气论在性理学家的思想体系中总是占有极其重要的地位。

作为栗谷学派之嫡传,宋时烈对朱子与栗谷推崇有加。他曾说过:"窃念孔圣以来,集群儒之大成,唯晦庵夫子,则后学之所依仿,无小大巨细,当一于是矣。"[1]还说过:"盖吾东理学,至栗谷而大明。栗谷以前,虽如晦斋之贤,其学如此。"[2]

在性理学方面宋时烈与朱子、李珥一脉相承,主张世界万物皆由理与器构成而二者有形上、形下之区分。"凡物之有形者,皆有理气。所谓道者理也,所谓器者气也。"[3]那么,理气又如何落实于人物之上?宋时烈认为"自人物之形象言之,其虚而能为所以然者是理,故谓之上。其经纬错综,能此形象者是气,故谓之下云尔"[4]。

宋时烈在理、气两个概念的规定上,也追随李珥否定理之发用性,从而肯定气之运动性。在他看来,"理是,无情意、无造作底物事",[5]而"有形有为而

---

[1] 宋时烈:《与李彝仲(丁未·别纸)》,《宋子大全》卷 75,《韩国文集丛刊》110,韩国民族文化推进会 1993 年版,第 470 页。

[2] 宋时烈:《语录(金幹)》,《宋子大全·附录》卷 15,《韩国文集丛刊》115,韩国民族文化推进会 1993 年版,第 507 页。

[3] 宋时烈:《答朴景初(癸丑)》,《宋子大全》卷 113,《韩国文集丛刊》112,韩国民族文化推进会 1993 年版,第 64 页。

[4] 宋时烈:《答李汝九(癸丑)》,《宋子大全》卷 90,《韩国文集丛刊》111,韩国民族文化推进会 1993 年版,第 186 页。

[5] 宋时烈:《答李汝九(丁巳·别纸)》,《宋子大全》卷 91,《韩国文集丛刊》111,韩国民族文化推进会 1993 年版,第 196 页。

无形无为之器者,气也"①。理永远具有主宰性。"一阴一阳者,气也;而使一阴一阳者,理也",②理虽无形无为却能为"有形有为之主者"。③ 可见,宋时烈在理、气两个概念的认识上大体还是遵循了李珥的理气观。这一点可由其以下言论得到确认。

　　　　来示以此合之于栗谷所谓发者气也,所以发者理也之说,极亲切矣。④

　　　　栗谷所以非退溪说者,专在于"理发气随"一句,此说是非,当于中庸天命之谓性注可见矣。其曰气已成形,理亦赋焉者,与理发气随者,同乎异乎?⑤

不过,在"气"的解释上宋时烈进行了进一步的发挥。他说过"按理无穷,故气亦无穷"⑥,还说过"气之无限量,亦由理之无限量故也"⑦。在此宋时烈给"气"赋予了超时空之含义,这是对李珥气论思想的有益的补充。在李珥处,"气"具有有形之特性,此乃其"理通气局"说的立论基础。但是李珥为其"理通气局"说建立理论基础的同时,也给自己"理气之妙"思想预设了一个理论难题。就是如何解释理气之间的"一而二,二而一"的关系。"理"的无限性与"气"的有限性在其学说中无法协调,此为李珥学说在理气概念之界定上的一个理论缺陷。

　　宋时烈提出"理无穷,故气亦无穷"的命题,不仅弥补了栗谷理气说的理论缺陷,而且还丰富发展了朱子的"气"论思想。"气"作为与"理"相对言的理学核心概念,在朱子学的理论体系中具有极其重要的作用。对"气"的任何

---

① 宋时烈:《一阴一阳之谓道》,《宋子大全》卷136,《韩国文集丛刊》112,韩国民族文化推进会1993年版,第514页。

② 宋时烈:《一阴一阳之谓道》,《宋子大全》卷136,《韩国文集丛刊》112,韩国民族文化推进会1993年版,第513页。

③ 宋时烈:《一阴一阳之谓道》,《宋子大全》卷136,《韩国文集丛刊》112,韩国民族文化推进会1993年版,第513—514页。

④ 宋时烈:《与李汝九(壬子)》,《宋子大全》卷90,《韩国文集丛刊》111,韩国民族文化推进会1993年版,第181页。

⑤ 宋时烈:《看书杂录》,《宋子大全》卷131,《韩国文集丛刊》112,韩国民族文化推进会1993年版,第436页。

⑥ 宋时烈:《浩然章质疑》,《宋子大全》卷130,《韩国文集丛刊》112,韩国民族文化推进会1993年版,第410页。

⑦ 宋时烈:《栗谷别集订误》,《宋子大全》卷130,《韩国文集丛刊》112,韩国民族文化推进会1993年版,第410页。

创新之阐释都会对朱子学的发展产生深远影响。朝鲜朝主气论学者在这一方面所进行的理论探索可由宋时烈之"气"论窥其大概。

讨论朱子哲学首先会遇到理气有无先后的问题。此一问题颇能反映朱子学的理论特性。

朱子先是主张"理先气后"论。他说:"未有天地之先,毕竟也只是理,有此理便有此天地,若无此理便亦无天地,无人无物,都无该载了。有理,便有气,流行发育万物。"①在他看来,天地万物皆由理与气构成——没有无理之气亦无无气之理。但就本源上说,理是先于气而存在。

到了晚年朱子开始意识到,其"理先气后"说容易引起一些不易解决的矛盾。如伊川强调"动静无端,阴阳无始"——而按理先气后论,宇宙的阴阳就必须有个开始。所以朱子对其早先的说法进行了修正。"或问:理在先气在后?曰:理与气本无先后之可言,但推上去时,却如理在先气在后相似。"②终将理先气后确定为逻辑上的在先。

在理气论的这一核心问题上,李珥基本上与朱子所见略同。他说:"理气无始,实无先后之可言,但推本其所以然,则理是枢纽根柢,故不得不以理为先,圣贤之言虽积千万,大要不过如此而已。若于物上观,则分明先有理而后有气,盖天地未生之前,不可谓无天地之理也,推之物,物皆然。"③此话尽显以理为本的李珥在理气论上的基本立场。

宋时烈在继承朱子、李珥之说的基础上也作出了自己的建树。他的理论特色是在理气论中引入了"形"这一概念并借以说明理气关系。

> 形而上形而下,退溪沙溪二先生所释,殊不甚安。故常以为当以形字为主而处,道字器字于形之上下,以形道器三件物事所释,井井无难矣。二先生则以形与道为二,而形与器为一似与孔子本旨不合矣。盖道则理也,器则气也。理气妙合而凝,以生万物之形,故中庸首章注,天以阴阳五行化生万物,气以成形,理亦赋焉……是皆以理气形三字,分别言之矣。

---

① 《理气上·太极天地上》,黎靖德编:《朱子语类》卷1,中华书局2004年版,第1页。
② 《理气上·太极天地上》,黎靖德编:《朱子语类》卷1,中华书局2004年版,第3页。
③ 李珥:《答成浩原》,《栗谷全书》(一)卷10《书》2,首尔:成均馆大学校出版部1992年版,第215页。

既以理气形三字分别言,则当以道为形之上,器为形之下矣。①
宋时烈在说明形与道之不同的同时也强调形与器之不同,目的在于使理气二者皆统一于形。如此则令李珥"理气之妙"说得到更好的解释。李珥的理气说中,理的无限性与气的有限性存在内在的逻辑矛盾。宋时烈以理气形"三件物事说"区别三者,还特别强调了理自具于形这一点。理被赋予形是性理学家们的一般解释。宋时烈特以"自混融"和"自无间"来说明理气之共在性,其理论之前提便是"理自具于形"。

> 盖人物未生时,理与气本自混融而无间,故气聚成形之时,理自具于
> 此形之中矣。故中庸注曰气以成形,理亦赋焉。此岂非十分分明者耶。②

宋时烈强调气聚成形之时理便自具于此形之中,其说相较理赋气说更适于说明李珥的"理气之妙"。同时也是"气发理乘"说有益之补充——宋时烈即以此否定"理发气随"说。他指出:"栗谷所以非退溪说者,专在于理发气随一句。此说是非,当于《中庸》天命之谓性注可见矣。其曰气以成形,理亦赋焉,与理发气随者,同乎异乎?"③

宋时烈理气说的另一个理论特点便是以体用范畴来说明李珥的"理通气局"思想。他说:"所谓气局者何谓也,阳之体非阴之体,阴之体非阳之体,则所谓局也。所谓理通者何也,阳之理即阴之理,阴之理即阳之理,则所谓通也。局故两立,通故两在。非局则通无所发见,非通则局何以原始乎。必著一阴一阳之谓道,然后器亦道道亦器,而精微之蕴,活泼泼矣。"④李珥曾对"理通气局"说有过自己的解释。相比李珥"本末先后"说,宋时烈的"体用"说显然更具理论性。且以体用范畴来解释"理之一"与"气之局"还可使李珥"理通气局"说更具说服力。由此可见,继退溪、栗谷之学展开的朝鲜性理学至宋时烈

---

① 宋时烈:《朱子言论同异考》,《宋子大全》卷130,《韩国文集丛刊》112,韩国民族文化推进会1993年版,第419—420页。
② 宋时烈:《答郑景由(丁巳·别纸)》,《宋子大全》卷101,《韩国文集丛刊》111,韩国民族文化推进会1993年版,第394页。
③ 宋时烈:《看书杂录》,《宋子大全》卷131,《韩国文集丛刊》112,韩国民族文化推进会1993年版,第436—437页。
④ 宋时烈:《一阴一阳之谓道》,《宋子大全》卷136,《韩国文集丛刊》112,韩国民族文化推进会1993年版,第514页。

时已达到相当的理论高度。

宋时烈进而又将错综复杂的理气关系作了如下的总结。《宋子大全》有载：

> 理气之说，莫详于廉洛关闽。而或言理有动静，或言理无动静，或言其理气之有先后，或言其理气之无先后，其言不一。若相牴背，而学者没患于难为会通。于是尤庵先生出，总而断之，曰："理气只是一而二、二而一者也"。有从理而言者，有从气而言者，有从源头而言者，有从流行而言者。盖谓理气混融无间，而理自理，气自气，又未尝夹杂，故其言理有动静者，从理之主气而言也。其言理无动静者，从气之运理而言也。其言有先后者，从理气源头而言也。其言无先后者，从理气流行而言也。斯言一出，而众说之不齐者可齐，而穷理之士，始得其路径矣。①

理气有无先后以及有无动静等问题是关乎朱学思想性格的重要理论问题，也是困扰朱子后学的理论难题。二者既有区别，又有联系。有关讨论直接涉及理如何生气、又如何派生万物的理学本旨，遂成朱子后学最为热衷探讨的问题。作为朱子学的忠实信徒，宋时烈对此问题作出了自己的解释。他从理、气、源头、流行等不同的角度对相互各异的理气说进行了概括说明，进而从源头解释了理的主宰性问题。沙溪金长生的后裔金正默在《过斋遗稿》中对宋时烈观点有所记载，抄录如下：

> 从源头看，则有是理，然后有是气，故谓理为主宰，又谓之使动使静。②

> 从源头处，论其有是理然后有是气。其下所乘之机则却就流行处，论此理无形状无造作，只乘此气而运用也。言各有所当也。盖理气只是"一而二，二而一"者也，有从理而言者，有从气而言者，有从源头言者，有从流行言者。如不能活看，则节节泥滞也。③

---

① 宋时烈：《记述杂录（韩元震）》，《宋子大全·附录》卷19，《韩国文集丛刊》115，韩国民族文化推进会1993年版，第587页。

② 金正默：《寒水斋先生行状辨》，《过斋遗稿》卷6《杂著》，《韩国文集丛刊》255，韩国民族文化推进会2000年版，第309页。

③ 宋时烈：《答沈明仲》，《宋子大全》卷105，《韩国文集丛刊》111，韩国民族文化推进会1993年版，第494页。

以上是对朱子、李珥与宋时烈之理气论的比较分析。简要地说"理"在朱子哲学中具有"无情意"、"无计度"、"无造作"之特性。而在李珥哲学中则具有"无形"、"无为"、"纯善"之特性。相对于理的"无形"、"无为"、"纯善"之特性，气则具有了"有形"、"有为"、"湛一清虚"之特性。宋时烈在理气的解释上大体承接朱子、李珥之说，而对"气"的探讨更为深入。宋时烈"气亦无穷"、"气之无限量"的思想不仅丰富了朝鲜朝性理学，而且为朱子学"气"论之发展也作了探索。

要之，丽末鲜初传入韩国的朱子学历经几代韩国性理学家们的共同努力，其理论得到了进一步的完善。在这一过程中不仅朱子学本身得到了全新的阐发，而且韩国性理学也形成了颇具自家特色的理论体系。如以"理一分殊"为特征的朱子理气说传至李珥则发展成以"一而二、二而一"为特征的"理气之妙"说以及"理通气局"说。宋时烈则在笃守朱子、栗谷之说的基础上将其理论进一步细密化，提出了以"理、气、形三件物事"为特征的理气说，同时也对李珥的理气说作了有益的补充。宋时烈理气说尽管受到朱子和李珥学说的影响，但其自家特色也明显可见。

二、宋时烈的"四端七情"论

"心"、"性"是理学的核心范畴，因而理学也被称为"心性"之学。性理学之心性学说论域甚广，但首要问题仍是心、性、情、意等概念的定义。从其对这些概念的界定中可见性理学之特点。

关于心、性、情、意以及相互之间的关系，宋时烈有如下的说明：

> 盖心如器，性如器中之水，情如水之自器中泻出者也。只言虚灵而不言性情，则是无水之空器也；只言性情而不言虚灵，则是水无盛贮之处也。是三者缺一则终成义理不得，岂得谓之明德乎。盖或者之意，以所谓虚灵不昧者，为释明德之意，故有此说。而不知所谓明德者，是心性情之总名也……盖性是心之理也，情是心之动也，意是心之计较也。于一念才动处，便有计较也，心是性情意之主也。此四者虽有性情心意之分说，而只是就那混沦全体上各指其所主而言，其命名殊而意味别耳。不是判然分离，而性是一个地头，心是一个地头，情是一个地头，意是一个地头也。故

> 心发性发,虽有二名,然心之体谓之性,心之用谓之情,则心性之发,果有
> 二耶。为情为意,虽有分言,然心之才动谓之情,才动而便有计较底谓之
> 意,则情意之用果有分耶? 性之发谓之情,虽谓之性发,非无心也;心之发
> 谓之意,虽谓之心发,非无性也……大抵性是无作为底物,心是运用底物,
> 情是不知不觉闯然出来,不由人商量底物,意是计较谋为底物。①

宋时烈在本段引文中对心、性、情、意之意涵作了较为全面的论述。他重视心
的知觉作用,以为"心是知觉运动的物"②,"盖心之为物,洞彻虚灵,天理全具,
而又囿于形体之中,则不能无人欲之私矣。"③这说明宋时烈和朱熹一样肯定
心之知觉思虑作用。他尤为看重心之虚灵义。"心之虚灵,分明是气欤,先生
曰分明是气也。"④从"心是气"到"意"为计较谋为底物——宋时烈所做界说
是对李珥"心"论和"意"论的继承。这表明其心性结构亦为心、性、情、意四分
之逻辑结构。他也强调"心是气,而性是理。气即阴阳,而理即太极也"⑤。可
以看出,在"心"论方面相较朱子,宋时烈更赞同李珥的见解。他继承了李珥
"心主心性情意"以及"心性情意一路各有境界"的思想。

不过,宋时烈在心论方面特别重视心之虚灵性与感应性。对此他也以体
用范畴进行了说明。"心有真体实用,体如鉴之明,用如能照。"⑥依性理学"体
用一源"之思想,心之虚灵性与感应性是统一不可分割的。加之,在宋时烈的
理气论中气具有与理一样的超时空之无限性,其心论遂为性理学"天人合一"
之范例。宋时烈有言:

---

① 宋时烈:《答金直卿(仲固·别纸)》,《宋子大全》卷104,《韩国文集丛刊》111,韩国民族文化推进
会1993年版,第461—462页。

② 宋时烈:《答金仲固(丙辰)》,《宋子大全》卷104,《韩国文集丛刊》111,韩国民族文化推进会1993
年版,第470页。

③ 宋时烈:《己丑封事》,《宋子大全》卷5,《韩国文集丛刊》108,韩国民族文化推进会1993年版,第
190页。

④ 宋时烈:《语录》,《宋子大全·附录》卷15,《韩国文集丛刊》115,韩国民族文化推进会1993年版,
第502页。

⑤ 宋时烈:《与李汝九(壬子·别纸)》,《宋子大全》卷90,《韩国文集丛刊》111,韩国民族文化推进会
1993年版,第182页。

⑥ 宋时烈:《答李汝九》,《宋子大全》卷90,《韩国文集丛刊》111,韩国民族文化推进会1993年版,第
188页。

道体无穷,而心涵此道,故心体亦无穷。故道谓太极,心为太极。①"心为太极"虽似突兀,但若基于其"理气形三件物事说"亦可推出上述结论。理气统一于形,二者混融无间于心。"大抵心属气,性是理,理气是'一而二、二而一者也'。"②

那么,心与性是否是可以合一的呢? 在宋时烈看来,"心性虽可谓之一物,然心自是气,性自是理,安得谓之无彼此?"③他进而指出:"所谓性者,虽非舍气独立之物,然圣贤言性者,每于气中拈出理一边而言,今便以气并言者,恐未安。"④

"性"作为与心相对言的范畴成为朱子性理学的核心概念。朱子把性的意涵规定为仁、义、礼、智。他说:"自天之生此民,而莫不赋之以仁、义、礼、智之性"⑤,而"性者人之所受于天者,其体则不过仁、义、礼、智之理而已"⑥。以仁、义、礼、智为性是朱子学乃至整个理学的思想基础。朱子笃守孟子"性善论",而力反荀子"性恶论"。因此他总是从性善出发对心、性关系做了论述,"性虽虚,都是实理。心虽是一物,却虚,故能包含万理"⑦。那么"恶"何所从来呢? 在此,朱子继承了张载有关天地之性和气质之性的思想以及程颢的"性即气"说,在此基础上提出了自己的独到看法。他认为"论天地之性,则专指理言;论气质之性,则以理与气杂而言之"⑧。天地之性乃人之本质,气质之性则为人之习染,流衍而为性情才气——前者纯粹至善,后者则有善有恶。二者之关系明显是理与气的关系。

宋时烈是这样理解天地、气质之性的:

所谕天地之性,鄙意有所不然者。盖所谓性者,从心从生,则正以人

---

① 宋时烈:《杂著》,《宋子大全》卷131,《韩国文集丛刊》112,韩国民族文化推进会1993年版,第430页。

② 宋时烈:《与李汝九(壬子·别纸)》,《宋子大全》卷90,《韩国文集丛刊》111,韩国民族文化推进会1993年版,第184页。

③ 宋时烈:《答金直卿　仲固》,《宋子大全》卷104,《韩国文集丛刊》111,韩国民族文化推进会1993年版,第463页。

④ 宋时烈:《答朴景初(别纸)》,《宋子大全》卷113,《韩国文集丛刊》112,韩国民族文化推进会1993年版,第68页。

⑤ 朱熹:《朱子全书》(20),上海古籍出版社、安徽教育出版社2002年版,第691页。

⑥ 朱熹:《孟子或问》卷14,《四书或问》,上海古籍出版社、安徽教育出版社2001年版,第505页。

⑦ 《性理二·性情心意等名义》,黎靖德编:《朱子语类》卷5,中华书局2004年版,第88页。

⑧ 《性理一·人物之性气质之性》,黎靖德编:《朱子语类》卷4,中华书局2004年版,第67页。

物已生而言也。于天地下，此性字不得，只可谓之命也。至如张载所谓天地之性云者，亦曰天地界之性云，非指在天之太极而言也。①

他进而指出：

> 本然之性、气质之性，此二名虽始于程、张，然孔子性相近三字已是兼本然气质而言也。孟子开口便说性善，是皆说本然。然其曰牛之性马之性，则以气质而言也。孟子有攸不为臣，东征绥厥士女，及大誓曰："我武维扬，侵于之疆"。此上下文次序似互，然集注所不论则何敢以为然乎。朱子说颇有初晚之异，亦有《语类》、《大全》之不同，不可执一。是此而非彼，徐观义理之所安可也。②

韩国性理学者最为关心的四端七情问题便与此问题密切相关。朱子在论及四端时，曾说过"四端是理之发，七情是气之发"。这两句话在中国并没有引起注意。依朱子的解释，发者是情，而情则属于气，在"理"上不说发。所谓"四端是理之发"，可解释为四端是依理而发出的情，但是不能说情是从理上发出来的。李滉据此力主"理气互发"，似乎认为理亦能发。其实，依理学之本旨，"理"应为气发时所当遵循的原理，即发之所以然，而实际上的"发者"则是气。

李珥对于朱子的这个思路有相应之契会。他从"理无为而气有为，故气发理乘"③以及"理者，气之主宰；气者，理之所乘也"④的思想出发，认为在心所统的性情中未发为性，而已发为情。正如本然之性、气质之性都是性一样，四端、七情也都是情。本然之性不兼气质，气质之性则兼本然之性。同样，四端不能兼七情，而七情却能兼四端。四端是专言情之善，而七情则兼言情之善恶。"凡情之发也，发之者，气也；所以发者，理也。非气则不能发，非理则无

---

① 宋时烈：《答李汝九（戊午）》，《宋子大全》卷91，《韩国文集丛刊》111，韩国民族文化推进会1993年版，第197页。
② 宋时烈：《看书杂录》，《宋子大全》卷131，《韩国文集丛刊》112，韩国民族文化推进会1993年版，第428页。
③ 李珥：《答成浩原》，《栗谷全书》（一）卷10《书》2，首尔：成均馆大学校出版部1992年版，第209页。
④ 李珥：《答成浩原·壬申》，《栗谷全书》（一）卷10《书》2，首尔：成均馆大学校出版部1992年版，第197页。

所发。理气混融，元不相离。若有离合，则动静有端，阴阳有始矣。"①这就是"四端七情气发理乘一途"说。李珥据此解释了情之善恶的问题。他说："性具于心，而发为情。性既本善，则情亦宜无不善，而情或有不善者，何耶？理本纯善，而气有清浊。气者，盛理之器也。当其未发，气未用事，故中体纯善；及其发也，善恶始分。善者，清气之发也；恶者，浊气之发也。其本则只天理而已。情之善者，乘清明之气，循天理而直出，不失其中，可见其为仁义礼智之端，故目之为四端；情之不善者，虽亦本乎理，而既为污浊之气所掩，失其本体，而横生或过或不及，本于仁而反害仁，本于义而反害义，本于礼而反害理，本于智而反害智，故不可谓之四端耳。"②本于"气发理乘"之思理，李珥将善恶系于气之清浊。以为"理"无偏正、通塞、清浊、粹驳之异，而所乘之"气"则或正或偏，或通或塞，或清或浊——理既乘于气，便因气禀之善恶亦有善恶。

宋时烈在笃守李珥"气发理乘"说的前提下，进一步贯彻了"七包四"的思想。

> 《语类》论大学正心章，问意与情如何。曰欲为这事是意，能为这事是情，此与先生前后议论，全然不同。盖喜怒哀乐闯然发出者是情，是最初由性而发者，意是于喜怒哀乐发出后因以计较商量者。先生前后论此不翅丁宁，而于此相反如此，必是记者之误也。大抵《语类》如此等处甚多，不可不审问而明辨之也。理气说，退溪与高峰，栗谷与牛溪，反复论辩，不可胜记。退溪所主，只是朱子所谓"四端理之发，七情气之发"，栗谷解之曰"四端纯善而不杂于气，故谓之理之发；七情或杂于不善，故谓之气之发"。然于七情中如舜之喜文王之怒，岂非纯善乎？大抵《礼记》及子思统言七情，是七情皆出于性者也。性即理也，其出于性也，皆气发理乘之。孟子于七情中摭出纯善者，谓之四端。今乃因朱子说而分四端七情以为理之发气之发，安知朱子之说或出于记者之误也。③

七情皆为出于性者，其中发而中节合乎理者即为四端。宋时烈进一步

---

① 李珥：《圣学辑要》二，《栗谷全书》（一）卷20，首尔：成均馆大学校出版部1992年版，第455页。
② 李珥：《人心道心图说》，《栗谷全书》（一）卷14，首尔：成均馆大学校出版部1992年版，第283页。
③ 宋时烈：《朱子言论同异考》，《宋子大全》卷130，《韩国文集丛刊》112，韩国民族文化推进会1993年版，第418—419页。

指出：

> 所谓喜怒哀乐者,不出于性而何？既出于性则谓之人心可乎。序文不曰人心生于形气乎。既曰出于形气,而又以其发于性者当之,岂不自相矛盾乎。如曰四端七情皆出于性,而皆有中节不中节。其中节者,皆是道心之公,而其不中节者皆人心之危也。扩充四端之中节者,则至于保四海,推致七情之中节者,则至于育万物。子思孟子所常接受者,其揆一也。①

七情中中节合理者为四端,即是道心；不中节不合理者皆有人心之危,易流于私欲。宋时烈有言:"盖人心者,非直谓人欲也。其流易入于人欲,若流于人欲,则便为私邪。私之一字,百事之病。故朱子亦尝曰,天无私覆,地无私载,日月无私照。王者奉三无私,以劳于天下。此实至言也。"②

宋时烈依其"人心道心"说时提出了"心是活物"的思想。"所谓人心听命于道心者,乃朱子说。如以为可疑,则其所可疑者,乃在于朱子,而不在于栗翁也。大抵吾人亦不深究朱子立言之意,故未免有疑耶。盖朱子之意,以人心道心,皆为已发者矣。此心为食色而发,则是为人心,而又商量其所发,使合乎道理者,则为道心。其为食色而发者,此心也。商量其所发者,亦此心也。何可谓两样心也？大概心是活物,其发无穷,而本体则一,岂可以节制者为一心,听命者又为一心。"③"心是活物,其发无穷"——如此说法颇有王学之色彩。宋时烈将其"气"论思想进一步贯彻到心性论领域,其"心"遂较朱子之心更具发用性与活泼性。

由此可见,四端七情问题实质是性情问题。所以顺着"四端七情"之辨自然会引出性情之辨。易言之,性情之辨可视为四七之辨的逻辑延伸。与"两宋"先生同时代的明末清初著名思想界王夫之(字而农,晚号船山,1619—1692年)则在四端七情问题上提出了"四端非情"论。他认为朱子犯了"以性为情"、"以情知性"的错误。而性情分属天人——如此混淆容易导致"情"对

---

① 宋时烈：《退溪四书质疑疑义》,《宋子大全》卷133,《韩国文集丛刊》112,韩国民族文化推进会1993年版,第466页。
② 宋时烈：《年谱》,《宋子大全·附录》卷9,《韩国文集丛刊》115,韩国民族文化推进会1993年版,第390页。
③ 宋时烈：《答李汝九(庚戌)》,《宋子大全》卷90,《韩国文集丛刊》111,韩国民族文化推进会1993年版,第179页。

"性"的侵蚀。在船山看来,如尽其性则喜、怒、哀、乐、爱、恶、欲炽然充塞,其害甚大。① 船山以为四端不仅是道心,而且还是性。

> 今以怵惕恻隐为情,则又误以为以性为情,知发皆中节之和而不知未发之中也(言中节则有节而中之,非一物事矣。性者节也,中之者情也,情中性也)。曰由性善故情善,此一本万殊之理,顺也。若曰以情之善知性之善,则情固有或不善者,亦将以知性之不善与? 此孟子所以于恻隐羞恶辞让是非之见端于心者言性,而不于喜怒哀乐之中节者征性也。有中节者,则有不中节者;若恻隐之心,人皆有之,固全乎善而无有不善矣。②

依其之见,应以性情、道心人心来分言四端与七情。从船山与同春的四七见解中可以看到 17 世纪中韩儒学各自不同的发展路向。

总之,在宋时烈的理气论与心性论之间具有一以贯之的思想一致性。这不仅反映了他对栗谷之学的忠实继承,而且折射出韩国性理学究天人之际的思想特点。韩儒往往从"天人一贯"的立场出发,将理气关系之探讨具体落实到人间性理的问题上。四端七情以及本然之性气质之性的探讨亦犹如此。

第三节　丁时翰与其"四端七情"论

丁时翰(字君翊,号愚潭,1625—1707 年)是朝鲜朝中期退溪学派的主要代表人物。他一生隐居,学行为后世儒者所敬仰,被称为"退溪之隔世高足"。实学开化期的主要代表人物星湖李瀷(1681—1763 年)在其《墓志铭》中写道:"瀷少而无所知识,不能叩医从师于并世丁先生门为平生懊恨。"③朝鲜朝后期实学思想的集大成者茶山丁若镛(1762—1836 年)则评论说:"愚潭先生学术之正,议论之公,忠谠直截之风,明哲敛约之操,卓乎与山岳齐其高,烨乎与日月争其光。己巳为坤殿抗疏,仍救宋尤庵……其论理气四七之辨,一以紫阳退溪为准则,剖折精微,细入秋毫。夫道统之传,或以亲炙,或以私淑,唯德之宗,不观名位。盖

---

① 参见郭齐勇:《朱熹与王夫之的性情论之比较》,《文史哲》2001 年第 3 期。
② 转引自陈来:《诠释与重建——王船山的哲学精神》,北京大学出版社 2004 年版,第 226 页。
③ 丁时翰:《墓志铭》,李瀷:《愚潭集》卷 12,《韩国文集丛刊》126,韩国民族文化推进会 1993 年版,第 437 页。

自寒冈旅轩而降,真儒醇学,唯先生一人而已。义理之积于中,出处之标于世者,皆足以承嫡传于斯文。"①可见,其学说对后世之影响何等深远。

丁氏之学本于退溪李滉,因此学者亦称其心为"退陶之心"②。丁时翰曰:"退陶之学,绍述朱子,其所以集大成卫斯道者,亦与朱子略同。而朱子之后,儒学归禅。退陶之后,异言立帜。诗教之辨,传习录之跋,不得不出。四七之辨,壬午之录,又不得不著。"③丁时翰生活的年代,学界已分裂成以"主理"和"主气"④为理论特色的退溪学派和栗谷学派。作为近畿主理论学者⑤,丁时翰同李玄逸(字翼升,号葛庵,1627—1704 年)一起对李滉的四七理论作了积极维护和系统阐述。⑥ 本节拟以李滉、李珥、丁时翰思想之比较为中心,来探讨其性理学思想之特点。

一、丁时翰的理气论

"理"与"气"是理学家为学立论的一对核心概念,因此理气问题亦可视为宋明理学的一个基本问题。⑦ 而朱子则是第一个全面而系统地讨论理学这一基本问题的哲学家。他以理气二分且又"不离不杂"的思想为基础建立了以"理"为核心的庞大的哲学体系,成为宋明理学的主要代表。韩国性理学家们

① 丁若镛:《旁亲遗事》,《遗事》,《增补与犹堂全书》第 1 集卷 17,首尔:韩国景仁文化社 1987 年版,第 358—359 页。
② "先生之心,即退陶之心也。"(丁时翰:《言行闻见录·门人赵宇鸣》,《愚潭集》卷 10《附录》,《韩国文集丛刊》126,韩国民族文化推进会 1993 年版,第 384 页)
③ 丁时翰:《言行闻见录·门人赵宇鸣》,《愚潭集》卷 10《附录》,《韩国文集丛刊》126,韩国民族文化推进会 1993 年版,第 384 页。
④ "主理"与"主气"是韩国性理学所特有的用语。简言之,退溪学派重"理"之优位性、发用性,栗谷学派则重"气"之有为性和作用性。故将以"主理派"和"主气派"称谓来指代退溪、栗谷两派。但是,近来对此称谓学界亦有不同主张,相关讨论可参见李东熙:《朝鲜朝朱子学的哲学思维与论争》,首尔:成均馆大学校出版部 2006 年版,第 307—333 页;韩国哲学思想研究会编:《论争所见韩国哲学》,首尔:艺文书院 1995 年版,第 129—148 页。
⑤ 参见金洛真:《愚潭丁时翰的四端七情论》,载《四端七情论》,首尔:曙光社 1992 年版,第 169 页;李基镛则更具体地指出,愚潭思想反映的是以江原道原州地区为中心的近畿南汉江圈学者的独特立场。见《愚潭丁时翰与原州》,载《愚潭丁时翰研究》,原州:江原道民日报社 2009 年版,第 2 页。
⑥ "常曰,朱夫子集群贤之大成,而在吾东则惟退溪为然。然而理气之说,既明而复晦,为后学之蔀障,遂著四七辨证,壬午录。条列而证明之。"(丁时翰:《言行闻见录·门人赵宇鸣》,《愚潭集》卷 10《附录》,《韩国文集丛刊》126,韩国民族文化推进会 1993 年版,第 384 页)
⑦ 参见黄宗羲(1610—1695 年)亦曾曰:"理气乃学之主脑。"(见黄宗羲:《移史馆论不宜立理学传书》,《黄梨洲文集》,中华书局 2009 年版,第 450 页)

在继承和发展朱子学的过程中,对理气问题①给予了极大的重视。丁时翰便曾说过:"理气之论,实是圣门极至之源头,而吾儒及异学于此焉分。"②不过,退溪、栗谷时期有关理气问题的讨论主要是围绕理气动静和理气体用的问题而展开。丁时翰也对此提出自己的见解。

李滉继承朱子"理气二分"说。他基于理气道器之分对二者"不杂"之义作了进一步的阐发,提出"理帅气卒"、"理贵气贱"以及"理尊无对"的观点。李滉重视理气"不杂"义的用意在于强调理对气的主宰作用。对二者"不杂"义的重视,是李滉理气观的特色。他曾在《非理气为一物辩证》③一文中写道:"朱子平日论理气许多说话,皆未尝有二者为一物之云,至于此书则直谓之理气决是二物。"④进而他还认为,理与气的地位和作用亦不同,即"理帅气卒"、"理贵气贱"。他说:"理为气之帅,气为理之卒,以遂天地之功"⑤、"人之一身,理气兼备,理贵气贱"⑥。李滉的此一见解,既是对朱子"理先气后"、"理在事先"思想的修正,也是对朱子理气论的进一步发展。他将朱熹的理气"先后"关系转变为"主仆"关系,形成了自己独特的理气观,由此为其"四七"论打下理论基础。

李珥则与李滉不同。他继承朱子理气之不离思想并对之作了进一步的解

---

① 在朝鲜朝性理学史上理气论在不同历史时期所表现出的理论趋向和旨趣各不相同。初期以无极太极论辩为契机更多以宇宙论层面探讨理气问题,中期和后期(即性理学确立和深化时期)则以四端七情论辩、人心道心论辩以及人物性同异论辩为契机主要从人性论层面谈论理气问题。相关论述可参见尹丝淳:《朝鲜朝理气论的开展》,载《风流与和魂》,沈阳出版社 1997 年版,第 140—154 页;宋荣培等:《韩国儒学与理气哲学》,首尔:艺文书院 2000 年版;李甦平:《韩国儒学史》,人民出版社 2009 年版,第 2—35 页。

② 丁时翰:《与许太休　曜,金士重》,《愚潭集》卷 4,《韩国文集丛刊》126,韩国民族文化推进会 1993 年版,第 257 页。

③ 此文是李滉为了辩驳罗钦顺等人的"理气非异物"思想而撰写。罗氏"认理气为一物",对此李滉认为整庵"所见于大头脑处错了"。《寒洲集》又记载:"退陶先生曰,整庵之学自谓辟异端,而阳排阴助,左遮右拦,实程朱之罪人也。"(见李震相:《年谱》,《寒洲集·附录》卷 1,《韩国文集丛刊》318,韩国民族文化推进会 2003 年版,第 277 页)

④ 李滉:《非理气为一物辩证》,《退溪全书》(二)卷 41,首尔:成均馆大学校大东文化研究院 1985 年版,第 331 页。

⑤ 李滉:《天命图说》,《杂著》,《退溪集》卷 8,《韩国文集丛刊》31,韩国民族文化推进会 1996 年版,第 209—210 页。

⑥ 李滉:《与朴泽之》,《书》,《退溪集》卷 12,《韩国文集丛刊》29,韩国民族文化推进会 1996 年版,第 337 页。

析和阐发。其"理气之妙"说、"气发理乘"说以及"理通气局"说皆独具特色。其中"理气之妙"说尤为栗谷思想之精髓——"气发理乘"说和"理通气局"说皆为"理气之妙"说的进一步阐发。

理气之"不离"亦是李珥哲学的主要理论特色。相较于李滉之"理",李珥的"理气之妙"思想更是其哲学中"难见亦难说"处。李珥有言:"理气之妙,难见亦难说。夫理之源一而已矣,气之源亦一而已矣。气流行参差不齐,理亦流行而参差不齐。"①与李滉相比,他虽在理气说的理论突破上有所不及,却在传承朱子理气说上超而过之。

不过,到了17世纪李珥的这一思想倾向却受到李玄逸、丁时翰等南人学者的批评。丁时翰认为,古今学问道术之异皆源于人们对古圣贤所论之"理"的片面理解。在他看来,圣贤论"理"之言各有所指——有就"体"而言者,有就"用"而言者,有就其本原之理而言者,亦有就其散殊之理而言者。如果只讲"体"之寂然不动而不讲"用"之感而遂通,则徒见本原之理赋予万物而不见散殊之理各有其则,就会导致寂而不感终归于灭的后果。丁时翰继承李滉的"尊理"之思想,由此特别重视"理"之作为。"人之为学,只患于理字上见不透。若于此实见得的确,则处心行事,岂有未尽善乎。尧舜之精一执中,孔颜之非礼勿视听言动,皆以理为主,而使人心听命焉。若以气为主而作用为性,则其祸必至于滔天。"②可见,在丁时翰的思理中只有"理"才具有"主宰"义,气则无之。他还特别强调了以气为主作用为性的严重后果。

作为主理论者,丁时翰每从维护李滉的角度对李珥之学展开批评:

> 今栗谷自谓有见于理气不相离之妙处,而推出整庵、花潭之绪余,以攻互发之说。故于人心道心,则以为皆源于理,而遂为相为终始之说,以反或原或生之意。于四端七情,则以为皆发于气,而遂为发之者气所以发者理之说,以反理发气发之意。至于理通气局,则又以为得见整庵、花潭之所未见,阐发前圣所不言之旨。而其所谓理通者,徒归寂灭虚无之地,

---

① 李珥:《答成浩原》,《栗谷全书》(一)卷10《书》2,首尔:成均馆大学校出版部1992年版,第204页。
② 丁时翰:《叙述 门人赵沆》,《愚潭集》卷10《附录》,《韩国文集丛刊》126,韩国民族文化推进会1993年版,第392页。

未有安顿着落之处。而况其云所以发之理者,虽曰乘气,而每以徒具于寂然之中,不发于感通之际为言。其云理通者,虽曰无所不通,而又未免言理于窈冥,言气于粗浅,则是理是气,常隔断阻绝,不能相须以为体,相待以为用,而终未见浑沦之中自有分开,分开之中自有浑沦之妙矣。盖其所谓理气不相离者,非真有见于理气之不相离也,只是认气为理。至以道心为本然之气,故终始迷昧于理字上。其言本原之体者,鹘囵笼罩,都没紧要,其言发见之用者,专主气字,更不言理。一向逞气骋辩,恣诋前贤,有若莠之乱苗,紫之乱朱,使从古圣贤相传之心法,既明复晦。①

李珥对整庵十分推崇②,他曾言:"近观整庵、退溪、花潭三先生之说,整庵最高,退溪次之,花潭又次之。就中,整庵、花潭多自得之味,退溪多依样之味(一从朱子说)。"③依丁氏之见,李珥祖述整庵以"气"为重,故徒见理气之不离以及气常载理之一面。也因之无从体验浑沦之中自有分开,分开之中自有浑沦之妙。因此丁时翰批评李珥"昧于大本"。"栗谷则祖述整庵,昧于大本而所尚者气。故发于言论者,类多轻肆凌人底规模。而流弊所及,大为吾道之深害,大本之差不差,而其所发见于言行事为之间者,亦可征矣。"④而且,他还

---

① 丁时翰:《四七辨证·总论》,《愚潭集》卷8,《韩国文集丛刊》126,韩国民族文化推进会1993年版,第355页。

② 罗钦顺所撰的《困知记》一书何时传入朝鲜,学界尚定论。但是其学说在朝鲜朝性理学史上影响较大,尤其是其"理气一物"论思想和"道心人心体用"说在学界引起较大反响。《困知记》一经传入,退溪便撰《非理气为一物辩证》予以驳斥。而栗谷则对钦顺给予极高评价,曰:"整庵则望见全体,而微有未尽莹者,且不能深信朱子,的见其意。而其质英迈超卓,故言或有过当者微涉于理气一物之病,而实非理气为一物也,所见未尽莹故言,或过差耳。"(李珥:《答成浩原》,《栗谷全书》(一)卷10《书》2,首尔:成均馆大学校出版部1992年版,第214页)此后学界对罗氏学说的态度,大体上划分为以李滉与李珥为首的批判和同情两个阵营。了解罗氏学说对理解和把握退栗性理学有较大益处。相关研究可参见刘明钟:《栗谷哲学与罗整庵的内在式理气说》、《朝鲜儒学与罗整庵的内在式理气哲学》,载《退溪与栗谷哲学》,釜山:东亚大学校出版部1987年版;李东熙:《罗整庵与李栗谷》,载《东亚朱子学比较研究》,大邱:启明大学校出版部2005年版;赵南浩:《罗钦顺哲学与朝鲜学者的论辩》,首尔大学校大学院博士学位论文,1999年2月;崔重锡:《罗整庵与李退溪哲学思想》,首尔:图书出版SimSam文化2002年版;杨祖汉:《李栗谷与罗整庵思想比较》,载《从当代儒学观点看韩国儒学的重要论争》,华东师范大学出版中心2008年版;林月惠:《异曲同调——朱子学与朝鲜性理学》,台湾台大出版中心2010年版,第149—192、239—283页;等等。

③ 李珥:《答成浩原》,《栗谷全书》(一)卷10《书》2,首尔:成均馆大学校出版部1992年版,第214页。

④ 丁时翰:《四七辨证·栗谷答成浩原书》,《愚潭集》卷7,《韩国文集丛刊》126,韩国民族文化推进会1993年版,第330页。

进一步批评李珥"论'理'之言,亦似非吾儒家法"①。

在理与气的关系上,丁氏继承李滉之"理帅气卒"的思想,进而发展出"理主气辅"论。"朱子'虽在气中,理自理气自气,不相夹杂之谓性'云者,以其理气妙合之中,理常为主,气常为辅,虽在气中,不囿于气,命气而不命于气之云尔。非以为理气各在一处而不相妙合也。"②他在强调理之主宰性的同时,还对李滉的理气二分说作了有益的补充。指出虽说理为主而气为辅,理气各自不相夹杂。丁时翰特别强调了理气之不离性。

基于其"理主气辅"思想,丁氏提出自己独到的"理气体用"说。

> 理至有故无不异,至无故无不同,然无者未尝无,有者未尝有,则有无非有二也……理至无而至有云者,犹言无极而太极,或言自无极而为太极者。朱子辨释甚详。又于象山答书中云,不言无极,太极同于一物,而不足为万化之根。不言太极,无极沦于空寂,而不能为万化之根。由此观之,至无而至有不可云。至有故无不异,至无故无不同。其下两三句,虽合有无而言,不能救上句之病者,人所易知,而敬叔之不悟何哉?敬叔之见,既已如此,故以人物之性,谓有隐显体用,而以至有当显体用,以至无当隐体用。至有至无,分作隐显体用于一性之中,与分言无极太极者,何以异哉?③

"理主气辅"和"理气隐显体用"可以说是丁时翰理气论的主要内容。从以上比较可见,丁时翰理气论虽有重视二者不离性的一面,但是其主要学说仍以主理论为特色,并以此为基础对李滉的"尊理贬气"思想和"理气互发"之说进行了积极的补充和诠释。

二、丁时翰对李珥"四端七情"说的批判

如上一章所述,在"四七理气"之发问题上,李滉基于理学的传统观念认

---

① "栗谷论'理'之言,亦似非吾儒家法。而殊无笃信圣贤虚心逊志之气象,故其见诸言行之间,亦多有高自标致,轻视人物之气习。虽以所撰石潭野史观之,可征其一二也。"(丁时翰:《与许太休曜,金士重》,《愚潭集》卷4,《韩国文集丛刊》126,韩国民族文化推进会1993年版,第257页)

② 丁时翰:《壬午录》,《愚潭集》卷9《杂著》,《韩国文集丛刊》126,韩国民族文化推进会1993年版,第371页。

③ 丁时翰:《答李敬叔》,《愚潭集》卷5,《韩国文集丛刊》126,韩国民族文化推进会1993年版,第280—281页。

为人都是得"气之正"者,但是由于每个人所禀之气有清浊、粹驳之不同会有"上智、中人、下愚三等之殊"①。于是,他从"天地之性"与"气质之性"分属理气的观点出发,进一步阐明四端(理)与七情(气)之间的关系。李滉以为四端之情和七情是不同性质的情——四端是由理所发,七情是由气所发,二者在根源和本质上皆不相同。李滉有言:"气禀中指出本然之性,不杂乎气禀而为言,子思所谓天命之性、孟子所谓性善之性、程子所谓即理之性、张子所谓天地之性是也。其言性既如此,故其发而为情,亦皆指其善者而言,如子思所谓中节之情、孟子所谓四端之情、程子所谓何得以不善名之之情、朱子所谓从性中流出元无不善之情是也。"②他认为此论与思孟程朱之旨冥然相契。

李珥不同意李滉的"理气互发"论,他更同情奇大升的观点。李珥对李滉之说的批评遭到了成浑的辩难。由二人之书信往复,李珥的"四七"论立场更加明了。依栗谷之见,对四七理气之发的解释只能是"气发理乘"。"今若曰'四端理发而气随之,七情气发而理乘之',则是理、气二物,或先或后,相对为两歧,各自出发矣。"③李珥进而举例说"见孺子入井,然后乃发恻隐之心,见之而恻隐者,气也。此所谓气发也。恻隐之本,则仁也,此所谓理乘之也。非特人心为然,天地之化无非气发而理乘之也。"④在李珥看来,不仅七情是气发理乘,四端亦是气发理乘——二者均为气发理乘。

针对李珥的"气发理乘"说,丁时翰提出如下批评:

> 理气为物,本混融无间,推之于前,不见其始之合,引之于后,不见其终之离。而理无眹气有迹,安有无气之理或先或后,发见于事为之间者乎。然而终古圣贤于浑融无间,不可分先后,离合之中,或截而言之,或分而言之,以明此理之命气而不命于气,在气而不杂乎气者……既曰仁之端义之端,则仁发而为恻隐,义发而为羞恶,体用不离,本末相连,可见其不

① 李滉:《天命图说》,《退溪全书》(三)续集卷8,首尔:成均馆大学校大东文化研究院1985年版,第143页。
② 李滉:《心统性情图说》,《退溪全书》(一)卷7,首尔:成均馆大学校大东文化研究院1985年版,第205页。
③ 李珥:《答成浩原·壬申》,《栗谷全书》(一)卷9《书》1,首尔:成均馆大学校出版部1992年版,第193页。
④ 李珥:《答成浩原·壬申》,《栗谷全书》(一)卷10《书》2,首尔:成均馆大学校出版部1992年版,第198页。

杂于气而一出于理。至于七情,则虽亦出于性而初无不善,但就其性在气质,浑沦理气者而为言。故几有善恶,气易用事,理难直遂,必须观理约气,然后理始显而气听命。此朱子所以有四端理发七情气发之言。而今者(指栗谷——引者注)不察孟子剔发言理,朱子分言理气之本意,乃以四端七情滚合为一说,概而言之曰,发者气也,所以发者理也,专以气发一途为言,而都遗却理发一款。①

依其之见,理无形而气有形,故其作用流行皆若气之所为。但因"理"至无而至有、至虚而至实,且又具动而无动、静而无静之特性,故其乘气流行皆为自然而然,不见其有所作为。当性情寂感之际,理之神用即蔼然呈露而不可掩——四端粹然直出于仁、义、礼、智之性即为显例。因此,不能仅着眼于理气之浑沦而只言"气发"不讲"理发"。

丁时翰认为,四端与七情从结构而言皆兼备了理和气。因此,四端与七情均与气相关。只是四端并不与气相互夹杂,而七情却受其影响。正是在这一点上主理和主气方得区别。以此为基础,他推导出四端和七情在"所从来"处即相异的结论。这里丁时翰所持的是李滉的观点。在丁氏看来,四端与七情皆本于仁、义、礼、智之性。可见,丁时翰所言"所从来"与奇大升、李珥所谓"源头发端处"或"本源"有所不同——他虽未明言,从其语句中推断出此点。丁时翰以为人心虽无二源,但是其发现于外者可以主理、主气而言。由此可知,其"所从来"并非是"本"。丁氏更侧重于由"本"发用于外的过程,每以此指代他所描述的"就一心之中,方其萌动之开始"的时刻。此刻必是"性"与"气质"相互发生关系的时刻。于是,与气质发生何种的关系遂成区分四端和七情的关键。与"气"相关但不杂于"气"的情为四端;与气相关且在气的驱动下易流于恶的情则为七情。② 据此,丁时翰对李滉之说进行了进一步的阐释:

> 退溪《四七辨》云:"恻隐、羞恶、辞让、是非,何从而发乎? 发于仁义礼智之性焉尔。喜怒哀惧爱恶欲,何从而发乎? 外物触其形而动于中,缘

---

① 丁时翰:《四七辨证》,《愚潭集》卷7,《韩国文集丛刊》126,韩国民族文化推进会1993年版,第320页。

② 参见金洛真:《愚潭丁时翰的四端七情论》,载《四端七情论》,首尔:曙光社1992年版,第175—177页。

境而出焉尔。"栗谷所谓"退溪之意以四端为由中而发,七情为感外而发"者,似本于此。而第退溪之以四端为发于仁义礼智之性者,所指而言者,以其出于性之粹然在中,不杂乎形气者而为言。初不言无感而自发也。以七情为外物之触其形而动于中者所指而言者,以其出于性在气质,易感形气者而为言,亦非谓中无是理也。是以退溪旋以为因其所从来,各指其所主,且谓"虽滉亦非谓七情不干于理,外物偶相凑着而感动",且谓"四端感物而动,固不异于七情"。其本意所在,若是明白;而今者推出退溪所未有之意,说出退溪所未说之言,或以为做出许多葛藤,或以为正见之一累,已极轻肆,而终以无父而孝发,无君而忠发,不见孺子之入井而自发恻隐为心病等语,铺张抑勒,至此之极。岂其未曾虚心龂绎于退溪之说。而略绰看过胡乱说道者耶。①

这段话本是丁时翰为李滉之说所做的辩解。但从上下文以及李滉与奇大升辩论的全过程来看,李滉所言"四端感物而动,固不异于七情"一语似有不妥。若谓此话代表李滉之真正立场,则其与奇大升之往复辩论便失去焦点。而丁时翰引这一句等于是否定四端是"无感而自发"。这无疑是其向李珥立场靠近,而承认四端与七情的同构型。② 丁氏本人可能未意识到他的这一辩解与其初衷的自相矛盾处,学者于此则不可不察。

　　总之,丁时翰"四端七情"论的主要特色在于其对李滉与李珥"四七理气"说之异同的详尽论述。丁时翰在批驳李珥"气发理乘"说的同时,对其部分见解亦有容受,表现出一定程度的妥协倾向。不过,尽管他在理气关系及四七理论的解释上有折中二李之痕迹,其思想之主旨还是反映了主理论学者的为学性格。

三、丁时翰的"人心道心"论

　　在韩国儒学史上由李珥与成浑推动的"四七人心道心"之辨是继"四端七

① 丁时翰:《四七辨证·栗谷答成浩原书》,《愚潭集》卷7,《韩国文集丛刊》126,韩国民族文化推进会1993年版,第328页。
② 参见李明辉:《朱子性理学与韩儒丁时翰的四端七情论》,载《中国哲学与文化》(第四辑),广西师范大学出版社2008年版,第239—240页。

情理气"之辨之后发生的又一具有重要理论意义的学术论争。

在论辩之初,成浑基于李滉"理气互发"之论提出理发即为"道心"而气发则为"人心"。"近日读朱子人心道心之说,有或生、或原之论,似与退溪之意合,故慨然以为在虞舜无许多议论时,已有此理气互发之说,则退翁之见不易论也"①。所谓"或生"与"或原",盖指朱熹所说人心生于"形气之私",道心原于"性命之正"而言。道心原于性命之正,纯善无恶;人心生于形气之私,故有善有恶。又曰:"四端之情,理发而气随之,自纯善无恶,必理发未遂而掩于气,然后流为不善。七者之情,气发而理乘之,亦无有不善,若气发不中,而灭其理,则放而为恶云。究此议论以理气之发,当初皆无不善,而气之不中乃流于恶云矣。"②因此成浑认为李滉的人心道心之说亦自不为过。

李珥同样援引朱子说法以增强说服力。他认为,朱子既曰"心之虚灵知觉一而已矣",则何从而得此理气互发之说乎? 在李珥看来,理气无先后离合不可谓之互发,但人心道心可以从两边来说。其《人心道心图说》有云:"道心虽不离乎气,而其发也为道义,故属之性命;人心虽亦本乎理,而其发也为口体,故属之形气。方寸之中,初无二心,只于发处有此二端。"③李珥在《答成浩原》的最后一书中指出:"朱子曰,心之虚灵知觉一而已矣,或原于性命之正,或生于形气之私。先下一心字在前,则心是气也,或原或生,而无非心之发,则岂非气发乎?"④可见,李珥对人心道心的说法亦承朱子之意而为言,且又时时不忘与其"气发理乘一途"之说相联系。其思想的系统性、逻辑性于此可见一斑。

李珥进而发挥朱子之说,提出自己独到的"人心道心相为终始"说。此论乃李珥对人心道心问题的基本看法。

丁时翰对于李珥的"人心道心相为终始"说,评论道:

---

① 成浑:《附问书》,《答成浩原·壬申》,《栗谷全书》(一)卷10《书》2,首尔:成均馆大学校出版部1992年版,第200页。

② 成浑:《附问书》,《答成浩原·壬申》,《栗谷全书》(一)卷9《书》1,首尔:成均馆大学校出版部1992年版,第192页。

③ 李珥:《人心道心图说》,《栗谷全书》(一)卷14,首尔:成均馆大学校出版部1992年版,第282页。

④ 李珥:《答成浩原》,《栗谷全书》(一)卷10《书》2,首尔:成均馆大学校出版部1992年版,第210页。

窃详栗谷之意,概未见人心道心分言之脉络,以朱子或原或生之,为不得已之论而不之信,故每以人心道心滚合为一说。以为同出于本然之性,而以掩乎形气者,谓之人心;以不掩乎形气者,谓之道心。此非虞舜命名,朱子注释之本意也。夫上智不能无人心,则上智之人心,初不掩于形气,而以其从形气而生,故名之以人心。下愚不能无道心,则下愚之道心,虽发于气禀所拘之中,而以其本体之明有未尝息者,故名之以道心。初非以形气之掩与不掩,分言人心道心也。此是圣贤各指其所从来,使人审几用工之旨诀。而栗谷则舍而不取,既不欲相对说下。如朱子之言,而又不欲显言体用二字,以避宗主整庵之嫌。于是乎自作定论,辄以相为终始者言之。而其于道心上,言存养而不言审几。人心则直以为形气所掩而审其过不及云者,果有异于整庵体用之论乎?①

在丁时翰看来,李珥之说不过是祖述整庵学说而已,故而直言其人道说亦无异于整庵之道心人心体用论。他尖锐指出:"虽以浑沦者言之,只可言一心之中,从形气之人心,不离于性命,原性命之道心,不外于形气而已。若谓之人心道心相为终始云尔,则殊非人心道心之所以得名者也。"②依丁时翰之见,道心原于性命之正,而仁义礼智之性蔼然流行于形气之间;人心生于形气,而视听言动之勿论非礼者乃所以听命于道心。

对于李珥"人心道心虽二名,而其源则只是一心"的观点,丁时翰批驳道:

所谓"人心道心虽二名,而其源则只是一心;其发也,或为理义,或为食色,故随其发而异其名"云者,初不外于退溪之说矣。既谓之"随其发而异其名",则岂不可谓理发、气发乎?退溪所谓理气互发者,概以为理与气合而为心,理气混然一心之中,随所感而发,或有理发之时,或有气发之时,互相发现云尔。其言"互发"二字者,益明此心之无二本矣。今乃不察理到之言,而一向挥斥;至其何从得此之说,则又若初不知出于退溪

---

① 丁时翰:《四七辨证·栗谷答成浩原书》,《愚潭集》卷7,《韩国文集丛刊》126,韩国民族文化推进会1993年版,第331—332页。

② 丁时翰:《四七辨证·栗谷答成浩原书》,《愚潭集》卷7,《韩国文集丛刊》126,韩国民族文化推进会1993年版,第317页。

之说者然,显有抑扬凌驾之意。此等气像,似非吾儒法门矣。①
丁时翰指出因理气混然于一心之中,故心之发或有理发之时,或有气发之时。
在此丁时翰对"理气互发"说作了全新的阐释,即以"互相发现"来解互发之义。他认为李珥对李滉的"理到"说未能真正理会,试图以此说来回应前者对后者的攻击。依止李滉"理气互发"之说,丁时翰不仅对李珥"气发理乘一途"说进行了十分严厉的批评,而且还称其气象"似非吾儒法门"。其时栗谷学派在学界、政界正日益得势,而退溪学派则渐趋衰落,丁时翰对此十分忧虑,遂与李玄逸一道担当起为退溪学辩护的责任。从丁氏对李珥的批评中,我们随处可见党争之语气——此为两人党派、学派之殊异使然。

　　我们从比较的视角对丁时翰的理气说、"四端七情"说以及"人心道心"说进行了简要的论述。可以看出,丁氏不仅在理气关系上确有强调二者不离性的一面,而且在"四七"论方面亦有容受李珥之说的成分。但其学说之主旨仍然基于李滉的"尊理贬气"、"理气互发"之义上,而"理发"之说显然不合朱子"理不活动"之旨。各派间交互影响也是朝鲜朝性理学的特色之一。此外,还发现朝鲜朝儒学因所依文本之不同而造成的"多重文本交叠"的特色及诠释问题的复杂性一面。② 在人心道心说方面其特点在于,对朱子所言理气之"心"的重视。

① 丁时翰:《四七辨证·栗谷答成浩原书》,《愚潭集》卷7,《韩国文集丛刊》126,韩国民族文化推进会1993年版,第323页。
② 李明辉:《朱子性理学与韩儒丁时翰的四端七情论》,载《中国哲学与文化》(第四辑),广西师范大学出版社2008年版,第230、243页。

第五章　东亚儒学视域中的"四端七情"论及其意义

"四端七情"之辨是在东亚儒学史上著名的哲学论辩,此说又与"人心道心"之辨、"主理主气"之争相联系,最能反映韩国性理学特色。高丽末开始传入到韩国的朱子学经由退溪李滉和栗谷李珥等人的继承和发扬,在韩国获得了长足的发展,逐渐形成以"主理"、"主气"为特征的岭南学派(退溪学派)和畿湖学派(栗谷学派)。二者分别代表了韩国性理学的两个不同发展方向。两派之间围绕"四端七情理气"之发、"四七人心道心"等问题而展开的论辩,使韩国性理学走上了以心性学说之探讨为中心的哲学轨道。

第一节　"四端七情"之辨在韩国儒学史上的意义
——以李滉与李珥的理论差异为中心

韩国儒学以其独特品格在东亚儒学史上占有特殊地位,尤其是朝鲜朝(1392—1910 年)性理学以其逻辑的精微性和性情的深刻性①被誉为东亚朱子学的奇葩。本节将通过最具代表性的李滉和李珥的四端七情理论之比较来探讨韩国性理学性情理论之特色。

---

① 参见张立文:《论韩国儒学的特点》,载《韩国研究论丛》(第十四辑),世界知识出版社 2007 年版,第 16—18 页。

一、四端七情论辩的发生及其理论渊源

"四端七情"之辨是韩国儒学史上最重要的理论论争。此论辩发生于朝鲜朝性理学最为兴盛的 16 世纪中叶。此时涌现出以李退溪、郑之云（1509—1561 年）、奇大升（1527—1572 年）、李栗谷、成浑（1535—1598 年）等为代表的一大批硕学名儒。这一性理学家群体的出现不仅使韩国性理学实现了理论的本土化，在对朱子性情学说中的某些理论问题的思考深度方面甚至还超过了同时代的明代朱子学。① "理气四端七情"之辨的发生，主要是源于韩儒对儒家经典及朱学理论的不同理解和所持的强烈的问题意识。

《孟子·公孙丑上》云："恻隐之心，仁之端也；羞恶之心，义之端也；辞让之心，礼之端也；是非之心，智之端也。人之有是四端也，犹其有四体也。"②此恻隐、羞恶、辞让、是非之心被称为"四端"，代表人的四种伦理道德情感。"七情"则指，《礼记·礼运篇》所云"何谓人情？喜、怒、哀、惧、爱、恶、欲，七者弗学而能"③中的七种人的自然情感。或许因二者各自出现于不同的儒家经典，在中国四端与七情并未成为对举互言的一对哲学范畴。如以宋明儒者为例，二程（程颢，1032—1085 年；程颐，1033—1107 年）好言四端，少言七情；阳明《传习录》虽屡言七情，然不与性对。朱子亦是谈论四端处较多，而言七情处甚少。④ 朱熹只是在与门生的问答中曾说过一句"四端是理之发，七情是气之

---

① 参见陈来：《中韩朱子学比较研究的意义》，《中国社会科学报》2014 年 3 月 12 日。

② 《孟子·公孙丑上》，朱熹：《四书章句集注》，中华书局 1996 年版，第 238 页。

③ 陈澔注：《礼记》，上海古籍出版社 1994 年版，第 126 页。至于"七情"，宋明儒者还有另一种表述。即伊川在《颜子所好何学论》中所云"喜怒哀乐爱恶欲"。（伊川曰："其中动而七情出焉，曰喜怒哀乐爱恶欲。情既炽而益荡，其性凿矣。是故觉者约其情使合于中，正其心，养其性，故曰性其情。"见《二程集》，中华书局 2004 年版，第 577 页。）伊川的这一说法来自《中庸》首章云"喜怒哀乐之未发，谓之中；发而皆中节，谓之和"一句，这与我国宋明儒者言性情诸说时特重《中庸》有关。韩儒亦重《四书》，但《中庸》并未成为韩国性理学家特别关注的对象。故将四七进行对别展开论辩时，早于伊川所言的，《礼运》篇的"七情"成为他们所引用的对象。如，栗谷在其《心性情图》中，亦采《礼运篇》之"七情"。由此也可以窥出，中韩儒者在诠释儒学概念范畴时所依傍之文本上的差异。这种差异不仅导致中韩儒学思想的不同发展面向，而且还造成韩国儒学性情理论本身的复杂性。

④ 对于四七论辩未发生在中国的问题，陈荣捷先生指出：韩国理学家以四端与七情对论。我国理学家则否。二程虽屡言"七情"，然不与性对。只言本性至善，不言四端。两国传统如此，其故安在？朱子谓四端理之发，七情气之发，显是以四端对七情，韩国四七之对，可谓溯源朱子。然程朱及以后理学家言情皆言《中庸》之喜怒哀乐而不言《礼记·礼运》之喜怒哀惧爱恶欲。朱子说四端处极

发"①。这是其在四端和七情问题上的最为完整的表述。此语仅见《朱子语类》，在朱子其他著作中再难找寻，而且朱子对这一句也并未进行具体的解释和阐发。朱熹在工夫上的基本立场是此心寂然不动未发时应先做涵养，待心气发而为情时则施以察识。但因气的发用较随意突然，加之气所具有的清浊粹驳之差异，其发用未必都能"中节"，即一切都合乎于一定的法度（道德原则）。故必须时时以理驭气，使其皆能发而中节。若依朱子的此一思路，应将"四端是理之发，七情是气之发"理解为四端是依理而发出的情，而发者则为气——情既然属于气，在"理"上就不能言"发"。朱熹的这一句话在中国并未引起学界的注意。却在16世纪的韩国性理学界引发了一场旷日持久的"四端七情，理发气发"之大论辩。

在韩国哲学史上"理气四端七情"之辨的发生可追溯至与郑道传并称为朝鲜朝前期性理学双璧的权近（字可远，号阳村，1352—1409年）。他曾师从于丽末鲜初的大儒李穑（字颖叔，号牧隐，1328—1396年）和郑道传（字宗之，号三峰，1342—1398年）。权近出身文臣贵族家庭，曾祖父即是高丽朱子学的先驱权溥。其大作《五经浅见录》是一部按照朱子学观点阐释《五经》的著作，而《入学图说》更是韩国最早的一部理解朱学思想的入门书，影响曾及于日本。

权氏与郑道传虽然都是朝鲜朝初期朱子学的代表人物，但在接受和研习朱子学方面却各有侧重。郑氏致力于对现有朱子学理论的理解与实践，并以之为据竭力批判佛教。而权近则更倾心于对朱子学理论的探究与阐发。仅就

多，说七情处甚少。予以四七之辩，不发生于我国理学，其故有二。一为性情问题，如已发、未发、中庸、中和等等，皆基于《中庸》首章而不基于《礼记》。《礼记》虽是《六经》之一，且《中庸》是其一篇。然此一篇，宋梁时代已特别受人注意。至朱子集《大学》、《论语》、《孟子》、《中庸》为《四书》，又著《中庸章句》、《中庸或问》，与《中庸辑略》，《中庸》传统遂成理学一中坚。韩国无此传统，于是《中庸》之喜怒哀乐在韩不显，而《礼记》之七情占其前锋。我国另一传统为配合，汉代以来，八卦五行，均有所配。故理学家以元亨利贞配仁义礼智、春夏秋冬等等。七情则难于分配。陈先生还指出，朱子在《朱子语类》中关于四端七情的对话，只有两处。比韩国驳论早几百年，相去甚远。（参见陈荣捷：《朱子学新探索》，华东师范大学出版社2007年版，第195—196页）陈先生此一论述，对于四七论辩发生的哲学史、思想史背景的认识颇有神益。此处需注意的是，奇大升在与李滉的四七之辨中所言"七情"多为《中庸》之喜怒哀乐。而且，他还较重视《中庸》之"中节"说。
①　《孟子三·公孙丑上之下》，黎靖德编：《朱子语类》卷53，中华书局2004年版，第1297页。

二人对韩国性理学的理论贡献而言,权氏显然大于郑氏。故权近被视为朝鲜朝性理学的始祖。

权近以独尊儒术为基本前提对佛、道进行批判,并在批判的过程中阐述了自己的观点。他强调"理"的绝对权威——所谓"理为公共之道,其尊无对"①。他进而指出:"理为心气之本原,有是理然后有是气,有是气然后,阳之轻清者,上而为天,阴之重浊者,下而为地,……天地之理,在人而为性,天地之气,在人而为形,心则兼得理气,而为一身之主宰也。故理在天地之先,而气由是生,心亦禀之,以为德也。"②在此基础上,权近着重解释了五常、四端、七情等心性论方面的基本问题。其《入学图说》中首次提出的四端与七情的关系问题,开启韩国哲学史上著名的四端七情理论之先河。不仅如此,他的《入学图说》还是韩国最早的儒学图说类书籍,因此权近亦被视为韩国儒学"以图释说"理论传统的鼻祖。《入学图说》中的"天人心性分释之图"性条中写道:"昔唐韩子《原性》而本于《礼书》,以喜怒哀乐爱恶欲七者为性发之情,程子亦取而言之。今子以四端属乎性而七情列于心下者,何也?曰:'七者之用在人本有当然之则。如其发而中节则《中庸》所谓达道之和,岂非性之发者哉!然其所发或有不中节者,不可直谓之性发,而得与四端并列于情中也。故列于心下,以见其发之有中节不中节者,使学者致察焉'。"③权近指出,七情中发而中节者与四端无异,皆属纯善;而发而不中节者必非为性之所发,则不能与四端并列。权近认为,四端可视为理之所发,而七情却并非如此,并以此区分了四端和七情。他的这一见解实乃百余年后,李滉、李珥等人进行的四七论辩之滥觞。其思想后来被李滉等人继承和发扬,在韩国哲学史上产生极为重要的影响。不仅如此,权氏之学还远播日本,并在日本儒学界也有一定的影响。

不过,"理气四七"之辨发生的直接诱因则是李滉对郑之云(字静而,号秋峦)的《天命图》中"四端发于理,七情发于气"一句的修订。

郑之云为朝鲜朝初期的大儒金安国(1478—1543年)、金正国(1485—1541年)兄弟的弟子。他世居高阳,一生未仕,以处士终老。李滉对其十分推

---

① 权近:《心气理篇注》,《三峰集》卷10,首尔:三峰郑道传纪念事业会2009年版,第210页。
② 权近:《心气理篇注》,《三峰集》卷10,首尔:三峰郑道传纪念事业会2009年版,第211页。
③ 权近:《天人心性分释之图》"性"条,《入学图说》,首尔:乙酉文化社1974年版,第150页。

崇,曾赞曰:"君曾测海,我要窥藩,藉君伊始……君胡发端,弗极其致,使我怅怅,难禁老泪。"①

郑之云绘制的《天命图》是引发"理气四七"之辨的原始文本。起初李滉获此图后将图中的注释"四端发于理,七情发于气"一句改为"四端理之发,七情气之发"。②即,将郑氏文中的"于"改为"之",经李滉修改的图被称为《天命新图》。李滉以为,郑氏之言对四七理气的分别太甚,极易引起纷争,所以他在语气上对之作了些改动。

李滉的这一订正,旋即引起了学界的争议。高峰奇大升即由"理气浑沦"立场出发向李滉提出了质疑。于是,二人围绕"四七理气之发"的问题展开书信往来。这场长达八年之久的论辩在韩国哲学史上具有深远影响,为以心性论为中心的韩国性理学奠定了理论基础。

而郑之云则是在韩国哲学史上第一位以理气分言四端和七情的性理学者,其独特的问题意识直接促发了在东亚儒学史上别具一格的"四端七情理气"之发理论的诞生。

二、李滉的"四端七情"论

李滉的"四端七情"论最能反映其性理学思想之特色。然其四七理论的成熟与完善离不开与奇大升之间展开的相互问难。在论辩过程中,不仅李滉的理论得到进一步深化,而且其立场亦逐步得以明晰。

李滉将郑之云的《天命图说》加以改订之后,首先向他发难的便是奇大升。奇大升曰:"就理气妙合之中而浑沦言之,则情固兼理气有善恶矣。"③又曰:所谓四端、七情,"所就以言之者不同,故有四端七情之别有,非七情外复有四端也"④。因而将四端与七情相互对待,谓之纯理或兼气则有些不妥。在

---

① 李滉:《祭亡友秋峦郑君之云文》,《退溪全书》(二)卷45,首尔:成均馆大学校大东文化研究院1985年版,第408页。

② 李滉:《天命图说》后叙·附图,《退溪全书》(二),首尔:成均馆大学校大东文化研究院1985年版,第326页。

③ 奇大升:《高峰答退溪论四端七情书》,《两先生四七理气往复书上篇》卷1,《高峰集》第三辑,韩国东洋哲学会1997年版,第106页。

④ 奇大升:《两先生四七理气往复书上篇》卷1,《高峰集》第三辑,韩国东洋哲学会1997年版,第102页。

奇大升看来,四端虽是纯粹的天理之所发,但只是发乎七情中的苗脉而已。尽管理气实有分别(理为气之主、气为理之质料),但是在流行的层面(具体事物)上二者却混沦不可分开。

于是,他言道:

> 夫理,气之主宰也;气,理之材料也。二者固有分矣。而其在事物也,则固混沦而不可分开。但理弱气强,理无眹而气有迹,故其流行发见之际,不能无过不及之差,此所以七情之发,或善或恶,而性之本体或有所不能全也。然其善者,乃天命之本然;恶者,乃气禀之过不及也。则所谓四端、七情,初非有二义也。①

奇大升以为,四端与七情皆为情,不能将二者看作具有不同性质的两种截然相反的情。因此以理气来分而言,四端七情便有所不妥。无疑,奇大升的这一见解还是较为贴近朱子学原旨。

对于奇大升的质疑,李滉回复说:

> 性情之辩,先儒发明详矣。惟四端七情之云,但俱谓之情,而未见有以理气分说者焉……夫四端,情也,七情,亦情也。均是情也,何以有四七之异名耶?来喻所谓"所就以言之者不同"是也。盖理之与气,本相须以为体,相待以为用,固未有无理之气,亦未有无气之理。然而所就而言之不同,则亦不容无别。从古圣贤有论及二者,何尝必滚合为一说而不分别言之耶?②

李滉承认理与气在具体事物生成过程中的不可分离性,也承认先儒并未将四端和七情分属理与气以论其性质之不同。但正如奇大升所言因其"所就以言之者不同",可以分别而言之。

由此,李滉基于天命、气质之性分属理气的立场,阐述了四端(理)、七情(气)之间的关系。他以为,四端和七情非为同类之情,四端是由理所发,七情是由气所发。李滉的这一主张,虽然经过了几次修正,但其主旨却一直未变。

---

① 奇大升:《两先生四七理气往复书上篇》卷1,《高峰集》第三辑,韩国东洋哲学会1997年版,第102页。

② 李滉:《答奇明彦·论四端七情第一书》,《退溪全书》(一)卷16,首尔:成均馆大学校大东文化研究院1985年版,第405—406页。

他在此一问题上的主要说法有：

"四端,理之发;七情,气之发。"①

"四端之发,纯善,故无不善;七情之发,兼气,故有善恶。"②

"四端,理发而气随之;七情,气发而理乘之。"③

第一条是李滉53岁(1553年)时的表述,第二条是己末年其59岁(1559年)时的说法。此时他已与奇大升展开四七论辩。后经奇大升之诘难,李滉便有了第三条的说法。而此"四端,理发而气随;七情,气发而理乘之"提法,可视为李滉之最终定论。

李滉在此强调的是二者在根源和来源上的差异。这源于他对心、性、情结构的特别的认识。李滉曰：

> 理气合而为心,自然有虚灵知觉之妙。静而具众理,性也;而盛贮该载此性者,心也;动而应万事,情也;而敷施发用此情者,亦心也。故曰心统性情。④

由此可知,首先在心性情关系上,李滉倾向于张载的"心统性情"说。其次,他将心规定为"理气之合"。这与朱子的"理与气合,便能知觉"思想相比,心的含义以及心与理、气之关系变得更为清晰。同时,此说也为其分属理气的方式论述四端与七情、道心与人心、天命之性与气质之性的关系预设了理论前提。

李滉曾专门制作"心统性情图"以系统阐述了这一主张。此图是李滉晚年的思想结晶。作为《圣学十图》中的第六图,该图可视为其在四七问题上的最终定论。

《心统性情图》共有上、中、下三图。上图为程复心所作,中图和下图为李

---

① 李滉:《天命图说》后叙·附图,《退溪全书》(二),首尔:成均馆大学校大东文化研究院1985年版,第326页。

② 李滉:《与奇明彦》,《退溪全书》(一)卷16,首尔:成均馆大学校大东文化研究院1985年版,第402页。

③ 李滉:《进圣学十图札》,《退溪全书》(一)卷7,首尔:成均馆大学校大东文化研究院1985年版,第204页。

④ 李滉:《答奇明彦·别纸》,《退溪全书》(一)卷18,首尔:成均馆大学校大东文化研究院1985年版,第455—456页。

渑所作。① 心性情是性理学的核心范畴。从性命进到心性，才算真正进入到主体（人），这正是性理学的主题所在。性理学道德主体论的人性学说，正是通过"心性情"等诸范畴而得到全面展开。② 依程朱之见解，心之未发（寂然不动）为性，已发（感而遂通）为情；性为体，情为用。朱熹曰："性是体，情是用。性情皆出于心，故心能统之。统，如统兵之'统'，言有以主之也。"③李渑则与朱熹不同。他进一步发挥朱子的理气心性说，将性情问题与理气之发结合起来，使朱学心性论深化为性情论的"理气四端七情"论。此图中的中图和下图是其理气心性诸说的最为简明扼要之表述。

　　李渑这样解释中图："其中图者，就气禀中指出本然之性，不杂乎气禀而为言。子思所谓天命之性，孟子所谓性善之性，程子所谓即理之性，张子所谓天地之性是也。其言性既如此，故其发而为情，亦皆指其善者而言。如子思所谓中节之情，孟子所谓四端之情，程子所谓何得以不善名之之情，朱子所谓从性中流出元无不善之情是也。"④而解下图同样鞭辟入里："其下图者，以理与气合而言之。孔子所谓相近之性，程子所谓性即气气即性，张子所谓气质之性，朱子所谓虽在气中气自气性自性不相夹杂之性是也。其言性既如此，故其发而为情，亦以理气相须或相害处言，如四端之情，理发而气随之，自纯善无恶，必理发未遂而掩于气，然后流为不善。七者之情，气发而理乘之，亦无有不善，若气发不中而灭其理，则放而为恶也。"⑤

　　由此可见，李渑在中图解中一方面直承孟子四端说，以不杂乎气的本然之性来理解天命之性、性善之性及天地之性；另一方面又依程朱"性发为情"之原则，解读了中节之情、四端之情及无不善之情等。因此此图既合乎孟子的四

---

① 在韩国儒学史上，主要论辩皆围绕"心"这一哲学范畴而展开。16世纪后半期的四七论辩、人心道心论辩、18世纪初叶的人物性同异论辩以及19世纪后半期的本心明德之主理主气论辩等，均是对"心"之发用及相关问题的辨析。这亦是韩国性理学的特色。

② 参见李泽厚：《宋明理学片论》，载《中国古代思想史论》，生活·读书·新知三联书店2015年版，第232—243页；蒙培元：《理学范畴系统》，人民出版社1998年版，第194页。

③ 《张子之书一》，黎靖德编：《朱子语类》卷98，中华书局2004年版，第2513页。

④ 李渑：《心统性情图说》，《退溪全书》（一）卷7，首尔：成均馆大学校大东文化研究院1985年版，第205页。

⑤ 李渑：《心统性情图说》，《退溪全书》（一）卷7，首尔：成均馆大学校大东文化研究院1985年版，第205页。

端理论,也合乎朱子的性体情用论。在此可见李滉试图兼顾孟子与朱子之说的努力。这种双重文本及其双重权威所形成的思想史背景本身即是引发韩儒各种学术争论的根源①,学者对此不可不察。在下图解中,李滉承传朱子的理气心,直接以理气分言四端与七情。而且,他还以四端与七情为例指出:不论理发抑或气发皆可以为善。但是,已发之情易流为不善或放而为恶是由理发未遂和气发不中所致。因此,如何使理如实呈现或气发而皆中节是李滉四七论所要解决的首要课题。上面引文中的李滉的主张可概括为"四端理发而气随之,七情气发而理乘之"。这便是其四端七情"理气互发"说。

而且,他还以七情与四端来分论人心与道心,曰:"人心,七情是也;道心,四端是也。"②这既是李滉对朱子心论的发展,也是二人心论之差异所在。虽然其中图不带气说,但他仍然以理气论性情。李滉有言:"程夫子言曰:论性不论气不备,论气不论性不明,二之则不是。然则孟子、子思所以直指理言者,非不备也,以其并气而言,则无以见性之本善故尔,此中图之意也。"③可见,李滉仍以朱子的"理气心"来论性情,并侧重于持教工夫。

众所周知,以理气论"心"是朱学之传统,李滉亦如此。他主张"合理气,统性情"。但李滉比朱熹更着力于对"情"的分析,此为其性理学的一大特色。七情是情,四端亦是情,而"情"皆发于"心"(此心具心气之患),因此如何使发于理气心的"情"皆能中节攸关人性之善恶。李滉主张以敬治心,强调对心气施以持敬工夫即缘于此。李滉说过:"要之,兼理气,统性情者,心也,而性发为情之际,乃一心之几微,万化之枢要,善恶之所由分也。学者,诚能一于持敬,不昧于理欲,而尤致谨于此,未发而存养之功深,已发而省察之习熟,真积力久而不已焉,则所谓精一执中之圣学,存体应用之心法,皆可不待外求而得之于此矣。"④其持敬之目的是要涵养省察——存"天理之公"以去"物欲之

---

① 参见李明辉:《四端与七情:关于道德情感的比较哲学探讨》,华东师范大学出版社 2008 年版,第 160 页。

② 李滉:《答李宏仲问目》,《退溪全书》(二)卷 36,首尔:成均馆大学校大东文化研究院 1985 年版,第 226 页。

③ 李滉:《心统性情图说》,《退溪全书》(一)卷 7,首尔:成均馆大学校大东文化研究院 1985 年版,第 205 页。

④ 李滉:《第六心统性情图》,《进圣学十图札》,《退溪全书》(一)卷 7,首尔:成均馆大学校大东文化研究院 1985 年版,第 205—206 页。

私"。即在未发时涵养本善之心,已发时通过自家内省以求致中和。李滉去世前曾屡次修订此图。"先生此图,三次改本。初图则智上礼下仁左义右,次图则只改礼智上下,后图则又改仁义左右,最后仍以次图为定本,即今十图所载本也。"①可见,此图在《圣学十图》中所占有之地位何等之重要。

由李滉和奇大升首开其端的此一论辩颇能反映韩国性理学之特色。李滉认为不仅"性"可以以理气分言,而且"情"亦可以理气分而言之。他说:"故愚尝妄以谓情之有四端七情之分,犹性之有本性、气禀之异也。然则其于性也,即可以理气分言之;至于情,独不可以理气分言之乎?"②此便是李滉的"理气互发"说,而奇氏的观点则被称为"理气共发"说。

"四七理气"论是李滉性理学的最大特色。他虽一方面接续朱子的理气心,但另一方面又直承孟子四端说。故既言四端理之发,又言七情为气之发。他说:"且四端亦有中节之论,虽甚新,然亦非孟子本旨也。孟子之意,但指其粹然从仁义礼智上发出底说来,以见性本善故情亦善之意而已。"③基于这样的理解,李滉明确指出:"大抵有理发而气随之者,则可主理而言耳,非谓理外于气,四端是也。"④

他对七情的看法则始终落在气的一边。李滉说过:"孟子之喜、舜之怒、孔子之哀与乐,气之顺理而发,无一毫有碍,故理之本体浑全。常人之见亲而喜、临丧而哀,亦是气顺理之发,但因其不能齐,故理之本体不能纯。以此论之,虽以七情为气之发,亦何害于理之本体耶?"⑤但气之发又不能无理,所以他坚持认为,"气发而理乘之者,则可主气而言耳,非谓气外于理,七情是也"⑥。

李滉肯定情有四端与七情之分。既然四端七情皆是情,何以有四七之分?他用理气之分的观点解释道:"情之有四端、七情之分,犹性之本有本性、气禀

---

① 李震相:《答宋康叟》,《寒洲集》卷14,《韩国文集丛刊》317,韩国民族文化推进会2003年版,第332—333页。
② 李滉:《答奇明彦·论四端七情第一书》,《退溪全书》(一)卷16,首尔:成均馆大学校大东文化研究院1985年版,第406页。
③ 李滉:《后论》,《退溪全书》(一)卷16,首尔:成均馆大学校大东文化研究院1985年版,第422页。
④ 李滉:《改本》,《退溪全书》(一)卷16,首尔:成均馆大学校大东文化研究院1985年版,第419页。
⑤ 李滉:《改本》,《退溪全书》(一)卷16,首尔:成均馆大学校大东文化研究院1985年版,第419页。
⑥ 李滉:《改本》,《退溪全书》(一)卷16,首尔:成均馆大学校大东文化研究院1985年版,第419页。

之异也。然则其于性也，既可以理气分言之，至于情独不可以理气分言之乎？"①那么，情又如何以理气分言？他的答案是："恻隐、善恶、辞让、是非，何从而发乎？发于仁义礼智性焉尔；喜怒哀惧爱恶欲，何以而发乎？外物触其形而动于中，缘境而出焉尔。"②

朱子哲学主张，人是由理和气共同构成的——气构成人之形体，理则为人之本性。李滉据此提出了"四端七情分理气"说，主张道德情感（四端）发自人的本性（理），而一般生理情感（七情）则发自人的形体（气）。其"四端发于理，七情发于气"之提法表明四端与七情的内在根源是不同的，这虽然与朱熹《中庸章句》的说法不同，却令朱子学性情论未解决的问题得到了一种解决。③这亦可以视为李滉对朱子学说的创造性发展。

不过，依其理气之心，四端与七情不论善还是不善，或者说不论中节还是不中节，皆依"气"而定。他说："四端之情，理发而气随之，自纯善无恶，必理发未遂而掩于气，然后流为不善。七情之情，气发而理乘之，亦无有不善，若气发不中而灭其理，则放而为恶矣。"④实际上四端七情皆落在气的一边。理发未遂是掩于气，理发直遂是不掩于气——遂与不遂，俱在气一边。从另一方面说，气发不中则灭其理，气发中节则不灭其理——灭理与不灭理亦俱在气的一边。因"气"的状体直接影响"理"的显否以及如何显现，所以主敬以治心气必使气顺理而作、依理而行。此又是李滉以主敬治心的最重要原因。主敬以治心气，即为其著名的主敬论思想。李滉的学说，亦被称为"主敬"哲学。

三、李珥的"四端七情"论

继李滉、奇大升之后，众多学者都对四端七情问题发表了自家见解。李珥

---

① 李滉：《答奇明彦·论四端七情第一书》，《退溪全书》（一）卷16，首尔：成均馆大学校大东文化研究院1985年版，第406页。
② 李滉：《答奇明彦·论四端七情第一书》，《退溪全书》（一）卷16，首尔：成均馆大学校大东文化研究院1985年版，第406页。
③ 参见陈来：《韩国朱子学新论——以李退溪与李栗谷的理发气发说为中心》，《厦门大学学报》（哲学社会科学版）2015年第1期。
④ 李滉：《心统性情图说》，《退溪全书》（一）卷7，首尔：成均馆大学校大东文化研究院1985年版，第205页。

亦提出自己的看法。而他的说法,大都是针对李滉的见解而发。

在四七问题上,李珥与李滉的分歧较明显。李珥从其"气发理乘"的理气观出发,而主张四端七情"气发理乘一途"说。他曾说过:"四端七情,正如本然之性与气质之性,本然之性则不兼气质而为言,气质之性则却兼本然之性。"①又说:"四端犹性之言本然之性也,七情犹性之合理气而言也。气质之性实是本性之在气质者也,非二性。故七情实包四端,非二情也。"②栗谷认为七情可包四端,四端为善一边,七情是兼气质而言性之全,四端是剔出而言性之本。朱子谓:"性非气质,则无所寄;气非天性,则无所成。"③理与气之关系亦是如此。李珥进而指出:"理者气之主宰也,气者理之所乘也。非理则气无所根柢,非气则理无所依著。既非二物,又非一物。"④他接着直承朱子理气动静之说,提出理为气之主,气为理之器。他说:"理无形也,气有形也;理无为也,气有为也。无形无为而为有形有为之主者,理也;有形有为而为无形无为之器者,气也。"⑤从"理无为而气有为"之见解自然就会产生"气发理乘"之主张。此说亦可称为"气发一途"说,实为李珥理气论之中心思想。"气发理乘"说的主旨大意即是:"大抵发之者气也,所以发者理也,非气则不能发,非理则无所发。无先后,无离合,何谓互发也。"⑥李珥自注曰:"发之以下二十三字,圣人复起,不易斯言。"接着他又对"气发理乘"之义解释道:"见孺子入井,然后乃发恻隐之心,见之而恻隐者气也,此所谓'气发'也。恻隐之本则仁也,此所谓'理乘之'也。"⑦

依此见解,李珥对李滉的"理气互发"说进行了批评。他说:"四端是七情之善一边也,七情是四端之总会也。一边安可与总会分两边相对乎? 朱子发

---

① 李珥:《答成浩原·壬申》,《栗谷全书》(一)卷9《书》1,首尔:成均馆大学校出版部1992年版,第192页。

② 李珥:《圣学辑要》二,《栗谷全书》(一)卷20,首尔:成均馆大学校出版部1992年版,第455页。

③ 《性理一·人物之性气质之性》,黎靖德编:《朱子语类》卷4,中华书局2004年版,第67页。

④ 李珥:《答成浩原》,《栗谷全书》(一)卷10《书》2,首尔:成均馆大学校出版部1992年版,第197页上。

⑤ 李珥:《答成浩原》,《栗谷全书》(一)卷10《书》2,首尔:成均馆大学校出版部1992年版,第208—209页。

⑥ 李珥:《答成浩原·壬申》,《栗谷全书》(一)卷10《书》2,首尔:成均馆大学校出版部1992年版,第198页。

⑦ 李珥:《答成浩原·壬申》,《栗谷全书》(一)卷10《书》2,首尔:成均馆大学校出版部1992年版,第198页。

于理发于气之说,意必有在。而今者未得其意,只守其说,分开拖引,则岂不至于辗转失真乎?朱子之意,亦不过曰四端专言理,七情专言气云尔。非曰四端则理先发,七情则气先发也。李滉因此而立论曰:四端理发而气随之,七情气发而理乘之。所谓气发而理乘之可也。非特七情为然,四端亦是气发而理乘之也。"①在李珥看来,"发之者气也,所以发者理也"。无论四端还是七情,皆为气发理乘。因理气原无先后无离合,故不可谓理气互发。

他认为,若四端是理发,为善情;而七情为气发,亦可为善情——如此则人心便有二本。李珥意识到这一问题,明确指出:

> 退溪先生既以善归之四端,而又曰七者之情亦无有不善,若然则四端之外亦有善情也,此情从何而发哉?孟子举其大概,故只言恻隐羞恶恭敬是非,而其他善情之为四端,则学者当反三而知之。人情安有不本于仁义礼智而为善情者乎?善情既有四端、而又于四端之外有善情,则是人心有二本也,其可乎?……今若曰"四端,理发而气随之;七情,气发而理乘之",则是理、气二物,或先或后,相对为两歧,各自出来矣,人心岂非二本乎?②

这里他又将"四七"之辨从性情论延伸至心论领域,进一步拓展和深化了"四七"论的讨论范围和深度。李滉认为七情发于气,是气发而理乘之,故七情并非不善,然因是发于形气,不能保证其必为善,实际上可为善亦可为恶。如前文所说:"四端之发,纯理,故无不善;七情之发,兼气,故有善恶。"李滉似不曾说七情亦无有不善,如上引李珥所说。但七情说有善情,总是可以说的,若是便是四端之外有善情。若由理发者方为纯善,则由气发者之七情中之善,又从何而发?若七情不由理发而亦可为善,则必有使其善之根据。于是生发四端者为一本,而生发七情之善者又是一本——这便是有二本了。

李珥要避免此二本之失,则四端和七情便不能是各有其本的异类之情——四端必须是七情中善的一类。他说:"情一也,而或曰四或曰七者,专

① 李珥:《答成浩原·壬申》,《栗谷全书》(一)卷10《书》2,首尔:成均馆大学出版部1992年版,第198页。
② 李珥:《答成浩原·壬申》,《栗谷全书》(一)卷9《书》1,首尔:成均馆大学出版部1992年版,第192—193页。

言理,兼言气之不同也……四端不能兼七情,七情则兼四端……四端不如七情之全,七情不如四端之粹。"①情只是一情,四端是就情之合理处说,而七情则是就全部之情而言。故四端纯是善的,而七情则兼善恶。李珥此说即表示理无活动性,唯有气才活动。情属气,故四端七情皆是气发。气之活动如能依理便是善情——四端不过是七情之善者。栗谷进而指出:

> 气质之性、本然之性,决非二性。特就气质上单指其理曰本然之性,合理气而命之曰气质之性耳。性既一则情岂二源乎!除是有二性,然后方有二情耳!若如退溪之说,则本然之性在东,气质之性在西,自东而出者谓道心,自西而出者谓人心,此岂理耶。②

李珥从其"理气之妙"的思想出发,不同意李滉的"理气互发"说,转而支持奇大升的观点。他说:"朱子之意亦不过曰:四端专言理,七情兼言气云尔耳。非曰四端则理先发,七情则气先发也。退溪因此立论曰:四端理发而气随之,七情气发而理乘之。所谓气发而理乘之者可也,非特七情为然,四端亦是气发理乘之也。"③一方面批评李滉未能真正理会朱子之本意,另一方面又主张不论七情还是四端皆为气发理乘。

李珥对退溪之说的批评,遭到了成浑的辩难。于是,继"退、高之辩"之后,李珥和成浑之间又展开了第二次四七大论辩,将论争推向了高潮。成浑基本上赞同李滉的立场。他指出:"今为四端七情之图,而曰发于理、发于气,有何不可乎!理与气之互发,乃为天下之定理,而退翁所见,亦自正当耶?"④并向李珥提出质疑道:自己亦曾对李滉的"理气互发"说存疑,但细心玩味朱子"人心道心之异,则以其或生于形气之私,或原于性命之正"之说后觉得李滉的互发说亦未尝不可。"愚意以为四七对举而言,则谓之'四发于理,七发于

---

① 李珥:《答成浩原·壬申》,《栗谷全书》(一)卷9《书》1,首尔:成均馆大学校出版部1992年版,第192页。

② 李珥:《答成浩原》,《栗谷全书》(一)卷10《书》2,首尔:成均馆大学校出版部1992年版,第210—211页。

③ 李珥:《答成浩原·壬申》,《栗谷全书》(一)卷10《书》2,首尔:成均馆大学校出版部1992年版,第198页。

④ 成浑:《附问书》,《答成浩原·壬申》,《栗谷全书》(一)卷9《书》1,首尔:成均馆大学校出版部1992年版,第193页。

气',可也"①,明显看出成浑较肯定"理气互发"说。

李珥同成浑数次交换书信,进行辩论。结果,使李珥的性理学立场更加明了。在李珥看来,对"四七"的解释只能是气发理乘。他说:"今若曰'四端理发而气随之,七情气发而理乘之',则是理、气二物,或先或后,相对为两歧,各自出发矣。"②他进而举例说:"所谓气发而理乘之可也,非特七情为然,四端亦是气发而理乘之也。何则?见孺子入井,然后乃发恻隐之心,见之而恻隐者,气也。此所谓气发也。恻隐之本,则仁也,此所谓理乘之也。非特人心为然,天地之化无非气发而理乘之也。"③可见,他认为不仅四端与七情是气发理乘,而且天地之化亦是气发而理乘。

四、李滉与李珥"四端七情"论差异之分析

陈荣捷先生曾将"四端七情理气"之辨称为,比朱子与象山(陆九渊,1139—1193 年)太极之辨或与同甫(陈亮,1143—1194 年)的王霸之辨更超而上之的学术论辩。其历年之久,堪与我国明清阳明(王守仁,1472—1529 年)《朱子晚年定论》之辨相比拟。④ 可见,这场四七辩论在东亚儒学史上具有多么重要的理论意义。

如前所述,李滉与李珥虽然同尊朱子,却在体贴和阐发朱学方面各有侧重,各具特色,由此各自构筑了独特的性理哲学体系。

"四七"论是二人思想中的核心内容。二人分歧之产生源于他们对朱学的不同理解和多维解读。

对李滉、李珥的理论之差异可作如下几个方面的分析:

首先,在理气之发的问题上产生了歧义。二人从不同的角度继承和发展了朱子的性理学思想。李滉倾向于理气之"不杂"义,李珥则侧重于理气之

① 成浑:《附问书》,《答成浩原·壬申》,《栗谷全书》(一)卷9《书》1,首尔:成均馆大学校出版部1992 年版,第 193 页。

② 李珥:《答成浩原·壬申》,《栗谷全书》(一)卷9《书》1,首尔:成均馆大学校出版部1992 年版,第193 页。

③ 李珥:《答成浩原·壬申》,《栗谷全书》(一)卷10《书》2,首尔:成均馆大学校出版部1992 年版,第198 页。

④ 参见陈荣捷:《朱子学新探索》,华东师范大学出版社 2007 年版,第 195 页。

"不离"义,对朱子之说进行了不同的发挥。

朱子思想体系的基础在于其理气论,即建立在其理气不相杂,不相离的理气观之上。李滉在继承朱子理气论的基础上,着重于对理气之不杂的一面作了"理贵气贱"、"理尊无对"的解释。李滉之重视"不杂"义侧重理气为道器之分,如其所撰《非理气为一物辩证》一文即强调理气之分别、道器之异。对于二者"不杂"义的重视,是李滉理气观的最大特色。

李滉主张"理贵气贱",认为理具"主宰"义而气则无之。他说:"理极尊无对,命物而不命于物",①理"为阴阳五行万物万事之本。"②由主宰与被主宰的理气关系而形成二者的上下位观,即上者尊贵,下者卑贱,故理贵气贱。李滉指出:"理贵气贱,然理无为气有欲。"③由于气有欲,故须主敬以治之。而且,还对理本体作了"理(太极)自有动静"的解释。于是,在理气之发问题上李滉便有了"理气互发"说。

退溪还提出"理纯善气兼善恶"之说。此说实亦直承伊川、朱子而来。气有清浊,而由气之清浊而言,气有或顺理或不顺理。主敬则必以理驭气,也就是说理为主以帅其气——理是纯善,而气兼善恶,纯善之理帅气则气必顺理而呈善。这便是其"理帅气卒"思想。李滉的理贵气贱、尊理贬气的观念,与理纯善而气兼善恶之说有着内在的思想关联。

理贵气贱、理气互发乃李滉理气观的主要内容。由于理无为而气有欲,故须主敬制气以显理。

他将朱熹的理气"先后"关系转化为"主仆"关系,形成了自己独特的理气观,由此为其"四七"论打下理论基础。

李珥的性理学说同样建立在其理气论的基石之上。不过,与李滉不同,他在继承朱子理气之说的过程中则侧重于理气之不离,从这个角度对朱子学作了进一步的阐释发挥。理气之妙、气发理乘以及理通气局乃其学说之主旨。

①　李滉:《答李达李天机》,《书》,《退溪集》卷13,《韩国文集丛刊》29,韩国民族文化推进会1996年版,第356页。
②　李滉:《答奇明彦后论·别纸》,《书》,《退溪集》卷16,《韩国文集丛刊》29,韩国民族文化推进会1996年版,第426页。
③　李滉:《与朴泽之》,《书》,《退溪集》卷12,《韩国文集丛刊》29,韩国民族文化推进会1996年版,第337页。

李珥在理气定义及理气的发用义（动静义）上多有独到的议论，摘录如下：

"理者气之主宰也，气者理之所乘也。非理则气无所根柢，非气则理无所依著。"①

"大抵有形有为而有动有静，气也。无形无为而在动在静者，理也。理虽无形无为，而气非理则无所本，故曰无形无为而为有形有为之主者理也，有形有为而为无形无为之器者气也。"②

"夫形而上者，自然之理也。形而下者，自然之气也。有是理则不得不有是气，有是气则不得不生万物。是气动则为阳，静则为阴。一动一静者气也，动之静之者理也。阴阳既分，二仪肇辟；二仪肇辟，万化乃生。其然者气也，其所以然者理也。"③

由此可见，李珥虽然也主张理是气的主宰者，但并未像李滉那样从伦理道德意义上尊崇"理"之地位。而且，他也不赞同理本体的发用性。在他看来，"理"是使万物生生不息的所以然者。这样的理是实有之理，亦即使气之生生变化成为可能的本体，此本体虽无形却实有。此实体恒随物（气）而在，与天理一般无二。依李珥见解，诚即是天理。因万物的生生不息，须由气来表现，气虽依理而行，却是气自身之变化而显形，而生成万物。理与气不相离，二者同等重要，是"一而二、二而一"的妙合关系。由此，李珥基于程明道的"道亦器，器亦道"的思想提出自己的"理气之妙"说。

李珥认为，在理气恒不相离的天地变化天道流行的过程上，动静的本身是气，而理只是主宰气，使气动静。即"一动一静者气也，动之静之者理也。""一动一静"是"其然"，"动之静之"是"其所以然"。在此种意义上，理、气二概念，气是其然，理是其所以然。理、气二义，李珥承继朱子之说，建立在"其然，所以然"之义上。一动一静是其然，动之静之是其所以然。理气二者在其发

---

① 李珥：《答成浩原·壬申》，《栗谷全书》（一）卷10《书》2，首尔：成均馆大学校出版部1992年版，第197页。

② 李珥：《答安应休》，《栗谷全书》（一）卷12《书》4，首尔：成均馆大学校出版部1992年版，第248页。

③ 李珥：《易数策》，《栗谷全书》（一）卷14《杂著》1，首尔：成均馆大学校出版部1992年版，第304—305页。

用上亦是如此。李珥进而指出："发之者气也,所以发者理也;非气则不能发,非理则无所发。发之以下二十三字,圣人复起,不易斯言。"①此即所谓"气发理乘"之说。李珥对此二十三字所言之内容,极为肯定自信。不但天地之化是如此,人心之发亦不外此,"是故天地之化,吾心之发,无非气发而理乘之也"②。发之者是其然,所以发者是所以然,前者是表现者,后者是使表现者得以实现的主宰者。

一动一静者是气,动之静之者是理;理是主宰者,气是听命者。气的阴阳变化而生万物实际上皆是理之所为。所以李珥说"天以实理而有化育之功"。"实理"即是诚,"诚"作为本体亦是物之终始,故能有化育之功。李珥主"诚"之用意在于先立本体。

与李滉相比较,李珥虽然在理气说的理论突破上有所不及,但在准确地传承朱子的理气之说方面却更有过之。易言之李珥的理气观思想更能反映朱子理气论之特色。

其次,理气观上的理论差异,直接导致二人在心性论上的不同见解。

李滉将心定义为"理气合而为心"③,而李珥则将心理解为"合性与气而为主宰于一身者"④。由此李珥否定天命、气质二性之说,而主张一性论(气质之性),进而提倡四端、七情亦是"非二情"。李珥有言:"四端七情,正如本然之性与气质之性,本然之性则不兼气质而为言,气质之性则却兼本然之性。"⑤他进而指出:"四端犹性之言本然之性也,七情犹性之合理气而言也。气质之性实是本性之在气质者也,非二性。故七情实包四端,非二情也。"⑥他认为七情不仅可以包括四端,而且还是兼气质而言的"性之全"。李滉则接受宋儒的二

---

① 李珥:《答成浩原·壬申》,《栗谷全书》(一)卷10《书》2,首尔:成均馆大学校出版部1992年版,第198页。
② 李珥:《答成浩原》,《栗谷全书》(一)卷10《书》2,首尔:成均馆大学校出版部1992年版,第209页。
③ 李滉:《答奇明彦·别纸》,《退溪全书》(一)卷18,首尔:成均馆大学校大东文化研究院1985年版,第455页。
④ 李珥:《人心道心图说》,《栗谷全书》(一)卷14,首尔:成均馆大学校出版部1992年版,第282页。
⑤ 李珥:《答成浩原·壬申》,《栗谷全书》(一)卷9《书》1,首尔:成均馆大学校出版部1992年版,第192页。
⑥ 李珥:《圣学辑要》二,《栗谷全书》(一)卷20,首尔:成均馆大学校出版部1992年版,第455页。

性理论,倾向人心道心也应以理气分而言之。

在性情的问题上,朱子学向主"情根于性,性发为情"。即,"性为体"(性是情的内在根据),"情为用"(情是性的外发表现)。故李滉和李珥的"理气互发"说或"气发理乘"说,都与其不同的心性结构相关联。

不论李滉的"理气互发"说还是李珥的"气发理乘"论,都为朱子学性情论的丰富和发展作出了理论贡献。

最后,李滉与李珥之所以对朱子学有不同的理解和发挥,也与两人所处的不同的社会历史环境密切相关。

在韩国儒学史上,李滉为学偏向自我人格的修养,而李珥则侧重于经世致用。故李滉之学亦称为退溪"圣学",而李珥则开韩国实学理论之先河。李滉生活于韩国历史上"士祸"频发的年代,有名的四大"士祸"即发生于此一时期。此为其学术政治生涯历史背景。据年谱嘉靖二年癸未记载:"先生二十三岁,始游太学,时经己卯之祸,士习浮薄,见先生举止有法,人多笑之。所与相从者,惟金河西麟厚一人而已。"①从其"举止有法"可见为人之端重。李珥较李滉年少35岁,而他主要生活于韩国历史上的"党争"频仍之时期。在李珥生活之世,朝政士风皆每况愈下。"权奸甚误国之后,苛政日作,百弊俱积,民生之涂炭,未有甚于今日者也。"②"己卯诸贤,稍欲有为,而馋锋所触,血肉糜纷,继以乙巳士祸,惨于己卯。自是士林狼顾胁息,以苟活为幸,不敢以国事为言。而惟是权奸之辈,放心肆意。"③"党争"与"士祸"有较大的区别。"士祸"政治可视为李滉的"尊理"、"正伦"以及"主敬"思想的社会历史根源。李珥所面临的社会状况是经历多次"士祸"之后,朝纲不振、民生困苦。故李珥论政为学立说都极重实功——所谓"政贵知时,事要务实"。反映在其思想上便是主张理气之不离、变化气质之性以及追求本然性与现实性的高度一致。此即栗谷主气论的思想特色。

概言之,"四端七情理气"之辨最能反映韩国性理学的特色。李滉和李珥

---

① 李滉:《退溪先生年谱》卷1,《退溪全书》(三)《附录》,首尔:成均馆大学校大东文化研究院1985年版,第577页。

② 李珥:《玉堂陈时弊疏》,《栗谷全书》(一)卷3《疏》1,首尔:成均馆大学校出版部1992年版,第63页。

③ 李珥:《万言封事》,《栗谷全书》(一)卷5《疏》3,首尔:成均馆大学校出版部1992年版,第97页。

理论之所以有差异是因各自依傍的文本、所持的立场以及所处历史环境之不同。李滉论学基于体用之有别,李珥则基于体用之不离,或者说前者着眼于本体,后者则侧重于流行。李滉提出"理贵气贱"、"理气互发"之论,在理气四七问题上坚守了体用有别之立场。但"理发"之义则显然不合于朱熹的"理不活动"之义。李珥则提出"理气之妙"、"气发理乘"说,笃守了其体用不离之立场。

以比较的视野来看,中国的先秦儒学与宋代理学在"性"与"情"以及"人物性同异"等问题上的差异,宋儒在把先秦儒学发展为宋代理学时并没有完全弥合二者间的差异,因此在论述上出现了一些不同的说法。这些不同说法中所蕴含的问题或矛盾,在中国儒学史上没有展开讨论,而在韩国儒学的"四七理气"之辨、"四七人心道心"之辨以及此后发生的"人物性同异"论辩中却得到深入展开。① 由此可见,中韩两国性理学(朱子学)因所关注的核心话题、依傍之文本以及具体的人文语境之不同造成不同的理论性格和多元的发展路径。无疑,这既是韩国性理学的特色,亦是东亚朱子学的理论特色。

第二节 "人心道心"之辨在东亚儒学史上的意义

——以朱子、罗钦顺、李珥的理论为中心

在东亚儒学史上,"人心道心"说随朱子学的传播而传入东亚各国,受到各国儒者的关注。尤其是,在韩国"人心道心"论与"四端七情"论相结合形成别具一格的心性论诠释系统。本节拟以朱子与16世纪中韩朱子学的主要代表人物罗钦顺、李珥的思想比较为中心,来探讨"人心道心"说在东亚地区的多元发展及其理论意义。

一、朱子的"人心道心"论及其理论意涵

人心、道心的提法最早出现于古文《尚书·大禹谟》中,"人心惟危,道心惟微,惟精惟一,允执厥中"。作为宋儒"道统"之说的主要文献根据之一,朱

---

① 参见李存山:《中韩儒学的"性情之辨"与"人物性同异之辨"》,《道德与文明》2017年第5期。

子将此十六字称为"尧、舜、禹相传之密旨"①。此"十六字心传"的大意是说：人心险恶难测，道心幽微难显，唯有精一至诚，方保此心中正不偏。

对于此古圣先王相授受之心法密旨，二程对其中的人心道心问题给予了特别的关注。程颢曰："'人心惟危'，人欲也。'道心惟微'，天理也。'惟精惟一'，所以至之。'允执厥中'，所以行之。"②表明，依明道之见人心与道心的关系即为人欲与天理之关系，而程颐则直接将二者关系解作私欲与正心的关系。小程子有言："'人心'，私欲也；'道心'，正心也。'危'言不安，'微'言精微。惟其如此，所以要精一。'惟精惟一'者，专要精一之也。精之一之，始能'允执厥中'。中是极至处。"③伊川以道心为正，人心为邪，所以特别强调施"精一"功夫以使道心不被人心所扰乱。进而他还主张存公灭私，明理灭欲，曰："人心私欲，故危殆。道心天理，故精微。灭私欲，则天理明矣。"④人道说受到二程的青睐，与其所含的思想意蕴密不可分。宋儒强调道德直觉和人格修养，为此提倡以道德意识主宰人的行为使之达于其宣扬的"以理节欲"之目的。人道说所涉的论域，如道德与情欲、个体意识与群体意识之间关系等正好满足了理学家的此一理论需求。同时，这也反映理学道德心性学说的进一步深入发展。但是，二程将人心与道心对立起来，将人心视作人欲、私欲，否定的人的自然需求和感性欲望的理论作解也使理学显得有些不近人情。

作为程朱理学的集大成者朱熹亦重视"人心道心"论。他在继承二程的人道说的基础上，从心性论和知觉论的维度对其意涵作了进一步的阐发。

首先，朱子以为人只有一个心，若说道心是天理，人心是人欲，便有了两个心。曰："人只有一个心，但知觉得道理底是道心，知觉得声色臭味底是人心，不争得多。'人心，人欲也'，此语有病。虽上智不能无此，岂可谓全不是？陆子静亦以此语人。非有两个心。"⑤在朱子看来，心之所以有二名，只是因各自所知所觉者不同而已，其实道心、人心本只是一个物事。而且，还对二程将人

① 朱熹：《朱子全书》(21)，上海古籍出版社、安徽教育出版社 2002 年版，第 1586 页。
② 程颢、程颐：《二程集》，中华书局 2004 年版，第 126 页。
③ 程颢、程颐：《二程集》，中华书局 2004 年版，第 256 页。
④ 程颢、程颐：《二程集》，中华书局 2004 年版，第 312 页。
⑤ 《尚书一·大禹谟》，黎靖德编：《朱子语类》卷 78，中华书局 2004 年版，第 2010 页。

心解为人欲的观点提出异议。

其次，自从"己丑之悟"之后，朱子便运用体用说对"心"作了全新解读。他以为"心"是体用之全体，不仅兼体用，而且贯动静。曰："心之全体湛然虚明，万理具足，无一毫私欲之间；其流行该遍，贯乎动静，而妙用又无不在焉。故以其未发而全体者言之，则性也；以其已发而妙用者言之，则情也。然'心统性情'，只就浑沦一物之中，指其已发、未发而为言尔；非是性是一个地头，心是一个地头，情又是一个地头，如此悬隔也。"①认为，以心有体用而言，"未发之前是心之体，已发之际乃心之用"②；以心兼体用而言，"性是心之理，情是心之用"③，心是"贯彻上下，不可只于一处看"④。由此朱子的"心"既具道德心之意涵，又有知觉心之属性。故"心"在其哲学中地位极特殊，如其所言"惟心无对"⑤。

再次，朱子进一步运用心之体用说对人心、道心及其二者之关系展开了详细论述。曰：

> 心之虚灵知觉，一而已矣。而以为有人心道心之异者，则以其或生于形气之私，或原于性命之正，而所以知觉者不同，是以或危而不安，或微妙而难见耳。然人莫不有是形，故虽上智不能无人心，亦莫不有是性，故虽下愚不能无道心。二者杂于方寸之间，而不知所以治之，则危者愈危，微者愈微，而天理公卒无以胜夫人欲之私矣。精则察夫二者之间而不杂也，一则守其本心之正而不离也。从事于斯，无少间断，必使道心常为一身之主，而人心每听命焉，则危者安、微者著，而动静云为自无过不及之差矣。⑥

此段引文可视为朱子在人心道心问题上的晚年定论，此文写于淳熙十六年（1189 年），其时朱子之思想已渐趋成熟。文中朱子对人道说的主要问题，作了纲要式的经典解说。一是从知觉论意义上，对人心、道心作了界定。他指出

① 《性理二·性情心意等名义》，黎靖德编：《朱子语类》卷 5，中华书局 2004 年版，第 94 页。
② 《性理二·性情心意等名义》，黎靖德编：《朱子语类》卷 5，中华书局 2004 年版，第 90 页。
③ 《性理二·性情心意等名义》，黎靖德编：《朱子语类》卷 5，中华书局 2004 年版，第 96 页。
④ 《程子之书一》，黎靖德编：《朱子语类》卷 95，中华书局 2004 年版，第 2439 页。
⑤ 《性理二·性情心意等名义》，黎靖德编：《朱子语类》卷 5，中华书局 2004 年版，第 84 页。
⑥ 朱熹：《中庸章句》，《四书章句集注》，中华书局 1996 年版，第 14 页。

人心生于形气之私(觉于欲),而道心则原于性命之正(觉于理)。这就解答了二者皆发自一个心,何以有人道之分的问题。此一区分本身也反映了理学自身的价值诉求。二是指出不论上智之人抑或下愚之人皆有人心道心,在这方面人人皆平等。这一主张实则反映了人皆能成圣成贤的理学价值理想。三是对人心与人欲(私欲)作了区分。朱子在一定程度上,承认由人的自然属性所决定的合理的生理欲望和物质需求。认为,"饥思食、寒思衣"等"人心"所包含的生存需求,圣人亦不能无。四是在人心与道心的关系上,朱子强调以道心来节制人心。值得注意的是,朱子虽然坚持人心与道心相分的理论,但倾向认为"大抵人心、道心只是交界,不是两个物",①二者的分别只是一个"交界",彼此不因一方之存而自行消失——问题是以何方为主导。朱子主张以道心(天理)宰制人心,即所谓"'必使道心常为一身之主,而人心每听命焉',乃善也"②。这可说是理学所一贯追求的价值目标。

由此可见,人道说虽与理欲论相对应,但不似理欲论那般紧张。而朱子对天理、人欲却有严格的区分,他认为二者是不具共时性、共存性的两边相对之物。曰:"人之一心,天理存则人欲亡,人欲胜则天理灭,未有天理人欲夹杂着,学者需要于此体认省察之。"③朱子甚至指出:"学者须是革尽人欲,复尽天理,方始是学。"④这表明,在他看来以天理战胜人欲这才是修学的重中之重。

概言之,朱子通过人心、道心说,对"心"的含义作了多维度阐发。尽管他的人道说所讨论的是心之"已发"层面问题,并非为"未发"之体,但是其理论仍然建立在体用关系之上,也可说是心之体用说的运用和心之知觉说的实现。⑤ 不过,在价值论层面上,朱子思想的总体倾向是重义轻利、贵理贱欲,故其在人心道心问题上的理论主张,如以存理遏欲来扩充道心及以"道心为主,人心听命"等,可视为其义利观、理欲观在心性论上的具体体现。

---

① 《尚书一·大禹谟》,黎靖德编:《朱子语类》卷78,中华书局2004年版,第2015页。
② 《中庸一·章句序》,黎靖德编:《朱子语类》卷62,中华书局2004年版,第1487页
③ 《学七·力行》,黎靖德编:《朱子语类》卷13,中华书局2004年版,第224页。
④ 《学七·力行》,黎靖德编:《朱子语类》卷13,中华书局2004年版,第225页。
⑤ 参见蒙培元:《朱熹哲学十论》,中国人民大学出版社2010年版,第101页。

二、罗钦顺的"人心道心"论

整庵罗钦顺被后人称为"宋学中坚"和"朱学后劲",在明代他是能够与王阳明分庭抗礼的朱学阵营的标志性人物。而且,其代表作《困知记》问世后不久便传至朝鲜和日本,为朱子学在东亚地区的发展作出重要贡献。

不过,朱熹的思想传至整庵,较之原来的理论产生了很大的变动。首先在理气论层面发生明显变化,呈现出由"理学"转向"气学"的理论动向。而且,主张去理的"实体化",强调"理气为一物"等思潮为朱学心性论的新诠释提供了理论基础。

整庵在阐发其心性理气诸说时,对朱子的学说进行了较大的修正和补充。在理气论方面,他直接批评朱子的理气说"未归一处"。在给友人的信中写道:"所谓'理气二物,亦非判然为二',未免有迁就之意。既有强有弱,难说不是判然。夫朱子百世之师,岂容立异?顾其言论间有未归一处,必须审求其是,乃为善学朱子,而有益于持循践履之实耳。"①他认为朱子是百世之师,之所以对其观点提出异议,主要是因其言论中有不一致之处。整庵以为向道者应矢志探求圣学中正确的东西,这样才算是善学朱子,且有益于持守与实践。于是,他以明道的道器论为依据提出自家的"理气一物"说。整庵有言:"仆虽不敏,然从事于程朱之学也,盖亦有年,反复参详,彼此交尽。其认理气为一物,盖有得乎明道先生之言,非臆决也。明道尝曰:'形而上为道,形而下为器,须着如此说。器亦道,道亦器。'又曰:'阴阳亦形而下者,而曰道者,惟此语截得上下最分明。原来只此是道,要在人默而识之也。'窃详其意,盖以上天之载,无声无臭,不说个形而上下,则此理无自而明,非溺于空虚,即胶于形器,故曰'须著如此说'。名虽有道器之别,然实非二物,故曰'器亦道,道亦器'也。至于'原来只此是道'一语,则理气浑然,更无隙缝,虽欲二之,自不容于二之,正欲学者就形而下者之中,悟形而上者之妙,二之则不是也……晦翁先生……谓'是理不离气,亦不杂乎气',乃其说之最精者。但质之明道之言

---

① 罗钦顺:《答林正郎贞孚》己亥秋,《困知记》附录,中华书局 2013 年版,第 186 页。

似乎欠合……良由将理气作二物看,是以或分或合,而终不能定于一也。"①他
认为,朱子的理气论"终不能定于一"是因其始终将理气"作二物看"之故。依
其之见,理须在气上认取,但是若把气认作理也是不对的——正所谓"理只是
气之理,当于气之转折处观之"②。对此,他自信地说:"此言殆不可易哉!"③

整庵自谓心性理气诸说是其学问中的"大节目"④,而其心性之辨正是建
立在"人心道心"之辨的基础上。

对于人心道心问题,整庵曾不无自豪声称:"人心道心之辨,仆于此用工
最深,窃颇自信。"⑤又言道:"'人心道心之辨明,然后大本可得而立。'斯诚讲
学第一义。"⑥可见,此论在整庵学说中的地位是何等之重要。

在人心道心的问题上整庵亦对朱子提出质疑,指出其心性学说"未定于
一"。曰:

> "凡言心者皆是已发",程子尝有是言,既自以为未当而改之矣。朱
> 子文字,犹有用程子旧说未及改正处,如书传释人心道心,皆指为已发,中
> 庸序中"所以为知觉者不同"一语,亦皆已发之意。愚所谓"未定于一"
> 者,此其一也。⑦

罗钦顺以为,若将人心、道心一概视作已发看"是为语用而遗体"⑧。整庵的这
一指责,若从其所持之性情体用论立场看的确有其合理性。朱子本人在"中
和旧说"中也使用过此一说法。但是,从"中和新说"之后对"心"的重新诠释
以及对人道说所持的诠释立场来说,整庵的这一指责却有待商榷。由此可见,
整庵与朱子在人心道心问题上不同的问题域以及诠释立场上的差异。罗钦顺
的人道说可以从以下几个方面来考察。

首先,整庵从寂感意义上的动静论视角对人心道心进行了界定。曰:"道

---

① 罗钦顺:《答林次崖金宪》壬寅冬,《困知记》附录,中华书局 2013 年版,第 202—203 页。
② 罗钦顺:《困知记》续卷上,中华书局 2013 年版,第 89 页。
③ 罗钦顺:《困知记》续卷上,中华书局 2013 年版,第 89 页。
④ 罗钦顺:《答允恕弟》己丑夏,《困知记》附录,中华书局 2013 年版,第 148 页。
⑤ 罗钦顺:《答陈侍御国祥》丁酉春,《困知记》附录,中华书局 2013 年版,第 169 页。
⑥ 罗钦顺:《答陈侍御国祥》丁酉春,《困知记》附录,中华书局 2013 年版,第 170 页。
⑦ 罗钦顺:《困知记》卷上,中华书局 2013 年版,第 29 页。
⑧ 罗钦顺:《答陈静斋都宪》丙申冬,《困知记》附录,中华书局 2013 年版,第 165 页。

心，'寂然不动'者也，至精之体不可见，故微；人心，'感而遂通'者也，至变之用不可测，故危。"①那么，他所理解的"心"为何物呢？罗钦顺指出："夫心者，人之神明；性者，人之生理。理之所在谓之心，心之所有谓之性，不可混而为一也。"②表明，对"心"与"性"整庵是有严格区分，而且他还主张学者为学应先明于"心性之别"。在他看来，孔子教人也无非是存心养性之事，然从未明说什么是心性，到了孟子才明言何为心性。他说："虞书曰：'人心惟危，道心惟微。'论语曰：'从心所欲，不逾矩。'又曰：'其心三月不违仁。'孟子曰：'君子所性，仁义礼智根于心。'此心性之辨也。二者初不相离，而实不容相混。精之又精，乃见其真。其或认心以为性，真所谓差毫厘而谬千里者矣。"③由此亦可见，整庵对"心性之辨"重视程度，但是他也曾指出"心性至为难明"④。罗钦顺认为陆象山的错误正是未能分辨清楚心与性。而其"心性之辨"，正是通过"人心道心"之辨得到深入的诠释。

其次，整庵从动静之分、体用之别对人心道心作了理论诠释。曰："道心，性也；人心，情也。心一也，而两言之者，动静之分，体用之别也。凡静以制动则吉，动而迷复则凶。'惟精'，所以审其几也；'惟一'，所以存其诚也。'允执厥中'，'从心所欲不逾矩'也，圣神之能事也。"⑤此段引文是整庵对人心道心问题的最为简明扼要之论述。罗钦顺同样主张心是一个，但是他以为之所以要从人心道心两方面来说是为了表明心的动静之分和体用之异。可见，整庵与朱子在人心道心问题上的诠释立场和诠释视角有着较大差异。罗钦顺以为，以静来制动便是吉，动而不知返回本心便是凶。因此审察心之动机（"惟精"），保持人心之诚（"惟一"），才能从心所欲不逾矩（"允执厥中"）。在他看来，这是"圣神之能事"亦即圣人之本领。

再次，整庵从性情论维度对人心道心作了进一步的阐释。曰："道心，性也；性者，道之体。人心，情也；情者，道之用。其体一而已矣，用则有千变万化

---

① 罗钦顺：《困知记》卷上，中华书局 2013 年版，第 2 页。
② 罗钦顺：《困知记》卷上，中华书局 2013 年版，第 1 页。
③ 罗钦顺：《困知记》卷上，中华书局 2013 年版，第 1 页。
④ 罗钦顺：《困知记》卷下，中华书局 2013 年版，第 45 页。
⑤ 罗钦顺：《困知记》卷上，中华书局 2013 年版，第 2 页。

之殊,然而莫非道也。此理甚明,此说从来不易。"①在此,整庵又将人心道心之辨转化为性情之辨——道心成了未发之体,人心则成了已发之用。对此一解,他极为自负。在致友人的信中写道:"仆于此煞曾下工夫体究来,直穷到无可穷处,方敢立论。万一未合,愿相与熟讲之,此处合则无往而不合矣。"②整庵问学之艰辛及学思之谨严于此可见。其"道心为性,人心为情"之说乃反复参验省察后所得的思想结晶。这既是其在心性之辨问题上的根本立场,也是其独特心性学说的立论基础。

明中叶后程朱理学日渐式微,陆王心学则日益隆盛。阳明所倡导的简易直截的"良知说"颇受士人追捧。而在整庵看来,陆王心学是阳儒而阴释,实与禅学无异。作为"朱学后劲"罗钦顺深以为忧,于是将阐明"心性之辨",批驳心学的"良知说"作为论学的首要目标和作为卫道的历史使命。为了更好地截流塞源,他还对《楞伽经》等佛教经典作了深刻而系统的剖析和批判。对其辟佛功绩"东林八君子"之一的晚明大儒高攀龙(字存之,又字云从,1562—1626年,世称"景逸先生")称赞道:"先生于禅学尤极探讨,发其所以不同之故,自唐以来,排斥佛氏,未有若是之明且悉者。"③而他则把辟佛的焦点主要集中在儒佛之辨上。罗钦顺试图以心性之辨阐明儒佛之区别。罗氏论曰:"释氏之明心见性,与吾儒之'尽心知性',相似而实不同。盖虚灵知觉,心之妙也。精微纯一,性之真也。释氏之学,大抵有见于心,无见于性。"④他进而指出:"且如吾儒言心,彼亦言心,吾儒言性,彼亦言性,吾儒言寂感,彼亦言寂感,岂不是句句合?然吾儒见得人心道心分明有别,彼则浑然无别矣,安得同!"⑤可见,依他之见儒佛之间最根本区别在于心性之辨上,亦可理解为在"人心道心"之辨上。佛家禅学的确在心性问题上只关注"心",却未留意到儒家至为强调的"性"这一本体,故朱子评论说"释氏虚,吾儒实;释氏二,吾儒一"⑥。这是整庵"理气一物"论、"心性之辨"("人心道心"之辨)等主张的思

①　罗钦顺:《答黄筠谿亚卿》,《困知记》附录,中华书局2013年版,第150页。
②　罗钦顺:《答黄筠谿亚卿》,《困知记》附录,中华书局2013年版,第151页。
③　沈善洪主编:《黄宗羲全集》(8),浙江古籍出版社1992年版,第410页。
④　罗钦顺:《困知记》卷上,中华书局2013年版,第2页。
⑤　罗钦顺:《困知记》续卷下,中华书局2013年版,第116页。
⑥　《释氏》,黎靖德编:《朱子语类》卷126,中华书局2004年版,第3015页。

想史背景,学者于此不可不察。

简言之,主张"理气一物",辨明"心性之别"是整庵之学说的理论旨要。而建立于"道心为体,人心为用"义理架构上的人心道心说则是其学问的核心纲领,整庵自谓:"拙《记》(指《困知记》——引者注)纲领只在此四字,请更详之。"①由上可见,整庵之所以重视"人心道心"之辨,与其所处的历史环境、具体人文语境以及所要回应的时代话题都有密切关联。

由此可见,人心道心论的独到的理论价值和意义经由朱子之阐发才得到彰显,但未成为宋代理学的主要论题。此后,经整庵的发挥,人心道心才进入理学心性论的核心范畴之列。不过,人心道心论真正成为东亚儒学史上的重要论题还是离不开韩国儒者对之所作的创造性诠释。

三、李珥的"人心道心"论

整庵提出以"道心为性,人心为情"的人道体用说之后,其主张并未受到明中叶士大夫们的积极回应和热议。但是,随着其著作《困知记》在朝鲜的流布,此说开始受到朝鲜儒者关注和重视,并引发了激烈的辩论。"人心道心"之辨在朝鲜所激起的思想波澜,影响范围之广,持续时间之长,在东亚儒学史上所罕见。经过朝鲜儒者们富有创意的阐发,"人心道心"之辨才真正成为东亚儒学史上具有广泛影响力的哲学论题。

在朝鲜朝儒者的人道论中,与李滉并称为朝鲜朱子学双璧的栗谷李珥的人心道心论颇具代表性。李珥对与其同时代的整庵十分赞赏,曾称颂说:"罗整庵识见高明,近代杰然之儒也。有见于大本,而反疑朱子有二歧之见。此则虽不识朱子,而却于大本上有见矣。"②而且,他还将整庵同与其同时代的退溪李滉和花潭徐敬德作过比较,得出结论:"近观整庵、退溪、花潭三先生之说,整庵最高,退溪次之,花潭又次之。就中,整庵、花潭多自得之味,退溪多依样之味(一从朱子说)。"③李滉和徐敬德,皆为韩国儒学史上占有重要地位的一

---

① 罗钦顺:《答林正郎贞孚》己亥秋,《困知记》附录,中华书局 2013 年版,第 181 页。
② 李珥:《答成浩原》,《栗谷全书》(一)卷 10《书》2,首尔:成均馆大学校出版部 1992 年版,第 202 页。
③ 李珥:《答成浩原》,《栗谷全书》(一)卷 10《书》2,首尔:成均馆大学校出版部 1992 年版,第 214 页。

代儒学名宿,李珥对整庵给予如此之高的评价原因在于:一是其理气论与整庵较相近(二人皆取理气不离之立场);二是李珥认为整庵不仅对朱子学"有见于大本",而且还多有"自得之味"(重视"自得之味"是二人学问之共同特点)。

不过在李珥看来,尽管整庵对朱学之"大本上有见",但是整庵"以人心道心为体用,失其名义",①使人感到惋惜。即便如此,李珥认为若衡之于与李滉"整庵之失在于名目上,退溪之失在于性理上,退溪之失重矣"②,他还说过整庵"虽失其名义,而却于大本上,未至甚错也"③。李珥也在接续朱学的基础上提出了自己的"人心道心"论。

首先,从强调心性理气诸说之间的一贯性立场对"人心道心"论作了解读。曰:"理气之说与人心道心之说,皆是一贯。若人心道心未透,则是与理气未透也。理气之不相离者若已灼见,则人心道心之无二原,可以推此而知之耳。"④可见,李珥的理气论是其人道说的立论根基,人道说是其理气论的直接生发。因理气之"不离"义是其理气论的主要思想倾向,故在人心道心问题上他也以二者的不可分和相联结为其主旨,强调人心、道心的"无二原"性。这与朱子、整庵的人心、道心之相分思想是有所区别的。

其次,从主理、主气视角对人心、道心的含义作了阐发。曰:"人生而静,天之性也。感于物而动,性之欲也。感动之际,欲居仁、欲由义……欲切偲于朋友,则如此之类谓之道心。感动者因是形气,而其发也直出于仁义礼智之正,而形气不为之掩蔽,故主乎理,而目之以道心也。如或饥欲食、寒欲衣……四肢之欲安佚,则如此之类谓人心。其虽本于天性,而其发由于耳目四肢之私

---

① 李珥:《答成浩原》,《栗谷全书》(一)卷10《书》2,首尔:成均馆大学校出版部1992年版,第202页。
② 李珥:《答成浩原》,《栗谷全书》(一)卷10《书》2,首尔:成均馆大学校出版部1992年版,第202页。
③ 李珥:《答成浩原·壬申》,《栗谷全书》(一)卷10《书》2,首尔:成均馆大学校出版部1992年版,第200页。
④ 李珥:《答成浩原·壬申》,《栗谷全书》(一)卷10《书》2,首尔:成均馆大学校出版部1992年版,第201页。

而非天理之本然,故主乎气,而目之以人心也。"①依李珥之见,因感动者是形气,故感动之际何方为主显得十分紧要。直出于仁义礼智之正而"主乎理"的是道心,出于耳目四肢之私而"主乎气"的则是人心。从主理、主气的角度探讨人心道心之含义,这一点颇能反映韩国儒学在讨论人间和存在的所以然根据这个形而上学本体论问题时,往往落实到性理层面上展开理气这个形上、形下问题的理论特性。② 重视人间性理,是韩国儒学的根本特征。

再次,基于心之已发论,以知觉说的立场回答了"一心"何以有"二名",即何以有人心道心之分的问题。

在李珥的哲学中"心"属于气,故不管人心还是道心皆属于已发。这一规定使其人道说自然具有了知觉论的特色。他说:"心一也,岂有二乎?特以所主而发者有二名"③,又说:"人心道心虽二名,而其原则只一心。其发也或以理义或为食色,故随其所发而异其名。"④"心"只有一个,这与朱子的主张相同。但是在"一心"何以有"二名"的问题上,李珥独特的心性论义理间架使其抱持与朱子不同的诠释立场。众所周知,朱子的学说以"理气二分"、心性情三分结构为基本义理间架,而李珥则以"理气之妙"、心性情意四分结构为基本义理间架。因此朱子的性情论可以"心统性情"说来概称,而李珥的性情论则似以"心性情意一路各有境界"说来指代更为恰当。最紧要的是二人对"意"概念有不同的界定。在朱子的性情论中,"意"和"情"都是从属于"心"的概念。"情"和"意"二者的关系是,大抵"情"为性之动,"意"为心之所发;"情"动是全体上论,"意"是就起一念处论。⑤ 因此在朱子心性论中,"意"的思量运用之含义表现得并不突出。但是,在李珥哲学中,"意"和"情"是两个有着明确界定的并列的哲学范畴,可视为心的两个不同境界。故其"人心道

---

① 李珥:《答成浩原·壬申》,《栗谷全书》(一)卷10《书》2,首尔:成均馆大学校出版部1992年版,第198页。
② 参见张立文:《李退溪思想世界》,人民出版社2013年版,第10页。
③ 李珥:《圣学辑要》二,《栗谷全书》(一)卷20,首尔:成均馆大学校出版部1992年版,第456页。
④ 李珥:《答成浩原·壬申》,《栗谷全书》(一)卷10《书》2,首尔:成均馆大学校出版部1992年版,第198页。
⑤ 参见陈淳:《北溪字义》,中华书局2009年版,第17页。

心"论是兼情意而言,如其曰:"人心道心之相对说下矣,且情是发出恁地不及计较"①,"盖人心道心兼情意而言也。"②需注意的是,"意"其实是在其人道说中起十分重要作用的范畴。这既是李珥与朱子性情论之区别,亦是其对朱子心性情意说的发展。相较而言,李珥的心性学说确实比朱子的理论更为细密和清晰。而且,强调"意"的商量计较作用是李珥知觉论最为显著的特点。

基于"意之商量计较"的意涵,李珥提出了极具特色的"人心道心不能相兼而相为终始"的"人心道心终始"说。他说:

> 今人之心,直出于性命之正,而或不能顺而遂之,间之以私意,则是始以道心,而终以人心也。或出于形气,而不咈乎正理,则固不违于道心矣;或咈乎正理,而知非制伏,不从其欲,则是始以人心,而终以道心也。③

不管根于性命之正的道心,还是源于形气的人心,皆属已发,此时气已用事。若欲不咈正理如实呈现,或知非制伏不从其欲,都要借"意"之计较、思虑、商量作用来实现。因此李珥认为,在人心之方寸之间人心和道心时刻处于变动不居之可变状态。在已发层面上,二者是并无固定的、严格的分别。因此,李珥为学极重"诚意"。在他看来,"情胜欲炽,而人心愈危道心愈微"——"精察与否皆是意之所为,故自修莫先于诚意。"④栗谷指出,若能保证"意"之"诚",则所发之"心"皆能呈现为道心。

最后,李珥还援引"四七"论、理欲论,进一步阐释了人心道心之界说以及二者间的关系。

"四端七情"论是反映韩国性理学特色的重要学说,人心道心论争的发生其实就是"四七"论由"情"论层面向"心"论层面的进一步推进,或者说"四七"论在心性领域的更深、更广意义上的展开。

---

① 李珥:《答成浩原·壬申》,《栗谷全书》(一)卷9《书》1,首尔:成均馆大学校出版部1992年版,第192页。
② 李珥:《答成浩原·壬申》,《栗谷全书》(一)卷9《书》1,首尔:成均馆大学校出版部1992年版,第192页。
③ 李珥:《答成浩原·壬申》,《栗谷全书》(一)卷9《书》1,首尔:成均馆大学校出版部1992年版,第192页。
④ 李珥:《答成浩原·壬申》,《栗谷全书》(一)卷9《书》1,首尔:成均馆大学校出版部1992年版,第193页。

在李珥哲学中，因"意"的商量计较作用，人心和道心时刻处于相互转化之状态。这与其"四七"论中七情兼四端的情形有所不同，对此差异李珥指出："心一也，而谓之道、谓之人者，性命形气之别也。情一也，而或曰四或曰七者，专言理，兼言气之不同也。是故人心道心不能相兼而相为终始焉，四端不能兼七情而七情则兼四端。道心之微，人心之危，朱子之说尽矣。四端不如七情之全，七情不如四端之粹，是则愚见也。"①他进而指出："七情则统言，人心之动有此七者，四端则就七情中择其善一边而言也，固不如人心道心之相对说下矣。且情是发出恁地不及计较，则又不如人心道心之相为终始矣，乌可强就而相准耶。"②在李珥哲学中的"情"不具商量计较之意，故性发为情之际，七情可以兼四端。因为依他之见，"四端不如七情之全，七情不如四端之粹"。但是，人心、道心则已达比较而看的地步，已具对比之意，故不能兼有只能互为终始——这便是其"人心道心终始"说。

因为人心与道心是基于"意"之商量计较而存在的相对之物，李珥又由"人心道心相为终始"说，而提出"人心道心相对"说。他说："盖人心道心相对立名，既曰道心则非人心，既曰人心则非道心，故可作两边说下矣。若七情则已包四端在其中，不可谓四端非七情，七情非四端也，乌可分两边乎？"③

此论看似与其"人心道心终始"说矛盾，但这是李珥从天理人欲论角度对人道说的解读，可视为对"人心道心终始"说的另一种阐发。他曾说过："道心纯是天理故有善而无恶，人心也有天理也有人欲，故有善有恶。"④可见，李珥对道心、人心、人欲是有明确的区分。他肯定人心亦有善，朱子所见略同。但是，人心之善与道心是否为同质之善呢？对此，李珥在《人心道心图说》中指出："孟子就七情中别出善一边，目之以四端。四端即道心及人心之善者也……论者或以四端为道心，七情为人心，四端固可谓之道心矣，七情岂可谓

① 李珥：《答成浩原·壬申》，《栗谷全书》（一）卷9《书》1，首尔：成均馆大学校出版部1992年版，第192页。
② 李珥：《答成浩原·壬申》，《栗谷全书》（一）卷9《书》1，首尔：成均馆大学校出版部1992年版，第192页。
③ 李珥：《答成浩原·壬申》，《栗谷全书》（一）卷10《书》2，首尔：成均馆大学校出版部1992年版，第199页。
④ 李珥：《人心道心图说》，《栗谷全书》（一）卷14《说》，首尔：成均馆大学校出版部1992年版，第282页。

之人心乎？七情之外无他情，若偏指人心则是举其半而遗其半矣。"①可见，他将二者视为同质之善。在理欲论意义上，其人道说比朱子的人道说显得更为紧张和严峻，颇似"天理人欲相对"说。这也是二人"人心道心"之说的主要区别之一。同时，李珥还从理欲之辨角度，对"人心惟危，道心惟微"作出自己的解释。

四、"人心道心"之辨在 16 世纪东亚思想界的多元发展

陈来先生曾指出：在历史上，与政治的东亚不同，从东亚文化圈的观点来看，朱子学及其重心有一个东移的过程。明代中期以后，朱子学在中国再没有产生有生命力的哲学家。虽然朱子学从明代到清代始终葆有正统学术的地位，而作为有生命力的哲学形态在中国已经日趋没落。而与中国明代中后期心学盛行刚好相反，朱子学在 16 世纪中期的韩国获得了突飞猛进的发展，不论思想深度还是学者人数皆粲然可观。16 世纪朝鲜朝朱子学的兴起和发达，一方面表明了朝鲜性理学的完全成熟，另一方面也表明朱子学的重心已经移到韩国而获得了新的发展、新的生命，也为此后在东亚的进一步扩大准备了基础和条件。如果说退溪、高峰、栗谷的出现标志着朱子学的中心在 16 世纪已经转移到韩国，那么 17 世纪以后朝鲜后期实学兴起则表明朱子学的重心则进一步东移，朱子学在整个东亚实现了完全的覆盖。② 诚如斯言，朱子学在东亚地区传播与发展过程中朝鲜朝性理学的确起了非常重要之作用。像"四端七情理气"之辨、"主理主气"之争以及"四七人心道心"之辨等学术论争的相继发生，皆使朱子学理论得到进一步的丰富和深化。

由上述可知，人心道心作为朱子"心"论的核心范畴，与已发未发、体用及理欲等诸范畴相联系在理学体系中占有重要地位。此说虽由二程始倡，但其独特理论价值与意义却由朱子之阐发才得到充分彰显。至 16 世纪，"人心道心"论经由整庵的发挥，不仅成为明代理学的主要论题，而且还进入理学心性论的核心范畴之列。但是，"人心道心"论真正成为东亚儒学史上的重要论题

---

① 李珥：《人心道心图说》，《栗谷全书》（一）卷 14《说》，首尔：成均馆大学校出版部 1992 年版，第 283 页。

② 参见陈来：《中韩朱子学比较研究的意义》，《中国社会科学报》2014 年 3 月 12 日。

和核心概念,与韩国儒者富有创意的诠释与持续激辩分不开。

当罗整庵提出"道心为性,人心为情"主张时,在中国并未激起反响,但是却在朝鲜时代的性理学者中引起激烈的论辩。换言之,"人心道心"论成为一个主要的儒家哲学论题,乃由朱子开其端,整庵扬其流,朝鲜性理学者会其成。因而深入探讨朱子、整庵及李珥等中韩代表性的朱子学家的"人心道心"论,既可以看出整庵对朱子心性论的继承与修正以及朱子学心性论发展之脉络,也可以为理解朝鲜性理学提供一把钥匙,借以展现朱子学在东亚的多元发展面貌。[①]

通过以上分析可以发现,"人心道心"之辨在东亚思想界展开的过程中相继呈现出多种理论范式。如朱子的基于知觉论和价值论面向的,"道心为主,人心听命"的以道心宰制人心的诠释范式;基于性情论和体用论面向的,整庵的"道心为性,人心为情"的道心人心体用论诠释范式;基于理气论和"四七"论面向的,李珥的"人心道心相为终始"的人心道心相对说诠释范式;等等。这一过程既是"人心道心"之辨义理不断得到丰富和彰显的过程,又是朱子学理论在东亚地区持续深化和多元发展的过程。这一朱子学不断"东亚化"的历史进程,最终使理学(朱子学)成为近世东亚世界里共通共享的学术文化。

---

① 参见林月惠:《异曲同调——朱子学与朝鲜性理学》,台湾台大出版中心 2010 年版,第 194 页。

主要参考文献

一、元典类

1. 中国儒学

陈澔注:《礼记》,上海古籍出版社 1994 年版。

苏勇点校:《易经》,北京大学出版社 1996 年版。

周敦颐:《周敦颐集》,岳麓书社 2002 年版。

张载:《张载集》,中华书局 2010 年版。

程颢、程颐:《二程集》,中华书局 2004 年版。

朱熹:《朱子全书》,上海古籍出版社、安徽教育出版社 2002 年版。

朱熹:《四书或问》,上海古籍出版社、安徽教育出版社 2001 年版。

朱熹:《四书章句集注》,中华书局 1996 年版。

黎靖德编:《朱子语类》,中华书局 2004 年版。

陈淳:《北溪字义》,中华书局 2009 年版。

陆九渊:《陆九渊集》,中华书局 2008 年版。

王阳明:《王阳明全集》,上海古籍出版社 1992 年版。

曹端:《曹端集》,中华书局 2003 年版。

罗钦顺:《困知记》,中华书局 2013 年版。

闫韬译注:《困知记全译》,巴蜀书社 2000 年版。

许衡:《许衡集》,东方出版社 2007 年版。

黄宗羲:《黄梨洲文集》,中华书局 2009 年版。

黄宗羲:《黄宗羲全集》第 3—8 册,浙江古籍出版社 1992 年版。

张伯行撰:《续近思录》,上海古籍出版社 1994 年版。

张廷玉等撰:《明史》第 24 册,中华书局 2013 年版。

2. 韩国儒学

郑麟趾等:《高丽史》,台湾文史哲出版社 1972 年版。

安珦:《晦轩先生文集》,首尔:景仁文化社 1999 年版。

安珦:《晦轩实纪》,韩国全南大学校出版部 1984 年版。

李齐贤:《栎翁稗说》,《丽季明贤集》,韩国成均馆大学大东文化研究院 1995 年版。

李穑:《牧隐稿》,《韩国文集丛刊》5,韩国民族文化推进会 1990 年版。

郑梦周:《圃隐集》,《韩国文集丛刊》5,韩国民族文化推进会 1990 年版。

吉再:《国译冶隐先生文集》,光明印刷社 1965 年版。

郑道传:《三峰集》,首尔:三峰郑道传先生纪念事业会 2009 年版。

金时习:《梅月堂集》,《韩国文集丛刊》13,韩国民族文化推进会 1989 年版。

赵光祖:《静庵集》,《韩国文集丛刊》22,韩国民族文化推进会 1996 年版。

徐敬德:《花潭集》,《韩国文集丛刊》24,韩国民族文化推进会 1990 年版。

李彦迪:《晦斋集》,《韩国文集丛刊》24,韩国民族文化推进会 1990 年版。

曹植:《南冥集》,《韩国文集丛刊》31,韩国民族文化推进会 1996 年版。

权近:《阳村集》,《韩国文集丛刊》7,韩国民族文化推进会 1990 年版。

李滉:《增补退溪全书》(1—5),韩国成均馆大学校大东文化研究院 1985 年版。

李滉:《退溪集》,《韩国文集丛刊》(29—31),韩国民族文化推进会 1996 年版。

奇大升:《高峰集》,韩国东洋哲学会 1997 年版。

李珥:《栗谷全书》(1—2),韩国成均馆大学校出版部 1992 年版。

成浑:《牛溪集》,《韩国文集丛刊》43,韩国民族文化推进会 1996 年版。

宋浚吉:《国译同春堂集》,韩国民族文化推进会 1999 年版。

宋浚吉:《同春堂年谱》,首尔:成均馆 1981 年版。

宋时烈:《宋子大全》,《韩国文集丛刊》,韩国民族文化推进会 1993 年版。

丁时翰:《愚潭集》,《韩国文集丛刊》126,韩国民族文化推进会 1993 年版。

二、论著类

1. 中文论著

容肇祖:《明代思想史》,齐鲁书社 1992 年版。

侯外庐等:《宋明理学史》(上、下),人民出版社 1984、1987 年版。

张立文:《宋明理学研究》,中国人民大学出版社 1985 年版。

张立文:《朱熹思想研究》,中国社会科学出版社 1994 年版。

张立文:《退溪书节要》,中国人民大学出版社 1989 年版。

张立文:《李退溪思想世界》,人民出版社 2013 年版。

张立文:《朱熹与退溪思想比较研究》,台湾文津出版社 1995 年版。

张立文:《中国哲学逻辑结构论》,中国社会科学出版社 2002 年版。

张立文:《和合哲学论》,人民出版社 2004 年版。

陈来:《朱子哲学研究》,华东师范大学出版社 2000 年版。

陈来:《诠释与重建——王船山的哲学精神》,北京大学出版社 2004 年版。

陈来:《东亚儒学九论》,生活·读书·新知三联书店 2008 年版。

陈来:《中国近世思想史研究》,生活·读书·新知三联书店 2010 年版。

潘富恩:《程颢程颐理学思想研究》,复旦大学出版社 1988 年版。

潘富恩:《程颢程颐评传》,广西教育出版社 1996 年版。

潘富恩:《吕祖谦评传》,南京大学出版社 1996 年版。

潘富恩:《潘富恩自选集》,重庆出版社 1999 年版。

李泽厚:《中国古代思想史论》,生活·读书·新知三联书店 2015 年版。

李存山:《中国气论探源与发微》,中国社会科学出版社 1990 年版。

李存山:《中国传统哲学纲要》,中国社会科学出版社 2008 年版。

张学智:《明代哲学史》,中国人民大学出版社 2012 年版。

张学智:《心学论集》,中国社会科学出版社 2006 年版。

李书增等著:《中国明代哲学》,河南人民大学出版社 2012 年版。

蒙培元:《理学范畴系统》,人民出版社 1998 年版。

蒙培元:《理学的演变》,福建人民出版社 1998 年版。

徐远和、李甦平等主编:《东方哲学史》,人民出版社 2010 年版。

李甦平:《韩国儒学史》,人民出版社 2009 年版。

李甦平:《三国儒学本轮》,中国社会科学出版社 2016 年版。

杨国荣:《心学之思——王阳明哲学阐释》,生活·读书·新知三联书店 1997 年版。

东方朔:《刘蕺山哲学研究》,上海人民出版社 1997 年版。

彭永捷:《朱陆之辩——朱熹陆九渊哲学比较研究》,人民出版社 2002 年版。

杨立华:《气本与神化:张载哲学述论》,北京大学出版社 2008 年版。

张志强:《朱陆·孔佛·现代思想——佛学与晚明以来中国思想的现代转换》,中国社会科学出版社 2012 年版。

牟宗三:《心体与性体》,上海古籍出版社 1999 年版。

陈荣捷:《朱子学新探索》,华东师范大学出版社 2007 年版。

蔡仁厚:《宋明理学》,台湾学生书局 1993 年版。

蔡仁厚:《新儒家的精神方向》,台湾学生书局 1989 年版。

蔡仁厚:《中国哲学的反省与新生》,台湾正中书局 1994 年版。

蔡茂松:《韩国近世思想文化史》,台湾东大图书公司 1995 年版。

李明辉:《四端与七情:关于道德情感的比较哲学探讨》,华东师范大学出版社 2008 年版。

杨祖汉:《从当代儒学观点看韩国儒学的重要论争》,华东师范大学出版社 2008 年版。

林月惠:《异曲同调——朱子学与朝鲜性理学》,台湾台大出版中心 2010 年版。

张立文主编:《朱熹大辞典》,上海辞书出版社 2013 年版。

李甦平主编:《东方著名哲学家评传》(韩国卷),山东人民出版社 2000 年版。

朱七星等:《朝鲜哲学思想史》,延边人民出版社 1989 年版。

洪军:《朱熹与栗谷哲学比较研究》,中国社会科学出版社 2003 年版。

谢宝森:《李退溪与朝鲜朱子学》,团结出版社 1992 年版。

周月琴:《退溪哲学思想研究》,杭州出版社 1997 年版。

杨昭全:《韩国文化史》,山东大学出版社 2009 年版。

柳承国:《韩国儒学史》,台湾商务印书馆 1989 年版。

崔根德:《韩国儒学思想研究》,学苑出版社 1998 年版。

尹丝淳:《韩国儒学研究》,新华出版社 1998 年版。

韩国哲学会编:《韩国哲学史》(上、中、下),社会科学文献出版社 1997 年版。

陈来:《中韩朱子学比较研究的意义》,《中国社会科学报》2014 年 3 月 12 日。

陈来:《韩国朱子学新探——以李退溪与李栗谷的理发气发说为中心》,《厦门大学学报》(哲学社会科学版)2015 年 1 期。

张立文:《论韩国儒学的特点》,载《韩国研究论丛》(第十四辑),世界知识出版社 2007 年版。

李明辉:《朱子性理学与韩儒丁时翰的四端七情论》,载《中国哲学与文化》(第四辑),广西师范大学出版社 2008 年版。

李存山:《中韩儒学的"性情之辨"与"人物性同异之辨"》,《道德与文明》2017 年第 5 期。

郭齐勇:《朱熹与王夫之的性情论之比较》,《文史哲》2001 年第 3 期。

刘长林:《论高峰、退溪"四端""七情"之辩》,《哲学研究》1995 年第 9 期。

尹丝淳:《朝鲜朝理气论的开展》,载《风流与和魂》,沈阳出版社 1997 年版。

尹丝淳:《三峰郑道传斥佛论的哲学涵义》,载《韩国研究论丛》(二十二辑),世界知识出版社 2010 年版。

2. 韩文论著

韩国哲学会编:《韩国哲学史》(上、中、下),首尔:东明社 1989 年版。

李丙焘:《韩国儒学史》,首尔:亚细亚文化社 1989 年版。

李丙焘:《韩国儒学史略》,首尔:亚细亚文化社 1986 年版。

李相殷:《退溪的生涯与学问》,首尔:艺文书院 1999 年版。

裴宗镐编:《韩国儒学资料集成》(上、中、下),首尔:延世大学校出版部 1980 年版。

柳承国:《东洋哲学研究》,首尔:东方学术研究院出版部 1988 年版。

柳承国:《韩国思想与现代》,首尔:东方学术研究院出版部 1988 年版。

柳承国:《韩国儒学史》,首尔:成均馆大学校出版部 2008 年版。

柳承国:《韩国思想的渊源与历史展望》,首尔:成均馆大学校出版部 2008 年版。

柳承国:《儒家哲学与东方思想》,首尔:成均馆大学校出版部 2010 年版。

柳承国:《道原哲学散考》,首尔:成均馆大学校出版部 2010 年版。

刘明钟:《朝鲜后期性理学》,大邱:以文出版社 1981 年版。

刘明钟:《退溪与栗谷哲学》,釜山:东亚大学校出版部 1987 年版。

金忠烈:《高丽儒学史》,首尔:艺文书院 1998 年版。

尹丝淳:《尹丝淳教授的韩国儒学思想史论》,首尔:艺文书院 1997 年版。

尹丝淳:《韩国儒学史——韩国儒学的特殊性探究》(上、下),首尔:知识产业社 2012年版。

李东俊:《儒教的人道主义与韩国思想》,首尔:图书出版 Hanul1997 年版。

李东俊:《16 世纪韩国性理学派的哲学思想与历史意识》,首尔:Simsan 出版社 2007年版。

李东俊:《韩国思想的方向:省察与展望》,首尔:成均馆大学校出版部 2010 年版。

琴章泰:《朝鲜前期的儒学思想》,首尔:首尔大学校出版部 1997 年版。

琴章泰:《韩国儒学的心说》,首尔:首尔大学校出版部 2002 年版。

黄义东:《栗谷哲学研究》,首尔:经文社 1987 年版。

黄义东:《栗谷学的先驱与后学》,首尔:艺文书院 1999 年版。

黄义东:《高峰奇大升的哲学研究》,首尔:高峰学术院 2002 年版。

黄义东:《牛溪学派研究》,首尔:曙光社 2007 年版。

蔡茂松:《退溪栗谷哲学的比较》,首尔:成均馆大学校出版部 1985 年版。

成校珍:《成牛溪的性理思想》,大邱:以文出版社 1993 年版。

牛溪文化财团编:《成牛溪思想研究论丛》(增补版),韩国牛溪文化财团 1991 年版。

高峰学术院编:《高峰学论丛》,韩国高峰学术院 1993 年版。

崔英成:《韩国儒学通史》(上、中、下),首尔:Simsan 出版社 2006 年版。

高丽大学民族文化研究院韩国思想研究所编:《资料与解说:韩国的哲学思想》,首尔:艺文书院 2001 年版。

民族与思想研究会编:《四端七情论》,首尔:曙光社 1992 年版。

韩国思想研究会编:《人物性论》,首尔:韩吉社 1994 年版。

韩国思想研究会编:《图说所见韩国儒学》,首尔:艺文书院 2000 年版。

韩国哲学思想研究会编:《论争所见韩国哲学》,首尔:艺文书院 1995 年版。

宋荣培等著:《韩国儒学与理气哲学》,首尔:艺文书院 2000 年版。

李东熙:《朝鲜朝朱子学的哲学思维与论争》,首尔:成均馆大学校出版部 2006 年版。

李东熙:《东亚朱子学比较研究》,大邱:启明大学校出版部 2005 年版。

丁大丸:《朝鲜朝性理学研究》,春川:江原大学校出版部 1992 年版。

李基镛:《愚潭丁时翰与原州》,载《原州学术丛书》第 12 卷《愚潭丁时翰研究》。

崔英成:《17—18 世纪韩国儒学与愚潭丁时翰》,载《原州学术丛书》第 12 卷《愚潭丁时翰研究》。

孙兴彻:《愚潭的理气、四七论小考》,载《原州学术丛书》第 12 卷《愚潭丁时翰研究》。

金璟镐:《愚潭的互发说拥护与栗谷批判》,载《原州学术丛书》第 12 卷《愚潭丁时翰研究》。

金洛真:《愚潭丁时翰的"理"主宰哲学》,载《原州学术丛书》第 12 卷《愚潭丁时翰研究》。

金成瓒:《愚潭丁时翰先生年谱》,载《原州学术丛书》第 12 卷《愚潭丁时翰研究》。

李祥麟:《朱子学的韩国式容受与展开》,博士学位论文,岭南大学校 1997 年。

3. 日文论著

松尾宝作:《比较哲学方法论の研究——心源の研究》,东京书籍昭和五十五年版。

高桥进:《朱熹と王阳明——物と心と理の比较思想论》,国书刊行会昭和五十四年版。

高桥进:《李退溪と敬の哲学》,东洋书院昭和六〇年版。

友枝龙太郎:《李退溪・その生涯と思想》,东洋书院 1985 年版。

李基东:《东アジアにおける朱子学の地域的展开》,东洋书院昭和六十二年版。

阿部吉雄:《日本朱子学と朝鲜》,东京大学出版会 1965 年版。

中村元:《比较思想论》,岩波书店 1985 年版。

市来津由彦:《朱熹门人集团形成の研究》,创文社 2002 年版。

附录一 当代中国的韩国哲学研究①

中国对韩国哲学的研究起步较晚,但是进展相当迅速。从目前已推出的研究成果来看涉及韩国哲学的各个领域,从古代到现代均有所探讨。而且,还涌现出不少具有较高学术质量的科研成果。

尤其是,随着五卷本《东方哲学史》(2010年由人民出版社出版)的问世,东方哲学各个学科都进入了新一轮的快速发展阶段。韩国哲学作为东方哲学的重要组成部分,其研究亦取得较大进展。这主要表现在学者们探讨的论题的广泛和研究队伍的扩大以及水平的提高等方面。本文将对中国的韩国哲学研究的历史和近些年来的主要研究成果、研究现状及其特色等问题作些简要评述。

一、中国的韩国哲学研究概况

新中国成立以来,中国学术界对朝鲜半岛哲学思想的研究大体经历了以下三个发展阶段。

第一个阶段是1957年至1977年。在这一阶段,除了1957年的《哲学研究》第1期上发表《十六世纪朝鲜卓越的唯物主义者徐敬德的哲学思想》以外,几乎是空白。因此学者们称此一研究阶段为朝鲜—韩国哲学研究的萧条期。

---

① 本文所考察的主要是中国大陆学者的韩国哲学研究。本文选自笔者承担并完成的中国社会科学院重点项目"当代东方哲学研究——韩国篇",部分内容曾发表于《中国哲学年鉴》及《儒教文化研究(国际版)》等书刊。

第二个阶段是 1978 年至 1991 年。这一阶段是中国朝鲜半岛哲学研究的发展期。它以 1979 年 10 月延边大学成立朝鲜问题研究所朝鲜哲学研究室为标志,意味着我国正式建立专门的朝鲜—韩国哲学研究这一学科。该研究室不仅配备了专门的研究人员,而且还曾创办过《东方哲学研究》(1979 年)学术刊物。1984 年经国家教委批准获得了东方哲学硕士学位授予权,开始正式培养专门从事韩国哲学研究的专业人才,为本学科的日后发展和教学科研工作的展开打下了良好的基础。[1]

此一阶段在基础研究方面取得的主要成果有:

1. 辞书类

1980 年 7 月出版的《辞海·哲学分册》收录了有关朝鲜哲学条目 22 条。其中,1 条为学派介绍,其余皆为人物介绍。不过,选取的人物和学派("实学派")都集中在朝鲜朝时期的学术流派和哲学家,主要是以郑道传、权近、金时习、赵光祖、徐敬德、李彦迪、李滉、金麟厚、李珥等朝鲜朝的性理学家和实学派代表人物为主。

1987 年 10 月出版的《大百科全书·哲学卷》收录了有关韩国哲学条目 33 条。在《辞海》所收条目的基础上,又增加了元晓、义湘、义天等韩国佛教史上的著名僧人。而且,该书还首次设"朝鲜哲学史"条目,分古朝鲜哲学、三国时期哲学、高丽时期哲学、李朝时期哲学、18 世纪 70 年代以后的哲学五个部分来概述了韩国哲学思想的发展过程。

此后,由上海辞书出版社出版的《哲学大辞典》(1992 年 10 月出版),则把有关韩国哲学条目增加至 46 条,并将最能反映韩国性理学特色的"四端七情理气"论辩和重要哲学家的代表作也进行了介绍。[2]

需要指出的是,以上三本辞书中的朝鲜—韩国哲学条目主要由延边大学朝鲜问题研究所朝鲜哲学研究室的朱红星、李洪淳、朱七星等人参与撰写。

2. 哲学史类著作

1989 年 8 月,朱红星、李洪淳、朱七星合著的《朝鲜哲学思想史》一书由延

---

[1] 参见朱七星:《中国的韩国哲学研究概况及其特点》,《当代韩国》1995 年第 2 期。

[2] 该辞典正式出版时间为 1992 年 10 月。但是,该辞典其实从 1980 年就开始编纂,1989 年出版各分卷,到 1991 年 8 月已完成对文稿的增删修改、汇编合订工作(参见《哲学大辞典》"前言"),故把该辞典成果纳入这一阶段来介绍。

边人民出版社正式出版。该书是为了满足攻读朝鲜—韩国哲学史专业的研究生的教学工作需要而编写,是我国出版的第一部朝鲜半岛哲学思想史方面的著作。该书在充分吸收朝鲜和韩国出版的同类著作的研究成果的基础上,以中国学者的视角对朝鲜半岛哲学思想进行了一番梳理。全书由绪论、后记和正文组成。正文分为七个章节,具体章节为:第一章,朝鲜古代奴隶制社会的哲学;第二章,三国及统一新罗时期的哲学;第三章,朝鲜高丽时期哲学思想;第四章,高丽末李朝初期哲学思想;第五章,李朝前半期的哲学思想;第六章,李朝后半期的哲学思想;第七章,朝鲜近代哲学思想,比较完整地勾勒出了韩国哲学思想史的发展脉络。该书的问世"对朝鲜哲学思想史的研究具有开拓性的意义"①,在国内外得到了较好的评价。1993 年韩国的艺文书院还将此书译成韩文出版发行。

此外,这一阶段在全国范围内还发表了 100 多篇论文,内容涉及性理学、阳明学、汉学、实学、东学、佛教、道教等。② 其中主要成果有朱红星的《试论元晓的佛教哲学——"一心论"》(《延边大学学报》1980 年增刊《东方哲学研究》)、朱七星的《论朴趾源的哲学思想》(《哲学研究》1981 年第 7 期)、谢宝森的《朝鲜实学大师李瀷的哲学思想初探》(《浙江学刊》1982 年第 3 期)、张克伟的《郑霞谷与朝鲜阳明学》(《晋阳学刊》1991 年第 1 期)、魏长海的《朴殷植的儒教求新论与阳明学思想》(《延边大学学报》1991 年第 4 期)等。

第三个阶段是 1992 年至今。1992 年 8 月中韩建交,中国的朝鲜半岛哲学研究亦随即呈现出日新月异的景象。20 多年来,除了在韩国儒学研究领域,在韩国佛教研究、道教研究、文献整理以及学术著作译介等方面均有高水平的专著、论文不断出版发表,中国的韩国哲学研究日益系统深入,进入韩国研究的勃发期。这一阶段取得的主要成果将在下文作系统介绍。

二、韩国儒学研究

众所周知,中国与韩国是同属东亚儒家文化圈的重要国家。在历史上儒

---

① 参见朱七星:《朝鲜哲学思想史研究概况》,载《中国哲学年鉴·1990 年》,中国大百科全书出版社
　　1990 年版。

② 参见朱七星:《中国的韩国哲学研究概况及其特点》,《当代韩国》1995 年第 2 期。

学作为这一地区最具生命力和影响力的学说,在各自国家的社会历史发展过程中产生了广泛而又深远的影响。

韩国儒学作为东亚儒学的重要组成部分一直是中国学者的主要研究对象。几十年来学者们对此一领域的诸多问题进行了多层次、多角度的颇有新意的探讨,如在退溪学、栗谷学、南冥学、阳明学、实学、古籍整理与学术著作译介等方面都取得了较大进展。

(一)韩国儒学史研究

韩国儒学以其独特品格在东亚儒学史上占有特殊地位,它是传统时期在古代东亚社会得以形成"儒家文化圈"乃至"汉字文化圈"的重要一环。因此,韩国儒学一直是我国韩国哲学研究的主要领域。

由于中韩两国 1992 年才正式建交,我国对韩国哲学思想的学术研究起步较晚,至 20 世纪 80 年代为止几乎为空白。从 20 世纪 80 年代后期开始才有相关论著出现,如张立文著《李退溪思想研究》(东方出版社 1997 年版)、朱七星等著《中国、朝鲜、日本传统哲学比较研究》(延边人民出版社 1995 年版)、姜日天著《朝鲜朝后期北学派实学思想研究》(民族出版社 1999 年版)等。同时还发表了一定数量的韩国哲学研究学术论文。这些研究成果表现出三种倾向:第一,注重对个别哲学家哲学思想的研究;第二,开始对个别学派哲学思想的研究;第三,出现了中韩哲学思想的比较研究。但是,综合地、系统地与整体地研究韩国哲学思想的著述则并不多见。

进入 21 世纪以来,首先在韩国儒学史研究方面我国学者取得了显著进展,开始出现带有总结性质的重要研究成果。其中最具代表性的研究成果为李甦平先生主持并完成的国家哲学社会科学规划项目——"韩国儒学史"。作为该课题研究的最终结项成果,同名专著《韩国儒学史》2009 年由人民出版社出版(约 55 万字)。

该书将韩国儒学的品格归纳为,重"气"、重"情"、重"实"以及"以图解说"等。相较于中国的朱子学,韩国性理学的确在"气"论、"情"论等方面有其独特理论建树。如徐敬德的"气一元"论,李栗谷的"主气"论,"四端七情理气"之辨等颇能反映韩国性理学理论特色。

这部《韩国儒学史》是由中国学者撰写的第一部对韩国儒学发展史进行

全面系统研究和介绍的专著。按照韩国社会发展的历史进程，该书分为"统一新罗前后时期的儒学"、"高丽儒学"、"朝鲜前期儒学"、"朝鲜后期儒学"、"近代儒学"等，分别对郑梦周、权近、李退溪、李栗谷、郑霞谷、宋时烈、洪大容、丁茶山、朴殷植等重要哲学家的学术思想进行了论述，并将"四端七情"论和"湖洛争论"的有关资料也作了说明。

该书的主要内容可概括为以下三个方面。

第一章"绪论"为第一部分内容。"绪论"是此专著提纲挈领的部分，主要谈了三个问题。

第一个问题，韩国儒学的品格和精神，主要是谈韩国儒学的特点。首先，韩国儒学最初是从中国传入的，相对于朝鲜民族的固有文化，这是一种异质文化。从中国输入的儒学在与韩国文化的结合过程中，凭借着韩国人细密的思维方式、精微的逻辑思辨、强烈的忧患意识，使儒学发生了重要变化，演变为具有朝鲜民族印记的"韩国儒学"。韩国儒学的特点有三，即重"气"、重"情"、重"实"。所谓重"气"，是说对于儒学的"理气"范畴，韩国儒学更加强调的是"气"范畴的价值。这是因为韩国摄入的朱子学就具有重"气"的倾向。在韩国儒学史上，中国朱子学是在1290年由安珦（1243—1306年）传入高丽王朝的。中国元朝朱子学的代表者是许衡（1209—1281年），他被誉为元代理学宗师。许衡学宗程朱，但他十分重视理学范畴中的"气"。这种重"气"的朱子学被前来元朝学习朱子学的高丽儒者传入朝鲜半岛。其次，在韩国儒学史上，以李栗谷（1536—1584年）为首的主气派具有显著的地位并发挥了重要作用。主气派系谱为李栗谷—金长生（1548—1631年）—宋时烈（1607—1689年）—权尚夏（1641—1721年）—韩元震（1682—1751年）和李柬（1677—1727年）。主气派在学理上强调"气"的能动性和自动性，实质上是对人的主观能动性和事物客观性的提倡，由此引发了韩国以注重现实、实际为特质的"实学"思潮的产生。所谓重"情"，是讲韩国儒学对于儒学"性情"范畴中的"情"，更加重视。这突出地表现为从高丽朝末期开始，一直持续到朝鲜朝末期，近500年之久的"四端七情"之辨（又称"四七"之辨）。"四端"指恻隐、羞恶、辞让、是非四种"情"，"七情"指喜、怒、哀、惧、爱、恶、欲七种"情"。其中"四端"之情为道德情感，"七情"之情为自然情感。这场论辩涉及的内容主要有"四端"、"七情"和"理气"的关系,"四端"和"七情"的关系等。韩国儒者这场对于"情"论辩的时间之长,参与人数之多,可谓东亚儒学史上的第一次。所谓重"实",是指韩国儒学具有重要的社会价值。在韩国儒学史上,自16世纪中叶至19世纪中叶产生了一股"实学"思潮。韩国实学提出的经世致用、利用厚生、实事求是成为改革韩国社会的一剂良药,是使韩国社会由中世纪向近代迈进的强大推动力。

第二个问题,韩国儒学对中国儒学的发展。韩国儒学对于中国儒学的发展,在理论上主要有两点。一点是强调"理气妙合",即主张"理"与"气"关系的辩证的和谐性;另一点是强调理的活动义,这就否定了朱熹所主张的理的寂然不动性。在实际上则将中国儒学的"礼仪"规范根据韩民族的需要,进一步使之民族化和人情化。由此使"礼仪"思想在韩国儒学中占有重要地位并被世代沿袭流传下来,朝鲜民族也因此被誉为东方重"礼"的君子之国。

第三个问题,韩国儒学对日本儒学的贡献。中国儒学最初传入日本列岛是通过古代朝鲜半岛的百济而完成的。中国儒家典籍和思想大约于4世纪末5世纪初从百济传入日本,对于早期日本儒学的形成产生了重要作用。由此,才逐渐形成以中国、朝鲜半岛和日本列岛为主要区域的东亚儒家文化圈。

第二章"统一新罗前后时代的儒学"、第三章"高丽儒学"、第四章"朝鲜前期儒学"、第五章"朝鲜后期儒学"、第六章"近代儒学"为第二部分内容,即对韩国儒学史的论述。此专著以韩国历史发展为序,以重要儒学家的儒学思想为基本内容,客观、科学地阐释了韩国儒学史的发展脉络。在对韩国儒学史的论述中,针对中外学术界的一些观点,作者主要提出了三个重要观点。观点一,作者认为韩国儒学从学理上划分,可分为四大类,即"主理"学派(以李退溪为首)、"主气"学派(以李栗谷为首)、阳明学派和实学派。这四大学派互相影响,又互相纠缠,而韩国儒学就是在这影响和纠缠中发展。观点二,作者针对日本学者认为韩国没有阳明学这一学术观点,重点阐述了郑霞谷的阳明学思想。以郑霞谷为代表的韩国阳明学派的思想特点是注意到了"气"范畴的价值,以"气"释"心"。这是韩国阳明学的一个重要特点。观点三,作者注意到了学术界有一种视韩国"实学"不为"儒学"的观点,指出了"实学"是一种"改新"的儒学,"实学"是"儒学划时代的转换"。作者认为韩国实学是韩国儒学的一种变革和转型,它凸显了元典儒学中的实践思想,强化了元典儒学的"下学"精神,其结果使韩国儒学向着指向近代的性格转化。

第七章"韩国儒学史上的两次大论战"为第三部分内容。"四七论辩"和"湖洛论争"不仅是韩国儒学史上的两次大辩论,也是东亚儒学史上具有里程碑式意义的著名论争。

所谓四七论辩是一场关于"四端"即《孟子·公孙丑上》所说"恻隐之心,仁之端也;羞恶之心,义之端也;辞让之心,礼之端也;是非之心,智之端也",和"七情"即《礼记·礼运篇》的"喜、怒、哀、惧、爱、恶、欲"的论争。这场论争涉及的理论问题有理气、心性、善恶、性情、人心道心、太极无极、阴阳五行、已发未发、理一分殊、格物致知、天理人欲、修己正身等。在这场论辩中形成了韩国儒学主理派(退溪学派)和主气派(栗谷学派)。这两大学派的形成标志着韩国儒学的形成。

所谓"湖洛论争"是朝鲜朝18世纪的一场重要的儒学论辩。从韩国儒学史的角度审视"湖洛论争",应该说它是"主气"学派内部的一场大论辩。"湖洛"学派的主要代表者——韩元震和李柬都是以栗谷为首的"主气"学派的重要学者。栗谷学说的特点是强调"理气妙合",循着这种观点深入研究"理气"关系,便产生了"未发"时"心"是怎样的(即"未发心体"论)问题,产生了人性与物性是相同的,还是相异的(即"五常"论)问题等。这场论争使韩国儒学更加深入化和细密化。

该书的主要理论特色在于作者以中韩性理学(朱子学)比较的视角,对韩国儒学家对朱子学的发展以及韩国儒学特性等理论问题作了深入探讨。关于韩儒对朱子学的发展,作者认为:古往今来,儒学之所以具有旺盛的生命力,长盛不衰,就是由于儒学自身的更新和变异,即发展。中国儒学传到韩国之后,在与韩国本土文化的磨合过程中,发生了许多变化,形成了韩国儒学。没有这种变化,就没有韩国儒学。而这种变化,就是韩国儒学对中国儒学的发展。即,从儒学的基本范畴理气、心性情、礼仪、以图解说四个方面,具体阐述了韩国儒学对朱子学的发展。

首先在"理气"问题方面,中国大儒朱熹认为所谓"理有动静"是指"理"是气之所以能够动静的根据。所以,"理有动静"不是说"理能活动"。"有动静"与"能活动"是两个不同的概念,朱熹倾向"理"的不活动义,否定"理"的活动义。他的这一思想,明初便受到一些学者的质疑。在这一问题上,朝鲜朝大儒李退溪明确主张"理"自会运动,"理"自身具有活动性。李退溪之所以要强调理能活动,是为他的"四端七情"论寻找理论依据。他在与奇高峰的论辩中,主张"四端,理发而气随之;七情,气发而理乘之"。李退溪的主旨是要强调四端为理发,是纯善无恶的;七情是气发,是有善有恶的。这里的"理发",讲的就是理的活动,理的运动。如果认为理自身不具备活动的功能,那么"四端理发"的命题就失去其理论基础,因此必须承认"理"活动义。这样,不仅使李退溪的"四端七情"论能够自圆其说,而且在客观上也是对朱熹思想的发展。

而另一朱子学大家以李栗谷为代表的主气学派在继承朱熹思想的同时,也深入地发展了朱熹思想。例如,在理气关系问题方面,栗谷提出的"理气妙合"说就是对朱熹理气观的发展。又如,宋时烈将理气关系分属四个范畴进行了精辟总结:从理而言即理主宰气;从气而言即气包理;从本体而言即源头处;从作用而言即流行处。再如,栗谷的"理通气局"说亦是对朱熹"理一分殊"思想的丰富和发展。这种理性分析是对朱熹理气观的本质总结和细微梳理,而这种总结和梳理也正是对朱熹思想的发展。

其次在"心性情"方面,"心性情"问题是中国朱子学的重要理论问题之一,其内容涉及"已发"、"未发"、"性"之诸说、"心"之诸说、"心、性、情"之关系等。韩儒对上述问题从深化和细化方面作了发展,可归为三点。一是"未发"论;二是"性三层"说;三是以理气释情。

自儒家经典《中庸》提出"喜怒哀乐未发谓之中,发而皆中节谓之和"之后,"已发"、"未发"问题(亦称为"中和"问题)就成为中国儒学的重要论题,更是宋明理学常常讨论的问题。以朱熹为代表的中国儒者关于"未发"、"已发"问题的关注焦点主要是何谓"未发"?何谓"已发"?即"未发"、"已发"的界定。

而韩国儒者在继承朱熹上述思想的基础上,进一步探讨了"未发"的状态情形,即"未发"是纯善无恶还是有善有恶的?"未发"是圣人独有的还是圣凡相同的?等等。

　　魏岩李柬与南塘韩元震在"湖洛论争"中,对这一问题作了细化。他认为"未发"以"心之体"(本然之心)来保障,是超越善恶的绝对善的境界。所以,"未发"不是指接触事物之前的状态,而是本然的根源状态,即天理之全体所存在的状态。这种状态是"自尧舜至于涂人,一也"。韩元震与李柬一样,在"未发"问题上深化、细化了朱熹思想。他认为"未发心"具有"湛然虚明"和"气禀不齐"两个侧面,而这两个侧面同存于"一心"之中,他将含有善恶的"气禀"移植于"未发"之中,在逻辑上得出了"未发有善恶"的结论。而且,他还将"性"分为三个层面:第一层性是人物皆同的超形气的本然之性;第二层性是说人禀气全,故其理全;物禀气不全,故其理不全;第三层性为"气质之性"。韩元震的"性三层"说在人物理气同异问题(即人物性同异问题)方面,对朱熹思想作了补充和细化。

　　这些论述和观点是韩国儒者发中国儒者所未发,凸显了他们对"性"、"情"范畴研究的深入和细密,由此构成了韩国儒学的一大特色。

　　再次在"礼仪"方面,礼仪是东亚古代社会治理国家的规范和制度,在中国先秦时期就有了"三礼",即《周礼》《仪礼》和《礼记》。朱熹的礼学思想随着他的著作传入韩国后韩儒在继承朱熹礼学思想基础上,对"礼"又有所发展。这种发展表现为两个方面:第一,"礼"的民族化;第二,"礼"的人情化。

　　韩国儒者为适合于朝鲜民族的需要,将"礼"文化与民族的社会习俗、生活方式相融合,使"礼"更具民族性。例如李退溪依据朝鲜民族无侍立之礼、丧服习白、不设正寝等习俗,更改了立礼、丧服及正寝祭祀等礼仪。这些更改都是依据于朝鲜民族的风俗和习惯,使"礼"更适合于韩国人的习性。

　　又如栗谷门人金长生思想的特色是礼义经世说,因而对"礼"作了精深的研究,为前人所未及。他撰写的《家礼辑览》(六卷)、《家礼辑览图说》(二卷)、《典礼问答》(二卷)、《丧礼备要》(四卷)、《疑礼问解》(七卷)、《疑礼问解拾遗》(一卷),共计22卷,对"礼"作了详尽的阐发和规范,使"礼"的民族化进程趋于完善,凸显了礼学的民族性。

　　另外,人情性是朝鲜民族"礼"的内核。人情也是仁情,"礼缘仁情"。这样,礼对于民众来说,才是亲情的,才能与民众的情感息息相通,民众也乐于接受与践履,"礼者,履也"。礼不践履就成为空礼,空礼就会在社会生活中丧失。也正因为朝鲜民族的"礼"具有浓厚的人情性,所以礼学思想在韩国儒学中占有重要地位并被世世代代沿袭流传下来,韩国也因此被誉为东方重"礼"的君子之国。

最后在"以图解说"方面,中国儒者为了阐释儒学范畴之间的关系,曾以画图的形式来表述,最具代表性的应属北宋理学家周敦颐的《太极图说》。以图解说的益处在于给人以深入浅出、易懂易记、通俗明白的方便。在这一方面韩国儒者大大地发展了理学的这一传统。这种发展表现在两个方面:一个方面是韩国绝大多数儒学家都喜欢运用以图解说的形式来表达自己的性理学思想,而且不是用一个图式而是用十几个乃至几十个图式来说明一个完整的命题。以"图"示"说",以"说"释"图","图"与"说"相结合阐明其哲学思想的核心理论。所以,使用"以图解说"的方式来表述自己的学说、思想,显然成为当时韩国儒者的一种风尚和习惯。

另一方面是韩国儒者的"以图解说"显示了他们逻辑思维的精微性。"以图解说"展示出的是范畴、概念之间的关系,而实质则是通过对概念、范畴的分析和综合而作出的逻辑判断。若无对问题的整体贯通和抽象概括这两方面的思维能力,若无对范畴与范畴之间关系的精确和细微的理解,要想绘制出由博返约,由约见体的图示,是很困难的。"以图解说"反映了韩国儒学者艰苦朴实的儒学范畴辨析工夫和分析义理的精微功力。

李甦平先生在韩国儒学及东亚哲学比较研究领域辛勤耕耘多年,著述颇丰,从以上精到分析中我们亦可看出其深厚的理论素养。该书开篇便写道:"何谓韩国儒学?关于这个问题,一些对韩国历史和文化有着走马观花式了解的人认为,韩国儒学就是中国儒学的移植和翻版。此言误矣!固然中国是儒学的发源地,儒学就是以孔子为首的儒者的学说及其思想的总汇。同时应该看到儒者的学说和思想总是随着时代的发展而深化,随着时势的需求而丰富。由此,儒学才能够像一棵长青之树,像一条湍流不息的长河,永葆青春,永不枯竭。"诚如斯言,儒学从中国传入朝鲜半岛后便开始了本土化、民族化历程,这种带着朝鲜民族印记的儒学就不再是中国儒学,而是具有独立性的"韩国儒学"。韩国儒者以独特的问题意识和细密的思维能力继承并予以独立性发展的传统儒学,正是"韩国儒学"。在跨文化比较研究日益受到学界关注的今天,作为东亚儒学百园中的一支奇葩韩国儒学也将会日益彰显其独到理论价值与意义。

该书的出版得到了中国和韩国学者的好评,如该课题结项时被国家社科规划办鉴定为优秀成果,又如韩国儒学会会长、韩国成均馆大学教授崔英辰特为该书写"序文"亦予以好评。此专著的出版将为学习和研究韩国文化、韩国哲学的学生和学者提供一部有益、方便的著作,也必将推动我国的韩国儒学研究进一步深入发展。

当然,该书也存在一些不足,如在内容上因囿于篇幅所限对韩国实学思想和近代儒学部分的论述略显单薄、结构上相对较侧重于朝鲜朝性理学的分析等。不过,这些薄弱部分亦是今后学界要重点研究和开拓的新领域。因此在此意义上该书既是近几十年来国内韩国儒学研究学术积累的一次总结,又是今后我国的韩国儒学乃至东亚儒学研究继续向纵深推进的一个新的起点。①

2008 年 8 月生活·读书·新知三联书店出版了陈来先生的《东亚儒学九论》。众所周知,陈来先生亦是国内最早研究韩国哲学的学者之一。该书大部分内容集中在韩国儒学的研究,尽管该书所收的论文皆为作者此前发表的文章,但是正如作者自己所言,这些文章是作者最熟悉朱子研究的时候所撰写的论文,在一定程度上代表了中国朱子学研究者对韩国和日本朱子学的研究的基本水平。作者认为,中国学者往往缺少对"东亚"清晰的、有分辨的意识。当我们意识到,"理学"不仅是中国的思想,也是韩国的思想,亦是日本的思想,韩国以及日本的新儒学都曾在理学思想上作出创造性的贡献,应当把这些贡献展示出来,这样才能把理学体系所有的逻辑环节和思想发展的可能性尽可能地揭示出来,也可以把理学和不同地域文化传统相结合所形成的特色呈现出来。该书的出版,无疑使我们扩大和加深了对东亚儒学的认识和理解。

对于中韩儒学比较研究的意义以及朝鲜朝时代的性理学家对朱子学理论的贡献,陈来先生有精辟的论述。他在《中韩朱子学比较研究的意义》一文中指出,总的说来,朝鲜时代的李退溪、李栗谷等,对朱子有深刻的理解,对朱子

---

① 参见李甦平:《韩国儒学史》,人民出版社 2009 年版;洪军:《研究韩国儒学的力作——评李甦平先生之〈韩国儒学史〉》,《当代韩国》2012 年第 2 期。

哲学的某些矛盾有深入的认识,并提出了进一步解决的积极方法,揭示出某些在朱子哲学中隐含的、未得到充分发展的逻辑环节。比较起来,朝鲜朝性理学讨论的"四七"问题,在中国理学中虽有涉及,但始终未以四端和七情对举以成为讨论课题,未深入揭示朱子性情说中的矛盾之处。在这一点上朝鲜时代的性理学有很大的贡献。朝鲜时代的性理学的"四七"之辨看到了朱子哲学中尚未能解决的问题而力求在朱子学内部加以解决。"四七"之辨等韩国朱子学的讨论显示出,朝鲜朝的性理学家对朱子哲学的理解相当深入,在某些问题和方面有所发展,在这些方面的思考的深度都超过了同时代中国明代的朱子学。同时,16世纪的韩国朱子学对明代正德、嘉靖时期的阳明心学以及罗钦顺的理学思想皆从正统的朱子学立场作出积极的回应和明确的批判。在这方面也超过了明代同时期的朱子学。

陈来先生以为,只有把朱子学研究的视野扩大到东亚的视野,才能看到朱子学与阳明学的深度对话,而这仅仅在中国理学的视野中是无法看到的。如果说在中国明代的学术思想中看不到朱子学的内部批评(如对于罗钦顺的批评),看不到朱子学对阳明学的同时代的深度理论回应,那么这些都可以在朝鲜朝的性理学里找到。韩国性理学的讨论表明,新儒学即性理学的讨论空间在中国和韩国之间已经连成一体,成为共享共通的学术文化。可见研究朱子学、阳明学及其回应与互动必须把中国和韩国的性理学综合地、比较地加以研究。他还认为,在历史上,与政治的东亚不同,从东亚文化圈的观点来看,朱子学及其重心有一个东移的过程,明代中期以后,朱子学在中国再没有出现有生命力的哲学家,虽然朱子学从明代到清代仍然维持着正统学术的地位,但作为有生命力的哲学形态在中国已经日趋没落。而与中国明代中后期心学盛行刚好对应,16世纪中期朱子学在韩国获得了发展的活力,达到了相当的深度,性理学家群体也达到了相当的规模。16世纪朝鲜朝朱子学的兴起和发达,一方面表明了韩国性理学的完全成熟,另一方面也表明朱子学的重心已经移到韩国而获得了新的发展、新的生命,也为此后在东亚的进一步扩大准备了基础和条件。如果说李退溪、奇高峰、李栗谷的出现标志着朱子学的中心在16世纪已经转移到韩国,此后,当17世纪以后朝鲜朝后期实学兴起,朱子学的重心则进一步东移,朱子学在整个东亚实现了完全的覆盖,使得朱子学成为近世东亚文明共同分享的学术传统,成为东亚文明的共同体现。因此,虽然朱子是东亚朱子学的根源,但中国朱子学与韩国朱子学,不是单一的根源与受容的关系,朱子学文化的中心在东亚的视野下是可以移动的。没有东亚的视野,就不能了解朱子学中心的转移、变动。① 由此可见,中韩儒学比较研究不仅对中国儒学的全面理解有益,而且对韩国儒学独立性的探索亦大有裨益。

另外,张立文、李甦平主编的《中外儒学比较研究》(东方出版社 1998 年 6 月出版)和徐远和的《儒学与东方文化》(人民出版社 1995 年 12 月出版)等著作中,都用相当多的篇幅介绍了韩国的儒学思想,尤其是朝鲜朝时期的性理学思想。

2009 年韩国学术情报出版社出版《张立文文集》,共 38 辑。第 38 辑书名为《韩国儒学研究》,书中收录了张先生这些年来的有关韩国儒学的研究论文,内容包括曹植、徐敬德、李退溪、李栗谷、艮斋等人的性理学思想及与韩国学者的对谈等。书中内容对韩国儒学研究具有重要参考价值,只是因该文集在韩国出版发行,对国内多数读者来讲查阅起来确有不便,这不能不说是一种遗憾。

在礼学研究方面也有专著和重要论文问世。2005 年 5 月北京大学出版社推出了彭林著的《中国礼学在古代朝鲜的播迁》,该书为国内第一部研究韩国礼学的著作。全书共分 12 章,既有历史的考察,又有个别人物思想的研究,内容颇为丰富。该书着重探讨的是,中国礼学和礼制是怎样逐步被朝鲜半岛所接受以及韩国社会是如何走向儒家化的问题。此外,张立文的《礼仪与民族化——论退溪以后礼的民族化进程》(《学术研究》2005 年第 6 期)、潘富恩的《同春堂的大儒品德和礼学思想》(《学习论坛》2007 年第 6 期)等亦是韩国礼学研究领域中的代表性论文。

(二)退溪哲学研究

李滉(字景浩,号退溪、退陶、陶叟,1501—1570 年),朝鲜朝著名性理学家,被称为“东方之朱夫子”,谥号文纯,出生于礼安县温溪里(今安东郡陶山

---

① 　参见陈来:《中韩朱子学比较研究的意义》,《中国社会科学报》2014 年 3 月 12 日。

面温惠洞）。中宗时文科及第，官至大提学、右赞成。后辞官退隐乡里，钻研学术，以授徒讲学为业度过其一生。曾在家乡礼安选一景色宜人处筑"陶山书堂"，作为其著述和讲学之所。李滉的学说被继承和发展为左右韩国性理学发展的"退溪学"，并形成了规模庞大的岭南退溪学派。

在东亚儒学史上退溪哲学的"理"论颇具特色，不过"理"亦是其哲学中最难解处。退溪本人也曾言道"理"字最为难知，因为在他学说中"理"既是一个具无形、无质、无为之特性的形上之存有，又是一个指代作为实的道理（实理）的"天理"。而且，"理"又兼体用，既有无声、无臭、无方体之"体"，又有至神至用之"用"。对于这样的"理"退溪作过多角度的论述，曰："古今人学问道术之所以差者，只为理字难知故耳。所谓理字难知者，非略知之为难，真知妙解到十分处为难耳。"（《退溪全书》（一）卷16《答奇明彦·别纸》）认为，只有"穷究众理到得十分透彻，洞见得此个物事至虚而至实，至无而至有"（《退溪全书》（一）卷16《答奇明彦（论四端七情第二书）·别纸》）处，才能知"理"。从"虚实"、"有无"等角度论述"理"本体的同时，退溪还提出"理非静有而动无，气亦非静无而动有"的理（太极）自有动静的思想，明确地肯定了理的能动性。退溪曰："太极之有动静，太极自动静也；天命之流行，天命自流行也，岂有复使之者欲！"（《退溪全书》（一）卷13《答李达李天机》）由此，在"理气之发"问题上便有了"理气互发"之论。此外，还提出"理贵气贱"、"理帅气卒"、"理尊无对"的观点。退溪重视理气之"不杂"义，目的是强调理的主动性、主宰性。对二者"不杂"义的重视，是退溪理气观的主要特色。在四端和七情问题上，退溪认为四端和七情是不同类的情，四端是由理所发，七情是由气所发，曰："四端，理发而气随之；七情，气发而理乘之。"（《退溪全书》（一）卷7《进圣学十图札》）他还制作"心统性情图"对此作了进一步阐发。在修养论方面，退溪以下学上达为其居敬穷理之出发点，极重"主敬"之工夫，曰："只将敬以直内为日用第一义，以验夫统体操存不作两段者为何等意味，方始有实用功处，脚跟著地，可渐渐进步，至于用功之久，积熟昭融，而有会于一原之妙。"（《退溪全书》（二）卷29 书《答金而精》）强调下学上达，主张持敬的实践工夫，以体验天理之极致是退溪"主敬"思想的特色。

他的思想不仅对韩国儒学的发展影响至大至深，而且还对日本朱子学的发展产生了影响。退溪的主要哲学著作有《启蒙传疑》、《自省录》、《朱子书节要》、《宋季元明理学通录》、《圣学十图》、《论四端七情书辨》等,均收录在《退溪集》(68 卷)之中。

改革开放以后,我国学者的韩国儒学的研究始于对"朝鲜之朱子"——李退溪思想的探讨。1989 年 10 月第十一届退溪学国际学术会议在中国人民大学召开,这是在中国举行的第一届退溪学国际会议。开会前夕张立文先生主编出版了《退溪书节要》(中国人民大学出版社 1989 年 9 月出版)。在该书的"前言"部分,张立文先生写道:"吾人编纂《退溪书节要》的宗旨:一是便于完整系统地认识、把握退溪思想的精髓,以消除对退溪的误解和偏见。穷究退溪思想的旨趣,无疑需要掌握退溪的全部思想数据,实时这样做了,也不一定能无差别地体认李退溪思想之深意。这就需要有一本入门书以起导向作用。二是易于教授和传播。退溪的奏折、札子、文章、书信,均系古汉语,而非现代汉语,对于现代中国人来说,能读懂文言文,而又领会其意思的人,可谓寥若晨星,一般研究者亦不克其含义,而需借助于注释。这对以其它文字语言为母体的学者来说,其困难更显而易见。《退溪书节要》以其易简,注释,有助于读懂退溪文章,使读者渐觉其言之有味,其意之无穷。三是利于探索退溪学与新儒学的现代意义。"①文中,他还用较长的篇幅对退溪哲学的逻辑结构和理论特点作了系统的介绍。此文作为退溪学的入门读物,译成韩文后单独成册在韩国出版。《退溪书节要》是我国学者对退溪学的普及与国际退溪学发展作出的重要贡献。

随后,我国学者还翻译出版了日本著名学者筑波大学高桥进教授的代表作《李退溪和主敬哲学》(王根生等译,延边人民出版社 1991 年 7 月出版),有力地推动了当时正在兴起的国内退溪学研究。

在对其思想研究方面,学者们不仅撰写了大量的研究论文,还出版了多部学术著作。如已发表的具有代表性的论文有:张立文的《李退溪哲学逻辑结构探析》(《哲学研究》1985 年第 3 期)、陈来的《略论朝鲜李朝儒子李退溪与奇大升的性情理气之辩》(《北京大学学报》1985 年第 3 期)、赵宗正的《试论

---

① 张立文:《退溪书节要》,中国人民大学出版社 1989 年版,第 5 页。

退溪学的特点》(《文史哲》1985 年第 6 期)、蒙培元的《朱学的演变和李退溪哲学》(《浙江学刊》1986 年第 1 期)、辛冠洁的《论李退溪的心学思想》(《浙江学刊》1986 年第 1 期)、张立文的《李退溪认识范畴系统论》(《浙江学刊》1986 年第 1 期、杨宪邦的《论退溪学的体用观》(《社会科学战线》1987 年第 1 期)、李锦全的《论退溪人生哲学在儒学中的历史地位》(《天津社会科学》1990 年第 1 期)、步进智的《论李退溪的天人之学》(载北京大学韩国学研究中心编:《韩国学论文集》第一辑,社会科学文献出版社 1992 年版)、蒙培元的《李退溪的心性哲学》(载北京大学韩国学研究中心编:《韩国学论文集》第一辑,社会科学文献出版社 1992 年版)、崔龙水的《论退溪学中的辩证法思想》(载北京大学韩国学研究中心编:《韩国学论文集》第二辑,北京大学出版社 1994 年版)、刘长林的《论高峰、退溪“四端”“七情”之辩》(《哲学研究》1995 年第 9 期)、贾顺先的《李退溪对儒家经学的继承、发展及其影响》(《四川大学学报(哲学社会科学版)》1996 年第 2 期)、新元的《退溪的“理帅气卒”观念》(《学术月刊》1998 年第 7 期)、刘蔚华的《退溪“易学”思想初探》(《济南教育学院学报》2000 年第 1 期)、吕绍纲的《再论退溪易学》(《周易研究》2003 年第 1 期)、金仁权的《论李滉对程朱“主敬”思想的扬弃》(《延边大学学报(社会科学版)》2003 年第 4 期)、葛兆光的《寰中谁是中华?——从 17 世纪以后中朝文化差异看退溪学的影响》(《天津社会科学》2008 年第 3 期)、蔡德贵的《韩国大儒李退溪的性情观》(《安徽大学学报(哲学社会科学版)》2009 年第 2 期)、朱七星的《论 20 世纪中国对李退溪思想研究的概况及特点》(《延边大学学报(社会科学版)》2013 年第 5 期)、潘畅和的《退溪与栗谷哲学的特点及其对东亚儒学的贡献》(《社会科学》2014 年第 2 期)、洪军的《韩国儒学史上的“四端七情”论辩——以退溪和栗谷为中心》(《哲学研究》2015 年第 12 期)等。其中,张立文先生的《李退溪哲学逻辑结构探析》一文是作为大陆唯一代表参加 1984 年联邦德国汉堡大学举行的“第七届退溪学国际学术会议”时向大会提交的论文,亦是国内最早发表的有关李退溪哲学思想研究的论文。文中,作者指出李退溪作为朝鲜朝朱子学之大家,他继承和发展了朱熹哲学思想,而构成了博大的哲学逻辑结构系统。他的哲学逻辑结构系统的最高范畴是“理”,或谓之“太极”、“道”,其核心范畴是“理”与“气”。“理”既是最一般的规定,又是最具体的发展。它是其逻辑结构的起点;由于"理"、"太极"、"道"的动静流行,便从"天道"(圆)到"地道"(方),包括"人道"。在这个流行过程中,形成了三个层次:"理"、"太极"、"道",属于"理本"范畴,作为宇宙本体的第一层次。"气"、"阴阳"、"五行",属于气化范畴,作为宇宙化生的第二层次。第一、第二层次构成了"天道"(圆)范畴系统。"四端"与"七情","道心"与"人心","善"与"恶",属于"地道"即"人道"范畴,是作为人对宇宙本体和化生过程的体认的第三层次。合此三个层次,便构成"天"—"地"即"天"—"人"合一的逻辑结构系统,这便具体体现在《天命新(旧)图》中。这三个层次的排列,并非单纯逻辑的推演,而是天人合一的宇宙的一体性和"理"与"气"相须相资、不杂不离的关系所决定的。李退溪天人合一的整体逻辑结构及其诸范畴间的内在逻辑关系,是需要深入探讨和分析的。

出版的著作有:张立文的《李退溪思想研究》(东方出版社 1997 年版)、周月琴的《退溪哲学思想研究》(杭州出版社 1997 年版)、高令印的《李退溪与东方文化》(厦门大学出版社 2002 年版)等。此外,《退溪学在儒学中的地位——第十一届退溪学国际学术会议论文集》也于 1993 年由中国人民大学出版社出版。2015 年 10 月张品端主编的《朱子学与退溪学研究:中韩性理学比较》一书,由厦门大学出版社出版。这些成果的出版发行,都大大推动了国内退溪学的研究。

在这些成果中,张立文先生的《李退溪思想研究》是一部凝聚作者十多年努力与心血的著作,也是国内第一部系统研究退溪哲学思想的退溪学研究力作,具有重要的开拓性意义,受到了国际退溪学界的重视。

张立文先生的退溪学研究始于 1982 年撰写《朱子与退溪易学思想比较研究》一文。1983 年在哈佛大学韩国研究中心召开"第六届退溪学国际学术会议",张先生受邀但未能成行,只提交了《李退溪的易学思想辨析》一文。到1997 年年底出版《李退溪思想研究》为止,他对李退溪哲学思想进行了系统而深入的研究。《李退溪思想研究》一书共分为十四章。第一章为绪论,主要是从宏观的角度对韩国性理学的内涵和历史演变及其理论特色进行了概要性的论述。同时,还涉及中韩性理学之间的差异和二者的互动关系。第二章至第十四章分别对其太极说、理气说、四端七情说、心性说、格致说、易学思想、理数思维、价值观、人心道心说、居敬涵养说、教育思想、为学方法等问题,进行了深刻而精到的分析。张先生的退溪学研究特色在于通过对退溪哲学的核心概念和范畴的探讨,来展现继承和发展朱熹哲学思想的退溪哲学的逻辑结构。从"和合学"和"东亚文化"视角审视和观照退溪思想亦是张先生退溪学研究的又一特色。因退溪学研究方面的突出成绩,张先生于 1997 年获"国际退溪学学术奖"。

在韩国哲学史上,"理发气发"问题是朝鲜朝前期性理学的中心论题之一。在这一问题上,韩国朱子学的双璧退溪和栗谷各自提出了不同的理论主张。退溪主张"理气互发",栗谷则主张"气发理乘"。围绕二人的学说所具有的理论意义,学界的探讨一直未曾间断。陈来先生在《韩国朱子学新探——以李退溪与李栗谷的理发气发说为中心》(《厦门大学学报(哲学社会科学版)》2015 年第 1 期)中对此一问题作了颇具新意的解读,为学界提供了新的理论视域。文中指出,朱子心性论对于性情关系的基本看法是"情根于性,性发为情",以性为情的内在根据,情是性的外发表现。其实,栗谷的"气发理乘"思想是就气顺或气掩而言,用退溪的讲法,实质是理发而气顺之或理发而气掩之。而这种理发气顺的意思,和栗谷口头上所反对的退溪的"理发气随"说是一致的。又由于栗谷不反对退溪的"气发理乘"的说法,而且将退溪专指七情的这一说法扩大到四端,这样一来,在形式上,栗谷的真正立场和退溪的"理发而气随之,气发而理乘之",并不全部构成矛盾。在本体的层面他其实认可"理发而气随之",在作用的层面他赞成"气发而理乘之"。所以在两个人表面矛盾的概念和命题形式下(栗谷批评理发气随),实质上的思想却有一致的地方;而两人命题一致的形式下(栗谷赞成气发理乘),却含有对气发的不同理解。此即所谓异中有同,同中有异。由此可见,一般认为栗谷以"气发理乘"反对退溪"理发气随",其实退溪、栗谷思想的异同不能简单根据主张气发或理发的说法来判定,需要根据其文本作细致的思想分析。朱子所提出的哲学问题固然构成了朱子学的基本问题意识和体系框架,但朱子对这些问题所给出的答案并不都是究极性的,这一体系所包含的问题也没有被朱子个人所穷尽。因此后世朱子学对朱子的发挥、修正、扩展、深化都是朱子学的题中应有之义,而在这方面,朝鲜朝时代的朱子学作出了重要的推进和贡献,值得深入研究。① 该文还强调，栗谷的"气化转向"思想不仅在"天地之化"上受到罗整庵理气论思想的影响所致，而且在"人心之发"上受到王阳明心气说的影响。

前已述及，陈来先生的韩国儒学研究始于 20 世纪 80 年代，他也是我国改革开放后最早从事退溪学及韩国儒学研究的前辈学者，其间有多篇颇具学术价值的论文和论著问世，如《东亚儒学九论》等。尤其是，上述《中韩朱子学比较研究的意义》和《韩国朱子学新探——以李退溪与李栗谷的理发气发说为中心》两篇论文是对今后我国学界的韩国儒学乃至东亚儒学研究具有重要理论指导意义的学术佳作。

另外，2013 年和 2014 年张立文的《李退溪的思想世界》（修订版）和《朱熹与退溪思想比较研究》相继由人民出版社出版。众所周知，退溪在韩国哲学史上影响深远。张先生的《李退溪思想世界》（人民出版社 2013 年 3 月出版，280 千字）一书是作者 1997 年出版的《李退溪思想研究》的修订版。《李退溪思想研究》一书出版后曾受到中韩学界的广泛好评。此次作者以退溪思想为"话题故事"的中心推出的该书修订版（改为《李退溪思想世界》），对推动国内退溪学以及韩国性理学研究大有裨益。该书共分为十四章，作者首先从韩国"性理学"的分系出发，之后着眼于范畴和命题，展开了对李退溪思想的全面系统而深入的梳理和探讨。主要内容包括立太极与立人极，理气与"四七"的逻辑结构，身心与自然，心知、穷理、践行、动静、死活、变化，常变数与交变易，理与数思维，义理与功利价值，道心与人心，理欲、居敬和涵养，孝悌忠信与仁民爱物，教育目的、阶段和方法，学思、体察和新故十三个层面，是一部在退溪哲学思想研究方面颇见功力的厚重的理论论著。

总之，我国对退溪思想的研究，取得了可喜的成就。朱七星先生曾将我国退溪学研究成果归纳为以下几方面的特点：首先，对退溪思想的研究范围空前广泛与扩大。例如，除对退溪学形成的渊源、退溪学在儒学中的地位和作用等问题，进行系统而全面的探讨之外，还对退溪的哲学思想、政治思想、经世思

---

① 参见陈来：《韩国朱子学新探——以李退溪与李栗谷的理发气发说为中心》，《厦门大学学报》（哲学社会科学版）2015 年第 1 期。

想、实学思想、经学思想、爱国思想、爱民思想、重民思想、教育思想、比较研究、天人关系、人际关系以及包括退溪的人格等各方面进行了广泛而深入的研究，其成绩斐然。其次，对退溪思想、学说的研究，在其深度上，都取得了空前的成就。例如，对退溪学在儒学中的地位和作用的问题上，杨宪邦的《在儒学中退溪学的位置》（《退溪学报》1989 年第 63、64 辑）一文深刻而全面地指出，"中国程朱理学走向衰落，陆王心学盛行于世之际"，"以朱子为宗"，折中儒学各家学派，形成了独具特色的博大的理论体系。"如果说朱熹是中国古代儒学研究的集大成者，那么李退溪则是宋明时期朱子学研究的集大成者，又是宋明时期各儒家学派在朝鲜的一个集大成者"。他弘扬儒学于东方，远播日本，给日本以山崎闇斋为首的新儒学以极大的影响等等。再次，对退溪思想的研究已形成了体系化。例如，以退溪哲学思想研究为例，它不仅囊括对退溪哲学的性质、特点、逻辑结构以及退溪的理论贡献等诸多问题并加以体系化，而且在退溪哲学的内容上，包含着理气论、心性论、格物论、四七论、居敬穷理、休养论、方法论等诸多方面，已成了体系。概言之，三十多年来，我国学者始终坚持对李退溪思想的研究，研究范围之广、研究程度之深并朝着体系化方面发展等为其研究特征。中国学者之所以孜孜不倦地研究退溪学，取得了如此巨大的成绩，主要是被退溪先生的博大学识，对学问的科学精神与实事求是的学问态度所吸引，同时也与国际退溪学研究和韩国退溪学研究院的大力推动等分不开。[①] 朱先生的这一论述十分全面而精到，我国学者对退溪思想的研究不仅推动了国际退溪学的发展，而且也进一步扩大了我国宋明理学研究者的理论视野。

（三）栗谷哲学研究

李珥（字叔献，号栗谷、石潭，1536—1584 年）朝鲜朝性理学家，与李滉并称为朝鲜朱子学双璧，谥号文成。16 岁时母亲（师任堂申氏）去世，三年后脱下孝服旋即入金刚山摩诃衍道场修行佛法。次年下山往江陵作了"自警文"，弃佛学儒。23 岁春谒退溪李滉于礼安陶山，请教了主一无适、应接事物之要。

---

① 参见朱七星：《论 20 世纪中国对李退溪思想研究的概况及特点》，《延边大学学报》（社会科学版）2013 年第 5 期。

李珥从 13 岁至 29 岁九次中科举状元榜首,被称为"九度状元公"。从 29 岁时任户曹左郎开始,他一生为宦,曾官至吏曹判书,49 岁时卒于京城大寺洞寓所。他的学说被其后学继承和发展,逐渐形成在韩国儒学史上颇具影响的畿湖性理学派。

在理气问题上,他不同于李滉,在继承朱子理气说的过程中较侧重理气之"不离"义,并对之作了进一步的阐发。其理气观的主要由"理气之妙"说、"气发理乘"说以及"理通气局"说构成。其中,"理气之妙"说是其哲学的"难见亦难说"处。曰:"理气之妙,难见亦难说。夫理之源一而已矣,气之源亦一而已矣。气流行参差不齐,理亦流行而参差不齐。"(《栗谷全书》(一)卷 10《书》2《答成浩原》)其"理气之妙"说是通贯其整个学说的精髓和根本立场。"气发理乘"说和"理通气局"说,可视为其"理气之妙"思想的进一步阐发和具体表现。不过,与李滉相比较,李珥虽然在理气说的理论突破方面不及李滉,但在正确地承传朱子理气说的方面,其学说似更能反映朱子理气说的特色。在四端七情问题上,李珥从其"理气之妙"的思想出发,不同意李滉的"理气互发"论,转而支持奇大升的观点。他说:"朱子之意亦不过曰:四端专言理,七情兼言气云尔耳。非曰四端则理先发,七情则气先发也。退溪因此立论曰:四端理发而气随之,七情气发而理乘之。所谓气发而理乘之者可也,非特七情为然,四端亦是气发理乘之也。"(《栗谷全书》(一)卷 10《书》2《答成浩原》)一方面批评李滉未能真正理会朱子之本意,另一方面又主张不仅七情是气发理乘,四端亦是气发理乘。李珥对李滉的批评,遭到了成浑的辩难。于是,继"退、高之辩"后,李珥和成浑之间又展开了第二次"四七论辩",将这一问题之讨论推向了高潮。经过数次书信往复,二人的立场更加明了。李珥说:"今若曰'四端理发而气随之,七情气发而理乘之',则是理气二物或先或后,相对为两歧,各自出发矣。"(《栗谷全书》(一)卷 9《书》1《答成浩原》)进而举例说:"所谓气发而理乘之可也,非特七情为然,四端亦是气发而理乘之也。何则?见孺子入井,然后乃发恻隐之心,见之而恻隐者气也,此所谓'气发'也。恻隐之本则仁也,此所谓理乘之也。非特人心为然,天地之化无非气发而理乘之也。"(《栗谷全书》(一)卷 10《书》2《答成浩原》)在栗谷看来,若四端是理发、为善情;而七情为气发,亦可为善情,则人心有二本。因此,对四七的解释只能是"气发理乘",四端七情均是气发理乘。在人心道心问题上,李珥发挥朱子的学说,提出了自己独特的"人心道心不能相兼而相为终始"的"人心道心终始"说。他说:"今人之心直出于性命之正,而或不能顺而遂之,间之以私意,则是始以道心而终以人心也。或出于形气,而不咈乎正理,则固不违于道心矣。或咈乎正理,而知非制伏,不从其欲,则是始以人心,而终以道心也。"(《栗谷全书》(一)卷12《书》4《答安应休》)这是因"意"具商量计较义,道心可转化为人心,人心亦可转化为道心,故不能将人心与道心之间的区分加以固定化。但是,人心与道心却无法彼此兼有,因此与七情兼有四端有所不同。他对人心道心与四端七情的差异指出:"心一也,而谓之道、谓之人者,性命形气之别也。情一也,而或曰四或曰七者,专言理,兼言气之不同也。是故人心道心不能相兼而相为终始焉,四端不能兼七情,七情则兼四端。道心之微,人心之危,朱子之说尽矣。四端不如七情之全,七情不如四端之粹,是则愚见也。"(《栗谷全书》(一)卷9《书》1《答成浩原·壬申》)因"七情"是"心"发动之时统而言之的情的七个种类,而此时还尚未达到比较而看的地步,故七情可包四端。但是,四端又是七情的善一边,故七情可兼四端。而道心、人心的情况则不同,二者因已有比较之意,所以彼此可以成为终始,却不可以兼有。依他之见,道心与人心是基于"意"的计较商量义而存在的相对之物。从"天理人欲之辨"来看,李珥人道说颇似"天理人欲相对"说。他的主要哲学著作有《天道策》、《人心道心图说》、《圣学辑要》、《答成浩原》等。

李珥是朝鲜朝500年间难得的一位哲学家、政治家和教育家。政治上,他积极建言献策,主张为了朝鲜朝的中兴"因时制宜"与"变法更张",强调"事要务实"。在社会教育方面,他不仅亲自开展私学教育,而且还制定"海州相约"、"社会契约束"以及著《击蒙要诀》、《学校模范》等,为朝鲜朝社会教育水平的提高作出了贡献。

国内发表的第一篇有关栗谷哲学的研究论文是由李洪淳撰写的《论李珥的哲学思想》(《延边大学学报》1979年增刊《东方哲学研究》)一文。之后,国内栗谷学研究出现了很长一段时间的停滞状态。1991年《浙江学刊》第1期刊登了张立文的《朱子与退溪、栗谷的道心人心说之比较》一文,直到此时国内的栗谷学研究才算正式启动。某种意义上说,栗谷的哲学思想正式被我国学者所认识与了解,是从退溪学在国内的普及开始。栗谷与退溪并称为"朝鲜朱子学的双璧",栗谷23岁时曾拜谒李退溪于礼安陶山。其时退溪已是58岁的儒学大家。虽然栗谷只逗留了两天,但这对他来说是与当时的儒林宗匠的最初晤对。他一方面阐明了自己平素积累的学术见解,另一方面又向其请教了主敬工夫与大学定、静、安等诸义,由此消释了其为学过程中的一些疑难之点。退溪对栗谷评价道:"其人明爽,多记览,颇有意于吾学,后生可畏,前圣真不我欺也。"(《栗谷全书》(二)卷33附录一《年谱》上)此后栗谷还通过书信就儒学中的主一无适的敬工夫以及格物穷理等问题,与退溪往复进行了数次问辩。(参见《栗谷全书》(一)卷9《书》1《上退溪先生书》)退溪也多弃旧见而从其说,并称赞道:"他日所就,何可量哉。"果如是言。

随着两国正式建交后的学术交流的加强与国内退溪学研究的深入,我国学者亦开始较多关注栗谷学。1993年,张立文又发表《退溪与栗谷理欲、敬静观之比较》一文(载《朝鲜学—韩国学与中国学》,中国社会科学出版社1993年版)。1994年《吉林大学学报》第4期刊登了李秀东的《栗谷哲学思想的时代特征》一文。作者指出,朝鲜建国后社会经济、文化的发展、阶级矛盾尖锐化,这一历史现象反映到意识形态领域里,表现为各种不同的哲学观点的冲突。这种冲突集中反映在程朱学派内部的退溪和栗谷为代表的两派冲突。认为,栗谷在这场冲突中,正确把握时代脉搏,为解决时代提出的历史任务,阐释了许多反映时代特征的合理的有价值的思想。这些思想为传统儒学注入了新的时代内容和生命力,为后期朝鲜哲学的发展产生了深远的影响。1994年北京大学韩国学研究中心编的《韩国学论文集》第三辑(东方出版社出版)上,又刊登了两篇探讨栗谷理气说的论文,即肖万源的《简析栗谷的理气观》和张立文的《栗谷的理气观》。

此后,1997年《中国文化研究》第3期发表了葛荣晋撰写的《栗谷论"孝"及其现代意义》一文。该文认为,儒家向以注重伦理道德著称于世,而"孝"为"百行之首",所以栗谷先生作为朝鲜朝的大儒论学也是"以孝敬为先"。栗谷所谓孝道,并不只限于"正家"范围,而是按照孟子的"君子亲亲而仁民,仁民而爱物"(《孟子·尽心上》)的仁学结构,将孝道贯穿于"亲亲—仁民—爱物"之中,构成一个完整有机的孝道体系。同年12月出版的《亚文》第2期(中国社会科学出版社出版），收录了楼宇烈的《栗谷的经学思想研究》。文中指出，栗谷先生不管是自励还是教人，"必以立志为先，躬行为务"。因此，读经必须"明其理而措诸行，以尽成己成物之功"，它也是栗谷先生"经学"思想的核心所在。栗谷先生的经学是在深刻理解与把握"礼"之"理"的基础上，去回答和解决人伦日用中的实际礼仪问题。1998 年的《浙江学刊》第 6 期上发表了洪军的《论李栗谷的心性哲学》一文。

近几年来国内的栗谷学研究有了较快的发展，已有 3 本专著、4 篇硕士论文以及多篇研究论文问世。

2003 年北京大学出版社和中国社会科学出版社分别出版了张敏和洪军的《立言垂教——李珥哲学精神》和《朱熹与栗谷哲学思想比较研究》两部著作。《立言垂教——李珥哲学精神》一书，对李珥的生平业绩、哲学思想、理论传承、现代意义等都作了详尽而又清晰的介绍。《朱熹与栗谷哲学思想比较研究》一书，则对两人的哲学思想进行了系统比较。

2011 年延边大学出版社出版了李红军的《朱熹与栗谷性理学比较研究》（朝文版），该著从理气论、心性论、修养论的角度阐述了栗谷对朱熹学说的传承。因本书为朝文版，故在此将该书的内容作一简要介绍。朱熹（1130—1200 年）字元晦，号晦庵、晦翁、考亭先生。南宋著名的理学家、思想家、哲学家、教育家，世称朱子，是孔孟以来最杰出的儒学大师，是宋代理学的集大成者。李珥前已论及，是朝鲜朝中期著名的理学大师，和李滉退溪并称为朝鲜性理学的双璧。这既是对栗谷性理学水平和特性的学术评价，又是对韩国儒学史上所作出的贡献的评价。栗谷在 16 世纪朝鲜性理学的全盛时期，综合并调和以李彦迪和李退溪为中心的主理哲学和以徐敬德为中心的气哲学，创立了独具特色的"理气之妙"哲学体系。他的理论对韩国性理学和实学的发展作出举足轻重的贡献。尽管如此，在韩国哲学界一般仅仅把栗谷哲学看作是朱子学的简单继承，或者是不顾朱子学的影响过高评价栗谷。但是深入探究栗谷性理学的各个理论，可以发现在栗谷性理学中既有忠实继承朱子学的一面，也有栗谷自身的独创的一面。

《朱熹与栗谷性理学比较研究》将此一特点作为问题意识，通过朱熹和栗谷性理学的比较研究，揭示栗谷性理学相对于朱子学的普遍性和特殊性。该书一方面从"理气论"、"心性论"、"修养论"等方面考察了栗谷性理学对朱子学的继承。整体上看栗谷性理学未能超出朱子学的范畴,忠实地继承了朱子的理论。尤其是性理学的基础概念和概念之间关系的解释和理解,几乎基于朱子的说法。另一方面把在栗谷性理学中完善和深化朱子学的理论或独创的理论作为相对于朱子学的栗谷的特殊性。在"理气论"、"心性论"、"修养论"三个领域进行了考察。

在"理气论"中通过"理""气"概念的转变、"理气之妙"的思维、"理通气局"的逻辑等特点阐明了栗谷性理学的特殊性。虽然朱子奠定了理气概念的基础,但是栗谷更加明了了理气概念及关系。比如,以"形而上"和"形而下"来严格区分了理和气,在太极之动静和理的发用上坚持了"气发理乘一途说",坚持"理气二元论"来对理气的互补作用和地位进行了明确的阐释,等等。在栗谷性理学中"理气之妙"是贯穿于整个理论体系的逻辑前提。"理气之妙"从字义上看就是"理"与"气"的奥妙结合,虽然朱子的理论中也蕴含着此种逻辑思维,但是没有直接表述这一范畴并展开理论。虽然栗谷之前的先儒们也曾使用过与此义相近的表述,但没把它作为哲学立场和思维体系来使用。相反,栗谷把"理气之妙"作为思维前提并贯穿于自己的哲学体系,建立了"理气之妙"的思维体系。栗谷性理学最为突出的特点是"理通气局"理论。"理通气局"是基于程朱的"理一分殊"说,结合理气的体用逻辑展开的理论,即"理通气局"是以"体用一源"和"理气之妙"逻辑来创立的栗谷的独创理论。在"心性论"中从人性基础概念的完善和深化、"人心道心"论的深化、"七包四"感情论的确立等角度考察了栗谷性理学的特性。比如,心性情意一路并各有境界的观点,"人心道心相为终始"说,一般感情和道德特殊感情的相互变化的可能性的主张等就是栗谷的特点。在"修养论"中通过考察重视立志、通过气质变化的本性的恢复、务实的修己论等理论,揭示了栗谷性理学的特点。

总之,栗谷性理学其思想来源受到了宋学乃至程朱理学的影响,并且其理论基本在朱子理学的范畴体系内。虽然栗谷性理学和朱子理学的大部分理论具有共同性和普遍性,但是在局部理论上却同中有异。尤其是栗谷对朱子理论的弥补和完善,随处可见。《朱熹与栗谷性理学比较研究》的着重点就在于力求找出栗谷性理学中相对于朱子哲学的特殊性的一面。

该书虽然从多角度考察了朱熹与栗谷性理学之异同,但因主要是基于栗谷的立场上的比较研究,故论述过程中难免会存在些偏颇之处。在研究视角上的局限性是本书的主要缺憾。

4 篇硕士论文包括:毛哲山的《朱熹和栗谷理气论之比较研究》(延边大学 2003 年);李斌的《朱子与退溪、栗谷人心道心说之比较》(延边大学 2004年);赵君的《栗谷的经世思想及其哲学基础研究》(延边大学 2005 年);朴经勋的《朱熹与李栗谷理气观之比较研究》(吉林大学 2006 年)。

其间,发表的主要研究论文有蒙培元的《从栗谷的仁学看儒学与现代性的问题》(《新视野》2002 年第 1 期)、陈尚胜的《重陪鹭更何年?——朝鲜李珥出使明朝诗歌初探》(《山东大学学报(哲学社会科学版)》2002 年第 6 期)、张敏的《创业守成更张论刍议》(《当代韩国》2003 年秋季号)、金源姬的《浅谈栗谷的四端七情论》(《孔子研究》2004 年第 1 期)、李甦平的《试论李栗谷的理气观》(《东疆学刊》2005 年第 1 期)、陈来的《李栗谷理气思想研究》(载《韩国研究论丛》第 28 辑,社会科学文献出版社 2014 年版)等。

《从栗谷的仁学看儒学与现代性的问题》一文认为,现代性是不是意味着对传统文化的全面否定,这是迄今为止争论不休的问题。由于现代性与西方文化有一种历史的渊源,这个问题对东方发展中国家而言就显得更加突出。20 世纪 80 年代有人提出"儒家资本主义"、"东亚模式"等说法,由于亚洲金融危机的出现,这一说法受到质疑。但是,谁也不能否定,文化多元化的局面已经形成,并成为当今文明发展的一个重要特点。当我们讨论现代性的问题时,就不能不考虑到这点,就是说,现代性作为一个被普遍接受的概念,其中包含若干共同的要素,但是,我们很难找到一个固定不变的"模式",用以概括现代的生活在方式。其原因就在于不同民族、国家和地区具有不同的文化特色。

《重陪鹭更何年?——朝鲜李珥出使明朝诗歌初探》一文则认为,李珥出使明朝的诗歌作品,表现了他来华后的心情意绪。诗中有他在异邦旅行时的孤寂忧愁,也有他对中国礼义文化的倾慕衷情;有对明朝军防窳败的担忧,也有对京师恢宏场面的神往。透过李珥的这些诗歌作品,我们可以发现 16 世纪朝鲜朝士大夫对于明朝的复杂心态。

　　明代朱子学(朱子后学)对 16 世纪朝鲜朝性理学的影响研究,是近几年我国韩国哲学界关注的新领域。而明代朱子学家中罗整庵是具有代表性的学者,被后世学者称为"朱学后劲"、"宋学中坚"。他的学说中所呈现的新的理论动向不仅影响了其时理学思想的演进,而且还传至域外影响了韩国性理学和日本朱子学的发展。

　　李栗谷在与其同时代的中韩诸儒中,唯独对整庵非常赞赏,曰:"罗整庵识见高明,近代杰然之儒也。有见于大本,而反疑朱子有二岐之见。此则虽不识朱子,而却于大本上有见矣。"(《栗谷全书》(一)卷 10《书》2《答成浩原》)而且,将整庵与退溪、花潭(名徐敬德,字可久,1489—1546 年)作比较时,亦将其推为最高。曰:"近观整庵、退溪、花潭三先生之说,整庵最高,退溪次之,花潭又次之,就中整庵、花潭多自得之味,退溪多依样之味(一从朱子说)。"(《栗谷全书》(一)卷 10《书》2《答成浩原》)退溪和花潭是与栗谷同朝的另外两位大儒,在韩国哲学史上均具有重要影响。栗谷最为称赞整庵的原因在于,较之退溪和花潭,整庵不仅有见于朱学之大本,且多自得之味。这表明栗谷认为整庵对朱学之大本,即对朱学的要领是有真切之体会。

　　洪军的《论整庵理气说对栗谷理气论的影响》一文,通过整庵"理气一物"论与栗谷"理气之妙"说的比较,指出了 16 世纪中韩朱子学的多元发展路向。整庵从去"理"的实体化、主宰义入手,将"理"视为"气"所固有的属性或条理,反对将理气视为二元对待的两个实体,明显表现出由"理本"向"气本"的转向。栗谷虽然与整庵皆宗明道,但是仍表现出坚守朱学的为学性格,提出理气"非二物"故"二而一"、"非一物"故"一而二"的颇具特色的"理气之妙"说,对明道和朱熹思想作了有益的阐发。[①] 整庵和栗谷的理气说不仅丰富和发展朱学理气思想,而且也为朱学的多元发展提供了不同的理论视域。

　　在栗谷心性论研究方面,也有不少成果出版发表,如谢晓东的《人心道心相为始终说是李栗谷的最终定论吗?》等。该文认为,栗谷的"人心道心相为始终"说,是一种独特的"人心道心"论。但是,该学说存在明显的内部矛盾,故而是一种不稳定的观点。明确意识到人心的普遍性之后,栗谷实际上就放

---

① 参见洪军:《论整庵理气说对栗谷理气论的影响》,《中国哲学史》2014 年第 4 期。

弃了该观点。他的晚年定论是道心人心统一论,即道心为主人心听命,从而在相当程度上向朱熹的观点回归。作者从两个角度来展开论证:一是,通过考察栗谷的"人心道心"说的演变,从而判断其观点前后有根本性的变化;二是,在此基础上,从义理角度权衡"人心道心相为始终"说的存废问题,从而进一步证明其观点。[1] 以此作者对此前栗谷思想研究中流行的"人心道心相为始终"说提出了异议。人心道心问题亦是朝鲜朝前期儒学的中心论题之一,栗谷和牛溪之间进行的"人心道心"之辨是退溪和高峰之间展开的"四端七情"之辨在人性论层面上的进一步延伸和深化。对这一问题的深入讨论有利于我们全面了解和把握韩国性理学心性理论的逻辑展开。

此外,《东疆学刊》(2016 年第 3 期)刊发了李红军的《朝鲜朝儒学家成浑的性理学特征及其意义》一文。成浑是朝鲜朝前期著名的性理学家,是一生践行圣贤之学的儒者。成浑在韩国儒学史上占据重要地位,而且其学术贡献也不可小觑,但因其为山林派学者之故,在韩国儒学史上未能得到恰如其分的评价。该文通过考察成浑和李珥之间进行的论辩内容,阐明成浑性理学的"理气一发主理主气"说、"四端七情主理主气"说、"道心人心主理主气"说等特征,进一步探讨成浑性理学在韩国儒学史上的意义。

还有,儒学与韩国现代化的关系问题也曾一度成为国内韩国哲学界热衷于讨论的学术热点,此后这一问题还与"儒教资本主义"("儒教假说")讨论相联系,成为从文化的视角研究东亚"奇迹"的重要话题。此一时期出版的《中外儒学比较研究》(张立文、李甡平主编,人民出版社 1998 年 6 月出版)、《现代东方哲学》(黄心川主编,浙江人民出版社 1998 年 11 月出版)、《君子国的智慧——韩国哲学与 21 世纪》(姜日天等著,华东师范大学出版社 2001 年 3 月出版)、《当代东方儒学》(刘宗贤、蔡德贵主编,人民出版社 2003 年 12 月出版)等著作均讨论过此一问题。学者们指出:儒家文化给韩国以巨大的影响,这种影响不是随时代的发展而淡薄,而是随着现代化进程的深入发展越来越在新的层次上深刻地表现出来。儒学在韩国现代化过程中始终产生了深刻的影响,在现代化的总体进程中,它的影响基本是以不自觉地历史认同的形式

---

[1]　参见谢晓东:《人心道心相为始终说是李栗谷的最终定论吗?》,《中国哲学史》2015 年第 2 期。

存在着。然而,随着后工业社会的加速到来,西方现代的思想和社会结构正面临重大的转折,从个性解放到群体和谐,从理性的物性到感性的人性的反顾正在开始,面对这种新的转折,韩国人更加自觉地意识到了儒家文化的价值,越来越多的人起来呼吁儒学的现代倡明。① 这一问题的研究无论其结论成立与否,无疑拓宽了哲学研究的视野。这对文化传统与现代化的关系问题以及现代化道路的选择问题的研究都大有帮助。

(四)南冥哲学研究

曹植(字楗仲,号南冥,1501—1572 年),昌宁人,谥号文贞。出生于庆尚道三嘉,5 岁时移居汉阳。他与李滉生当同年,并峙岭之左右,且又与李滉并称为岭南学派之双璧。庆尚右道的儒者大都从曹植之说,庆尚左道的儒者则多从李滉之说。他是朝鲜朝著名的性理学家,崇尚洙泗学的实践躬行精神,主张积极参与现实的实践活动。后人称退溪学派为江左学派,南冥学派为江右学派。《东儒学案》之《德山学案》云:"退溪居岭左之陶山……南冥居岭右之德山……蔚然为百世道学之宗师。二先生以天品:则退溪浑厚天成,南冥高明刚大。以出处:则退溪早通仕籍,位至贰相;南冥隐居尚志,屡征不起。以学问:则退溪精研力索天人性命之理,无有余蕴;南冥反躬实践,敬义夹持之功,自有成法。"②

与李滉不同,曹植一生未仕,始终以教授为业。曹植为学极重"敬义",曰:"吾家有此两个字,如天之有日月,洞万古而不易。圣贤千言万语,要其归,都不出二字外也。学,必以自得为贵。"(《南冥集·南冥先生集行状》)他以为"程朱以后不必著书",主张反躬体验与持敬实行,并对现实社会也表现出强烈的忧患意识,史称"先生平生未尝一念不在于世道,至于苍生愁苦之状,军国颠危之势,未尝不嘘唏掩抑"(《南冥集》卷 3《祭文》)。著作有《南冥集》、《学记类编》等。其中《学记类编》分为上、下二卷。上卷又分"论道之统体"和"为学之要"两部分,并绘有 22 个图式加以阐释。下卷主要是列出儒者应学习和践行的对象,有"致知"、"存养"、"力行"、"克己"、"出处"、"治道"、

---

① 参见张立文、李甦平主编:《中外儒学比较研究》,人民出版社 1998 年版,第 191 页。
② 转引自李甦平:《韩国儒学史》,人民出版社 2009 年版,第 371—372 页。

"治法"、"临政处事"、"阐异端"等条目,并附有两个图式。此二十四图便是与李滉《圣学十图》齐名的南冥"学记图"。二人虽然同为岭南儒林之代表,但是为学各有特点,对此曾师事曹植和李滉的郑逑评价道:"李滉德器浑厚,践履笃实,工夫纯熟,阶级分明,学者易以寻入。曹植器局峻整,才气豪迈,超然自得,特立独行,学者难以为受。"(《寒冈年谱》卷一《庚辰 38 岁》)学风上的差异亦是最后导致岭南学派由退溪学派所取代的主要原因之一。

近年来南冥学研究也受到国内学者的重视。李甦平先生在《韩国儒学史》中认为,虽然南冥与退溪都对朝鲜朝儒学作出了贡献,但贡献点却不尽相同。李退溪主要是在性理学方面深化、发展了中国朱子学说,奠定了他在韩国儒学史上的显赫地位。而曹南冥则强调原典儒学的"敬义"和"实践"精神,故有"自成一家之学"和"自有成法"之说。

体现其这种学术思想的便是于《学记类编》中所造的"二十四图"。用图说的形式来表达自己的学术思想是南冥的特点,也是朝鲜朝儒学者的一个传统。韩国的图说可以追溯于朝鲜初期权阳村的《入学图说》,以后相继出现过郑秋峦和李退溪合作的《天命图说》,李退溪的《圣学十图》,李栗谷的《心性情图》和《人心道心图说》等。以"图"示"说",以"说"释"图","图"与"说"的结合则简明扼要地表达了作者的思想。南冥的二十四个图亦是这样的图说。

关于上述二十四个图说,学者们认为其中有十个图最重要,即"三才一太极图"、"太极图与通书表里图"、"天人一理图"("天道图"和"天命图")、"心统性情图"、"忠恕图"("忠恕一贯图")、"敬诚图"("敬"图和"诚"图)、"审几图"("几图")、"为学次序图"("小学""大学"图)、"博约图"、"易书学庸语孟一道图"。之所以将这十图视为最重要的图说,是因为他侧重于南冥的形上学本体论。若从南冥的主旨思想或核心观点来看,二十四图中最重要的十图应是"敬图"、"小学""大学图"、"诚图"、"人心、道心图"、"博约图"、"知言、养气图"、"易书学庸语孟一道图"、"心为严师图"、"几图"、"神明舍图"。这是因为南冥思想的特色即是"敬义"和"力行"。[①] 不过,有些学者指出这十图

---

① 参见李甦平:《韩国儒学史》,人民出版社 2009 年版,第 372—373 页。

中"忠恕图"("忠恕一贯图")、"博约图"并非南冥的"自图"。① 尽管如此二十四图仍被视为"南冥学"的精髓,是理解和把握其思想的主要依据。

张立文先生便依据"三才一太极图"探讨了其理气观。他认为,南冥独具匠心地、创造性地把"三才"与《太极图》融为一体,而超越了前人。此图体现了形而上学理体与形而下学气用的由体达用、用以贯体的体用一源的原理,凸显了对宇宙自然生命和人的本质、人性、道德、价值的关怀。张先生以理气先后之辨、理气形而上下道器之辨、有无极限之辨三个维度具体阐发了南冥的理气说。南冥自造《天理气图》就是为了说明天地万物自然化生和人类伦理道德形成的演化进程。②

相较于退溪和栗谷,南冥的学说此前很少被国内学界所了解。2000 年 6 月于西安成立了"国际南冥学研究会",还举办了三次(2000 年、2003 年、2005 年)有关南冥学与关学的国际学术研讨会。2004 年和 2007 年社会科学文献出版社先后出版了《张载关学与南冥学研究》和《关学、南冥学与东亚文明》。2006 年 11 月 10—11 日,北京大学韩国研究中心还与韩国南冥学会、庆尚大学南冥研究所共同举办"南冥学国际学术会议",80 多名中韩学者出席。会后,此次研讨会论文集《东方学术与南冥学》(沈定昌主编)2007 年由辽宁民族出版社出版。以上几本有关南冥的著作均为历次学术研讨会上发表的论文汇编,所收录的论文观点新颖,论题广泛,研究深入,对国内的南冥学研究产生了积极影响。

其间发表的有关南冥学研究主要论文有:汤一介的《读〈南冥集〉所得》(载《国际儒学研究》第四辑,中国社会科学出版社 1998 年版),该文认为近年来,我国学者对朝鲜李朝大儒李退溪和李栗谷都有一些介绍和研究,但对几乎同时的李朝另一位大儒南冥则少有介绍与研究。文中作者写道:有缘得读《南冥集》,于其思想颇有感应,故特别对所述"敬内义外"之义、"下学上达"之义、"出处大节"之义作些阐述,以明南冥思想之意义以及个人之心得。葛荣晋的《南冥的实学思想研究》(《中国文化研究》1999 年第 1 期),该文认为

---

① 参见刘学智:《南冥"圣学二十四图"辨证》,载《关学、南冥学与东亚文明》,社会科学文献出版社 2007 年版。

② 参见张立文:《南冥的理气观》,载沈定昌主编:《东方学术与南冥学》,辽宁民族出版社 2007 年版。

南冥虽然与李退溪"并生一世,倡明道学",但是由于他的治学门径和对现实社会的认识不同,更多"务为践履之学",注重经世人生价值取向,具有鲜明的实学品格。门人金宇在其《行状》中曾明确指出,南冥未读《性理大全》之前,"以功名文章自期";研读它之后,便断弃"科举之业"而转向"笃志实学"。门人崔永庆把南冥之学概括为"明正务实之学"(《南冥先生文集》卷 5)。郑述亦认为南冥之学的最大特点是"穷行践履之工甚笃"(《南冥先生别集》卷 7)。文中作者指出,经其初步探索与研究,南冥的实学思想主要是由实体论、实修论和经世论三部分组成。实体论是实修论的理论基础,实修论是经世论的前提与出发点,经世论又是实修论的最终目的,三者构成了一个互相依存的思想体系。高令印的《南冥学是韩国性理学之正宗》(《厦门大学学报(哲学社会科学版)》2003 年第 3 期),该文认为南冥为学,主反己修身,诚意正心,笃实践履,力避空谈心性天理,既合东方儒学的基本精神,也切中时弊。从南冥学的为己之学、内圣外王和宋学思维方式等基本内容可以看出,南冥学是朱子学的分支,是韩国性理学之正宗,曹南冥是接续孔孟道统为己任的程朱理学在韩国的典型代表。刘学智的《曹南冥对宋儒"心统性情"说之图式诠解》(《中国哲学史》2004 年第 2 期),该文认为"心统性情"是张载提出的命题,朱熹对之作了系统的理学解释,成为其心性论的重要命题。性理学北渐韩国,16 世纪的韩国硕儒曹南冥,以图解的形式对其概念系统进行了全方位的整合,其图《心统性情》即是对张载、朱熹等人关于心、性、情关系的图式诠解,其解释不仅体现着理学"体用一源,显微无间"的天人一体理路,而且有着自己独到的领悟。作者还对相关图式的真实性作了必要的考证,并对学界公认的"十七图"为南冥自制之图的说法提出质疑。另外,刘学智还撰写一篇《许衡对韩国曹南冥思想和人格的影响》的学术文论,发表于《孔子研究》2006 年第 2 期。林乐昌的《论曹南冥的"主敬"工夫及其特色——兼论曹南冥"主敬"工夫的横渠学渊源》(《南昌大学学报(人文社会科学版)》2015 年第 5 期)一文则认为,16 世纪朝鲜大儒曹南冥倡导和实践的"主敬"工夫,在其以"敬义"标宗的性理学中占有突出的位置,并展现了笃学力行、修道进德和博求经传、敛繁就简、反躬造约的特色。其"主敬"工夫有不同于前哲时贤的特色:"以主敬为求放心之功";"整齐严肃",心肃容敬;佩铃自警、书壁为铭;"存心""穷理""以制事变"

的思想脉络和"下学上达"的进学之序。曹南冥"主敬"功来源于《易》、《论》、《孟》、《学》、《庸》以及二程与朱子之学,同时也受到横渠学的深刻影响。作者还曾撰写《张横渠礼学思想的基本特征及其对朝鲜曹南冥学派的影响》,发表于《中国哲学史》2007 年第 3 期。此外,还有于志斌的硕士学位论文《南冥性理学及其实践研究》(山东大学 2016 年),等等。

(五)郑齐斗与韩国阳明学研究

学术界长期流传着一种观点,认为中国和日本有阳明学,而韩国没有形成阳明学。但是史料证明这种观点是不科学的,中国阳明学传到了韩国,并形成了独特的韩国阳明学。[①] 郑齐斗便是韩国阳明学的杰出代表,他的理论颇能反映韩国阳明学之特色。

郑齐斗生于仁祖二十七年(1649 年),卒于英祖十二年(1736 年),字士仰,号霞谷。郑氏出身名门,为郑梦周第十一世孙。他集韩国阳明学之大成创建了"霞谷学",提出了"生气论"、"生理论"、"生道论"。郑氏认为,"气"充满天地万物之中,无始无终,是无限的,而且,"气"还是生动活泼,生生不已。他说:"窃谓大气元神,活泼生全,充满无穷。妙不测而其流动变化,生生不已者,是天之体也,为命之源也。"(《霞谷全集上·存言中》)将"气"的概念引入阳明学是"霞谷学"的一个显著特点,所以霞谷学亦被称为主气心学。

"生理"是郑齐斗思想中的一个重要概念,亦是韩国阳明学的独特用语。"生理"在其思想中是宇宙间万事万理的本源,"万事万理皆由此出焉"。同时,它既是"心",又是"良知",亦"可以主宰万理"。郑齐斗特别提出"生理"这一概念,主要是针对朱熹的"理"概念。他认为:朱子把气道之条路称为"理",就是称气的根源为"理"。这种"理"是空虚的,如同枯木死灰一般,没有任何生气。曰:"朱子以其所有条通者谓之理,虽可以之该通于事物,然而是即不过在物之虚条空道耳,茫荡然无可以为本领宗主者也。夫圣人以气主之明体者为理,其能仁义礼智者是也。朱子则以气道之条路者为之理。气道之条路者,无生理,无实体,与死者同其体焉。苟其理者,不在于人心神明,而只是虚条,则彼枯木死灰之物,亦可以与人心神明同其性道,而可以谓之大本

---

① 　参见李甦平:《韩国儒学史》,人民出版社 2009 年版,第 468 页。

性体者欤？可以谓人之性犹木之性,木之理犹心之理欤？"(《霞谷全集上·存言上》)换言之,朱子以气之条路为理,这种理"在气之上",虽然能"为其各物之条贯",但"非所以为统体本领之宗主者也"。(《霞谷全集上·存言上》)因此,朱子的"理"没有实体,没有生气,是死物枯木。"生理"是指心的神明所存在的内在之理,即"圣人以气主之明体者为理"。这样,霞谷的"生理"就不是像朱子那样的物理之"理",而是人心的神明,即心气的灵通途径。

这样的"生理"是活生生的、有生命力的,所以,它能主宰、统领万事万物。

"生道"这一概念在郑齐斗思想中,相当于"良知"。郑氏曾曰:"恻隐之心,人之生道也。良知即亦生道者也。"(《霞谷全集上·与闵彦晖论辩言正术书》)表明其思想中的"生道",就是指生命的根本、生命的原理。他以为作为生命根本的"生道"是"恻隐之心",亦是"仁"。"仁"是天地之体、性命之源。这表明霞谷是性善论者,他认为:如果不扩充善性,仁理灭绝,"生道"就将覆灭。视"良知"(生道)为道德理性,这是霞谷学的又一个重要特点。

"生气"(气)、"生理"(心)、"生道"(良知)构成了霞谷学的基本概念和主体思想。在《霞谷全集》中,阳明学的基本命题如"理气"、"良知"、"心即理"也使用或出现过,但郑霞谷又常使用"生气"、"生理"、"生道"等独特的概念。这一方面说明了郑霞谷的思想是对中国阳明学的发展,另一方面也表明了霞谷学是一种强调生命智慧的哲学。"生气论"阐明了由于气的生生不息,才有活泼的生命力之生生不已;"生理论"说明了正是由于生理永不停息的运动和变化,它才成为宇宙生成的命根;"生道论"表明了流行发育、化化生生的生道(良知)是宇宙的原理、生命的根本。这一个"生"字,凸显了霞谷学对宇宙生命的终极关怀。生生不息的元气是宇宙生命的根本,而对仁、对善的不断扩充致尽,则是宇宙生命永葆长青的本根。①

我国学者对韩国阳明学的研究始于 20 世纪末,虽然在研究成果的数量上不及退溪学、栗谷学和实学那般丰富,但是在研究的视角和内容上亦具特色。这一方面主要研究成果有:李甦平的《中韩阳明学比较》(载北京大学《韩国学论文集》第 7 辑,新华出版社 1998 年版)、吴震的《郑齐斗思想绪论》(载复旦

---

① 参见李甦平:《韩国儒学史》,人民出版社 2009 年版,第 478—492 页。

大学《韩国研究论丛》第 12 辑,中国社会科学出版社 2006 年版)、钱明的《朝鲜阳明学派的形成与东亚三国阳明学的定位》(《浙江大学学报(人文社会科学版)》2006 年第 3 期)等。

《中韩阳明学比较》一文,从中韩阳明学的理论依据、心与性范畴、致良知与生理范畴、社会价值的比较等四个角度去探讨了两国阳明学的共性与异性。该文指出,两国阳明学是同中有异,异中有同,通过对它们的比较分析,可以明晰东亚传统文化的核心——东亚意识,即主体意识、人文意识、多元意识。《郑齐斗思想绪论》一文,则就心即理、致良知以及无善无恶等三个方面,分析了霞谷对阳明学的理解。指出,霞谷在基本倾向上对于阳明的心学思想是抱认同态度,而且他对阳明学的理解已达到了一定的理论深度。他把阳明学当作是一种学问,或者说是与朱子学的不同形态,同时又是与儒学基本精神相吻合的一种学术体系来掌握和理解。作者认为,在 17 世纪的中国清朝,作为中国本土的阳明学受到格外的冷漠和严厉的批判,但在东方的另一国度,却遇到了霞谷那样的知音,这一历史本身就令人回味。如果,"东亚儒学史"这一概念成立的话,那么完全有理由将霞谷的阳明学放在"东亚儒学史"这一分析视野中,与中国的阳明学作一番认真的比较研究。而且,通过这种方式我们可以发现阳明学所具有的某些普遍性的东西。《朝鲜阳明学派的形成与东亚三国阳明学的定位》一文则指出,朝鲜朝时期(1392—1910 年),在退溪学的主导下通过对阳明学的辩斥,才形成了不同于中日两国阳明学的独特的朝鲜阳明学派。就学术个性而言,朝鲜所接受的阳明学比较接近中国北方的阳明学,而日本所接受的阳明学则较为接近南方阳明学。比较而言,中国的阳明学发展到后来,已从政治层面深入到民间社会,与平民教育相结合,走的是政治化加世俗化的普世主义的发展路径;日本的阳明学起先只是掌握在儒学教师个人手中的文化知识,后来为了实际的需要而逐渐成为武士阶层手中的思想武器,走的是学问化加功利化的文化民族主义的发展路径。而朝鲜的阳明学从一开始就是作为与佛教禅宗相混同的异端思想被引进的,因而是在垄断性的主流意识形态的辩斥声中被官方和民间艰难地接受和传布的,走的是如何适应以程朱理学为绝对权威的类似原教旨主义的发展路径。

在韩国阳明学研究方面,李甦平教授还撰写了《从韩国霞谷阳明学的发展看儒学的生命力》(载《儒家思想在现代东亚》,台湾"中研院"2001 年版)、《论郑霞谷的阳明学思想》(载《阳明学衡》第 2 辑,贵州人民出版社 2007 年版)等学术论文。

以上是我国学者在韩国阳明学研究方面所取得的主要成果。

(六)丁茶山与韩国实学研究

在 17 世纪至 19 世纪的 300 年间,中国、韩国、日本历史上出现了一股贴近社会现实、注重实践性与功利性的"实学"思潮,对于中国、韩国、日本社会的历史发展均起到了一定的积极作用。但是,因各自在不同的社会条件和文化背景下形成,其作用也具有明显的差异。《中国、日本、朝鲜实学比较》(李甦平等著,安徽人民出版社 1995 年 12 月出版)一书,通过三国"实学"思想的比较研究指出了各自的特点。书中作者认为,以韩国朱子学为代表的韩国儒学文化功能和价值的变化,促进了韩国实学者的自我觉悟,使他们开始了价值观转向,而重于厚生、务于实证,为了强我之邦、富我之民,坚持实事求是的新思维方法。这种价值观念的转向,决定了韩国实学具有指向近代的重要意义。虽然由于历史的局限,他们尚未能提出"近代"的概念,但在当时的封建末期氛围中,他们所向往着的,其实正是通往近代的道路,并把韩国实学的本质特色归纳为"厚生实学"。

韩国的实学是朝鲜英祖、正祖朝以来掀起的一股以注重"实事求是"、"经世致用"、"利用厚生"为其特色的新的社会思潮,分为经世致用派、利用厚生派、实事求是派等。实学是朝鲜朝后期的一个重要学派。

在朝鲜朝实学研究方面代表性成果还有朱七星著的《实学派的哲学思想》、葛荣晋主编的《韩国实学思想史》以及姜日天著的《朝鲜朝后期北学派实学思想研究》。朱七星著的韩文版《实学派的哲学思想》(艺文书院 1996 年版)是我国学者撰写的第一部有关韩国实学思想的研究专著。该书分三部分:第一部分主要探讨了实学概念的形成、变迁以及实学的特征、性格、历史作用等;第二部分详细论述了李睟光、柳馨远、李瀷、洪大容、朴趾远、朴齐家、丁若镛、李圭景、崔汉绮 9 位实学家的哲学和实学思想;第三部分收录有关清代考据学与金正喜、清代经世实学与丁若镛的清代实学与朝鲜实学的比较文章。2005 年该书增补版以《韩国实学与东亚实学比较》(韩国学术情报(株)出版)

为书名在韩国再版。

《韩国实学思想史》（首都师范大学出版社 2002 年 1 月出版）是在我国第一部以哲学角度系统研究韩国实学思想的专著。该书共分 21 章，主要内容包括导论、李退溪性理学中的实学思想、南冥性理学体系中的实学思想、李栗谷的性理学与实学思想以及崔汉绮、南秉哲的实学思想，等等。

姜日天著的《朝鲜朝后期北学派实学思想研究》（民族出版社 1999 年 11 月出版）则是从哲学和文化史的层面上，对韩国实学史上的重要流派之一的北学派实学的深层内涵进行阐发的学术著作。"北学论"是英祖、正祖朝以来出现的提倡北学于清朝先进思想与文物制度的学问倾向。北学论者以利用厚生为旗帜，主张发展工商业，加强同外国的贸易往来，以求实现富国强兵。《朝鲜朝后期北学派实学思想研究》一书共分五章：第一章，北学派实学的概述；第二章，北学派实学的奠基者洪大容的实学思想；第三章，朴趾远的"利用厚生"实学；第四章，《北学议》与朴齐家的实学思想；第五章，北学派实学的现代意义。书中指出：北学派的宇宙自然理解已把眼光打在开启宏观天体和微观世界的科学之门上。"利用厚生"从精神实质上说不拒斥作为自然历史过程的资本主义，而它包容得更多，指向更远。"利用厚生"理念的包容力在于它的生命、生活、实践、实用的哲学内涵。北学派实学打破"夷夏之辨"的开放理念、解放妇女、解放劳动本身、工商业指向未来的历史哲学思考，"富贵共之"的理想社会追求等，都是东亚社会现代理解的一种参照。

相关的主要研究论文，还有李秀东的《朝鲜实学思想的特点及其历史地位》（《东北亚论坛》1995 年第 3 期）、杨雨蕾的《18 世纪朝鲜北学思想探源》（《浙江大学学报（人文社会科学版）》2007 年第 4 期）等。李秀东在《朝鲜实学思想的特点及其历史地位》一文中指出，朝鲜实学是在中国实学思潮的影响下，在朝鲜特定的历史背景下产生的，是其时代精神的集中反映。朝鲜实学反映了随着封建社会的没落，为解决社会所面临的现实问题的进步的地主阶级知识分子提出的改革要求。他们批判了当时占统治地位的性理学，不断地汲取历史上的各种优秀文化遗产，坚持把实事求是作为研究学问的方法，无情地揭露封建社会的弊端，主张改革现实不合理的社会制度，建设一个富国强兵的国家。这些进步思想起到了朝鲜从传统文化通向近代思想的桥梁作用，成为朝鲜近代启蒙思想的源泉之一。但是,由于朝鲜实学学者们所处的历史条件和他们所具有的阶级局限性,加上日本帝国主义入侵朝鲜,强化殖民统治,尚没有发展到近代思想的高度,并没有把朝鲜引向资本主义社会。杨雨蕾的《18 世纪朝鲜北学思想探源》一文认为,18 世纪朝鲜北学思想堪称朝鲜走向近代社会的前奏,它主要是在部分朝鲜入华燕行使臣深切感受到清初中国政治稳定、人民生活繁盛、文化事业发达的过程中逐渐形成的。更准确地说,是在使臣为解决其传统华夷观与现实所产生的矛盾中,在其"攘清夷"观逐渐被打破的过程中形成的。虽然它率先提出打破"华夷之辨"的口号,但根本上还是对中国传统儒家文化认同的一种回归。

近年来韩国实学大家丁茶山的研究受到学界重视,新近出版的《韩国儒学史》、《东方哲学史》都设专章介绍了他的思想,而且研究专著如韩英的《戴震气学与丁若镛实学的近代性研究》(世界图书出版社 2007 年版)以及茶山学术文化财团编的《茶山的四书经学》(商务印书馆国际有限公司 2008 年版)等也陆续问世。

丁茶山(名镛,本名若镛,字美镛、颂甫,号茶山、俟庵,堂号与犹,1762—1836 年),是朝鲜朝实学思想的集大成者。其著述在韩国文化史上占有重要地位,数量之丰无几人可与之比肩。他将经世致用派、利用厚生派、实事求是派的实学汇通为一,又将西方技术科学精神融会贯通,完成了庞大的、完整的、崭新的实学体系。他尽管与北学派的朴齐家交好,但是对北学派的民族虚无主义倾向和激进倾向有所微词。他更多强调民族文化之根,努力区分西学与西教,主张学习西方的技术科学。①

在对茶山形而上学思想研究方面,方浩范、束景南、姜日天、方旭东等学者作了有益的探索。方浩范和束景南在《丁若镛实学中"仁"学思想体系的建构——孔孟仁学思想体系的复归与继承》(《孔子研究》2008 年第 1 期)中指出,丁若镛的哲学思想具有"反朱子学"、"脱性理学"的特性,主张恢复以孔孟为中心的原始儒学思想。他大胆地批判统治朝鲜朝社会的性理学,提出了一系列社会改革的思想和方案。如果说朱子把"仁"理解为形而上学概念的话,

---

① 参见徐远和、李甦平等主编:《东方哲学史》(近代卷),人民出版社 2010 年版,第 380 页。

那么,丁若镛则把"仁"理解为道德行为主体的实践德目。他把"仁"理解为人与人之间的关系,而且是一种"向人之爱"的关系。他认为"仁"和"不仁"并非是内在于人心的、先验的价值观念,而是根据人的自律性意志的自觉选择,因而"恕"才是实现"仁"的具体方法。他主张把"仁"思想以孝、悌、慈的形式,扩充于社会政治、经济、文化等各个领域,成为全社会最普遍的、最根本的伦理。姜日天在《丁若镛的天道观与18、19世纪韩国实学形而上学》(《湖湘论坛》2010年第3期)一文中,对其天道观作了较好的阐发。他以为,丁若镛的天道观是其整个实学思想的纲领,其天道观包括天气之道、天然之道、天公之道、天帝之道等内容。该文指出,丁若镛的天道观发展了先秦以来儒家关于自然之天、命运之天、神道之天的思想体系。他的天气之道讲天是气构成的,讲天的自然存在;天然之道讲万物自然;天公之道讲天无赐予之意,人因作为之德而得福禄;上帝之道则讲彼岸超越世界。丁若镛的天道观是其所处时代实学思想的表征。东亚儒学的派生性在他的实学中得到集中体现,具有现代文化人类学意义。姜日天还有一篇文章专门分析了《丁若镛的四气本体》。该文指出,在丁若镛的实学思想中,"气"范畴具有明显的本体学意义。他提出四气(受气、变气、象气、性气)本体学思想,强调气对事物的形成和发展所产生的多方面作用。[①] 方旭东在《人性与嗜好——朝鲜儒者茶山丁若镛"性嗜好说"析论》(《世界哲学》2015年第3期)中则认为,丁若镛提出了富有特色的"性嗜好说",他以祖述"洙泗之学"自居,直接挑战朱子以理气为主轴的人性理论。该文着重从哲学论理上对它作了检讨。文章认为,丁若镛的"性嗜好说"必须放在他的灵体三原理结构当中才能得到恰当定位。关于灵体三原理,丁若镛的表述前后有异,最后呈现为:乐善恶恶之性,可善可恶之才,难善易恶之势。他对"才"的理解不同于孟子,将人的自由意志(权)与能力(能)一起纳入其中,体现了尊重主体能动性的精神,但因此也带来一个问题:为什么一个人喜欢善却不选择善?丁若镛用"嗜好"来描述人性之"性",实难准确揭示人性内涵。他意识到作为"性"的"嗜好"与日常语言中表示爱好、偏好、癖好的"嗜好"必须有所区分,最后提出实际内容为天命之性与气质之性的新

---

① 参见姜日天:《丁若镛的四气本体》,《湖湘论坛》2012年第6期。

的"二重嗜好论",在坚持以"嗜好"说"性"的同时,丁若镛对他所批评的宋儒二元人性论也作了一定的妥协。

此外,朱七星的《朝鲜封建社会末期实学思想的集大成者——茶山丁若镛》(《延边大学学报(哲学社会科学版)》1979年增刊);丁冠之的《戴震、丁茶山的实学思想》(《烟台大学学报(哲学社会科学版)》1997年第1期);李敦球的《韩国北学派的经济思想》(载复旦大学《韩国研究论丛》第7辑,中国社会科学出版社2000年版);姜秀玉的《浅谈朝鲜实学思想与开化思想的继承性》(《东疆学刊》2000年第2期);李东欢的《韩国实学的哲学基础》(《湖南大学学报(社会科学版)》2005年第1期);邹志远的《朝鲜李睟光哲学思想与文学思想——李睟光"实学"思想论质疑》(《东疆学刊》2007年第3期);邢丽菊的《茶山丁若镛的心性论探析:以经学为中心》(载复旦大学《韩国研究论丛》第24辑,社会科学文献出版社2012年版);李英顺的《朝鲜北学派实学研究》(中国社会科学出版社2011年版)等都从不同角度对其实学思想进行了深入探讨。

在朝鲜朝后期儒学研究方面,还有邢丽菊、崔英辰的《朝鲜后期儒学的"心学化倾向"》(《世界哲学》2014年第4期)等论文。该文指出,18—19世纪的朝鲜儒学在发展过程中呈现出较明显的"心学化倾向"。畿湖学派学者巍岩和鹿门在"心是气"的学派宗旨基础上推导出了"心性一致"。巍岩认为"心是气"的气是湛一清虚的本然之气,本然之心由此纯善的本然之气构成,故心性一致。鹿门继承了这种"湛一之气",并将其进一步发展为"理气一致,心性同实"。岭南学派的寒洲也在朱子和退溪的"心合理气"理论基础上推导出"心即理"。他以"心为太极"为论据指出,本心就是天理。虽然他们三者都在性理学的术语和逻辑基础上构建了自己的学问体系,但均不同程度地体现出了一种心学化倾向,由此也反映出朝鲜后期儒学内在的"求心性"特征。作者以为,这与当时的社会发展和思想背景紧密相关。

三、韩国佛教研究

产生于印度的佛教是一种戒律十分严格、富于哲理的宗教,它强调通过轮回转世来拯救自己。它是公元前6世纪由古印度北天竺迦毗罗卫国王子乔达摩·悉达多所创,大约在东汉时传入中国,后由中国再传至韩国和日本等国。但是,韩国佛教并非是中国佛教的简单的延续。佛教自从传入韩国后,便与韩国固有的思想和文化相结合,形成了颇具地域特色的独特的韩国佛教。韩国佛教不仅影响了日本佛教的发展,而且还为世界佛教的发展作出了重要贡献。事实上,韩国佛教已成为东方佛教文化圈中不可或缺的一环。

在韩国佛教史上,最为突出的特点是佛教与王权的结合,新罗佛教便是典型的例子。以法兴王为首的新罗王室为了建立中央集权的国家体制,把佛教作为了构筑这一体制的精神支柱,并把王法和佛法合而为一,试图以佛的威力来代替王的威力,由此来确立王权的绝对权威。[①] 韩国统一新罗时期和高丽王朝皆以佛教为国教。因此,对韩国佛教的研究亦是中国韩国哲学研究的主要课题之一。

首先,在韩国佛教史研究方面我国学者取得了可喜的成果。2008 年社会科学文献出版社出版了何劲松著的《韩国佛教史》,全书共分 15 章,主要记述了韩国自 4 世纪三国鼎立时期直至近代以来佛教的传入、传播、演变和发展过程,详细论述了韩国各个时期佛教的消长、教派的兴衰以及与政治的关系,重点介绍了韩国各个不同时期的佛教事件与重点人物,对作出贡献的韩国僧人各自的生平、经历、佛学思想和理论特色作了梳理和分析,特别介绍了入华求法的代表人物,如元晓、义湘、知讷、休静等都专设章节进行了重点介绍。该书引证典籍史料丰富,叙述脉络清晰,详略得当,较好地论述了韩国佛教的发展历史过程。这是一部从中国人的视角探讨韩国佛教起始与兴盛的尝试之作,该书的出版有助于中文学界对韩国佛教思想流变整体概貌的认识与把握。对于从事韩国佛教史研究的学者来讲,本书具有较强的借鉴意义。

其次,在中韩佛教交流史研究方面也有多部著作出版。1999 年 3 月,宗教文化出版社推出陈景富的《中韩佛教关系一千年》。该书约 65 万字,共分 17 章,主要叙述了中国与韩国两国佛教界在一千年长的时间里交往的历史。上起公元 4 世纪前半叶,下迄 14 世纪中后期。该书的特点是对中韩佛教交流

---

① 参见洪军:《佛教在高句丽、百济、新罗的传播》,载徐远和、李甦平等主编:《东方哲学史》(中古卷),人民出版社 2010 年版,第 637—638 页。

过程中的"双向性"及"互补性"问题给予了相当的关注,且在此问题的研究上亦有突破。该书是国内学术界迄今为止在两国佛教交流史研究领域内容最全面和系统的著作。此外,1993年12月中国社会科学出版社出版过黄有福、陈景富著的《中朝佛教文化交流史》。该书约40万字,共分13章。

在中韩佛教交流史方面,近年来有新成果问世。2014年魏常海出版了中韩佛教交流史领域的研究新著,该书是作为季羡林和汤一介先生主编的多卷本《中华佛教史》中的一卷(《中韩佛教交流史卷》)①,由山西出版传媒集团和山西教育出版社推出。书中,作者以为中韩佛教交流是在中韩文化各个方面相互交流的大背景下进行的,不是单独孤立的。因此,作者第一章先介绍韩国的历史,并以儒释道传统思想文化的交流为主线,概述中韩文化交流的整体情况;然后依时代顺序,分章对中韩佛教交流情况展开论述。其中,对在中韩佛教交流史上有重要地位和影响的韩国佛学大家,则辟专章讨论,以便突出重点;又以有代表性的人物为主,兼述其他相关人物,力求能够揭示佛学思想或佛教派别在韩国的前后传承脉络。

该书指出,中韩佛教交流至少有三种形态:其一是半岛的僧人或来华定居的居士,如新罗圆测,少年时来唐,终生在唐学法、弘道,对中国佛教作出了杰出贡献;其二是来华求法后回国在半岛弘扬佛教的,大多数入华求法者属于这种情况;其三是虽然未曾来华,但其思想理论实与中国佛教有不可分割的联系,并且在中国佛教史上也有重要影响的,例如元晓、知讷等韩国佛教史上著名的代表人物等。在以往研究中第三种情况往往较容易被忽视,本书则对这个方面给予较多关注,同时侧重对这些佛学家的佛学思想进行论述,阐明了其在两国佛教交流中的重要性。该书可视为近年来学界在中韩佛教交流史方面取得的代表性研究成果,这一新著的问世必将会进一步推动我国的韩国佛教研究以及东亚各国间的佛教互动关系研究。

再次,在佛教流派及其人物思想研究方面亦取得较好的成果。在韩国佛教史上,新罗法性宗(海东宗)的初祖元晓、海东天台始祖义天和曹溪宗的宗祖知讷是最具影响力和代表性的三位高僧,也是较早引起我国学术界关注的

---

① 魏常海:《中华佛教史·中韩佛教交流史卷》,山西出版传媒集团、山西教育出版社2014年版。

重要佛教人物。

（1）元晓（617—686 年）——和诤思想。

关于元晓的生平、行迹比较难考，据《宋高僧传》卷 4、《三国遗事》卷 4 及朝鲜《高仙寺誓幢和上塔碑》等碑刻资料可推知，释元晓，俗姓薛，幼名誓幢，新罗湘州人，29 岁时于皇龙寺出家。后慕唐朝玄奘、窥基之名，与义湘结伴入唐，途中二人遇雨而宿于墓地之中。后因此机缘，乃悟"心生故种种法生，心灭故龛坟不二"，"三界唯心，万法唯识，心外无法，胡用别求"，便弃入唐的求法之念头中途折回。① 元晓主张一乘圆教的见地，以融会和"和诤"为基本特点。目的在于，会通各宗各派的教理，使其归一。元晓综合和整理各家学说，提出了颇具特色的"一心"思想和"和诤"理论。在《大乘起信论疏》中，元晓阐述了其"一心"思想的基本理论。他认为"开二门（心真如门、心生灭门）于一心"，由"一心"观之真如即生灭、生灭即真如，世间万事万物的变化及生灭，皆可统一于"一心"。

在元晓思想研究方面，我国学者的研究主要集中在对其《大乘起信论疏》及《别记》的研究。相关成果有：杜继文的《评元晓关于〈大乘起信论〉的疏解》（《中国佛教与中国文化》，宗教文化出版社 2003 年版）、魏常海的《元晓的"和诤"思想与中国的儒释道思想》（《陕西师范大学学报（哲学社会科学版）》2006 年第 1 期）、金勋的博士学位论文《元晓思想研究》（北京大学 1993 年）、刘立夫的《元晓对中韩佛教文化交流的贡献——以〈大乘起信论〉疏、记为中心》（《淮阴师范学院学报（哲学社会科学版）》2000 年第 1 期）以及朱莉的硕士学位论文《〈大乘起信论〉二疏比较——〈海东疏〉与〈贤首疏〉的对比研究》（北京大学 2000 年）等。但是，他的另一部重要的作品《金刚三昧经论》并未引起学界关注。只有金勋的博士学位论文及何劲松的著作《韩国佛教史》有所涉及。

在元晓众多的著作中，《金刚三昧经论》是唯一出现于赞宁为其所撰写的传记中的著作。它的出现具有浓厚的神话色彩，也占据了《元晓传》的大部分

---

① 参见洪军：《统一新罗时代的佛教》，载徐远和、李甦平等主编：《东方哲学史》（中古卷），人民出版社 2010 年版，第 645 页。

篇幅。《传记》中说，这本书本来称为《金刚三昧经疏》，但是传到中国后，某位"翻经三藏"将其改为《金刚三昧经论》，将其由一般佛教僧侣、学者的著作提升为由菩萨所作的"经律论"三藏之一的"论"。因此，元晓几乎成为可以与龙树等人相提并论的佛教思想家，并赢得了"初地菩萨"、"陈那后身"等美誉。在印度以外的地方，元晓是唯一获此殊荣的僧人。《金刚三昧经论》具有丰富的佛教思想，几乎涵盖了当时佛教界流行的各种思潮。它不仅在《大乘起信论》的基础上进一步讨论了如来藏思想、本觉思想等佛教理论，还着重阐述了回归本觉一心、实现解脱所需要各种修行实践，从而建立起一套完整的佛教思想体系。《金刚三昧经论》很早就传入日本、中国，宗密、延寿等人对此多有引用。

2010年敖英以元晓的《金刚三昧经论》为研究对象完成了博士学位论文，弥补了国内对于元晓《金刚三昧经论》研究的不足。该文指出：元晓始终强调"一切众生，同一本觉"，人人都可以成佛。这一本觉之心不仅是众生自己修行的基础，也是在自觉的同时可以使他人觉悟的基础。只要回归这一本觉之心，就可以获得解脱，最终成佛。元晓依据《楞伽经》、《法华经》和《大乘起信论》等，把《金刚三昧经》中的"本觉"和"如来藏"、"第九识"、"诸法实相"、"涅槃"等联系在一起，消除了"本觉"被实体化的危险。另外，元晓认为，对于"本觉"与"始觉"关系，既不能执着于二者是"一"，也不能执着于二者是"异"。因为如果执着于二者是"一"的话，众生就会懈怠，以为不需要努力修行就可以成佛。如果执着于二者是"异"的话，众生就会以为"有所得"，并对其产生分别执着。要回归这一本觉之心、从本觉到始觉，就要进行各种实践。包括无相观、十二因缘观、"如来禅"、"理入与行入"等各种观行。虽然《金刚三昧经》本文中所提到的与禅宗典籍中的说法有些相似，但是元晓对它们进行了不同的诠释。元晓认为，这些修行方法都建立在"本觉"基础之上。元晓在解释这些修行方法的时候，始终秉持着菩萨自觉觉他、自利利他的精神，用菩萨的六行将这些具体的修行方法联系在一起。与元晓的其他著作一样，《金刚三昧经论》中也体现了元晓的"和净"思想。他不但提出了指导原则，并且将其运用在解释文本的具体过程中。①

---

① 参见敖英：《元晓〈金刚三昧经〉研究》，博士学位论文，北京大学2010年。

（2）义天（1055—1101 年）——天台宗。

随着高丽王朝逐渐转入重视门阀的贵族制社会①，佛教界也发生了很大的变化。其中最重要的变化便是天台宗的创立。创立者为高丽佛教的杰出代表义天和尚。

义天，名煦，俗姓王氏，为高丽国文宗仁孝王第四子。文宗十九年在灵通寺出家。宣宗二年（1085 年）入宋，师从净源（1011—1088 年）研习华严，后又师从天竺寺慈辩从谏尊者习得天台教观。义天在宋 14 个月不仅遍参了当时宋朝华严、天台、律宗、法相、禅宗、梵学等各宗名德 50 多人，而且还广收各宗章疏，回国时带去了各种经书 3000 余卷。② 回国后义天大力弘扬天台教观，积极培养门人弟子，使宗风大振。

义天基于华严四祖澄观（738—839 年）的理论，主张"性相兼学"，强调兼修二宗。但又并不把属于性宗的《大乘起信论》和属于相宗的《唯识论》同等看待。其曰："以谓《起信》、《唯识》二论，是性、相两宗之枢要，学人之所宜尽心……或曰，贤首五教中，判唯识、瑜伽为大乘始教，而云固非究竟□□之□，法师克荷华严，何必横攻 □□□□□□ 穷 五 教，故 兼 学 也。盖 华□□□□□□，一代枝末，从此而出故也。故慈恩疏，引例六经，而以华严冠之最初。又云，经为根本，随法相以宣扬；论是末宗，禀佛言而成理。西明疏中，释归命偈，满分之言，曰满则如来，分是金刚藏、解脱月者，可谓深见经论之本末也。况清凉有言：'性之与相，若天地日月，易之坤乾，学兼两辙，方曰通人！'是知不学《俱舍》，不知小乘之说，不学《唯识》，宁见始教之宗？不学《起信》，岂明终顿之旨？不学《华严》，难入圆融之门，良以浅不至深，深必该浅，理数之然也……近视学佛者，自谓顿悟，蔑视权小，及谈性相，往往取笑于人者，皆有不能兼学之过也。"③指出，华严五教小乘教、大乘始教、大乘终教、大乘顿教、一乘圆教在教说上亦不尽相同。故要兼学，不可执于一说。

义天还基于圭峰宗密（780—841 年）的《圆觉经疏》，主张禅教一致。《圆觉经》的内容包括理法界、理事无碍法界、事事无碍法界，而此三法界亦是《华

---

① 参见朴龙云：《高丽时代史》，首尔：一志社 1996 年版，第 16—17 页。
② 章辉玉：《义天天台宗创宗再考》，首尔：艺文书院 2002 年版，第 221 页。
③ 《大觉国师文集》卷 2，《刊定成唯识论单科序》；《韩国佛教全书》第 4 卷，第 529 页。

严经》的核心内容。另外，《圆觉经》还含有"一心二门"思想，而"一心二门"则又是《起信论》之要体。此外，义天又谈到儒家与道家、南禅与北禅。可见，他不仅要会通禅教，而且还试图会通佛教与儒道。因此，义天还特别强调元晓大师的"和诤"思想。①

在义天研究方面，崔凤春的《海东高僧义天研究》（广西师范大学出版社2005年版）和魏常海的《元晓"和诤"理论与义天"圆融"思想》（《东疆学刊》2005年第4期）以及鲍志成的《高丽寺与高丽王子》（杭州大学出版社1998年版）等都具有代表性。

《海东高僧义天研究》一书广泛引证了大量原始资料，对义天的佛门活动全过程进行了公正客观的介绍、分析和考证。尤以其学法、求法、弘法的经历为重点，兼及与义天有交往的宋、辽等国的高僧和政治人物，以及义天本人与海外诸国的关系。举凡义天之事迹，不论是史实还是传说，书中都一一作了明确详细的辨析。本书一共由四章组成：第一章，着重论述了高丽王室佛教发展的概况，并兼述了义天入宋求法之前的事佛活动；第二章，主要论述了义天入宋求法请益的始末，兼及了义天与宋僧之间的交往活动；第三章，重点论述了义天归国弘扬佛法的神迹；第四章，围绕着义天的编撰著述事业，及其佛教文化交流情况，作了一些介绍和考证。《元晓"和诤"理论与义天"圆融"思想》是一篇对两位韩国佛教史上著名的国师思想的比较论文。作者认为，尽管元晓倡"和诤"，义天主"圆融"，但是两者其实一脉相承，都继承了中国传统中儒释道融合的思想。而在宗教立场二人又不失佛教的立场。两者的区别在于，元晓着力于和会诸宗内部的纷争，义天则重在宏观上的融合。该文分析深入细致，观点新颖，很有启发意义。鲍志成的《高丽寺与高丽王子》一书，是一部专门讨论高丽寺的名称、方位、兴废、规模以及义天入宋求法始末等内容的著作。该书出版后受到中韩学界的好评。

另外，还有黄纯英点校的《高丽大觉国师文集》（甘肃人民出版社2007年版）以及其他研究性论文若干篇。关于义天研究，存在的问题主要是对其哲

---

① 参见洪军：《高丽佛教哲学》，载徐远和、李甦平等主编：《东方哲学史》（中古卷），人民出版社2010年版，第670—672页。

学思想的阐释和分析方面相对不足。

（3）知讷（1158—1210 年）——曹溪宗。

高丽贵族社会后因诸多原因转入武臣当权的"武家政权"时期。这一变化不仅影响到高丽佛教界教宗的发展，而且还影响到禅宗的发展。其直接结果便是知讷的曹溪宗全面登上了韩国的佛教舞台。

知讷，俗姓郑，自号牧牛子。8 岁出家，祝发受具戒，年 25 时（1182 年）考上僧科，其早年的特点是"学无常师，惟道是从"。他清凉寺、普门寺等地领会到"禅教不二"的道理，1190 年还组织了"定慧结社"，主张"定慧双修"。其主要著作有：《华严论节要》、《劝修定慧社文》、《法集别行录节要》等。他将原有的"九山禅门"统一到曹溪宗门下，深深影响了此后韩国佛教的发展。死后也被二十一主熙宗王谥为"佛日普照国师"。作为韩国禅宗曹溪宗的中禅祖，他与义天被后人视为高丽佛教的主要代表人物。

知讷生活的高丽中期是贵族体制走向衰落，武将叛乱不断的一个社会历史时期。在混乱的政局中传统的王室佛教日趋腐败堕落，且教禅两宗之间的对立亦更加突出。知讷把挽救佛教的衰落和消除教禅之间的对立作为自己的使命。他组织"定慧结社"，发起了一场佛教改革运动。他认为，教宗的"背心取相"和禅宗的"不依文字指归"，皆不可取。于是，知讷试图通过"当舍名利，隐遁山林"的结社方式，来推动其新佛教运动。他的佛教改革理论基础是"自修佛心，自成佛道"。他认为"求自心"是内心自悟和实现解脱的根本途径。①知讷基于"自修佛心，自成佛道"思想，力倡"定慧双修"。"定慧结社"亦被视为普照禅传统的始源。

在知讷的哲学思想研究方面主要论文有：魏常海的《知讷〈真心直说〉初探》（载北京大学《韩国学论文集》第 6 辑，新华出版社 1997 年版）；何劲松的《韩国知讷及其心性论研究》（载《中国禅学》第一卷，中华书局 2002 年版）；《韩国受容佛教与民族佛教的分水岭——论义天和知讷的佛教思想和历史地位》（载复旦大学《韩国研究论丛》第 13 辑，中国社会科学出版社 2006 年版）；

---

① 参见洪军：《高丽佛教哲学》，载徐远和、李甦平等主编：《东方哲学史》（中古卷），人民出版社 2010 年版，第 671—675 页。

潘畅和、李洪淳的《知讷及其佛教哲学思想》(载《韩国研究论丛》第 1 辑,延边大学出版社 1987 年版);金哲洙、王振江:《知讷的"心"本体论哲学思想初探》(载复旦大学《韩国研究论丛》第 18 辑,世界知识出版社 2008 年版)等。

其中,何劲松的《韩国受容佛教与民族佛教的分水岭——论义天和知讷的佛教思想和历史地位》作为对高丽佛教双璧义天和知讷的比较研究论文,颇具特色。该文认为,高丽佛教是三国佛教和新罗佛教的继承和发展。新罗佛教在三国统一过程中成功地实现了新罗化的过程。高丽时期,韩国佛教又实现了另一次转变,即由受容佛教转变为民族佛教,而实现这一转变的正是高丽时期最有代表性的两位高僧——义天和知讷。义天是高丽王朝前期具有代表性的僧人,他以自己特殊的政治地位和渊博的佛学修养,自觉地担负起对高丽前期佛教进行认真总结的历史重任——广义上讲,他也是汉传佛教受容过程的终结与民族化佛教产生之前出现的一位划时代的人物。如果把义天和稍后的另一位著名僧人知讷放在一起,显然义天是受容佛教的集大成者,而知讷则是新兴的民族佛教之父。毋庸置疑,知讷及其禅侣们开展的"定慧结社"无论是在韩国佛教史上还是整个汉传佛教史上都可以说是一场影响深远的新佛教运动。对于知讷所开参禅修行的三种法门,该文指出,惺寂等持门的作用在于使修行状态恒常保持惺惺寂寂的标准状态,而获得此状态的前提条件则为圆顿信解门,即坚信自心的空寂灵知本来与佛毫无差别。当然,圆顿信解门还是初心者的入道方法,而摆脱这种知解的活句径截门则是最高的境界。因此,三门之间的关系又可概括为:惺寂等持门是修行者必须遵守的一个总的原则;初心者进入惺寂等持的入道方法为圆顿信解门;入道后,为保持真正的惺寂等持,就要在修行方法上更进一步,即采用活句径截门。三门是针对机根不同的人设定的,虽然径截门属于上根大机者,但不应当排斥其他的修行法门。

2012 年李海涛以《普照知讷真心思想研究》为题目完成了博士学位论文。该文主要是以知讷的原典著作为文本,以现有的国内外知讷研究成果为参照,运用经典诠释、内在诠释和比较学的方法对知讷的真心思想进行系统的分析研究。重点阐释了知讷的真心思想,包括真心思想的渊源、真心思想的内涵和意趣、真心思想的修证、真心思想的特质等问题。指出:在渊源上,知讷的真心思想主要是吸收了中国禅宗和华严宗的相关思想,同时也借助了韩国固有的圆融思维及前人的探索;在内涵和意趣上,知讷所述之真心即是空寂灵知清净心,此真心为一切众生本具足之佛性,又为一切世界发生的根源性存在,此真心乃是空思想与如来藏思想的结合,是直趣佛果的方便;在修证上,知讷强调要在正信的基础上,通过修十种无心功夫来顿悟渐修成佛,其具体方便法门有惺寂等持门、圆顿信解门、看话径截门和念佛要门等;在特质上,知讷所述之真心具有空寂灵知性、三分体用定慧、圆融会通、真心直说、真心对治等特质。同时,论文还考察了知讷真心思想的影响。认为,知讷的真心思想不仅为弟子慧谌及其后学所继承,而且还为韩国曹溪宗的发展奠定了理论基础,同时也对日本佛教和中国佛教产生了一定的影响。① 就目前国内学界的知讷研究现状来看,该论文是第一篇对普照知讷的真心思想进行系统整理和深入分析的博士学位论文。而且,该文还首次撰写了知讷的年谱并整理出了 100 余年(1900—2011 年)的知讷研究成果目录,为以后的知讷研究作出了基础性的工作。

此外,金煐泰的《韩国佛教史概说》(社会科学文献出版社 1993 年版)则早在建交初期便已译介到中国。1995 年中国社会科学出版社还出版了朱谦之先生翻译的日本学者忽滑谷快天的《韩国禅教史》。2007 年宗教文化出版社还出版了《韩国天台宗圣典》一书,为中国的学者提供了重要的参考资料。

四、韩国道教与道家哲学思想研究

韩国道教研究比起韩国儒学和佛教研究相对落后些。这主要是与道教在韩国哲学史上的影响不及儒学和佛教有关。在韩国,道教研究远不及儒学和佛教研究。尽管如此,我国学者对韩国的道教还是有所论及。

如,陈耀庭的《道教在海外》(福建人民出版社 2000 年版)一书,用较长的篇幅对道教在韩国的传播与发展情况作了系统介绍。还有,楼宇烈主编的《东方哲学概论》(北京大学出版社 1997 年版)也设专门章节介绍了道家思想和道教哲学对朝鲜半岛的影响。重点叙述了三国时期的道家思想和新罗仙派以及高丽科仪道教和李朝昭格殿等。

2010 年出版的《东方哲学史》(中古卷)也专设一个章节对道家学说的传

---

① 参见李海涛:《普照知讷真心思想研究》,博士学位论文,中国社会科学院 2012 年。

入与统一新罗时期的道教的发展作了较详细的论述。书中指出:道教产生于中国,是中国本土的民族宗教。但是,它早已传播至海外成为汉文化圈诸多国家传统文化思想的重要组成部分。道教向海外传播过程中的第一站便是朝鲜(韩)半岛。从现存的文献资料来看在古代朝鲜(韩)半岛各朝中,最早接触道家书籍的是百济。《三国史记》的记载表明,至少在近肖古王二十四年(369年)之前道家的书籍已在百济流行。据记载,是年高句丽军队来犯,当时还是身为太子的近仇首王(375—383年)带兵击退来犯之敌后欲乘胜追击。当追击高句丽军队至水谷城之西北时,其手下将军莫古解引用《老子》书中的一段话来劝近仇首王不能继续贸然推进。作为宗教的道教何时传入百济现已无法确知。日本学者黑板胜美认为,百济博士阿直岐、王仁等人来日所携带的典籍并不仅限于儒家经典,亦包括与道家和道教相关的书籍。而且,所传授的思想亦并不仅限于儒家学说。他举《延喜式》(卷8)的祝词为例说明了这一点。由此可以推知,近肖古王(346—375年)在位之前《老子》等道家书籍已在百济传播。但是,道教作为宗教还没有正式传入,只不过天师道或带有道教性质的杂术思想或许已传入百济。

高句丽北部与中原地区相连,理应最早接触道家和道教思想。但是,在文献资料上还很难找出与此相关的史料。《三国遗事》记载:"丽季武德、贞观间,国人争奉五斗米教。唐高祖闻之,遣道士,送天尊像来,讲《道德经》,王与国人听之,即第二十七代荣留王即位七年,武德七年甲申也。"①荣留王七年,即公元625年这是作为民众道教的五斗米教传入高句丽的确切记录。高句丽宝藏王(642—668年)时的权臣盖苏文还指出,应学习中国,使国中三教互补,主张国家层面上输入道教。可见,道教在高句丽的传播受到统治阶层的重视。但是,此时传入高句丽的道教应该是6世纪初在中国盛行的五斗米道。②

新罗地处半岛的东南角,与中国大陆的接触比百济、高句丽要晚一些。这主要是因当时新罗所处的地理位置不利于与中国的交往。

道家书籍在新罗传播的最早记录出现在《三国史记》的《百结先生传》中。

---

① 一然:《三国遗事》卷3,《兴法·宝藏奉老·普德移庵》。
② 参见韩国道教思想研究会编:《道教与韩国思想》,首尔:汎洋社出版部1988年版,第65页。

百结先生的生卒年代不详,但是有些学者指出他应该是新罗慈悲王(458—479年)在位时期活动的人物。① 不过,新罗人把道家书籍作为一种思想和学说来理解和接受,是值得注意的特点。而且,国家亦鼓励读书人学习儒家以外的其他学说,并优先选拔博通《五经》、三史、诸子百家学说者。

书中还指出,儒释道三教在新罗社会次第传播和相互交涉过程中并没有发生相互对立冲突,这是朝鲜半岛特有的精神风土和当时特殊的历史状况相关联。②

2014年人民出版社出版了孙亦平的《东亚道教研究》,该书以比较宗教学为方法,将道教置于"东亚文化圈"中,以道教在中国大陆、朝鲜半岛、日本列岛、越南半岛的传播历史为经,以神灵信仰、道教文献、教义思想、养生修道术、医学成就和文化形式为纬,以历史上东亚各国人士对道文化的解读与选择为突破口,对东亚道教进行了系统全面的深入研究。该著作不仅对韩国道教有较详细的论述,而且还给相关学者提供了新颖的东亚道教比较研究的视角。

另外,韩国学者都珖淳的《韩国的道教》(载《道教》第3卷,上海古籍出版社1992年版)、林采佑的《韩国道教的历史和问题——有关韩国仙道与中国道教问题的探讨》(《世界宗教研究》1997年第2期)、金得榥的《韩国宗教史》(柳雪峰译,社会科学文献出版社1992年版)等论文和著作译成中文在中国发表后,提供了不少朝鲜固有的檀君神话、神仙信仰和道教传人等方面的资料。

五、韩国近代新宗教研究

近代以来,在东亚的日本和韩国出现了数量众多的新宗教,且在社会上产生广泛影响。在韩国这些新宗教(亦称民族宗教),至今仍在社会上积极开展着各种活动,非常活跃。

韩国近现代的宗教运动大致分为两类:两班阶层内部为克服朝鲜朝儒教自身的矛盾与局限性而展开的运动;儒教社会体系之外的被压迫阶级试图表

---

① 参见高丽大学民族文化研究院韩国思想研究所编:《资料与解说韩国哲学思想》,首尔:艺文书院2001年版,第270页。
② 参见徐远和、李甦平等主编:《东方哲学史》(中古卷),人民出版社2010年版,第664—669页。

达自己的欲望和要求而开展的运动。朝鲜王朝后期,以宗教运动为契机,民众逐渐推出众生平等思想,与统治阶层发生了碰撞。他们的这种热情随着东学革命的失败而遭到严重的挫折,他们渴望寻找新的解决途径。于是,在国家和民族面临生死存亡的危急时刻,各种学说和思潮都从不同的角度探讨了摆脱这一危机的出路。韩国近代诸民族宗教便是在这种背景之下产生。朝鲜朝末期至日帝占领初期韩国产生了诸多新宗教,如 1860 年崔济愚创立的东学、1900 年姜一淳创立的甑山教、1909 年罗喆创立的大倧教以及 1916 年朴重彬创立的圆佛教,等等。

这些宗教的产生是以当时韩国所处的国际环境和国内形势为历史背景的。当国家和民族面临危难之际,从以传统民间信仰为基础产生的韩国近代新兴宗教思想中我们可以看到变易思想、危机意识、平等思想以及反抗精神等。此一时期产生的民族新宗教在革命与革新、独立与启蒙运动方面亦起了积极作用。①

2006 年宗教文化出版社出版了金勋的《韩国近代新宗教的源流与嬗变》一书。该书以现代韩国社会为背景,对新宗教的概念、产生的原因、基本特征等问题作了探讨;并对新宗教与传统宗教的关系、全球信息化与新宗教、新宗教的社会功能、新宗教与邪教的关系以及邪教的社会危害与治理等诸多理论和实践问题进行了系统研究。作为国内第一部研究和介绍韩国新宗教的产生发展和思想特征的学术著作,它的出版无疑有助于我国学术界对此问题的更深层次探讨。

2010 年人民出版社出版的《东方哲学史》(近代卷)中也专门设一章节论述了东学思想与近代新宗教的产生与发展。书中认为,朝鲜朝后期,包括统治阶层在内的整个社会充满了封建矛盾。统治阶层无休止的党派纷争导致其内部被划分为保守与革新两大派别,而他们之间的权力斗争最终酿成壬午军乱与甲辛政变。政治变革与执政混乱以及连年的自然灾害迫使农民也提出革新要求。这种急速的社会变化要求重塑宗教价值观,这又促使宗教在韩国近代

---

① 参见洪军:《近代新宗教的产生与发展》,载徐远和、李甦平等主编:《东方哲学史》(近代卷),人民出版社 2010 年版,第 410 页。

社会发挥主体作用。东学思想正是 19 世纪中叶韩国社会危机意识的产物,是一种试图从宗教的层面来解决韩国社会所面临的各种危机的尝试。所谓"东学"是相对于"西学(天主教)"而言的,意指朝鲜之学问。崔济愚曰:"吾生于东,受于东道,虽天道,学则东学。"(《东经大全·论学文》)其实,传统性理学价值观出现的危机,也是促发韩国近代民族宗教诞生的原因之一。面临接踵而至的诸多危机,各种民族宗教相继诞生。其中,东学的出现开了先河。创始人水云崔济愚(1824—1864 年)通过自身的宗教体验领悟到,"天主"并非存在于吾心之外,而内在于吾心之内。因此东学中所讲的"天",并非是自然之天而是内在于吾心的"上帝"。其教理的核心思想可以概括为"人乃天"、"侍天主"。

甑山教是由姜一淳(字士玉,号甑山,1871—1909 年)创立。该教吸收了不少东学教理,同时它还受到韩国《正易》思想的影响,如后天开辟学说等。所谓"开辟",意指天开地辟,天地生成。该教认为,天地万物由掌握三界大权的上帝创造,天地开辟之初万物皆依天地度数运回。后因其运行偏离"天地度数"才造成"神明界"和"人间界"的诸种不幸,故需以后天开辟来纠偏。甑山还提出"人尊神卑"思想。此思想与以往宗教的"神尊人卑"和"神人同格"思想不同,它把神置于人的支配之下,曰:"人尊大于天尊地尊,从此即为人尊时代,宜勤修心",表现出对人的价值的重视和人类社会公平正义的向往。这是韩国近代民族宗教的典型特征。大倧教是由韩国民族独立运动家罗喆(1863—1916 年)创立,它是为了寻找失去的民族之魂而诞生的韩国近代民族宗教。大倧教起初亦被称为"檀君教",1910 年改称为"大倧教"。它以中国东北和韩国国内一些地区为中心展开了传教和抗日活动。大倧教的教理根于"三位一体"说的"三一"原理。"真理训"讲,人物同受三真——性、命、精。又曰三妄着根——心、气、神,产生善恶、清浊、厚薄。不过,最终三妄可以"返妄即真",返真一神、神人合一。"三真归一,即三即一",繁杂事物的和谐统一这便是"三一哲学"的宗旨所在。它是大倧教独特的世界观和认识论。该教自称"百教之祖",其教经典《会三经》把感、息、触此三途与儒释道要谛作了比较。认为,佛教的明心(见性法)为大倧教的止感法,仙道教的养气(炼性法)为大倧教的调息法,儒教的修身(率性法)为大倧教的禁触法,试图融摄儒释道三教。该教基于"三一哲学"将"造化、教化、治化的三神一体"作为其信仰对象。"三神"即指"造化神"桓因、"教化神"桓雄、"治化神"桓俭。圆佛教是由朴重彬(字处化,号少太山,1891—1943 年)创立。圆佛教的创教动机是为了把生活于波澜苦海中的众生引向光大无量的世界。其开教标语有"物质开辟,精神开辟","无时禅,无处禅","动静一如,灵肉双全","佛法是生活,生活是佛法"等。"一圆相"是圆佛教教理的最高宗旨,它是使所有存在可以相互成为可能的巨大力量和法则。圆佛教以为,万有为一体性,万法为一根源。各种宗教真理观各虽异,但其根源却为"一"。少太山创立的圆佛教是继崔济愚的东学、姜甑山的甑山教之后又一个具有强烈民族主义性格的韩国新宗教。它与佛教不同,强调的是一种强者不失其位,弱者亦可变为强者的"恩的造化史观"。[①] 2005 年宗教文化出版社还出版了楼宇烈等编译的圆佛教的基本经典《圆佛教教典》。

六、韩国哲学文献整理与哲学著作译介

继推出《退溪书节要》之后,我国学术界历时 6 年多的努力终于完成了《退溪全书今注今译》工程。《退溪全书今注今译》由贾顺先任主编,共分八册,第一册于 1992 年 5 月由四川大学出版社出版,之后陆续出版了其他分册。第八册则于 1996 年 2 月由四川大学出版社出版。1998 年 6 月四川人民出版社又出版了刘伟航著的《退溪先生文集考证校补》一书。这套大型古籍整理图书的出版,大大方便了中国学者对退溪学的研究,受到中韩学界的好评。

1999 年中华书局出版了胡双宝和韦旭升整理的 17 世纪朝鲜朝朱子学的重要代表人物宋时烈著作的选本《宋子选集》。该书内容涉及其政治观点、政策主张、哲学思考、治学方法、历史人物、人际关系等等,可以从中窥见朝鲜朝中后期的朱子学成就,以及当时政治思潮、学术动态、社会状况、风土习俗,乃至这位大儒者个人的学识与品德修养等,对于了解儒家学说在朝鲜的传播与发展情况,也颇能有所助益。尤其是,在明朝覆亡、满人入关、清王朝建立以

---

① 参见洪军:《东学思想与近代新宗教》,载徐远和、李甦平等主编:《东方哲学史》(近代卷),人民出版社 2010 年版,第 404—418 页。

后,当时朝鲜朝野上下对中国的这一重大历史转变所持有的政治态度,在本书中也有很鲜明的反映,这对关心此类问题的研究者大有裨益。2006 年上海辞书出版社还出版了为宋时烈代表作之一的《程书分类》一书的校勘标点本,为宋时烈思想研究提供了又一重要参考文献。另外,由中国人民大学孔子研究院主持的《韩国历代"四书"的注释集成》编校工程,也将会进一步推动我国的韩国儒学研究步伐。

2008 年 11 月,华夏出版社和中国人民大学出版社在京共同举行了《国际儒藏·韩国编》首发式。儒学在公元前 3 世纪便传播海外,成为世界性的学问。韩国、日本、越南等国也都曾涌现出大批儒学大师。这些学人都有大量著作存世,而大都未经标点整理,给后人的研究带来了诸多不便。加之,海外儒学文献分散在各地,查找困难,长期未能得到应有的重视。海外各国儒学的研究也受制于此。近年来,中国人民大学孔子研究院积极搜寻世界各国儒学著作,力图编纂一部完备的《国际儒藏》,以惠及学界。按计划,《国际儒藏》将分为《国际儒藏·韩国编》《国际儒藏·日本编》《国际儒藏·越南编》和《国际儒藏·欧美编》等几部分。此次出版的是《国际儒藏·韩国编》的《四书》部分。《国际儒藏》依各国仿《四库全书》体例,分为经、史、子、集,但有所创新。所编纂的文献按照"古籍点校条例"进行整理、标点、校勘,并撰写简明提要,对收录著作的作者生平思想、著作内容、版本源流、后世评价及影响作简单介绍。此次编纂出版的《国际儒藏·韩国编》,不仅对我国儒学界具有十分重要的积极意义,而且对韩国儒学界也具有非常重要的深远意义。

上述的《宋子选集》(胡双宝、韦旭升整理,中华书局 1999 年版)、《退溪先生文集考证校补》(刘伟航著,四川人民出版社 1998 年版)、《退溪全书今注今译》全八册(贾顺先主编,四川大学出版社 1996 年版)、《退溪书节要》(张立文主编,中国人民大学出版社 1989 年版)等,可视为我国学者在古籍整理与注释方面取得的重要成果。

翻译和介绍韩国哲学名著一直是中国韩国哲学研究的重要组成部分,多年来我国学术界在韩国哲学著作译介方面不断有新的成果出现,取得了可喜的进展。

1997 年社会科学文献出版社出版了三卷本《韩国哲学史》(上、中、下)。

该书是韩国哲学会集全国的学术力量编写的迄今为止内容最为全面的韩国哲学史著作,中文版《韩国哲学史》的问世使我国学术界首次比较系统地了解到韩国哲学史发展全貌。

1998 年我国学者翻译出版了两本韩国儒学研究名家的著作,即崔根德的《韩国儒学思想研究》(学苑出版社 1998 年版)和尹丝淳的《韩国儒学研究》(新华出版社 1998 年版)。两本译著的出版,给国内的韩国儒学研究学者提供了最新的韩国儒学成果。还有,卢仁淑的《朱子家礼与韩国之礼学》则在 2000 年 8 月由人民文学出版社出版。

2008 年《韩国名人名著汉译丛书》首批推出《韩国儒学与现代精神》(柳承国著,姜日天、朴光海等译,东方出版社出版)、《韩国儒学思想研究》(崔英辰著,邢丽菊译,东方出版社出版)二种。该套丛书由中国社会科学院哲学所李甦平教授和韩国成均馆大学韩国哲学系的崔英辰教授任主编,遴选了当代韩国著名学者的代表作,从思想文化深层角度为我们展现了韩国的哲学、宗教以及民俗等方面的思想传统生发流变过程。

柳承国是韩国著名的儒学思想研究大家,中文版《韩国儒学与现代精神》是其两本韩文著作《韩国思想与现代》(韩国东方学术研究院出版部 1988 年版)和《东洋哲学研究》(韩国东方学术研究院出版部 1988 年版)中选取部分章节翻译的。该书围绕韩国儒学思想这一主题,通过大量的考古新资料、甲骨文献等,深入细致地阐述了韩国儒学思想形成的渊源,韩国儒学的历史发展、特性与社会功能,以及韩国儒学思想与现代社会等,对韩国儒学思想领域的诸多重大问题进行了独到而精湛的分析,从而揭示和展示了韩国儒学思想独有的人文魅力。全书共分四章:第一章为传统思想的根本探求;第二章为儒家思想形成的渊源探究;第三章为韩国儒学的特性与社会功能;第四章为韩国思想的现代展望。其中,第二章"儒家思想形成的渊源探究"是其博士学位论文的部分内容,主要论述了尧舜的历史史迹与东夷文化的关系、商周时代征伐人方及文化交流的历史过程、中国古代文化及孔子的儒学思想对韩国传统文化的影响,以及韩国儒学的本质及其与中国儒学的文化同源性。作者指出,中国的儒学是在中国的环境下历史地发展而来的,韩国的思想是从古代东部社会原有生态上发展出来的。自古以来,中韩关系是历史地在相互交融的过程中,相互发生影响、发展而来的,在这个过程中又形成了各自的独特的传统。作者主张,韩国的思想在探索、开拓新局面的过程中,韩国儒学在方向上需要回到儒学之本根精神,超越以往时代局限,追根溯源寻其本,而不应自缚于制度与文字字面上。作为儒学渊源的尧舜的历史实在与东夷文化的关系以及殷周文化的传入与韩国古代社会的信仰等问题,此前国内学术界甚少论及,该书的翻译出版为我国学界对此一问题的思考和进一步研究提供了有益的启示。

《韩国儒学思想研究》是一部系统研究韩国儒学思想发展、韩国当代知名学者崔英辰教授的代表性论著。作者以独特的问题意识和思维方式,对韩国儒学思想展开了深入考察和分析。全书由上、中、下三篇组成:上篇从儒学思想的本质出发,对儒学思想的核心概念如"仁"、"中"、"孝"、"道"、"善"、"性"、"神"等作了界定和分析;中篇重点考察了朝鲜朝儒学思想的发展演变,即依照前期与后期的时间划分,梳理和诠释了不同时期的儒学代表人物思想,如前期的花潭、晦斋、退溪和栗谷,后期的巍岩、南塘、木山、芦沙以及实学家茶山和惠冈等,从中可窥视朝鲜朝儒学思想发展的特征以及儒学思想的本质是如何发展并重新构成为韩国思想的;下篇则申论现代韩国社会的儒教认识,对诸如儒学的现代化、亚洲价值的哲学反思、韩国社会的家族主义等作了细致的阐发和探讨。纵观全书内容可见,作者并未从整体上分析儒学思想,而是将焦点置于儒学思想所具有的"问题性"上,并据此提出自己独特的思想观点,基本体现和反映了韩国儒学界的当前水准。作者以为,朝鲜朝士大夫们用朱子学的理论体系批判佛教,逐渐树立了性理学的主导地位。在这一过程中朝鲜朝儒学逐渐具有了强烈的现实性和实践特征,四端七情论辩的发生与此不无相关。作者指出,朝鲜朝前期儒学的主题是"情"(即"四端七情"论),后期儒学的主题则从由心出发,发展到"性"(即"人物性同异"论),人与人以及人与自然的关系问题成为讨论的中心。书中作者批判了以往学界对朝鲜朝儒学思想史的"主理与主气"的分类方式,并提出了富有创意的"离看与合看"的新方法。关于朝鲜朝儒学思想的分类,国内学术界曾大都沿用传统的"主理、主气"之分类法,该书"离看与合看"新研究方法的提出对我国学界韩国儒学研究方法的探讨亦有积极的借鉴意义。

上述两部著作与已被翻译出版的另外两位韩国儒学研究名家崔根德的

《韩国儒学思想研究》(学苑出版社 1998 年版)和尹丝淳的《韩国儒学研究》(新华出版社 1998 年版)一并成为我国学者了解和研究韩国儒学的重要参考资料。

除了儒学研究著作之外,其他具有较高学术价值的韩文哲学名著亦被翻译出版,如"文明互动丛书"推出的《韩文的创制与易学》(李正浩著,洪军译,河北人民出版社 2006 年版)、《东西哲学的交汇与思维方式的差异》(宋荣培著,朴光海、吕钼译,河北人民出版社 2006 年版)等。

李正浩著的《韩文的创制与易学》是一部韩国经典学术名著,早已被英、法等多国文字翻译出版。该书以《周易》思想和韩国的《正易》思想为基础,深入探讨了"训民正音"的创制原理以及其所含有的文化意蕴。众所周知,现今通行的韩语文字("han-geul")被称为《训民正音》,创制于 1443 年,由朝鲜朝第四代君王世宗(1418—1450 年在位)创制,1446 年正式颁布使用。它是现有世界上少数几种确知其创制年代和创制者的文字之一。但是,世宗创制《训民正音》之前,韩国曾使用中国的汉字。新罗时期还曾借用汉字使用过"吏读",还使用过"口诀"等。但是,这些都未能很好地发挥作为文字的作用。加上汉字为表意文字,故以此来记录韩国语特有的语音存在一定的困难。世宗颁布《训民正音》之后,韩国语才有了属于自己的能够正确且自由书写自己语言的文字。

不过,对其起源和创制原理历史上曾有过多种解释。一种解释是,世宗创制《训民正音》模仿了汉字古篆、印度梵字、西藏文字、蒙古八思巴文字或其他西域文字;另一种解释是,认为《训民正音》是将韩国古代神代文字整理而成;还有一部分人则认为《训民正音》模仿窗棂和门扣儿而创制。直到 1940 年世宗创制《训民正音》时的原本《训民正音解例》本在韩国庆尚北道安东地区意外地被发现,人们才有机会了解到《训民正音》是由模仿发出各个音素时的发音器官的形状制作而成,而且还认识到它的制字原理其本则根于易理。

《韩文的创制与易学》全书共分上、下两篇。在上篇作者着重探讨了《性理大全》在韩国的传承过程以及对其进行研究的状况,并指出《性理大全》在创制《训民正音》的过程中发挥了十分关键的作用。另外,还阐述了世宗带领集贤殿学士们研究易理的状况以及世宗对易学、象数以及义理理论的应用与实践。还有,构思 28 个字母的过程和《训民正音》的创制遵循"象形而字仿古篆"等原理的内容。下篇则着重讨论了 28 个字母的制字起源以及各字母所蕴含的哲学意义。作者认为,《训民正音》的纵向、横向调和原理与《周易》的阴阳太极原理相同。因为《训民正音》的整体构成原理立足于《易》的构成原理,而且其制字过程还运用了《易》之太极、两仪、三才、四象、五行、八卦等原理。例如,作者认为元音字母"・ ― ㅣ"分别代表天地人三才,即"・"表示"天"、"―"表示"地"、"ㅣ"表示"人"。作者指出,《训民正音》出自天地自然之理,可以尽人间万事之致用,发挥开物成务之作用。因它出于天地自然之理——"易",故它又是归藏于天地自然之理的"易"之一种。该书中文版的问世,使我们有机会了解到韩文创制的原理以及韩国传统易学思想的特点。

当今世界虽然因特网等最新的交流通信网正以惊人的速度扩散,但是西方学者对东方文化传统的理解依然有限,而东方知识分子也只是无条件地学习和模仿西方的学术和文化。在与西方学者对话方面,不少东方知识分子感到十分无奈。因此,对东西方的知识分子来说,必须在"自我文化认同"的基础上,相应地理解对方的文化并展开对话。而这种不同文化与文明间的对话,其必要性比人类历史发展的任何时期都来得迫切。宋荣培著的《东西哲学的交汇与思维方式的差异》是作者最近十年间在各种机会采用不同方式撰写的一部哲学论文集。不过,全书的中心话题则以主体问题意识为中心展开,即在西方哲学和西方思维方式支配的韩国文化风土中,应该如何解读东方哲学,以及东方哲学应该为消除现代社会问题提供些什么。该书以韩国社会为例,对东西方哲学融合的可能性、哲学思维方式的差异以及儒家式现代化等问题进行了有益的探索。作者指出,文化并不是抽象的、孤立不变的、凝固的结晶体,而是在具体的生活现场,通过人们不断的相互接触和对话变化的"流动性现场的临时性结晶体"。因此,儒家式现代化和西方式现代化的问题并非谁代替谁的"非此即彼"的问题。

2014 年复旦大学出版社出版吴锡源著的《韩国儒学的义理思想》(邢丽菊、赵甜甜译)一书中文版。《韩国儒学的义理思想》是作者过去发表的一部关于中国儒学和韩国儒学义理思想的系列论文集。该书共分上、中、下三篇,对韩国儒学义理思想的本质与实践性、韩国道学派的义理思想、现代社会与儒教的作用等进行了详细的阐述。上篇是"义理思想的本质与实践性",从儒学的一般历史意识出发,对义理思想的概念与本质、春秋的华夷意识与义理之道等进行了学理性分析;中篇是"韩国道学派的义理思想",主要以韩国儒学的道学派为重点分析了各个时期的代表人物,如禹倬、退溪、南冥、重峰、华西、勉庵崔益铉等人的义理思想;下篇是"现代社会与儒教的作用",主要从现代意义出发,对义理思想的现代价值以及儒家的大同社会作了分析和展望。本书因并未按统一主题记述,内容上不可避免出现重复,但对学人理解和把握儒家学说及韩国儒学的特征确有帮助。

2016 年社会科学文献出版社出版了金吉洛著的《韩国象山学与阳明学》(李红军译)。该书与过去学界对韩国阳明学的认识和评价不同,它以积极肯定的视角对象山学与阳明学的地位及影响进行全面的梳理。该著作以阳明学在韩国的"阳朱阴王"的特殊生存方式为切入点,力求全面梳理阳明学在朝鲜朝的传承与发展,并以具有"脱朱子学"、"反朱子学"思想倾向的学者为中心,分析和探讨他们的陆王学性向,以此来展现陆王学在朝鲜朝的发展脉络图。该著作具体篇章内容如下:

第一编"韩国的象山学与阳明学",相当于总论。由第一章"韩国象山学的接受与发展";第二章"韩国阳明学的形成与发展";第三章"韩国阳明学的特性"组成。第一章是收录于《韩国象山学与阳明学》一书中的部分内容,阐述了高丽末期象山学的接受与展开过程,以及朝鲜朝初期的象山学状况。这一部分内容明确了高丽末朝鲜朝初传入的朱子学,是元代"朱陆和会论"或带有朱子学与象山学折中性质的朱子学,而不是纯粹的宋代朱子学。因为这些内容在性质上非常适合介绍韩国象山学和阳明学。第二章介绍了韩国阳明学的传入和接受过程,随后介绍了在接受阳明学的过程中反映在不同学者身上的陆王学倾向,介绍了霞谷郑齐斗的思想特征,以及江华学派和白岩朴殷植的阳明学特性。第三章围绕韩国阳明学的地位、内容以及阳明学与韩国阳明学之比较,揭示了韩国阳明学的特点。

第二编"韩国陆王学的形成",相当于分论。在此编中,作者站在陆王学的立场上,重新考察了高峰、奇大升、栗谷、李珥、晚悔、权得己,明斋、尹拯、白湖、尹镌等学者的哲学思想,系统阐述了内在于他们思想当中的陆王学倾向及其特性。学界一般把上述人物只看作是朱子学者,但笔者持不同见解,站在陆王学的立场,重新阐释了他们的学问性质。

第三编"霞谷郑齐斗与韩国阳明学的发展"。此编首先在第九章和第十章中,以霞谷郑齐斗的理气论和心性论为中心,考察了阳明学的韩国化过程。在第十一章和第十二章中,通过揭示霞谷、郑齐斗,江华学派,阳明学实学派以及白岩朴殷植哲学思想中的近代志向性,重新梳理了韩国阳明学的特性,即韩国阳明学的近代精神。

以上是近年来国内翻译出版的比较有代表性的韩国哲学著作,此外不少译文还先后刊登在《世界哲学》、《孔子研究》、《国际儒学研究》、复旦大学《韩国研究论丛》等刊物上。大量译著译文的出版发表,不仅有利于中国学者对韩国哲学界最新研究成果的了解,而且有利于两国的学术文化交流与合作的进一步加强。

七、中韩日哲学比较研究

众所周知,传统时期中国在整个东亚文化圈中处于辐射源的地位,因此中国的韩国哲学研究比起韩国本土的韩国哲学研究带有更鲜明的比较研究特色。无论是人物研究还是学派研究,大都以中韩哲学比较以及中日韩哲学比较的视角来加以探讨。这是中国韩国哲学研究的一大特点,也是一种创新。

在中韩日传统哲学比较研究方面的主要成果有:《中国、朝鲜、日本传统哲学比较研究》(朱七星主编,延边人民出版社1995年版)、《中国、日本、朝鲜实学比较》(李甦平等著,安徽人民出版社1995年版)、《朱熹与退溪思想比较研究》(张立文著,台湾文津出版社1995年版)、《中韩宗教思想比较研究》(金京振著,中央民族大学出版社2010年版)、《东亚儒家文化圈的价值冲突——以古代朝鲜和日本的儒家文化比较为中心》(潘畅和著,中国社会科学出版社2012年版)、《三国儒学本论》(李甦平著,中国社会科学出版社2016年版)等。

《中国、朝鲜、日本传统哲学比较研究》是一部论述与揭示中国的儒学、道教、佛教、朱子学、阳明学和实学在韩国和日本传播及其影响的哲学著作。该书的特点有:一是从宏观上论述和揭示了中国传统哲学在韩国、日本的传播与影响,并对其如何融会成为该国的传统哲学作了历史的和系统的理论总结;二是从微观上通过对中国各传统哲学在韩国、日本的传播、影响和特点的考察,既把握了韩国、日本的各传统哲学思想的来龙去脉和特点,又挖掘了两国传统哲学的价值取向;三是纵向论述与横向论述相结合,这有助于把握中国传统哲学在东亚哲学中的地位和作用。该书出版后受到韩国学界的重视,1998年韩国艺文书院以《东亚传统哲学》为书名出版了该书的韩文版。

《中国、日本、朝鲜实学比较》一书,通过三国"实学"思想的比较研究指出了各自的特点。作者认为,以韩国朱子学为代表的韩国儒学文化功能和价值的变化,促进了韩国实学者的自我觉悟,使他们开始了价值观转向,而重于厚生、务于实证,为了强我之邦、富我之民,坚持实事求是的新思维方法。这种价值观念的转向,决定了朝鲜实学具有指向近代的重要意义。虽然由于历史的局限,他们尚未能提出"近代"的概念,但在当时的封建末期氛围中,他们所向往着的,其实正是通往近代的道路,并把韩国实学的本质特色归纳为"厚生实学"。

《中韩宗教思想比较研究》一书共分五章:第一章阐述了中韩原始宗教的主要思想、特点及作用并作了比较;第二章对中韩儒学(儒教)思想作了重点阐述并予以对比;第三章对中韩佛教思想作了重点论述并予以类比;第四章对中韩道教基本思想作了重点说明并阐述了它们之间的相同点和相异点;第五章阐述了中韩新兴宗教的主要思想观点,并在此基础上作了概括性的比较。书的最后附有相关的统计表,这些统计表对理解和研究中韩宗教思想的基本概况并进行比较研究具有一定的参考价值。

《东亚儒家文化圈的价值冲突——以古代朝鲜和日本的儒家文化比较为中心》一书则从文本层面和价值层面入手,对古代朝鲜和日本儒学的价值冲突进行了深层次的剖析和理论阐述,全书分为(孔孟)儒学传播、发展于朝鲜的历史过程及其特点,朱子学传播、发展于朝鲜的历史过程及其特点等数章内容。该书指出:东亚儒学文化圈主要由中国、日本、韩国构成,儒学的典型形态即为这三国的儒家文化形态。中国作为儒家文化的原创国,儒家文化博大精深;日本和韩国作为接受儒家文化的子文化,又恰好将儒学的价值理性和工具理性各自作了极大的发挥,从而将儒学内在的各种文本功能在不同的文化主体中作出了现实的不同诠释。而两国儒学的这种相异，主要源自两国不同主体所作出的不同的价值选择：如果说日本更多地崇尚技术文化而追求具体实力的提高，那么，朝鲜则偏重精神理念而追求普遍的个体人格的完成。由此，两国走出了以武士道和两班文化为各自特色的不同的文化发展道路。

近年来李甦平先生又推出《三国儒学本论》，该书的主旨内容是对东亚儒学——中国儒学、韩国儒学、日本儒学的本质研究。"本论"即指该书是对东亚儒学本质的深刻论述。

该书由四部分内容构成：第一部分为"中国儒学"，主要分析了中国儒学思维的基本模式及价值。第二部分为"韩国儒学与中韩比较儒学"，重点探讨了韩国儒学的基本特点及韩国儒学对中国儒学的发展。第三部分为"日本儒学与中日比较儒学"，着重辨析了中国儒学与日本儒学的同中之异和异中之同。第四部分为"中韩日比较儒学"，通过对中国儒学、韩国儒学、日本儒学的比较研究，凸显了东亚儒学的本质和特色。书中写道："中国儒学、韩国儒学、日本儒学以其各自耀眼的特色，彰显了东亚儒学的多样性和丰富性；同时，它们又以其突出的共性而有别于西方的基督教文化和南亚的佛教文化，凸显了东亚儒学的社会性和世俗性。多样性和丰富性源自于东亚儒学的不断创新和变异，而这种创新和变异又恰恰成为东亚儒学勃勃生机的内在原因。社会性和世俗性使东亚儒学与东亚社会紧密相连。东亚社会的变革发展成为东亚儒学常青不衰的重要动力。可见，东亚儒学及其旺盛的生命力对东亚社会的发展，起着重要的影响和作用。为此，研究东亚儒学是当代学者的一种历史担当。"[1]作者自 20 世纪 80 年代起，30 余年间穿行于中国、韩国、日本三国儒学之间，对东亚儒学有深刻体会。其间，作者出版学术著作 22 部，在国内外发表论文百余篇。本书给我们展现的是三国儒学间"源流一体，相互交融，相互丰富"的一幅五彩斑斓的东亚儒学画卷，具有较高的学术价值。

《朱熹与退溪思想比较研究》一书，则对朱熹与退溪二人的哲学思想作了详尽的比较。该书 2014 年又作为《哲学史家文库》第 2 辑中的一本，由人民出版社推出其简体版。将朱熹和被称为"韩国之朱子"的退溪思想作比较研

---

[1]　李甦平：《三国儒学本论》，中国社会科学出版社 2016 年版，第 2 页。

究,对探明韩国朱子学之特色具有十分重要意义。作者运用独创的逻辑结构方法论,不仅把朱熹与退溪哲学思想主旨归约为"理—气—物"、"理—气—五行"的范畴衍生关系,使二者纷繁复杂的思想体系得以澄明;而且在此基础上,分别阐释了朱熹的易学思想、美学思想、史学思想及退溪的认知范畴系统、理数思维等,并对二者的理动静论、人心论、价值观和易学思想进行了细致入微的探析比较。作者指出,退溪不仅对朱子思想进行了全盘吸纳和消化,同时也在朱子学民族化的过程中,对朱子思想进行了重大创新和修改,并认为这是异质文化本土化过程中必然的选择。本书共分为上、下两篇,上篇着重探讨朱熹哲学中的几个主要理论问题,下篇重点论述二人哲学思想之异同。该书观点新颖、理路清晰、资料翔实、内容丰富,不仅对推动朱子学研究、朝鲜性理学研究以及朱子学在东亚的发展脉络研究皆具有重要意义,而且对推动当前的文化建设以及中韩儒学比较亦具有重要理论意义。

此外,在人物思想比较研究方面的代表性论文则有:成中英的《李退溪的"四端七情"说与孟子、朱熹思想》(《学术月刊》1988 年第 1 期)、张立文的《朱子与退溪、栗谷的道心、人心之比较》(《浙江学刊》1992 年第 5 期)等。陈来的《李牧隐理学思想简论》(《云南大学学报》2006 年第 4 期)亦是以比较的角度对李穑的思想进行了分析,并指出其思想继承程朱理学思想的同时还受到元代理学发展的影响。洪军的《韩国儒学史上的"四端七情"论辩——以退溪和栗谷为中心》(《哲学研究》2015 年第 12 期)和《东亚儒学视域中的"人心道心"之辨——以整庵与栗谷为中心》(《哲学研究》2016 年第 12 期),皆以比较的视角探讨了韩国儒学史上著名哲学论题"四端七情"问题和"人心道心"问题。《韩国儒学史上的"四端七情"论辩——以退溪和栗谷为中心》一文指出,"四端七情"之辨是在东亚儒学史上著名的理气心性之辨,也是最能反映韩国性理学特色的理论。自高丽末开始传入到韩国的朱子学,至 16 世纪经由李退溪和李栗谷等人的继承和发扬,在韩国获得了新的生命和发展,并形成了以李退溪为宗的岭南学派和以李栗谷为宗的畿湖学派。他们的理论分别代表了韩国性理学的两个不同发展方向。该文通过韩国最具代表性的朝鲜朝朱子学双璧——李退溪和李栗谷的四七理论的比较,来探讨了韩国性理学性情论的特色。《东亚儒学视域中的"人心道心"之辨——以整庵与栗谷为中心》一文则指出，"人心道心"作为朱子"心"论的核心范畴，与已发未发、体用及理欲等诸范畴相联系在理学哲学体系中占有重要地位。此说虽然由二程始倡，但是其所具有的独特理论价值与意义却经由朱子的阐发才得到充分彰显。至 16 世纪，"人心道心"论经由整庵的发挥，不仅成为明代理学的主要论题，而且还进入理学心性论的核心范畴之列。但是，"人心道心"论真正成为东亚儒学史上的重要论题和核心概念，与韩国儒者对之所作的富有创意的诠释与持续激辩分不开。该文以 16 世纪中韩朱子学的主要代表人物整庵与栗谷为中心，论述了"人心道心"学说在东亚地区的多元发展及其理论意义。

李存山先生在《中韩儒学"性情之辩"与"人物性同异之辩"》(《道德与文明》2017 年第 5 期)一文中认为，中韩儒学有着许多相同和相通处，而韩国儒学又有着自身的特点。从"四七之辨"和"湖洛论争"来看，有些重要的问题在中国儒学中没有展开讨论，而在韩国儒学中却得以深入地展开。中国的先秦儒学与宋代理学在"性"与"情"以及"人物性同异"等问题上的差异，是韩国儒学史上"四七之辨"与"湖洛论争"的根源。中国的先秦儒学与宋代理学在"性"与"情"以及"人物性同异"等问题上的差异，宋代的理学家在把先秦儒学发展为宋代理学时并没有完全弥合二者间的差异，因此，在论述上出现了一些不同的说法。这些不同说法中所蕴含的问题或矛盾，在中国儒学史上没有展开讨论，而在韩国儒学的"四七之辨"和"湖洛论争"中却得以深入展开，这也确实颇见韩国儒学的特色。这其中除了韩国儒学受到中国儒学的思想影响外，又凸显了韩国儒学之思维缜密、追求哲理之贯通的特点。而在韩国儒学的特点中，我们反过来又可见中韩儒学在义理结构、思想发展上的逻辑相通处。

张立文先生在《中国与朝鲜李朝朱子学的比较及特质——以朱熹、退溪、栗谷、艮斋为例》(《社会科学战线》2017 年第 6 期)一文中则认为，朱熹以理为所以然的形而上者，气、阴阳为形而下者。退溪发挥朱子理自能动静说，主张理气互发论。栗谷从理"三无"出发，主张气发理乘，理气妙合，理体气用，理通气局。艮斋继承栗谷的"气发理乘"说。朱熹认为性即理也，在心作性，在事叫理，性具有超越性和普遍性。心分道心和人心，是体用关系。退溪承性即理思想，主张心为理与气的和合，心具万理，重视道心与人心的差分。栗谷认为道心与人心并非二心，反对心性分二则道气可相离，主张气质之性与本然之性不二。艮斋在心性观上智能创见地提出性尊心卑、性师心弟、心本性的思想。朱熹重视居敬穷理的道德修养工夫,居敬穷理相资互发,居敬为持己之道,穷理是格致之道。退溪认为以敬为本而有体用,主敬专一,正衣冠,一思虑,其宗旨是明天理、去人欲。栗谷把修己、正家、为政之道结合起来,主张敬为圣学终始、敬体义用、恒主诚敬、穷理涵养、敬贯知行。艮斋继承朱、退、栗的工夫论,主张敬为北斗,敬则道凝、敬为万善骨子。四家的思想精神特质是义理精神、敬诚精神、创新精神、逻辑精神、笃行精神,其思想精神为世人所敬仰。

《中韩儒学"性情之辩"与"人物性同异之辩"》和《中国与朝鲜李朝朱子学的比较及特质——以朱熹、退溪、栗谷、艮斋为例》两篇论文是近年来我国学者,在中韩理气论、性情论及人物性同异论比较研究方面取得的重要理论意义的研究成果,值得关注。

依上所述,可以看出近年来国内的韩国哲学研究已涉及韩国哲学的各个领域。尤其是在韩国儒学研究方面,已形成以比较哲学研究为特色的研究范式。比较哲学作为研究东亚传统哲学思想的重要方法之一,具有理论的广度(横向比较研究)和深度(纵向比较研究)的优势。通过比较研究我们可以得出相对客观、公允的结论。

新中国成立以来,尤其是中韩建交之后中国的韩国哲学研究取得了重大进展,硕果累累,出现了繁荣景象。从目前已出版的研究成果来看,呈现出如下特点:

首先,韩国哲学研究从个别思想家的研究转入对学派及其思想的综合性研究阶段。例如,《朝鲜哲学思想史》、《韩国佛教史》、《韩国实学思想史》、《韩国儒学史》等成果的产生都表明韩国哲学研究已进入综合性研究阶段。

其次,韩国哲学研究已进入比较研究阶段。例如,《中国、朝鲜、日本传统哲学比较》、《中国、日本、朝鲜实学比较》、《中韩宗教思想比较研究》、《朱熹与退溪思想比较研究》、《朱熹与栗谷哲学比较》、《三国儒学本论》等著作,都充分显示了我国在东亚传统哲学比较研究方面的实力。

再次,韩国哲学研究从个体攻关转入组织专门研究人员集体攻关的阶段。例如,八卷本《退溪全书今注今译》的出版、中文版《韩国哲学史》(上、中、下)的问世、中国人民大学孔子研究院主持的《韩国历代"四书"的注释集成》编校工程等,都大大加快了我国的韩国哲学研究步伐。

可见,近年来我国学界在韩国哲学研究方面取得了可喜成果。高水平的专著和论文的不断问世,有力地促进了我国的韩国哲学研究进程。

尽管我国的韩国哲学研究取得显著成绩,但是由于研究起步较晚,整体上仍存在一些不足。这主要表现在:一是因国内从事韩国哲学研究的人员有限,对韩国哲学远未做到深度介绍。今后要在进一步提高译文、译著的翻译水平的同时,还要加大对韩文经典哲学名著的译介工作,使我国学界对韩国哲学乃至对东亚哲学能有较全面的了解。二是要开展以问题为导向的学术研究,加强对韩国哲学内在理路及特点的探析。即,加大以论辩形式展开的韩国哲学演进过程中所呈现的规律性问题的探讨,力求客观、准确地理解和把握其哲学理论的特点与内在逻辑结构。三是要更加重视对韩国佛教和道教以及近代新宗教的研究,争取改变研究力量相对集中于儒学研究的局面。四是在基本史料和文献的收集、整理和利用方面尚存在薄弱环节,今后还需进一步加强。五是要积极培养韩国哲学研究的后备力量,以推动东亚哲学研究的持续深入发展。这也是今后要努力的方向。

总之,推动韩国哲学研究不仅有利于对东亚哲学普遍性和特殊性的认识,而且也有利于在深层意义上的两国人文交流乃至东亚人文交流的开展。

主要参考文献

沈善洪主编:《韩国研究中文文献目录(1912—1993)》,杭州大学出版社1994年版。

中国社会科学院哲学研究所编:《中国哲学年鉴·1985》,中国大百科全书出版社1985年版。

中国社会科学院哲学研究所编:《中国哲学年鉴·1995》,哲学研究杂志社1996年。

中国社会科学院哲学研究所编:《中国哲学年鉴·1996》,哲学研究杂志社1997年。

中国社会科学院哲学研究所编:《中国哲学年鉴·2007》,哲学研究杂志社2007年。

中国社会科学院哲学研究所编:《中国哲学年鉴·2008》,哲学研究杂志社 2008 年。

张立文:《李退溪的思想世界》(修订版),人民出版社 2013 年版。

张立文:《朱熹与退溪思想比较研究》,人民出版社 2014 年版。

李甦平:《韩国儒学史》,人民出版社 2009 年版。

徐远和、李甦平、周贵华、孙晶主编:《东方哲学史》,人民出版社 2010 年版。

陈来:《东亚儒学九论》,生活·读书·新知三联书店 2008 年版。

何劲松:《韩国佛教史》,社会科学文献出版社 2008 年版。

陆玉林:《东亚的转生——东亚哲学与 21 世纪导论》,华东师范大学出版社 2001 年版。

陈景富:《中韩佛教关系一千年》,宗教文化出版社 2006 年版。

金勋:《韩国近代新宗教的源流与嬗变》,宗教文化出版社 2006 年版。

韩国天台宗总务院:《韩国天台宗圣典》,宗教文化出版社 2007 年版。

朱七星:《中国的韩国哲学研究概况及其特点》,《当代韩国》1995 年第 2 期。

朱七星:《论 20 世纪中国对李退溪思想研究的概况及特点》,《延边大学学报》(社会科学版)2013 年第 5 期。

石源华:《中国韩国学研究的回顾与展望》,《当代韩国》2002 年第 1 期。

洪军:《中国的韩国儒学研究成果》,韩国《儒教文化研究(国际版)》第 11 辑(2009 年 2 月)。

洪军:《近年来韩国哲学研究新进展》,《中国哲学年鉴·2009》,哲学研究杂志社 2009 年。

洪军:《东亚儒学研究的新进展——第二届"国际儒学文化论坛"综述》,《哲学研究》2009 年第 1 期。

洪军:《近年来国内韩国哲学思想研究》,《中国哲学年鉴·2015》,哲学研究杂志社 2016 年。

附录二 晦·忘无极太极论辩①

——书忘斋忘机堂无极太极说后及答忘机堂书

洪军点校②

书忘斋、忘机堂无极太极说后 丁丑

忘斋,进士孙叔暾;忘机堂,进士曹汉辅。皆庆州人。

谨按:忘斋无极太极辨,其说盖出于陆象山,而昔子朱子辨之详矣。愚不敢容赘。若忘机堂之答书,则犹本于濂溪之旨,而其论甚高,其见又甚远矣。其语《中庸》之理,亦颇深奥开广。得其领要,可谓甚似而几矣。然其间不能无过于高远而有悖于吾儒之说者。愚请言之:夫所谓无极而太极云者,所以形容此道之未始有物,而实为万物之根柢也。是乃周子灼见道体迥出常情,勇往直前说出人不敢说的道理,令后来学者晓然见得太极之妙,不属有无,不落方体,真得千圣以来不传之秘。夫岂以为太极之上,复有所谓无极哉!此理虽若至高至妙,而求其实体之所以寓,则又至近而至实。若欲讲明此理而徒骛于窅冥虚远之地,不复求之至近至实之处,则未有不沦于异端之空寂者矣。

今详忘机堂之说,其曰太极即无极也则是矣。其曰岂有论有论无、分内分外,滞于名数之末则过矣。其曰得其大本则人伦日用、酬酢万变,事事无非达道则是矣。其曰大本达道浑然为一则何处更论无极太极,有中无中之有间则

① 本文选自《晦斋集》卷5,《杂著》,载《韩国文集丛刊》24,韩国民族文化推进会1990年版,第389—399页。

② 本文点校承蒙陈强博士协助,谨致谢忱。点校者按文意对原文进行划分段落,特此说明。

过矣。此极之理虽曰贯古今彻上下而浑然为一致，然其精粗本末、内外宾主之分，粲然于其中，有不可以毫发差者。是岂漫无名数之可言乎？而其体之具于吾心者则虽曰大本达道初无二致，然其中自有体用动静先后本末之不容不辨者。安有得其浑然则更无伦序之可论，而必至于灭无之地而后为此道之极致哉。今徒知所谓浑然者之为大而极言之，而不知夫粲然者之未始相离也。是以其说喜合恶离、去实入虚，卒为无星之称、无寸之尺而后已。岂非穷高极远而无所止者欤？

先儒言周子吃紧为人特著道体之极致，而其所说用工夫处只说定之以中正仁义而主静。君子修之吉而已，未尝使人日用之间必求见此无极之真而固守之也。盖原此理之所自来，虽极微妙、万事万化，皆自此中流出，而实无形象之可指。若论工夫则只中正仁义，便是理会此事处。非是别有一段根原工夫又在讲学应事之外也。今忘机之说则都遗却此等工夫，遽欲以无极太虚之体作得吾心之主。使天地万物朝宗于我而运用无滞，是乃欲登天而不虑其无阶，欲涉海而不量其无桥。其卒坠于虚远之域而无所得也必矣。大抵忘机堂平生学术之误病于空虚，而其病根之所在则愚于书中求之而得之矣。其曰太虚之体本来寂灭，以灭字说太虚体，是断非吾儒之说矣。上天之载无声无臭，谓之寂可矣。然其至寂之中，有所谓于穆不已者存焉。而化育流行、上下昭著安得更着灭字于寂字之下。试以心言之：喜怒哀乐未发、浑然在中者，此心本然之体而谓之寂可也；及其感而遂通则喜怒哀乐发皆中节，而本然之妙于是而流行也。先儒所谓此之寂寂而感者此也。若寂而又灭则是枯木死灰而已，其得不至于灭天性乎？然忘机于本来寂灭之下便没灭字不说，而却云虚而灵、寂而妙。灵妙之体充满太虚、处处呈露，则可见忘机亦言其实理而说此灭字不去。故如是岂非有所穷而遁者乎？

自汉以来圣道塞而邪说行，其祸至于铲人伦、灭天理而至今未已者，无非此一灭字为之害也。而忘机堂一生学术言语及以上议论之误，皆自此灭字中来。愚也不得不辨。若其超然高会一理浑然之体而的的无疑，则实非今世俗儒道释所可几及。亦可谓智而过者矣。诚使忘机堂之高识远见获遇有道之君子，辨其似而归于真、提其空而反于实，则其高可转为吾道之高，其远可变为吾道之远矣。而不幸世无孔孟周程也，悲夫！

答忘机堂第一书　戊寅

伏蒙示无极寂灭之旨、存养上达之要,开释指教不一而足。亦见尊伯不鄙迪①而收之,欲教以进之也。感戴欣悚,若无所容措。前者因四友堂②获见尊伯答忘斋无极太极辨,妄用鄙见以为说。不意得达于左右,而又有以烦此辱教也。迪闻道苦暮,近年来屏居山野。有志于学盖亦有年矣。第叹赋质凡下,闻见亦孤。虽尝用力于涵养之地而根本不立,勉强于践履之际而足目未高。思得成德任道之君子面承提挈而为之依归,则世无其人;思得有志好学之士上下论辩以资其讲劘之益,则乡无其人。懔懔然惟恐坠于寡陋而竟无以自发。而今而后有望于尊伯矣。虽然,来教所云寂灭存养之论有似未合于道者。小子亦有管见须尽露于左右者,敢避其僭越之罪而无所辨明耶。

夫所谓太极者乃斯道之本体、万化之领要,而子思所谓天命之性者也。盖其冲漠无朕之中,万象森然已具。天之所以覆,地之所以载,日月之所以照,鬼神之所以幽,风雷之所以变,江河之所以流,性命之所以正,理之所以著,本末上下贯乎一理,无非实然而不可易者也。周子所以谓之无极者,正以其无方所无形状。以为在无物之前而未尝不立于有物之后,在阴阳之外而未尝不行于阴阳之中。以为通贯全体、无处不在,则又初无声臭影响之可言也。非若老氏之出无入有、释氏之所谓空也。今如来教所云,无则不无而灵源独立,有则不有而还归澌尽。是专以气化而语此理之有无,岂云知道哉?所谓灵源者气也,非可以语理也。至无之中至有存焉,故曰"无极而太极"。有理而后有气,故曰"太极生两仪"。然则理虽不离于气,而实亦不杂于气而言。何必见灵源之独立然后始可以言此理之不无乎?鸢飞鱼跃昭著上下,亘古亘今充塞宇宙。无一毫之空阙,无一息之间断。岂可但见万化之澌尽而遂指此极之体为寂灭乎?三皇虽逝而此极不与三皇而俱逝,五帝虽没而此极不与五帝而俱没,三王虽亡而此极不与三王而俱亡。先天地而立而不见其始,后天地而存而不见其

---

① "迪"指作者李彦迪,校者注。
② 四友堂指何人,现已不得而知。——校者注

终。其此理之实然而非虚空也岂不的的矣乎？人物之生于其间者，不能永久而终归渐尽者。盖人物有形有质，此理无形无质。有形有质者不能无生死始终。而其所以生死始终者，实此无形无质者之所为也。而无形无质者，曷尝有时而息灭哉？子思子曰："惟天之命，于穆不已。"

又曰："其为物不贰，其生物不测。"其所以不已不贰者果何物耶？而是可谓之寂灭乎？试以心言之：人受天地之中以生，则其心犹天地之有阴阳也，而太极之真于是乎在也。其未感物也湛然虚静、若无一物，是则所谓无声无臭之妙也，而来教所云寂者也。然其至虚至寂之中此理浑然、无所不备，故感而遂通天下之故。若寂而又灭则是寂然木石而已，其所以为天下之大本者何在？

先儒所云寂感寂灭之分，盖以明彼此之似同而实异矣。岂可以此为浮议而独以异端之说为是乎？盖太极之体虽极微妙，而其用之广亦无不在。然其寓于人而行于日用者，则又至近而至实。是以君子之体是道也，戒慎乎其所不睹，恐惧乎其所不闻，有以全其本然之天而绝其外诱之私。不使须臾之顷、毫忽之微，有所间断而离去。其行之于身也，则必造端乎夫妇以至于和兄弟顺父母，而有以尽己之性。及其尽性之至也，则又有以尽人物之性。而其功化之妙极于参天地赞化育，而人极于是乎立矣。此君子之道所以至近而不远，至实而非虚，建诸天地而不悖，质诸鬼神而无疑，百世以俟圣人而不惑者也。此非愚生之言，实千古圣贤所相传授而极言至论者也。天地之间道一而已矣。若外于此而别有一道可以为教，则是决非率性之谓而害吾道之邪说也。来教所云一理太虚之说，虽甚高而实未当。小子请即马牛鸡犬之喻明之。盖天下无性外之物。人物各循其性之自然，则其日用事物之间莫不各有当行之路。是以循牛之性则角而可耕，循马之性则鬣而可乘，循鸡犬之性则绛冠而司晨、披毛而司吠。是虽形殊职异莫非天命之所为而初无二也，其不可互相是非也固然矣。若牛而去其角，马而去其鬣，鸡犬而去其冠毛——不循其性而废其所司之职，则安得辞其违天之罪而免于人之所议乎？

今异教之人毁其发毛、缁其法服，子焉而不父其父、臣焉而不君其君、民焉而不事其事者亦犹是也。固不可与吾道并立于天地间也。天下之人，入于彼则出于此。为吾道计者，安得于是而无所辨耶？夫道只是人事之理耳。离人事而求道，未有不蹈于空虚之境，而非吾儒之实学矣。诗曰："天生烝民，有物有则。"物者人事也，则者天理也。人在天地之间，不能违物而独立。安得不先于下学之实务而驰神空荡之地？可以为上达乎？天理不离于人事。人事之尽而足目俱到以臻于贯通之极，则天理之在吾心者至此而浑全。酬酢万变、左右逢源，无非为我之实用矣。故明道先生曰："道之外无物。物之外无道。"又曰："下学人事，便是上达天理。"讵不信欤？且如存养之云，只是敬以直内，存之于未发之前以全其本然之天而已。苦曰游心于无极之真。使虚灵之本体作得吾心之主，则是使人不为近思之学而驰心空妙。其害可胜言哉？又况虚灵本是吾心之体也。无极之真，本是虚灵之中所具之物也。但加存之之功而不以人欲之私蔽之，以致其广大高明之体可也。张南轩曰："太极之妙不可臆度而力致，惟当本于敬以涵养之。"正谓此也。今曰"游心于无极"，曰"作得吾心之主"，则是似以无极太极为心外之物而别以心游之于其间，然后得以为之主也。此等议论似甚未安。

来教又曰"圣人复起不易吾言"，亦见尊伯立言之勇而自信之笃也。然前圣后圣其揆一也。今以已往圣贤之书考之，存养上达之论无所不备。其曰"存心养性"其曰"戒慎恐惧"其曰"主静曰主敬"者，无非存养之意。而曷尝闻有如是之说乎？吕氏虚心求中之说，朱子非之。况以游心无极为教乎？孔子生知之圣也，亦曰"我下学而上达"，又曰"吾尝终夜不寝以思，无益。不如学也。"况下于孔子者乎？故程子曰："圣人千言万语，只是欲人收已放之心寻向上去，下学而上达也。"以此观之，其言之可易与不可易直验于已往之圣人而可见矣。何必有待于后来复起之圣人乎？天下之祸，莫大于甚似而难辨。惟其甚似，故能惑人；惟其难辨，故弥乱真。伏详赐书，无非杂儒释以为一。至有何必分辨之说，此小子所甚惧而不敢不争者也。伏见尊伯年高德劭，其于道体之妙亦可谓有所见矣。但以滞于寂灭之说，于其本源之地已有所差。而至于存养上达之论，则又与圣门之教大异。学者于是非之原毫厘有差，则害流于生民，祸及于后世。况其所差不止于毫厘乎？伏惟尊伯勿以愚言为鄙，更加着眼平心玩理。黜去寂灭游心之见，粹然以往圣之轨范自律。吾道幸甚！善在刍荛，圣人择之。况听者非圣人，言者非刍荛。而遽指言者为狂见而不察乎？蘧伯玉行年五十知四十九年之非，又曰行年六十而六十化。古之君子改过不吝，故年弥高而德弥进也。小子所望于尊伯者止此。干冒尊严，不胜战汗之至。迪再拜。

答忘机堂第二书

迪后学寡见,辄不自揆。渎冒至再,难逃佞妄之罪。伏蒙尊慈不加诛责,反覆开喻。辞旨和平,有以见君子长者虚心观理,不执一隅惟善之从也。迪虽至愚。安得不罄其陋见。以求毕其说而望教于左右耶?伏睹来教于无极上去游心二字,于其体至寂下去一灭字。是不以愚言为鄙,有所许采。幸甚幸甚!书中所论一本之理及中庸之旨,亦颇明白少疵、妙得领要。圣人之道,固如斯而已,更无高远难穷之事。迪敢不承教。

然于其中尚有一两语与鄙见异者,请更白之。夫适国之路,固有千蹊万迳东西南北之异。若得其直路而进,则虽有远近迟速,而终皆可以入国矣。然或误入于邪径他歧而不知返,则往往迷于荆棘荒远之域。而洒临岐之泣,起亡羊之叹者有矣。如此者虽终身窘步,而永无适国之期矣。况入道之方一而已矣,非如适国之路有东西南北之异也。差之毫厘谬以千里,岂可以为千蹊万径皆可以适国而不必求其正路耶?至如寂灭之说,生于前书粗辨矣。未蒙察允,今又举虚灵无极之真,乃曰"虚无即寂灭,寂灭即虚无"。是未免于借儒言而文异端之说。小子之惑滋甚。先儒于此四字盖尝析之曰:"此之虚,虚而有;彼之虚,虚而无;此之寂,寂而感;彼之寂,寂而灭。"然则彼此之虚寂同,而其归绝异,固不容不辨。而至于无极之云,只是形容此理之妙无影响声臭云耳,非如彼之所谓无也。故朱子曰:"老子之言有无,以有无为二;周子之言有无,以有无为一。"正如南北水火之相反,讵不信欤?

来教又曰:"主敬存心而上达天理。"此语固善,然于上达天理上却欠"下学人事"四字,与圣门之教有异。天理不离于人事。下学人事,自然上达天理。若不存下学工夫,直欲上达,则是释氏觉之之说。乌可讳哉?人事,形而下者也。其事之理则天之理也,形而上者也。学是事而通其理,即夫形而下者而得夫形而上者,便是上达境界。从事于斯,积久贯通,可以达乎浑然之极矣。而至于穷神知化之妙,亦不过即是而驯致耳。孔子生知之圣也,亦不能不由下学。乃曰:"道不远人。人之为道而远人,不可以为道。"况下于孔子者乎!世之为道者不信乎此,而乃欲径造于虚妙不可知之域,亦见其惑也。且夫穷理,非徒知之为贵。知此理又须体之于身而践其实，乃可以进德。若徒知而不能然，则乌贵其穷理？而其所知者终亦不得而有之矣。孔子曰："人皆曰予知，择乎中庸而不能期月守。"然则非知之难，行之难。此君子所以存省体验于日用事物之际，而言必顾行、行必顾言，不敢容易大言者也。不知尊伯亦有如是体察之功乎？亦有如是践履之实乎？大抵道理，天下之公共。不可以私智臆见论之。要须平心徐玩，务求实是可也。若使尊伯无意于圣人之道则已矣，如其不然则愚之所陈虽鄙，亦不至于无稽。幸蒙俯采，痛去寂灭之见。而又能主敬存心，一于下学上做工夫，以达于天理。则尊伯之于斯道，可谓醇乎醇矣。

愚见如是，辄冒言之，退增汗愧。迪再拜。

答忘机堂第三书

迪顿首。伏承尊喻，至再至三。发明道体极其妙致，使迷暗者晓然如披云而见大曜。其所以嘉惠末学至矣。然于其中尚有未解者存焉，非故欲发愚乎。安有见道如是之高，而犹未能精于存省体验之地者哉？伏睹来喻所陈，虽云不滞寂灭之说有年，而寂灭之习似依旧未除。是以其论说浮于道理幽妙之致，而未及反躬体道之要。不免为旷荡空虚之归，而非切近的当之训。此小子所以未敢承命者也。

迪闻子朱子曰："道者日用事物当行之理。"皆性之德而具于心，无物不有，无时不然。古今论道体，至此而无余蕴矣。愚请因此而伸之。盖道之大原出于天，而散诸三极之间。凡天地之内，无适而非此道之流行，无物而非此道之所体。其在人者，则大而君臣父子夫妇长幼之伦，小而动静食息进退升降之节。以至一言一默一颦一笑之际，各有所当然而不可须臾离亦不可毫厘差者，莫非此理之妙。故子思子曰："语大天下莫能载。语小天下莫能破。"是岂非生民日用之常、事物当行之理者乎？盖因其用之粲然者而观之，则缕析毫分，似未易得其要领。千差万别，似不可合而为一。然其所以然之本体，则莫非天命之浑然者，而我之所以为性而具于心者也。当喜怒哀乐未发之前，此心之真寂然不动。是则所谓无极之妙也，而天下之大本在于是也。固当常加存养之功以立大本，而为酬酢万变之主。而后可以发无不中而得时措之宜。然于此心之始动几微之际,天理人欲战于毫忽之间,而谬为千里之远。可不于是而益加敬慎乎?是故君子既常戒惧于不睹不闻之地,以存其本然之,而不使须臾之离有以全其无时不然之体。又于幽独之中几微之动,尤加省察之功。以至于应事接物之处,无少差谬而无适不然,有以尽其无物不在之妙。张南轩所谓"要须存诸静以涵动之所本,察夫动以见静之所存,而后为无渗漏者"是也。从事于斯无少间断,此心常明不为物蔽。则大本之立日以益固,而又于几微酬应之际,无一毫人欲之杂而纯乎义理之发。自其一心一身以至万事万物,处之无不当,而行之每不违焉。则达道之行于是乎广矣,而下学之功尽善全美矣。二者相须,体道工夫莫有切于此者。固不可阙其一矣。来教有曰:"敬以直内,顾諟天之明命。"吾之心坚定不易,则固存养之谓矣,而于静时功夫则有矣。若夫顿除下学之务,略无体验省察之为,则于动时工夫盖未之及焉。是以其于求道之功疏荡不实,而未免流为异端空虚之说。

伏睹日用酬酢之际,不能无人欲之累。而或失于喜怒之际,未能全其大虚灵之本体者有矣。岂非虽粗有敬以直内工夫,而无此义以方外一段工夫?故其体道不能精密而或至于此乎。昔颜渊问"克己复礼"之目。孔子曰:"非礼勿视,非礼勿听,非礼勿言,非礼勿动。"程子继之曰:"由乎中而应乎外,制于外所以养其中。"然则圣门工夫虽曰主于静以立其本,亦必于其动处深加省察。盖不如是则无以克己复礼,而保固其中心之所存矣。故曰"制于外所以养其中",未有不制其外而能安其中者也。愚前所云存省体验于日用事物之际而言顾行行顾言者,此之谓也。安有遗其心官、随声逐色,失其本源之弊哉?中庸曰:"诚者,不勉而中,不思而得。"从容中道,圣人也。诚之者,择善而固执之者也。盖地位已到圣人,则此等工夫皆为筌蹄矣。若未到从容中道之地而都遗却择善省察工夫,但执虚灵之识。不假修为而可以克己复礼、可以酬酢万变云,则譬如不出门而欲适千里,不举足而欲登泰山。其不能必矣。来教又曰:"为破世人执幻形为坚实,故曰寂灭。"此语又甚害理。盖人之有此形体,莫非天之所赋而至理寓焉。是以圣门之教,每于容貌形色上加工夫以尽夫天之所以赋我之则,而保守其虚灵明德之本体。岂流于人心惟危之地哉?孟子曰:"形色天性也,惟圣人然后可以践形。"岂可以此为幻妄?必使人断除外相,独守虚灵之体,而乃可以为道乎?是道不离于形器。有人之形则有所以为人之理,有物之形则有所以为物之理,有天地之形则有所以为天地之理,有日月之形则有所以为日月之理,有山川之形则有所以为山川之理。若有其形而不能尽其道,是空具是形而失夫所以得其形之理也。然则弃形器而求其道,安有所谓道者哉?此寂灭之教所以陷于空虚诞谩之境,而无所逃其违天灭理之罪者。

伏想尊伯于此异说亦已知其诞矣,犹未能尽去旧习以反于正,而复有如是之语。果何为耶?上达之论,愚于前书粗陈矣。今曰"下学上达乃指示童蒙初学之士,豪杰之士不如是"。愚请以孔子申之。自生民以来,生知之圣未有盛于孔子者,亦未尝不事于下学。其言曰"我十五而志于学,五十而知天命"。又曰"不如丘之好学"。然则孔子不得为豪杰之士,而其所为亦不足法欤?若曰孔子之言所以勉学者也,于其己则不必,然则愚请以孔子所亲为者白之。孔子问礼于老聃,问官于郯子。入太庙,每事问。是非下学之事乎?问官之时,实昭公十七年而孔子年二十七矣。入太庙则孔子始仕时也。古人三十而后仕,则是时孔子年亦不下三十。其非童蒙明矣。夫以生知之圣,年又非童蒙,而犹不能无下学之事。况不及孔子?而遽尔顿除下学不用力,而可以上达天理乎?是分明释氏顿悟之教,乌可尚哉?孟子曰:"古之君子,过则改之。今之君子,过则顺之。"又曰:"古之君子,其过也如日月之食焉。人皆见之。及其更也,人皆仰之。今之君子岂徒顺之,又从而为之辞。"若使尊伯于此异说之诞终身迷没,不知其非则已矣。今曰不滞者有年,则是已觉其非而欲改之也。退之云:"说乎故不能即乎新者,弱也。"请自今痛去寂灭之见,反于吾道之正。如日月之既晦而复明,则可与圣贤同归。而四方之士莫不仰而快睹矣。岂不美哉?岂不乐哉?孔子曰:"朝闻道,夕死可矣。"伏见尊伯年既高矣。若不及是时而反焉,则平生之学至勤矣岂不深可惜哉?伏念迪后学无识,干渎至此者。亦知尊伯虚心玩理,必能如舜之舍己从人矣。

伏惟恕其狂僭。迪再拜。

答忘机堂第四书

伏念迪质本戆骏,学乏泛滥,苦守管见,累渎尊鉴,不觉支离之甚。死罪死罪！今承赐教，辞旨谆谆，反覆不置，且去寂灭二字而存下学人事之功。迪之蒙许深矣，受赐至矣，更复何言！

然而窃详辱教之旨，虽若尽去异说之谬、入于圣门之学，然其辞意之间未免有些病。而至于物我无间之论，则依旧坠于虚空之教。小子惑焉。韩子曰："荀与杨也，择焉而不精。"恐尊伯亦未免于是。愚请姑即衣网之说白之：盖衣必有领而百裔顺，网必有纲而万目张。此语固善。然衣而徒有其领断其百裔，网而徒有其纲绝其万目，则安得为衣网，而其所有之纲领亦奚所用哉？天下之理体用相须、动静交养，岂可专于内而不于外体察哉？圣门之教主敬以立其本，穷理以致其知，反躬以践其实。而敬者又贯通乎三者之间，所以成始而成终也。故其主敬也，一其内以制乎外，齐其外以养其内。内则无贰无适，寂然不动，以为酬酢万变之主。外则俨然肃然，深省密察，有以保固其中心之所存。及其久也，静虚动直、中一外融，则可以驯致乎不勉不思从容中道之极矣。两件工夫不可偏废明矣。安有姑舍其体而先学其用之云哉？子程子曰："由乎中而应乎外，制于外所以养其中。"颜渊事斯语，所以进于圣人。后之学圣人者，宜服膺而勿失。① 以此观之，本体工夫固不可不先，而省察工夫又尤为体道之切要。

伏睹来教有曰"主敬存心"，则于直内工夫有矣，而未见义以方外省察工夫。岂非但得衣之领而断其百裔，但得网之纲而绝其万目者哉？人之形体固当先有骨髓，而后肌肤赖以充肥。然若但得骨髓，一切削去皮肤，则安得为人之体？而其骨髓亦必至于枯槁而无所用矣。况既去皮肤而于骨髓亦未深得者哉？愚前所谓常加存养以立大本，为酬酢万变之主者，固尊伯主敬存心、先立

---

① "由乎中而应乎外"，黄宗羲本《宋元学案》云："由于中而应乎外。""颜渊问克己复礼之目，孔子曰：'非礼勿视，非礼勿听，非礼勿言，非礼勿动。'四者身之用也，由于中而应乎外，制乎外所以养其中也。颜渊事斯语，所以进于圣人。后之学圣人者，宜服膺而勿失也。因箴以自警。"（《四箴并序》，《宋元学案》卷16，伊川学案（下）；黄宗羲原本，黄百家纂辑，全祖望修定，选自《黄宗羲全集》第3册，浙江古籍出版社1999年版，第763页）另朱熹《近思录》卷5载："伊川先生曰：颜渊问克己复礼之目，夫子曰：'非礼勿视，非礼勿听，非礼勿言，非礼勿动。'四者身之用也，由乎中而应乎外，制于外所以养其中也。颜渊事斯语，所以进于圣人。后之学圣人者，宜服膺而勿失也。因箴以自警。""颜渊事斯语"，朱熹《近思录》本云："颜渊请事斯语。"该书校刊记云："颜渊请事斯语，吴本校云：宋版无'请'字。按《河南程氏文集》卷八同。"（见《近思录》卷5，《朱子全书》第13册，上海古籍出版社、安徽教育出版社2002年版，第219、225页）——校者注

其体之说。初非毁而弃之。未蒙照察,遽加罪责,不胜战汗。来教又曰:"先立其体,然后下学人事。"此语亦似未当。下学人事时,固当常常主敬存心。安有断除人事,独守其心?必立其体。然后始可事于下学乎。所谓体既立则运用万变,纯乎一理之正而纵横自得者。固无背于圣经贤传之旨。然其所谓纯乎一理、纵横自得者,乃圣人从容中道之极致。体既立后,有多少工夫?恐未易遽至于此。伏惟更加精察。且如万物生于一理。仁者纯乎天理之公,而无一毫人欲之私。故能以天地万物为一体。然其一体之中,亲疏远近是非好恶之分自不可乱。故孔子曰:"仁者,人也。"孟子曰:"无是非之心,非人也。"《家语》又曰:"惟仁人为能好人,能恶人。"以此言之,仁者虽一体万物,而其是非好恶之公亦行乎其中而不能无也。舜大圣人也,固非有间而滞于所执者。然而取诸人为善,舍己从人则舜亦不能无取舍之别矣。安有心无间则茫然与物为一?更无彼此取舍好恶是非之可言,然后为一视之仁哉。

伏愿尊伯平心察理,勿以愚生之有是非取舍为罪,而更以大舜之舍己从人自勉。幸甚幸甚!如其不然,但于匆遽急迫之中肆支蔓虚荡之词,以逞其忿怼不平之气,则安有君子长者之意乎?而斯道之明,将无时矣!岂不深可叹哉?理执所见,言不知裁。伏地待罪。伏惟恕其狂僭,一赐照采。迪恐惧再拜。

索　引

后 记

　　近几年东亚哲学研究逐渐受到学界关注，这与东亚各国间日趋深入的人文交流与文化东亚之自我意识的觉醒不无关系。"文明因交流而多彩，文明因互鉴而丰富。"在今日之东亚，比历史上任何时候都更需要了解和欣赏彼此多彩而丰富的思想与文化。

　　儒学作为东亚地区最具生命力和影响力的思想文化，其对东亚社会的发展所起到的作用是毋庸赘述的。笔者对东亚儒学的关注已有多年，自攻读硕士学位开始即留意于东亚儒学比较研究，之后攻读博士学位期间曾以朱子与栗谷为中心，进行过人物的哲学思想比较研究。随着学习和研究的逐步深入，笔者渐次发觉以论辩的形式而展开的韩国性理学的主要理论特色在于其理气性情诸说。于是，从事博士后研究时起就将最能代表韩国性理学理论特色的"四端七情"之辨作为研究的对象，并试图以比较研究的视角来观照其理论的特点以及朱子学在东亚地区的多元发展。

　　本书就是以比较哲学的视角，探讨在东亚儒学史上具有重要理论意义的四端与七情这一儒学情感学说的学术著作。当拙著即将付梓之际，谨向张立文先生表示衷心的感谢！笔者多年来一直受教于张先生，所获远在言语之外。没有先生的悉心指导和多方鼓励，此一研究很难坚持到今天。师恩如山，当感念永志。

　　同时，也要感谢长期以来一直关心和帮助笔者成长的潘富恩、朱七星、杜继文、李甦平等诸位先生们。他（她）们所给予的指点与教诲，使生性驽钝的我亦在日复一日的学术研究中偶有所得、偶有所悟。在此谨向诸位先生，表示由衷的感谢!

本课题研究曾获教育部留学回国基金资助项目、上海市浦江人才计划资助项目以及韩国国际交流财团、韩国学中央研究院等机构的资助,在此一并表示感谢!

另外,本书的部分章节作为阶段性成果分别于《哲学研究》、《中国哲学史》、《世界哲学》、《史林》、《中国哲学年鉴》以及韩国的《儒教文化研究》(国际版)、《韩国哲学论辑》、《退溪学与儒教文化》、《栗谷学研究》等学术期刊上发表,在此亦向上述各期刊的编辑老师们表示深深的感谢!

为了拙著的如期出版,人民出版社哲学与社会编辑部主任方国根编审以及钟金铃、段海宝两位副编审皆付出了诸多辛劳。对他们的深情厚谊和支持,在此同样深表谢意!

最后,特别感谢家人这些年来对笔者科研工作的默默支持与理解。

此外,在写作过程中,还吸纳了不少前辈诸贤的研究成果,虽在行文中一一作注,但难免挂一漏万,在此一并致谢。

学然后知不足。因笔者学力不逮,拙著中定会存在不足之处,恳祈方家、同仁予以谅解并赐玉。

愿拙著的出版能进一步推动国内正兴起的东亚传统哲学比较研究。

洪 军

2018 年 2 月谨识于北京